Sécurité opérationnelle

DANS LA MÊME COLLECTION

F. Mattatia. – Le droit des données personnelles.
N°14295, 2016, 234 pages.
Y. Constantinidis, M. Volle. – Expression des besoins pour le SI.
N°14331, 2015, 314 pages.
D. Mouton. – Sécurité de la dématérialisation.
N°13418, 2012, 314 pages.
A. Fernandez-Toro, – Management de la sécurité de l'information.
N°12697, 2012, 480 pages.
S. Bohnké. – Moderniser son système d'information.
N°12764, 2010, 290 pages.
A. Lupper. – Gestion des risques en sécurité de l'information.
N°12593, 2010, 230 pages.

SUR LE MÊME THÈME

C. Pernet. – Sécurité et espionnage informatique.
N°13965, 2014, 240 pages.
A. Jumelet, S. Quastana, P. Sauliere. – Sécurité et mobilité Windows 8 pour les utilisateurs nomadec.
N°13642, 2013, 246 pages.
M. Untersinger. – Anonymat sur Internet.
N°14021, 2e édition, 2014, 264 pages.

Alexandre Fernandez-Toro

Sécurité opérationnelle

Conseils pratiques
pour sécuriser le SI

EYROLLES

Groupe Eyrolles
61, bd Saint-Germain
75240 Paris Cedex 05
www.editions-eyrolles.com

Composition : Soft Office (38)

 Le Code de la propriété intellectuelle du 1er juillet 1992 interdit en effet expressément la photocopie à usage collectif sans autorisation des ayants droit. Or, cette pratique s'est généralisée notamment dans les établissements d'enseignement, provoquant une baisse brutale des achats de livres, au point que la possibilité même pour les auteurs de créer des œuvres nouvelles et de les faire éditer correctement est aujourd'hui menacée.
En application de la loi du 11 mars 1957, il est interdit de reproduire intégralement ou partiellement le présent ouvrage, sur quelque support que ce soit, sans autorisation de l'éditeur ou du Centre français d'exploitation du droit de copie, 20, rue des Grands-Augustins, 75006 Paris.

© Groupe Eyrolles, 2015, 2016
ISBN : 978-2-212-14460-4

Je dédie ce livre à tous mes collègues.
Par leurs qualités personnelles et professionnelles, ils m'infligent au quotidien une leçon de modestie et me tirent chaque jour un peu plus vers le haut.

Table des matières

Avant-propos 1
    À qui s'adresse cet ouvrage ? 1
    Structure de l'ouvrage 1
    Remerciements 2

Partie I – Aspects concrets de la sécurité opérationnelle

Chapitre 1 – Les différents niveaux de sécurité 5
    Connaître le niveau de sécurité réel 5
    Différents niveaux de sécurité 6
    Quels chantiers lancer ? 11

Chapitre 2 – La sécurité des réseaux 15
    Cartographier le réseau 15
    Sécuriser le réseau 17

Chapitre 3 – Accès distants 23
    Enjeux des accès distants 23
    À chaque usage sa solution technique 24
    Aspects organisationnels 27

Chapitre 4 – Journalisation 33
    Usages de la journalisation 33
    La problématique de la journalisation 34
    Centralisation des journaux 36
    Que surveiller ? 38
    Principaux fournisseurs de journaux 40
    Comment traiter les journaux ? 41

Chapitre 5 – Mots de passe 47
    Différents types de comptes 47

    Qualité des mots de passe 50
    Gestion des mots de passe 53
    Idées reçues sur les mots de passe 55

Chapitre 6 – Sécurité du poste de travail 57
    Mesures incontournables 57
    Mesures souhaitables 63
    Cas particuliers 64
    Agir au niveau du master 66
    Sécuriser le poste de travail a-t-il encore un sens? 66

Chapitre 7 – Antivirus 69
    Pourquoi parler encore d'antivirus
    de nos jours? 69
    Limites des antivirus et solutions 70
    Atouts des antivirus 74

Chapitre 8 – Sécurité des services 77
    Freins à la sécurité des services 77
    Principes de base 78
    Sécuriser les serveurs 79

Chapitre 9 – Sauvegardes et restaurations 85
    En quoi le RSSI peut-il être utile pour les sauvegardes? 85
    Cartographier les sauvegardes 86
    Restaurations 89

Chapitre 10 – Maîtriser les identités et les accès 93
    Complexité de la gestion des identités 93
    Approches pour gérer cette complexité 95
    Différents points à contrôler 100
    Contrôle complémentaire: l'accès aux salles machines 105

Chapitre 11 – Rôle du RSSI dans la continuité et la reprise d'activité ... 107
    Questions préalables 107
    Dispositions de continuité et de reprise 108
    Rôle du RSSI en temps de paix 109
    Rôle du RSSI en temps de guerre 116

Chapitre 12 – Gestion des tiers sensibles ... 119
Qu'entendons-nous par tiers sensible ?... 119
Principaux points d'attention... 121

Chapitre 13 – Gestion des incidents de sécurité ... 133
Nécessité d'un processus de gestion des incidents ... 133
Points clés d'un processus de gestion d'incidents ... 134

Chapitre 14 – Le RSSI face au juridique ... 141
Enjeux juridiques... 141
Bases documentaires incontournables... 142
Quelques points sensibles ... 148

Chapitre 15 – Lutter contre les infrastructures spontanées ... 153
Qu'entendons-nous par infrastructure spontanée ?... 153
Une entorse à l'urbanisation des SI ... 154
Comment éradiquer les infrastructures spontanées ... 158
Un autre type d'infrastructure spontanée ... 162

Chapitre 16 – Gérer les expirations bloquantes... 163
Certificats... 163
Noms de domaines... 168
Licences ... 170
Comment éviter les expirations bloquantes ? ... 171
Pourquoi la gestion des expirations bloquantes relève-t-elle de la sécurité ?... 173

Chapitre 17 – Sensibilisation... 175
Importance de la sensibilisation ... 175
Différents niveaux de sensibilisation ... 176
En complément à la sensibilisation ... 180

Chapitre 18 – Gérer les audits ... 183
L'importance des audits ... 183
Comment recevoir les auditeurs ... 186
Pour faciliter les audits ... 190

Chapitre 19 – Gérer le tout-venant... 193
Généralités ... 193

Différents types de demandes...194
Traitement des demandes...195

Chapitre 20 – Sécurité industrielle...199
Contexte...199
Lancer une première vague d'actions......................................201
Mettre à jour les systèmes..202
Limiter les échanges entre les deux mondes............................208
Durcir les services restant ouverts sur l'informatique de gestion......211

Partie II – Compléments sur la sécurité des SI modernes

Chapitre 21 – La nouvelle donne de la sécurité........................217
Nouveaux défis pour les entreprises.......................................217
Les SI en support de ces projets d'entreprise..........................220
Questions sur la sécurité opérationnelle..................................223

Chapitre 22 – Le cloud..225
Conséquences du cloud pour la sécurité..................................225
Sécuriser le cloud spontané...227
Sécuriser le petit cloud..229
Sécuriser le grand cloud..231
Principales mesures de sécurisation.......................................234
Maîtriser les comptes génériques...236
Les CASB..239

Chapitre 23 – Aspects concrets du WebSSO...........................247
Introduction..247
Usages du WebSSO..250
Problèmes concrets..253
Conclusion..260

Chapitre 24 – Sécuriser les systèmes d'intermédiation..............261
Généralités sur les systèmes d'intermédiation.........................261
Mesures générales de sécurisation..265
Focus sur les services web et les ESB....................................267
Focus sur les autres systèmes d'intermédiation.......................273

Chapitre 25 – Le big data ... 275
Différents types d'utilisation ... 275
Apports du big data
pour la sécurité opérationnelle ... 277
Limites et risques liés au big data ... 280

Chapitre 26 – Obstacles à la sécurité opérationnelle ... 283
Freins à la sécurisation du SI ... 283
Un besoin flagrant ... 288

Partie III – Intégration dans la norme ISO 27001

Chapitre 27 – La norme ISO 27001 ... 291
Multiplicité des référentiels ... 291
Les systèmes de management ... 292
Présentation de la norme ISO 27001 ... 293
Conclusion ... 297

Chapitre 28 – La norme ISO 27002 ... 299
Présentation ... 299
Utilisations de la norme ... 300
Présentation de la norme ISO 27002 ... 301

Chapitre 29 – Intégration de la sécurité opérationnelle à l'ISO 27001 ... 309
Carences des normes ISO ... 309
Risques liés à la sécurité opérationnelle ... 310
Ce qu'apporte l'ISO 27001 à la sécurité opérationnelle ... 312
Processus complémentaires ... 313

Chapitre 30 – Surveillance du SI et tableaux de bord sécurité ... 319
Une forteresse sans sentinelles ... 319
Outils techniques de surveillance ... 320
Tableaux de bord ... 324

Chapitre 31 – Sort-on vraiment un jour de la zone d'humiliation ? ... 329
Les méthodes pour sortir de la zone d'humiliation ... 329
Quelle est la place du RSSI ? ... 332

Partie IV – Annexes

Annexe 1 – Répartition des rôles en matière de sécurité ... 337
1 – Introduction ... 337
2 – Personnes ayant un rôle en matière de sécurité du SI ... 338
3 – Instances de décision en matière de sécurité du SI ... 341

Annexe 2 – Politique de sécurité du système d'information ... 343
1 – Préambule ... 343
2 – Périmètre ... 344
3 – Personnel ... 344
4 – Sécurité physique ... 344
5 – Contrôle d'accès ... 344
6 – Exploitation du SI ... 345
7 – Sécurité du poste de travail ... 346
8 – Sécurité des communications ... 346
9 – Sécurité dans les projets ... 346
10 – Tiers ... 347
11 – Incidents de sécurité ... 347
12 – Continuité d'activité ... 347
13 – Conformité ... 348
14 – Infrastructures spontanées ... 348

Annexe 3 – Procédure de cadrage des actions des administrateurs ... 349
1 – Définitions ... 349
2 – Création d'un accès administrateur ... 350
3 – Cadrage des actions ... 350
4 – Cadrage réglementaire ... 351
5 – Séparation des rôles ... 351
6 – Retrait des accès ... 351

Annexe 4 – Procédure de sensibilisation à la sécurité du SI ... 353
1 – Différents niveaux de sensibilisation ... 353
2 – Sensibilisation générale ... 353
3 – Communications ciblées ... 354
4 – Actions opportunistes ... 354

Annexe 5 - Procédure de gestion des tiers sensibles pour le SI 355
1 – Définition d'un tiers sensible pour le SI 355
2 – Processus 355

Annexe 6 - Règles à respecter par les tiers 357
1 – Introduction 357
2 – Exigences applicables à tous les tiers 357
3 – Exigences applicables aux intégrateurs............................ 358
4 – Exigences applicables aux tiers fournissant des solutions en mode SaaS 358
5 – Exigences applicables aux tiers offrant des services de développement logiciel................................ 359

Annexe 7 - Fiches de sécurité du SI pour les tiers 361

Annexe 8 - Procédure de vue générale des droits 365
1 – Différents domaines concernés...................................... 365
2 – Processus général pour chaque domaine....................... 366
3 – Structure du rapport.. 366
4 – Divers 367

Annexe 9 - Politique des mots de passe................................ 369
1 – Champ d'application.. 369
2 – Mots de passe applicatifs... 369
3 – Mots de passe des infrastructures techniques 370
4 – Contrôle de qualité des mots de passe 371

Annexe 10 - Procédure de gestion des pare-feu 373
1 – Principes généraux... 373
2 – Création et modification de règles................................. 373

Annexe 11 - Procédure de gestion des correctifs de sécurité.. 375
1 – Gestion des correctifs de sécurité 375
2 – Postes de travail 375
3 – Serveurs Windows installés avant le master V512 376
4 – Serveurs Windows installés à partir du master V512 et suivants ... 376
5 – Correctifs urgents.. 376
6 – Responsabilités.. 377

Annexe 12 - Procédure de gestion des antivirus ... 379
1 – Sur les postes de travail ... 379
2 – Sur les serveurs ... 379
3 – Alertes virales ... 380
4 – Exploitation ... 380
5 – Attaques virales ... 380

Annexe 13 - Procédure de gestion des journaux ... 381
1 – Différents journaux ... 381
2 – Journaux du proxy HTTP sortant ... 381
3 – Journaux du pare-feu ... 382
4 – Journaux applicatifs ... 383
5 – Journaux système ... 383

Annexe 14 - Procédure de gestion des accès distants ... 385
1 – Différents types d'accès distant ... 385
2 – Les liaisons VPN site à site ... 385
3 – Liaisons VPN d'administration ... 386
4 – Portail de publication des accès distants ... 387
5 – APN privée ... 387

Annexe 15 - Procédure de gestion des incidents de sécurité ... 389
1 – Processus général ... 389
2 – Veille ... 389
3 – Détection ... 390
4 – Mesures d'urgence ... 390
5 – Analyse et traitement ... 391
6 – Alerte sécurité ... 391
7 – Bilan ... 392

Annexe 16 - Fiche d'incident 1 ... 393

Annexe 17 - Fiche d'incident 2 ... 395

Annexe 18 - Fiche réflexe 1. Conduite à tenir en cas d'attaque virale ... 397
1 – Grandes étapes ... 397
2 – Compréhension technique de l'attaque ... 397
3 – Évaluation de l'impact ... 398

4 – Contention et éradication........................398
　　5 – Rôles et responsabilités........................399

Annexe 19 – Fiche réflexe 2. Conduite à tenir en cas d'attaque par hameçonnage........................401
　　1 – Vérification........................401
　　2 – En cas d'hameçonnage avéré........................401
　　3 – Rôles et responsabilités........................402

Annexe 20 – Plan de secours informatique........................403
　　1 – Définitions........................403
　　2 – Généralités........................403
　　3 – Plan de secours, hors situation d'urgence........................403
　　4 – Plan de secours, en situation d'urgence........................406
　　5 – Responsabilités........................406

Annexe 21 – Plan de contrôle sécurité........................409
　　Fiche « charte utilisateur »........................410
　　Fiche « appréciation des risques »........................411
　　Fiche « sensibilisation à la sécurité du SI »........................412
　　Fiche « sauvegardes et restaurations »........................413
　　Fiche « communications avec les tiers »........................414
　　Fiche « plan de secours informatique »........................416

Index........................417

Avant-propos

Plusieurs approches peuvent être adoptées pour sécuriser les systèmes d'information. Selon leur culture et leur tempérament, certains responsables de la sécurité des systèmes d'information (RSSI) privilégient le management pour descendre progressivement vers la technique. À l'inverse, d'autres préfèrent lancer des actions techniques produisant directement des résultats palpables, avant de remonter progressivement vers le management. Quelle que soit l'approche, les questions liées à la sécurité opérationnelle se posent très rapidement : quels processus mettre en place ? À quel niveau les gérer, comment les formaliser, comment s'assurer que ces processus fonctionnent correctement dans la durée ? Le but de cet ouvrage est précisément de répondre de façon pratique à ces questions.

À qui s'adresse cet ouvrage ?

Cet ouvrage s'adresse d'abord aux RSSI chargés de mettre en place des processus de sécurité opérationnelle. Il intéressera aussi les chefs de projet construisant un système de management de la sécurité de l'information (SMSI) conforme à l'ISO 27001. Par ailleurs, ce livre sera utile aux personnes souhaitant formaliser les processus opérationnels liés à la sécurité. Enfin, cet ouvrage est une aide à la prise de fonction de RSSI.

Structure de l'ouvrage

Cet ouvrage est divisé en quatre parties. La première présente dans le détail les principaux processus opérationnels que l'on peut mettre en place pour sécuriser le système d'information. La deuxième présente certains aspects complémentaires. La troisième partie aborde les normes ISO 27001 et ISO 27002, puis explique en quoi elles peuvent contribuer concrètement à augmenter le niveau de maturité de la sécurité. La dernière partie est un recueil d'exemples pratiques, illustrant très précisément les documents pouvant être rédigés en support de la sécurité opérationnelle.

Remerciements

Je remercie mon DSI pour son soutien sans faille tout le long de mon action, pour sa vision des systèmes d'information et pour ses conseils dans la rédaction de cet ouvrage.

Aspects concrets de la sécurité opérationnelle

Parmi les différentes façons d'appréhender la sécurité, il y en a deux qui ressortent plus que les autres. Certains l'abordent par le management et la conformité. Ils se basent pour cela sur des référentiels tels que COBIT ou l'ISO 27001. D'autres ont une approche radicalement opposée, se fondant sur des compétences très techniques. Ils privilégient les actions techniques, affinant les paramétrages des différents dispositifs du SI, en se basant sur des guides de sécurisation technique ou sur les recommandations détaillées de consultants techniques.

Il est indiscutable que ces deux approches, bien que radicalement différentes, contribuent fortement à sécuriser le SI. Cependant, elles laissent entre elles un vide important qui rend difficile le maintien de la sécurité dans la durée. Ce vide, c'est celui de la sécurité opérationnelle. En effet, il ne suffit pas de mettre en place un dispositif de gouvernance pour assurer la sécurité, ou de paramétrer correctement un serveur pour l'empêcher de se faire pirater. C'est un ensemble de processus qu'il faut faire vivre au quotidien pour que la sécurité atteigne réellement un niveau de maturité satisfaisant.

C'est précisément ce domaine de la sécurité opérationnelle que cette partie se propose de traiter. Pour étudier cette question, nous allons commencer par présenter les différents niveaux de sécurité généralement constatés dans les systèmes d'information. Nous passerons ensuite en revue les principaux processus opérationnels liés à la sécurité. Nous conclurons cette partie en montrant les difficultés rencontrées dans leur mise en œuvre.

Chapitre 1

Les différents niveaux de sécurité

Pour appréhender la notion de sécurité opérationnelle, mettons-nous dans la situation d'un responsable de la sécurité des systèmes d'information (RSSI) prenant sa fonction dans une entreprise. Il découvre l'organisation dans laquelle il vient d'arriver, ses métiers, ses directions, les instances qui la composent et ses différentes implantations géographiques. Il se focalisera rapidement sur le système d'information (SI) pour s'en faire une idée et savoir comment le sécuriser. Pour cela, il procédera en deux étapes. La première permettra d'évaluer le niveau de sécurité réel du système d'information, en identifiant précisément les vulnérabilités les plus graves. La seconde étape consistera à élaborer un plan de traitement des risques, énumérant tous les projets à lancer pour sécuriser le système d'information. Ce n'est qu'après ces deux étapes préalables que le RSSI pourra se lancer dans la sécurisation réelle de son SI.

Connaître le niveau de sécurité réel

Pour connaître le niveau effectif de la sécurité du SI dont il prend la charge, le RSSI commencera par rencontrer ses acteurs les plus essentiels, à commencer par le DSI, puis le responsable de la production ainsi que le responsable réseau, sans oublier la personne encadrant les administrateurs, le responsable des études et la personne en charge du support de l'assistance aux utilisateurs. Il lui faudra plusieurs entretiens avant d'obtenir une vision pertinente de l'organisation du SI. Lors de ces séances, il ne se contentera pas d'apprendre comment est organisé le SI ; il demandera à chacun, selon sa fonction et ses compétences, quelles sont les pratiques en matière de sécurité.

Après ces échanges, il aura suffisamment d'éléments pour rédiger un « rapport d'étonnement », c'est-à-dire un document mettant clairement en évidence les failles de sécurité dans chaque aspect du SI. En somme, ce document précise le niveau réel de sécurité du SI.

Même si chaque cas est particulier, on distingue généralement trois niveaux de sécurité différents. Le niveau le plus bas peut être nommé la « zone d'humiliation ». Un niveau de sécurité un peu plus élevé équivaudrait au « niveau de sécurité élémentaire » et, enfin, le plus élevé serait le « niveau de sécurité maîtrisée ».

Les actions que le RSSI entreprendra et l'ordre dans lequel elles seront lancées dépendront beaucoup de ce niveau de sécurité. En effet, le travail ne sera pas le même s'il a affaire à un SI situé dans la « zone d'humiliation » ou si, au contraire, des processus de sécurité sont déjà installés avec une maturité avancée. La sécurité opérationnelle aura donc un visage différent selon le niveau.

Différents niveaux de sécurité

Il est très important de savoir à quel niveau de sécurité se trouve le SI dont nous avons la charge. Les trois niveaux de sécurité qui viennent d'être évoqués ont une typologie particulière, détaillée ci-après.

La zone d'humiliation

Le niveau de sécurité le plus bas peut être appelé « zone d'humiliation ». Qu'entendons-nous par-là ? C'est un état dans lequel le SI présente de nombreuses vulnérabilités connues, simples à exploiter (voire triviales), et ce, à tous les niveaux. Ces vulnérabilités sont autant de points d'exposition permettant à un attaquant de prendre très facilement le contrôle total du SI. Des attaques dans cette situation peuvent avoir des conséquences catastrophiques pour l'entreprise : destruction irréversible d'information, pillage en profondeur du patrimoine informationnel, perturbation durable des opérations.

> **Illustration**
> Pour illustrer la zone d'humiliation, on peut faire la comparaison avec un particulier qui se ferait cambrioler alors que la porte de son appartement n'est pas blindée, que sa serrure est simple et qu'au moment des faits, elle n'était même pas verrouillée. Dans ces conditions, aucune assurance n'acceptera d'indemniser ce particulier, car il n'aura pas pris les mesures minimales nécessaires pour sécuriser son appartement.

Aussi étonnant que cela puisse paraître, cette situation est très répandue.

Les systèmes d'information situés dans la zone d'humiliation correspondent généralement au signalement suivant.

- Le contrôleur de domaine est très en retard de ses correctifs de sécurité. Il est donc vulnérable à des attaques simples. De plus, l'organisation de l'annuaire n'a pas été revue depuis plusieurs années. Il est donc fort probable qu'il regorge de comptes à privilèges dont personne n'a connaissance.
- Les accès à Internet sont multiples. Les filiales ou les agences de l'entreprise ont leur propre accès, et certains services ont même des accès ADSL.
- Les postes de travail ne sont jamais patchés et les utilisateurs sont souvent administrateurs de leur machine.
- Les serveurs les plus exposés ne sont pas à jour de leurs correctifs de sécurité.
- Les mots de passe d'administration des serveurs, des bases de données, des applications ou des équipements réseau sont triviaux.
- Des listes de mots de passe en clair, et accessibles à tous, sont oubliées dans les serveurs de fichiers.
- Le cloisonnement des réseaux est faible et, s'il y en a un, les règles du pare-feu sont illisibles et, au final, extrêmement permissives.
- Les protocoles d'authentification sont triviaux.
- Aucune revue des droits système ou applicatifs n'est jamais effectuée.
- Aucune supervision spécifique à la sécurité n'est exercée.
- Les applications sont développées sans aucune prise en compte de la sécurité.
- Etc.

Les systèmes d'information situés dans la zone d'humiliation se contentent généralement de mesures de sécurité élémentaires telles que des mots de passe pour accéder au réseau et aux applications, des antivirus dans les postes de travail et un pare-feu pour filtrer les flux entre l'intérieur et l'extérieur du SI. Les mesures de sécurité s'arrêtent souvent là.

Ainsi, un système d'information situé dans la zone d'humiliation est extrêmement exposé aux actes de malveillance. En cas d'incident de sécurité, ni le RSSI, ni le DSI ni la direction générale n'ont la moindre excuse auprès des parties prenantes, car ils n'auront pas entrepris les actions élémentaires à mettre en place pour sécuriser le SI.

Exemple
Une entreprise s'étant fait voler son fichier clientèle suite à une intrusion réseau n'aura strictement aucune excuse si, après enquête, on s'aperçoit que le serveur web directement exposé à Internet ne s'était jamais vu appliquer des correctifs de sécurité et que les comptes pour administrer les bases de données avaient des mots de passe triviaux.

Niveau de sécurité élémentaire

Le niveau de sécurité élémentaire est juste au-dessus de la zone d'humiliation. Il permet au SI de résister aux attaques les plus triviales. Ne nous trompons pas, ce n'est pas parce que ce niveau est considéré comme « élémentaire » qu'il est à peine meilleur que la zone d'humiliation. Bien au contraire. L'effort pour passer de la zone d'humiliation au niveau de sécurité élémentaire est très important.

Voici les mesures de sécurité généralement constatées dans un SI situé au niveau de sécurité élémentaire.

- Les accès à Internet ont été rationnalisés, centralisés et contrôlés.
- Les systèmes les plus exposés à Internet ont été *patchés* et sécurisés.
- Les postes de travail ont aussi été sécurisés, ou sont en passe de l'être.
- Il n'y a plus de mots de passe triviaux dans les équipements les plus sensibles.
- Il existe un début de supervision de la sécurité, mais elle est encore embryonnaire. Elle se limite pour le moment à surveiller vraiment les antivirus et à jeter un coup d'œil occasionnel aux journaux du pare-feu.
- Une première revue des comptes du domaine a permis de supprimer les comptes de personnes ayant quitté depuis longtemps l'entreprise. De plus, cela a permis de retirer du groupe « administrateur du domaine » des utilisateurs qui n'avaient aucune raison d'y être.

Ces mesures contribuent à diminuer sensiblement la surface d'exposition aux menaces. Cependant, il faut être conscient qu'à ce stade, le système d'information est encore loin d'être sûr. Une personne mal intentionnée prenant le temps de le faire n'aura pas de difficulté majeure pour trouver une brèche de sécurité et concevoir une attaque ciblée.

> **Exemple**
> Prenons l'exemple d'une entreprise ayant fait l'effort de centraliser tous ses accès à Internet sur un point unique et maîtrisé, ayant sécurisé tous ses postes de travail et ayant fait en sorte que les mots de passe permettant d'administrer les serveurs soient complexes. Cette situation peut donner au RSSI une illusion de sécurité. En effet, si les hyperviseurs permettant de piloter les machines virtuelles ont été oubliés dans le projet de complexification des mots de passe (ce qui arrive souvent), il est fort probable qu'ils aient gardé des mots de passe triviaux. Aussi, malgré tous les efforts consentis pour sécuriser le SI, une personne malveillante découvrant ce mot de passe commun pourra très simplement provoquer des dégâts importants en bloquant d'un coup tous les serveurs virtuels et les traitements qui leur sont associés.

La persistance de risques résiduels sur ces SI s'explique par les carences que l'on constate généralement dans le niveau de sécurité élémentaire.

- Les règles de filtrage entre les différents réseaux et DMZ sont trop complexes, même si un premier travail de clarification a été effectué, si bien que les réseaux sont encore perméables.
- Il n'existe toujours pas de gestion fiable des identités (revues des comptes système, applicatifs, des droits, etc.). Les utilisateurs bénéficiant d'accès privilégiés aux ressources sont encore bien trop nombreux.
- Si un effort a été consenti pour adopter de bons mots de passe pour les utilisateurs, on trouve encore trop facilement des équipements système et réseau protégés par des mots de passe triviaux, ou par défaut.
- Les applications sont vulnérables aux attaques de cross site scripting, injections SQL, etc.
- Les utilisateurs et les applications accèdent toujours aux bases de données en tant qu'administrateur.
- Si les systèmes les plus exposés sont *patchés*, les plus sensibles ne le sont toujours pas.
- La supervision de la sécurité est encore artisanale.

En somme, il reste encore d'importants efforts pour arriver à un niveau de sécurité satisfaisant. Néanmoins, si, à ce stade, les atteintes graves au système d'information sont encore possibles, elles sont un peu plus difficiles à réaliser que dans la zone d'humiliation.

Nous pouvons dire que si, à ce niveau, le RSSI a fait le minimum indispensable pour sécuriser son SI, ce dernier est encore exposé à de trop nombreuses menaces. Sa responsabilité et celle de sa hiérarchie sont moins engagées, mais cela ne le dispense pas de poursuivre les efforts de sécurisation.

Niveau de sécurité maîtrisée

Dans le niveau de sécurité maîtrisée, tout ce qu'il était raisonnable de réaliser avec les moyens et le temps disponibles a été fait. Les propriétés listées ci-après dénotent un SI ayant atteint un tel niveau.

- Les informaticiens (administrateurs système et développeurs) ont acquis les bons réflexes. L'aspect le plus flagrant (mais pas le seul) est l'usage par tous de bons mots de passe.
- Les utilisateurs sont sensibilisés aux bonnes pratiques. Ils tombent moins souvent dans les pièges habituels (pièces jointes piégées, hameçonnage, etc.) et ils collaborent avec la DSI en cas d'incident.
- Des revues régulières sur les accès aux infrastructures (pare-feu, serveurs, bases de données, contrôleurs de baies, de disques, etc.) et sur les accès aux applications donnent une assurance raisonnable que seules les personnes habilitées accèdent aux ressources.

- Les points clés du SI sont surveillés, permettant de détecter et de qualifier rapidement les événements de sécurité. Ceci se fait généralement par le moyen d'un SOC.
- Chacun sait comment agir en cas d'incident de sécurité, car un processus de gestion d'incidents est formalisé, exploité et amélioré régulièrement.
- Enfin, un véritable contrôle interne de la sécurité est appliqué afin de s'assurer que les mesures de sécurité techniques sont opérationnelles et efficaces.

Ces mesures font en sorte que le SI résiste bien aux atteintes élémentaires. Pour compromettre le SI, l'attaquant doit maintenant concevoir des attaques bien plus complexes, nécessitant une véritable expertise. Et même dans ce cas, les dispositifs de surveillance et de gestion d'incidents permettent de détecter, puis de limiter l'impact de telles attaques.

Malheureusement, certaines situations chroniques dans toutes les entreprises doivent tempérer notre enthousiasme.

- La complexité atteinte de nos jours par les SI a rendu impossible une sécurisation complète.
- Même si les identités sont très bien gérées, il est impossible d'avoir la certitude absolue qu'aucun compte indûment privilégié n'est passé à travers les mailles des revues.
- Certains systèmes ou applications historiques échappent totalement à la sécurité, car ils sont tellement anciens, et les compétences pour les maintenir sont tellement absentes, qu'il est souvent plus risqué d'y toucher que de ne rien faire.
- Il arrive que certaines directions de l'entreprise résistent encore aux bonnes pratiques ; des raisons politiques nécessitent d'attendre la retraite ou la mutation de certains responsables clés pour évoluer.

Face à cette situation, le RSSI doit procéder à un inventaire de tous ces risques résiduels et, pour chacun, proposer soit leur acceptation, soit leur contournement. L'acceptation de certains risques résiduels peut être motivée par des considérations économiques, ou parce que les impacts sont jugés acceptables, ou bien encore par des considérations conjoncturelles.

> **Exemple**
> Une vieille application métier stockant dans un fichier tous les mots de passe de tous les utilisateurs est un danger important pour l'entreprise. Pourtant, s'il est prévu de remplacer cette application dans les six mois qui viennent, la direction peut parfaitement juger acceptable le fait de ne rien entreprendre pour sécuriser l'ancienne application. En effet, le coût et le risque opérationnel de modifier l'ancienne application sont disproportionnés si l'on tient compte de sa disparition prochaine.

C'est pour cette raison qu'en général, le niveau de sécurité maîtrisée est très rarement atteint. Dans la réalité, seuls quelques îlots très sensibles du SI sont portés à ce niveau.

Quels chantiers lancer ?

Considérons que l'état des lieux réalisé par le RSSI mette en évidence que le SI est dans la zone d'humiliation. La priorité numéro un du RSSI sera de quitter cette zone aussi vite que possible. Cette volonté d'en sortir doit être quasi obsessionnelle. Pour cela, il réalisera un plan d'action.

Ce plan d'action est souvent appelé « plan de traitement des risques ». Il se traduit concrètement par un document reprenant la liste de tous les projets à lancer. Un plan de traitement des risques compile un ensemble de fiches (une par lancement de projet) présentant au moins les rubriques suivantes.

- **Nom du projet :** l'idée est d'identifier très clairement le projet en question.
- **Rappel du contexte :** il s'agit ici de rappeler la situation dans laquelle se trouve le SI dans le domaine concerné, en explicitant le problème qui se pose, pour faire comprendre pourquoi le projet est nécessaire.
- **Objectifs :** les objectifs concrets à atteindre doivent être précisés de la façon la plus claire possible, pour aider à calibrer le projet.
- **Priorité :** plusieurs niveaux de priorité peuvent être attribués, en fonction de la sensibilité et de l'urgence du projet. Chacun peut définir sa propre échelle de priorité.
- **Charge :** elle permettra de provisionner les moyens nécessaires en temps, en compétences et en argent pour mener à bien le projet.
- **Précisions supplémentaires :** d'autres points peuvent être ajoutés, comme des relations d'ordre entre les différents projets, d'éventuelles dépendances, des risques particuliers, etc.

Cette liste de rubriques n'est pas exhaustive. Nous sommes ici dans le domaine classique de la gestion de projet. Rien n'empêche de compléter ce plan par un diagramme de Gantt ou un diagramme de Pert.

Quels sont concrètement ces projets de sécurité opérationnelle que l'on retrouvera dans le plan de traitement des risques ? Une réponse générique consisterait à dire que tout projet permettant de réduire la surface d'exposition aux risques a toute sa place dans ce plan.

De façon plus concrète, voici les principaux chantiers à lancer.

- **Réseaux :** ils sont devenus tellement complexes que, très souvent, personne en interne n'en connaît la topologie exacte. Dans ces conditions, il est très difficile de garantir la sécurité. La sécurité du réseau sera donc un des tout premiers chantiers à lancer.

- **Accès distants :** avec l'informatique mobile, les solutions d'accès distant se sont multipliées, si bien qu'elles ont tendance à se disperser. La DSI peine souvent à garder la maîtrise de ces accès, ce qui présente un risque important en matière de sécurité.
- **Journalisation :** elle permet soit de détecter des actes de malveillance, soit de comprendre la nature et la profondeur des attaques. En ce sens, mettre en place une journalisation bien structurée est un préalable à la gestion des incidents.
- **Mots de passe :** un autre chantier très prioritaire est celui des mots de passe car, bien que des mécanismes permettent d'imposer de bonnes pratiques dans le domaine, l'expérience montre que les mots de passe sont encore une source de vulnérabilités majeure dans les systèmes d'information.
- **Postes de travail :** alors que de nombreuses attaques ciblent le poste de travail, la seule barrière de protection est souvent l'antivirus qui, à lui seul, peine à protéger efficacement l'utilisateur. La sécurisation du poste de travail ne se limite pourtant pas à l'antivirus.
- **Gestion des antivirus :** cet outil est souvent la première ligne de défense face aux actes de malveillance. Il est donc capital qu'il soit correctement déployé et opérationnel. Nous verrons que, contrairement aux idées reçues, ce n'est malheureusement pas toujours facile.
- **Serveurs :** si les responsables des postes de travail sont réticents à sécuriser le parc, c'est encore plus vrai pour les serveurs, que les responsables de la production hésitent à protéger, de peur de générer des régressions de service. Le RSSI doit faire preuve de détermination pour sécuriser les serveurs.
- **Sauvegardes :** tous les systèmes d'information ont des dispositifs de sauvegarde des données. Cependant, peu d'exploitants testent de façon régulière les restaurations.
- **Gestion des identités et des droits :** ce domaine couvre la création/suppression des comptes ainsi que l'attribution/modification des droits. La formalisation de ces processus laisse généralement à désirer et on constate souvent des carences graves en matière de suivi des droits applicatifs.
- **Continuité de l'activité :** mettre en place un plan de continuité d'activité ou un plan de reprise d'activité est un projet à part entière qui nécessite un investissement très fort de la DSI et des métiers. Il est très fréquent que les organismes ne s'impliquent pas autant qu'il le faudrait.
- **Tiers :** à l'ère de la sous-traitance et du cloud, plus un seul SI ne fonctionne en autarcie. Les tiers sont souvent amenés à opérer des pans entiers du SI. Aussi est-il capital de bien cadrer avec eux les règles et les pratiques en

matière de sécurité. Nous verrons qu'il sera nécessaire de mettre en place un processus de contrôle des tiers.

- **Cloud :** les contraintes liées au cloud sont très spécifiques et doivent être traitées le plus en amont possible.
- **Incidents de sécurité :** comme il est certain que, tôt ou tard, tout SI subira un jour un incident de sécurité, il est essentiel de savoir réagir rapidement et avec pertinence. C'est pourquoi ce chantier devra être lancé.
- **Juridique :** le RSSI est régulièrement amené à opérer des processus extrêmement cadrés réglementairement. Il est donc important de s'intéresser à la question juridique.
- **Infrastructures spontanées :** ces infrastructures, déployées spontanément par les utilisateurs, présentent de nombreux risques. Il faut savoir gérer ce phénomène.
- **Expirations bloquantes :** certificats, noms de domaines et licences, voici trois éléments pouvant poser de graves problèmes de production s'ils ne sont pas gérés correctement.
- **Sensibilisation :** s'il ne s'agit pas à proprement parler d'une mesure de sécurité opérationnelle, la sensibilisation permet de rendre les utilisateurs plus méfiants face aux pièges classiques qui leur sont tendus. De plus, la collaboration des utilisateurs est indispensable pour construire la sécurité. Un chantier de sensibilisation est donc nécessaire.
- **Audits :** les RSSI sont confrontés à des audits tellement fréquents que leur gestion est devenue un processus opérationnel à part entière.
- **Le tout-venant :** il s'agit ici de servir toutes les demandes en sécurité n'entrant pas dans le cadre de processus standards. Il faut savoir y répondre.

C'est par l'accomplissement de ces « petits » chantiers que le SI sortira progressivement de la zone d'humiliation. Il sera alors possible de passer aux niveaux de maturité plus élevés.

Les chapitres suivants détaillent chacun des chantiers évoqués précédemment. Dans le dernier chapitre, nous reviendrons sur cette classification à trois niveaux et nous la confronterons à la réalité des SI d'aujourd'hui.

Chapitre 2

La sécurité des réseaux

Les réseaux sont un point névralgique du SI et les sécuriser est une priorité absolue. C'est pour cette raison que ce chantier est un des tout premiers à lancer. La première étape consistera à cartographier le réseau. Ce n'est que dans un second temps que les actions concrètes de sécurisation pourront être entreprises. L'objet de ce chapitre est de détailler ces deux étapes.

Cartographier le réseau

Deux phénomènes ont marqué les réseaux ces dernières années : l'interconnexion et la complexification. Les réseaux sont aujourd'hui massivement interconnectés : tout d'abord au sein de l'entreprise, pour relier les principaux centres ainsi que les différents sites secondaires, mais aussi avec les différents partenaires et sous-traitants. Cette interconnexion s'accompagne d'une complexification des protocoles : VLAN routés, VLAN non routés, protocoles de routage divers, traduction d'adresse, adressage virtuel, dispositifs de haute disponibilité dédoublant le schéma réseau, protocoles WAN variés, protocoles de qualité de service, technologies de liaison WAN point-à-point. Si pris unitairement tous ces dispositifs sont assez lisibles, ils deviennent très complexes du fait de leur cumul. Interconnexion et complexification ont ainsi rendu le réseau difficile à lire. Dès que l'organisme dépasse la taille d'une PME, son réseau devient très compliqué à appréhender. Cette situation est flagrante dans les banques, les assurances, ainsi que dans certaines grandes administrations, à tel point que, souvent, plus personne en interne ne connaît la topologie réelle et complète du réseau.

> **Remarque**
> Dans les très grandes structures, il arrive que seuls quelques consultants externes, régulièrement amenés à intervenir pour des prestations d'architecture ou de sécurité, aient une vision claire et globale du réseau. S'il n'y a naturellement aucun problème à externaliser l'expertise ainsi que la réalisation, il est très inquiétant de perdre la maîtrise de l'architecture. Réinternaliser la maîtrise du réseau devrait être une priorité.

Pour sécuriser, il est d'abord indispensable de connaître. La première tâche à réaliser est donc de cartographier le réseau en faisant figurer tant les différents LAN que les liaisons WAN éventuelles qui les relient. Il convient d'observer deux points.

- **Niveau trois :** la première règle à respecter est de faire abstraction de la couche liaison (couche 2 du modèle OSI). Ainsi, si plusieurs VLAN sont routés entre eux, il faut les représenter comme un seul réseau. Se focaliser sur la couche réseau (couche 3 du modèle OSI) simplifie grandement la lisibilité des flux.

- **Pas de redondance :** depuis l'avènement des protocoles de haute disponibilité, tous les équipements sensibles sont doublés afin d'assurer la continuité de service en cas de panne d'un élément. Ce phénomène touche autant les commutateurs, les pare-feu, les routeurs que les répartiteurs de charge. Plus un réseau n'échappe à ces mécanismes. La formalisation de ces éléments d'architecture sur un schéma a une conséquence dommageable. Elle rend le schéma illisible, car rempli de croix. Pour corriger cet effet, il suffit d'ignorer la redondance, sans la faire figurer sur les schémas.

Une fois la topologie connue, il faut repérer tous les points d'architecture pouvant courir des risques. Dans ce domaine, il s'agit surtout d'une question de « coup d'œil ». Voici quelques pistes pour repérer ces points à risque.

- **Les accès multiples à Internet :** s'il y a un point à formaliser, c'est bien les accès à Internet. Il arrive régulièrement que des entités importantes d'une société disposent de leur propre accès, multipliant ainsi l'exposition du SI par rapport à l'extérieur. Il n'est pas rare non plus que de petites entités, voire des agences ou même des services dans un siège fournissant pourtant un accès, achètent un accès Internet (de type ADSL grand public) pour faciliter les communications. L'exposition du SI se trouve encore plus élargie.

- **Les raccourcis réseau :** lorsque l'on formalise le réseau, on obtient progressivement un schéma sur plusieurs couches, la couche supérieure étant Internet et la couche inférieure étant le LAN du site en question. Entre les deux, différents niveaux de sécurité et de services se superposent par strates. Si le réseau est bien formalisé, on pourra repérer très facilement des « flèches » reliant directement l'intérieur du réseau avec

Internet, sans transiter par les strates intermédiaires. Ce sont des liaisons directes, sortes de courts-circuits entre deux réseaux. Ces liaisons sont autant de portes ouvertes. Si elles sont souvent justifiées par des raisons fonctionnelles plus ou moins pertinentes, il arrive parfois qu'on ne se rappelle même plus pourquoi elles sont là. Ces courts-circuits doivent faire l'objet d'une grande vigilance. Un flux qui ne traverse pas les strates appropriées doit avoir de très bonnes raisons pour les éviter, sinon il doit emprunter le chemin classique en rebondissant sur au moins une DMZ.

- **Les redondances asymétriques :** nous venons de dire plus haut que la modélisation doit faire abstraction des systèmes de haute disponibilité, car ils rendent les schémas illisibles. En revanche, une fois que la modélisation a été réalisée, il convient de vérifier que les équipements doublés dans le but d'assurer de la haute disponibilité ont bien les mêmes fonctions. En effet, il peut arriver que deux équipements réseau en apparence identiques, voués uniquement à se secourir mutuellement, remplissent des fonctions différentes et n'aient pas le même nombre de liaisons.

Sécuriser le réseau

Une fois que la cartographie est réalisée, la sécurisation du réseau devient possible. Cette section commence par présenter l'approche classique, qui est de loin la plus répandue. Toutefois, de nouvelles approches de sécurisation voient le jour, liées à l'évolution du contexte des entreprises. Il est intéressant de les présenter.

Démarche classique

Les leviers les plus classiques pour sécuriser le réseau consistent à unifier les accès à Internet, à supprimer les accès spontanés et à revoir la justification des liaisons court-circuitant les différentes strates intermédiaires du réseau. Enfin, un travail de rationalisation des DMZ est souhaitable. Toutes ces actions sont détaillées ci-après.

- **Unifier les accès à Internet,** qui sont autant de points d'entrée sur le système d'information. Il convient de les centraliser en un point unique. La raison principale avancée par les entités qui choisissent d'avoir leur propre accès à Internet est la performance. Elles se plaignent souvent des lenteurs chroniques de l'accès central. Aussi, pour réussir à fédérer tous les accès en un seul, il est capital de proposer un débit très satisfaisant, répondant aux exigences de performance et de disponibilité de toutes les entités avec, en plus, une marge de manœuvre suffisante pour satisfaire aux besoins à venir. Sans des performances et une qualité de service supérieures, l'accès centralisé n'aura aucun succès.

- **Supprimer les accès « spontanés »** : nous avons vu dans la section précédente que certaines petites agences, voire certains services dans l'entreprise, prenaient l'initiative de mettre en place des accès à Internet de type grand public. La motivation de ce choix est souvent la même, c'est-à-dire les performances et la volonté d'échapper au filtrage central jugé trop contraignant pour certains. Ces lignes n'étant pas toujours officiellement déclarées, il est donc très difficile pour le RSSI d'en faire un inventaire fiable ; et c'est surtout par le bouche à oreille qu'on arrive à les identifier. Le RSSI doit d'abord faire preuve d'autorité, en opposant la politique de sécurité aux contrevenants, mais il doit aussi convaincre que l'accès centralisé à Internet est tout aussi performant qu'un accès ADSL grand public.

- **Remettre en question les courts-circuits** : les courts-circuits sont des liaisons directes entre l'intérieur et l'extérieur du réseau, ignorant ses strates intermédiaires. La cartographie du réseau les fait clairement ressortir. Ces courts-circuits sont souvent justifiés par des besoins techniques : accès privilégié pour les administrateurs système et réseau, applications ne supportant pas de traverser un proxy, régressions de fonctionnalités en traversant les strates du réseau. Ces justifications doivent être réexaminées une par une. Souvent, on constate que c'est davantage par confort que par nécessité que ces accès directs ont été établis et il suffit de quelques séances de travail pour proposer des alternatives. Le travail du RSSI consistera donc à convaincre les uns et les autres que ces accès ne sont plus nécessaires, que les flux peuvent rebondir par les différentes strates prévues à cet effet, sans pour autant réduire les performances ni régresser dans les fonctionnalités.

- **Rationaliser les DMZ** : il s'agit des réseaux intermédiaires, généralement raccordés au pare-feu. Elles servent à rebondir entre deux niveaux d'un réseau. En principe, les DMZ ne sont pas de simples zones de rebond. Elles sont censées apporter des fonctionnalités de sécurité telles que le filtrage fin des flux en entrée et en sortie de DMZ, l'authentification et la traçabilité des accès applicatifs, la limitation de certaines fonctionnalités utilisateur, ou la mise à disposition partielle des données consultables depuis l'extérieur (bases LDAP, bases de données, etc.). Or, l'expérience montre que les DMZ sont souvent utilisées comme de simples zones de rebond, parce qu'il est communément acquis qu'il ne faut pas de liens directs entre l'intérieur et l'extérieur. Cependant, si une DMZ ne fournit aucun autre service que de relayer les flux, elle a peu d'intérêt, puisqu'en cas d'attaque, elle se contente de la relayer vers la destination. Il n'est donc pas insensé de supprimer ces DMZ qui ne font rien d'autre que du rebond. Un autre point problématique sur les DMZ est leur multiplication. Une revue générale des DMZ et de leur fonctionnalité doit être réalisée. Cette revue peut conduire à réunir en une seule plusieurs DMZ destinées à des

usages similaires et de même niveau de sensibilité. Cette mutualisation contribuera à simplifier l'architecture réseau et à faciliter la maintenance des règles de filtrage. Naturellement, il ne faut pas tomber dans l'excès qui consisterait à mutualiser indistinctement toutes les DMZ en une seule.
- **Rationaliser les accès distants:** souvent, les solutions d'accès distant ont tendance à se cumuler dans le temps, si bien que le réseau dispose simultanément de plusieurs points d'entrée privilégiés. Il est important de rationaliser ces accès. Le chapitre 3 de ce livre détaille cette question. Le lecteur intéressé est invité à le consulter.

> **Remarque**
> Le terme DMZ signifie «zone démilitarisée», allusion à la bande neutre séparant les deux Corées. Comme son nom l'indique, c'est une zone sans armements. Du point de vue strictement linguistique, utiliser le terme DMZ pour protéger les réseaux est un non-sens, puisque précisément, les DMZ sont des zones ultra-militarisées, avec des dispositifs de sécurité variés. Ces DMZ sont en fait des «zones militarisées».

En plus de ces actions purement techniques, il convient de formaliser un processus de gestion des règles pour les pare-feu. Le but est de pouvoir justifier les demandes d'ouverture ou de modification de flux. On peut recourir pour cela à un formulaire que les équipes projet devront impérativement remplir avant toute ouverture ou modification de flux. On fera figurer dans ce formulaire la suite qui a été donnée à la demande (acceptation/refus/adaptation) et sa motivation. L'archivage de ces formulaires sera très utile lorsqu'on aura besoin de comprendre, plusieurs mois après leur mise en œuvre, quelle est la raison d'être de telle ou telle règle. De plus, ces fiches faciliteront grandement le travail des exploitants lorsque des auditeurs viendront les interroger sur les règles de filtrage.

> **Remarque**
> Un exemple de procédure de gestion des règles de pare-feu est proposé en annexe de cet ouvrage.

Limites de la démarche classique

La démarche qui vient d'être présentée est très classique et encore très répandue. Cependant, certains organismes estiment que malgré cet effort de simplification, les réseaux sont encore bien trop complexes. Multiplier des pare-feu pour protéger les différents sites et différentes entités a ses limites.

- **Les pare-feu sont-ils réellement surveillés?** Aujourd'hui, tous les réseaux sont protégés en entrée par un pare-feu. Un des avantages de ces équipements est de permettre de repérer les événements suspects (tentative de connexion à un port donné, scans d'adresses IP). Ils sont généralement configurés pour tracer certains événements jugés sensibles. Souvent, ils tracent même toute l'activité réseau qui les traverse. Hormis celles ayant mis en place un SOC et/ou un SIEM, très peu de sociétés surveillent l'activité de leurs pare-feu. Dans ces conditions, les attaques ne sont pas repérées, même si elles laissent des traces dans les journaux.

- **Les règles sont-elles vraiment lisibles ?** Les pare-feu permettent généralement de regrouper les règles de filtrage par catégories afin d'en faciliter la lecture. Malgré cela, les règles ont tendance à se multiplier jusqu'à atteindre un nombre à partir duquel on perd toute lisibilité. Les règles sont tellement nombreuses que plus personne ne sait comment transitent les flux. Une personne malveillante peut profiter de la complexité des flux pour trouver une brèche dans la base de règles et pénétrer dans le réseau.

- **À quoi bon filtrer puisque tout passe par HTTP ?** Un autre argument avancé par les détracteurs des pare-feu est que, même si tous les flux non autorisés sont correctement bloqués, les flux HTTP et HTTPS sont toujours ouverts puisque quasiment tous les flux indispensables au fonctionnement du SI ont désormais recours à ces protocoles. Ces flux sont aussi utilisés par les personnes malveillantes, qui y encapsulent leurs attaques. Cela limite grandement l'intérêt du pare-feu.

Au-delà de ces limitations techniques, les détracteurs des pare-feu avancent deux inconvénients majeurs de ces dispositifs.

- **Coût d'exploitation :** ces équipements ont un coût d'acquisition et un coût d'exploitation. De plus, il faut régulièrement mettre à jour leur *firmware* pour pouvoir bénéficier du support de l'assistance. Ces mises à jour sont souvent des interventions délicates, avec un risque non négligeable de régression de service, et donc de paralysie générale du réseau.

- **Entrave à l'intercommunication :** par nature, un pare-feu sert à bloquer tout ce qui n'est pas explicitement autorisé. Ainsi, dès qu'un changement survient, qu'il s'agisse d'une nouvelle application à faire communiquer ou d'une évolution d'infrastructure, il est nécessaire de créer des règles spécifiques. La déclaration et l'application des nouvelles règles prennent parfois du retard, ralentissant ainsi les équipes projet.

Autres démarches

Ce réquisitoire, difficile à contester, a conduit certaines sociétés à se tourner vers une autre approche pour sécuriser les réseaux. Elle concerne surtout les très grands réseaux, répartis sur plusieurs sites et plusieurs entités. L'approche consiste à interconnecter tous les sites de la société par un WAN unique, en faisant disparaître tous les pare-feu en interne.

Cette approche conserve l'accès unique à Internet comme dans la démarche de sécurisation classique. Les centres de production, répartis sur plusieurs sites et entités différentes, sont centralisés sur un ou deux points centraux. Tous les serveurs de toutes les entités sont concentrés dans ces centres de traitement. Naturellement, ces points sont protégés au niveau réseau par des pare-feu. En revanche, les entités et les sites n'hébergeant plus de moyens de traitement se voient supprimer leurs pare-feu.

Quels sont les avantages principalement escomptés dans cette approche ? Ils sont au moins au nombre de deux.

- **Fluidification des applications :** le déploiement de nouvelles applications et de nouvelles infrastructures est grandement fluidifié, puisque plus aucun dispositif de filtrage réseau ne vient bloquer les déploiements en interne.
- **Réduction des coûts :** la concentration des pare-feu dans les quelques centres de traitement permet de rationaliser les coûts de mise en conditions opérationnelles.

Cette approche n'est pas sans risque, car les sites ne sont plus protégés les uns par rapport aux autres. Une attaque sur un site peut se propager très facilement sur tout le reste du réseau, puisque les équipements de filtrage interne ont disparu. C'est pour cela qu'il est vivement conseillé que la mise en place de cette approche s'accompagne de deux mesures de sécurité.

- **Sécurisation des postes de travail :** le poste de travail, qui était jusqu'alors protégé par un pare-feu, se retrouve exposé. Il est donc indispensable de sécuriser tout le parc pour résister aux attaques réseau. Cette sécurisation doit être faite avant la suppression des filtres en interne et elle doit s'accompagner d'un suivi attentif de la sécurité du parc, notamment par des indicateurs régulièrement consultés.
- **Détection d'intrusion :** ces équipements sont controversés car ils ont la réputation, d'une part, d'être très difficiles à régler et, d'autre part, d'être relativement faciles à contourner. Cela se fait généralement en submergeant le détecteur d'intrusion d'une pluie de faux positifs, ce qui permet de faire passer la véritable attaque inaperçue.

Certains organismes poussent la démarche encore plus loin. Ils vont jusqu'à supprimer purement et simplement le WAN pour le remplacer par Internet. Les liaisons intersites sont alors protégées par l'établissement de communications chiffrées et authentifiées.

Ce ne sont naturellement pas des considérations sécuritaires qui incitent les organismes à opter pour cette approche. C'est surtout pour des raisons de réduction des coûts, de fiabilisation et de flexibilité qu'ils s'y prêtent. En effet, cette approche est très en phase avec l'hyperévolutivité des entreprises d'aujourd'hui. Elles ont un besoin continuel de se restructurer, de se réorganiser et de se déplacer pour vivre. Le fait de se dispenser du carcan d'un réseau géré en interne est très intéressant pour elles.

Naturellement, cette approche induit de nouveaux risques qu'il faut étudier avant le déploiement.

Chapitre 3

Accès distants

Les évolutions techniques ont conduit à une telle mutation dans la façon de travailler que l'on ne trouve plus de nos jours une seule entreprise qui ne soit reliée à des partenaires ou qui ne fournisse un accès distant à ses collaborateurs. Les accès se sont ainsi multipliés, créant autant de points d'entrée sur le système d'information, que le RSSI se doit de protéger. L'objet de ce chapitre est de rappeler les principales solutions d'accès distant puis de faire un focus sur les précautions à prendre dans le domaine.

Enjeux des accès distants

Nous verrons plus loin que les moyens d'accéder au SI à distance ne manquent pas. Il va donc falloir choisir, mais à l'heure de retenir une solution plutôt qu'une autre, il faut tenir compte d'un certain nombre d'enjeux propres aux accès distants. Parmi ces enjeux, on pense spontanément à l'authentification et au chiffrement des échanges, mais il en existe d'autres.

- **Authentification :** les deux parties impliquées dans la communication doivent s'authentifier. Cette authentification peut varier de la simple saisie d'un identifiant et d'un mot de passe, à l'usage d'un dispositif physique (on dit aussi *token*).
- **Confidentialité des échanges :** si, en principe, le chiffrement des échanges est facultatif, il paraît aujourd'hui impensable de fournir un accès distant sans chiffrer les flux. Les protocoles de chiffrement sont nombreux.
- **Limitation des ressources accédées :** une question que l'on doit se poser à l'heure de fournir un accès distant est la suivante : à quelles ressources du SI a-t-on droit une fois que l'on s'est authentifié et que la communication est établie ?
- **Traçabilité des actions :** bien que contrôlé, l'accès distant est une porte d'entrée vers le SI. Il est donc important de tracer les actions, au moins les connexions et les déconnexions. Une trace des objets auxquels on a accédé est un plus.

Les protocoles pour assurer ces fonctions sont aujourd'hui fiables, sûrs et très satisfaisants, surtout dans le domaine de l'authentification et de la confidentialité. De plus, le marché regorge de solutions gratuites ou payantes, adaptées à chaque besoin. Du point de vue technique, le problème des accès distants n'est donc plus au niveau du protocole ou de la solution. Il est essentiellement centré sur le choix d'implémentation dans l'entreprise, sur l'usage qui en est fait et le soin que l'on porte à la configuration. Les aspects organisationnels sont aussi très importants et ils seront abordés plus loin dans ce chapitre.

À chaque usage sa solution technique

Les solutions techniques pour accéder à distance au SI sont très variées, et reposent sur des choix techniques très différents. Chaque solution correspond à un besoin. Nous allons passer en revue les principales solutions.

Réseaux privés virtuels

Une première solution d'accès distant consiste à déployer un réseau privé virtuel. Cet usage est approprié pour les besoins de connectivité IP étendue et durable entre deux sites distants. Ainsi, toute machine d'un site (serveur ou poste de travail) peut communiquer en IP avec toute machine du site distant (serveur ou poste de travail). Pour cela, il est possible soit d'utiliser un réseau d'opérateur, soit de transiter via Internet. On peut même recourir à une liaison point à point, si seuls deux sites doivent être reliés.

> **Terminologie**
> En principe, l'acronyme pour « réseau privé virtuel » devrait logiquement être RPV. Cependant, c'est VPN qui s'est imposé, pour *Virtual Private Network*.

Les VPN sont indiqués essentiellement pour les interconnexions au sein d'une même entreprise, ou au sein de différentes entités d'un même groupe.

- **Réseau d'opérateur :** MPLS est aujourd'hui le protocole le plus utilisé pour interconnecter en IP plusieurs sites. Le premier avantage d'un tel réseau est qu'il présente un excellent taux de disponibilité, vu que les flux empruntent le réseau fortement maillé de l'opérateur (donc résistant aux pannes). De plus, le fait que les flux transitent exclusivement par le réseau privé de l'opérateur, et entièrement maîtrisé par lui, est un point positif en termes de confidentialité. Notons pour terminer qu'il est possible de contracter de la qualité de service, ce qui est un point important pour certains usages comme la téléphonie ou la vidéo.

- **Réseau Internet :** une solution plus flexible consiste à transiter via Internet, en utilisant le protocole IPSec, en mode « site à site ». Ainsi, bien qu'ils traversent l'infrastructure publique et non sécurisée qu'est Internet, les flux entre les deux sites sont mutuellement authentifiés et chiffrés. Cette solution présente l'avantage de ne pas nécessiter d'abonnement à un réseau MPLS. En revanche, il est quasiment impossible de garantir la qualité de service de bout en bout.
- **Ligne point-à-point :** si les anciennes lignes louées (comme Transfix) n'existent plus, ou sont en passe de disparaître, des évolutions techniques ont permis aux opérateurs de proposer des lignes spécialisées point-à-point de niveau deux, prolongeant la connectivité Ethernet entre deux sites. Ainsi, des flux de tout type, même non IP, peuvent être échangés, avec des débits adaptés aux besoins actuels.

Dans le cas où l'interconnexion a pour but de relier le SI de l'entreprise avec un partenaire, un prestataire ou un client, il faut impérativement que les flux provenant de ce tiers aboutissent dans une DMZ au sein de laquelle des relais applicatifs assureront des fonctions de sécurité, telles que l'authentification des utilisateurs, la limitation des possibilités de rebond (via des règles de filtrage), ainsi que des limitations applicatives. En règle générale, il ne faut jamais offrir une connectivité IP totale à un tiers. Il faut le cloisonner au strict nécessaire. Un travail soigneux d'architecture doit donc être entrepris au préalable. D'ailleurs, rien n'empêche de prendre cette précaution pour les connexions entre deux entités du même groupe.

Il faut signaler que toutes ces solutions nécessitent un équipement spécifique sur chaque site (routeur, tête de tunnel, etc.), avec une concertation préalable entre les différentes entités amenées à communiquer.

Publication d'applications sur Internet

Tous les utilisateurs distants ne requièrent pas forcément d'avoir accès à l'intégralité du SI. D'ailleurs, ils n'ont pour la plupart besoin d'accéder qu'à un ensemble très limité de ressources. Il s'agit généralement d'utiliser la messagerie, de consulter l'intranet et d'accéder à quelques applications métier incontournables.

En revanche, l'utilisateur distant est susceptible de se connecter depuis son domicile ou en déplacement. On ne peut donc pas l'identifier par son adresse IP ou par un routeur spécifique spécialement configuré pour lui.

Pour répondre à ce besoin, la solution courante consiste à publier sur Internet les applications nécessaires. Le serveur s'authentifie auprès du client en présentant son certificat. À son tour, le client s'authentifie auprès du serveur en saisissant son identifiant puis son mot de passe. La suite des échanges est chiffrée via les protocoles SSL ou TLS.

Pour accéder à des services jugés sensibles, il est possible de renforcer l'authentification du client, soit en lui imposant un certificat client, soit en utilisant un *token* (que ce dernier soit physique ou logique).

La publication de ces applications sur Internet offre une grande flexibilité, mais elle les expose directement aux attaques. Un soin particulier doit être porté sur leur résistance aux tentatives de *cross site scripting*, d'injections SQL et autres attaques courantes. Les serveurs fournissant le service doivent être installés dans des DMZ. La configuration de ces équipements doit être soignée.

Tunnel client

Certains utilisateurs distants ne peuvent se contenter d'un accès aussi restreint aux ressources du SI. C'est le cas des administrateurs qui, par la nature de leur fonction, sont amenés à accéder à tout le SI.

Dans ce cas, une solution consiste à monter un tunnel entre l'utilisateur distant et le SI. Bien que transitant via un réseau public, les flux sont encapsulés dans le tunnel. Ainsi, l'utilisateur dispose d'une adresse publique, qu'il utilise pour accéder à la destination, et d'une adresse interne au SI, encapsulée dans le tunnel. Il peut donc accéder à tout le réseau comme s'il était à l'intérieur de l'entreprise, pour peu qu'aucun dispositif de filtrage explicitement placé à cet effet ne l'en empêche.

Comme pour la solution précédente, le serveur s'authentifie généralement auprès du client en présentant un certificat. Quant à l'utilisateur distant, il peut s'identifier soit en saisissant un mot de passe, soit en utilisant une solution plus solide à base de *token*.

Cette solution nécessite généralement d'installer sur le poste de travail de l'utilisateur un jeu de clés publique et privée pour s'authentifier. Il est important que les fichiers contenant les clés privées (ou le mot de passe protégeant les clés) soient bien protégés en lecture.

Les solutions, payantes ou gratuites, sont très nombreuses. Il est conseillé de retenir celles qui utilisent les protocoles éprouvés que sont IPSec ou SSL/TLS.

Dans de nombreuses solutions, une interface d'administration permet au besoin d'activer ou de désactiver individuellement les utilisateurs. Cela aide à limiter les accès au strict nécessaire.

Accès privés 3G/4G

Une solution qui ne vient pas forcement à l'esprit est l'utilisation du réseau 3G/4G privé. Tous les opérateurs offrent en effet des solutions dites avec « APN privée ».

Le fonctionnement est strictement le même que pour un « accès data » grand public. L'utilisateur dispose ainsi d'une carte SIM qu'il insère directement sur son ordinateur portable ou une clé USB. Après avoir tapé le code PIN, il doit saisir un nom d'utilisateur et un mot de passe. Ensuite, l'opérateur lui octroie une adresse IP. La différence avec les offres grand public est que l'accès qui lui est fourni n'est pas connecté à Internet, mais au SI de l'entreprise. Une autre différence est que l'adresse qui lui est attribuée est toujours la même et est réservée au client (la société dans laquelle travaille l'employé). En fait, ces réseaux sont des sortes de réseau MPLS en 3G.

Ces réseaux sont extrêmement pratiques pour les personnels techniques amenés à faire des tournées dans une région et qui ont besoin d'accéder à des applications internes de l'entreprise. Cela fournit un accès sur tout le territoire sans pour autant publier d'applications sensibles sur Internet.

Bien que très pratique, cette solution n'est pas sans poser quelques problèmes sérieux en matière de sécurité. Le premier est que rien n'empêche l'utilisateur de changer son code PIN et de le positionner à une valeur triviale telle que 0000. Le second problème est que la saisie de l'identifiant et du mot de passe est souvent effectuée de façon transparente par l'utilitaire de communication, pour faciliter le processus de connexion. L'utilisateur n'a ainsi rien à saisir. Cependant, en cas de vol de l'équipement, le voleur n'a qu'à ouvrir une session sur l'ordinateur portable volé pour disposer d'un accès direct au SI.

Un dernier inconvénient est que la gestion des cartes SIM pour ces accès 3G est tout aussi approximative que la gestion des cartes SIM pour les téléphones. Les personnes quittant l'entreprise oublient souvent de restituer la carte SIM. D'autres la confient à des collègues avant d'être mutés, si bien que, rapidement, il est très difficile de savoir qui détient réellement quelle carte SIM.

Aspects organisationnels

En matière d'accès distant, l'aspect organisationnel est encore plus important que l'aspect technique. En effet, la priorité numéro un du RSSI dans ce domaine est de réduire l'exposition du SI aux risques d'intrusion. Pour cela, il dispose de plusieurs leviers, comme la suppression pure et simple des accès reposant sur des technologies obsolètes. Il peut aussi procéder à des revues de droits afin d'évincer tout compte n'ayant plus aucune raison d'accéder à distance au SI. Avant cela toutefois, il devra commencer par centraliser les processus d'attribution.

Centraliser l'attribution des accès

Le passage en revue des solutions techniques fournies aux utilisateurs pour accéder à distance au SI ne suffit pas à reprendre la main. Le RSSI doit se rapprocher de plusieurs usagers de chacune de ces solutions pour prendre connaissance du processus d'attribution des accès. Ici, le côté relationnel est très important. En parlant avec les gens, on s'aperçoit vite que les accès sont souvent attribués de façon décentralisée, par des chemins très différents. Certains de ces canaux sont très stricts ; d'autres, en revanche, sont étonnamment laxistes quant aux vérifications du besoin réel et de l'identité du demandeur.

- **Le service d'assistance :** c'est souvent par lui que les utilisateurs obtiennent des comptes pour accéder au SI à distance. Le RSSI doit prendre connaissance de la procédure, vérifier qu'une validation des demandes est prévue et qu'elle est réellement effectuée.

- **Certains chefs de projet :** on a souvent constaté que les chefs de projet ayant piloté la mise en place d'une nouvelle solution d'accès distant détiennent toutes les autorisations (contacts téléphoniques avec les fournisseurs, droits applicatifs, etc.) pour attribuer des accès distants. Si ces droits sont parfaitement justifiés lors des phases de maquette, test et déploiement de la solution (il faut bien que le chef de projet puisse commander des accès pour lui et son équipe), ils ne sont plus nécessaires une fois la solution en production. Pourtant, l'expérience montre qu'un circuit informel d'attribution d'accès se met spontanément en place autour de ces chefs de projet. Les accès attribués échappent alors à tout contrôle.

- **Les acheteurs :** un autre acteur impliqué dans l'attribution des accès est l'acheteur, c'est-à-dire celui qui commande la ligne, la carte SIM ou le modem au fournisseur. Comme pour le chef de projet, il arrive qu'on lui demande directement d'acquérir un accès, alors que cette demande n'a subi aucun contrôle ni validation.

- **Les services :** enfin, certains services n'hésitent pas à contacter directement les opérateurs pour commander des accès. Trop contents de vendre des solutions à leurs clients, ces derniers ne s'encombrent pas toujours de procédures pour vérifier que la demande est passée par le circuit officiel de validation établi par le client.

Nous voyons donc que le processus d'attribution des contrôles d'accès est très diffus et qu'il n'est pas forcément contrôlé par une entité unique. Pire, le processus de validation des demandes sont très variables, allant d'une vérification rigoureuse avec des critères bien établis, à une attribution informelle, pour peu que l'on sympathise avec les bonnes personnes.

Sur cette question, il est très important que le RSSI reprenne le contrôle du processus d'attribution des accès distants. Si ce n'est pas forcément à lui de valider chaque demande, c'est à lui d'établir les schémas de validation ainsi que les revues des accès. Pour cela, une centralisation est nécessaire.

Pour aider à cette reprise en main des accès distants, il est très utile de disposer d'un article très clair abordant cette question dans la politique de sécurité du système d'information (PSSI). Le RSSI pourra ainsi opposer ce document réglementaire à toute personne ou service qui souhaiterait garder la possibilité d'attribuer des accès distants. Naturellement, une PSSI validée par la direction générale aura plus de poids qu'une PSSI validée uniquement au niveau de la DSI.

> **Exemple**
> La clause suivante permet de légitimer la démarche du RSSI dans sa reprise en main des processus d'attribution des accès distants :
> « Tout accès distant au système d'information doit être réalisé dans le cadre d'un processus validé par la DSI.
> Tout accès distant au système d'information doit faire l'objet d'une validation répondant à des critères précis et établis.
> Il est interdit d'attribuer des accès distants en dehors d'un processus validé par la DSI. »

Supprimer les accès obsolètes

Certaines solutions d'accès distant sont très anciennes, remontant pour certaines à plus de sept ou huit ans. Avec le temps, ces accès sont souvent délaissés par les utilisateurs, qui leur préfèrent les nouvelles solutions, plus performantes et plus simples, fournies depuis par la DSI. Ainsi voit-on souvent des accès à la fois très peu utilisés et très vulnérables car reposant sur des technologies anciennes et non maintenues, pour lesquelles de nombreuses vulnérabilités sont souvent publiées. Ces accès distants sont autant de portes ouvertes non surveillées sur le SI. Afin de diminuer la surface d'exposition aux risques, le RSSI a tout intérêt à les désactiver. La démarche n'est pas très compliquée et peut être menée en quelques étapes très simples.

- **Inventaire des accès :** la première chose à faire consiste à obtenir une liste des personnes ayant un accès. Il arrive fréquemment que plusieurs de ces comptes correspondent à des personnes ayant quitté la société (parfois depuis longtemps). Il arrive aussi que certains comptes aient été transférés à d'autres collaborateurs, à l'occasion de mobilités internes ou de mutations. Enfin, il est conseillé d'identifier les comptes correspondant aux VIP afin de prévenir personnellement ces derniers de l'imminente suppression du service.

- **Première communication** : il convient ensuite de lancer une communication à tout le personnel en annonçant la fin prochaine du service d'accès à distance. Le but de ce message est, d'une part, de prévenir les utilisateurs concernés et, d'autre part, de les motiver à prendre contact avec l'équipe du RSSI (souvent par l'intermédiaire du service d'assistance) pour signaler tout problème qui serait causé par la suppression de cet accès.

> **Exemple**
>
> Le texte ci-après propose un exemple de message à envoyer pour annoncer la fin d'un service d'accès distant appelé KARINE :
>
> « Nous vous informons que le 1er décembre prochain, le service d'accès à distance KARINE sera supprimé. À cette date, plus aucun accès à distance ne sera possible par ce moyen.
>
> Nous vous invitons à prendre contact avec le service d'assistance pour nous signaler tout problème que vous causerait la suppression de ce service. »

- **Prise en compte des réponses** : pendant une semaine, le service d'assistance pourra prendre les appels des personnes pour lesquelles la suppression du service poserait un problème. Généralement, les usages les plus courants sont l'accès à distance à un partage réseau, ou l'accès à une application bien précise, non publiée sur Internet. Le RSSI doit collecter tous les usages résiduels. Il existe presque toujours une alternative très simple pour chacun de ces usages : utilisation d'un autre service d'accès distant, plus moderne et mieux géré, publication d'application sur un extranet, etc. L'équipe Sécurité contactera ainsi chaque personne pour leur proposer des alternatives appropriées.

- **Seconde communication** : deux semaines avant la fin du service, il sera possible d'envoyer à nouveau le message annonçant la fin du service.

- **Prise en compte des réponses** : le service d'assistance prendra à nouveau les appels des personnes concernées.

- **Dernière communication** : la veille de la suppression du service, un dernier message notifiant sa suppression définitive pourra être envoyé.

- **Suppression des accès** : l'accès distant pourra enfin être mis à la réforme.

Faire des revues périodiques

Maintenant que le RSSI a fait l'inventaire des solutions d'accès distant proposées en interne et qu'il a repris le contrôle des processus de validation, il lui est techniquement possible de procéder à des revues périodiques. Le but de ces revues est de limiter autant que possible la surface d'exposition aux risques en supprimant tous les accès individuels n'ayant plus de raison d'être. Pour cela, il demandera à chaque responsable technique de solution d'accès distant une liste de comptes, ainsi que la date de dernière connexion de chaque utilisateur. Cette revue périodique servira à identifier concrètement les cas suivants.

- **Comptes dormants :** la recherche des comptes non connectés depuis plus d'un an permettra d'identifier les personnes ne se servant plus de cette solution. Ces comptes seront supprimés sans risques.
- **Comptes orphelins :** généralement, le processus de suppression des comptes fonctionne bien au niveau de l'annuaire central d'entreprise, si bien que lorsqu'un collaborateur quitte l'entreprise, son compte AD et ses principaux comptes applicatifs sont rapidement supprimés. Cependant, il est rare que cette suppression soit répercutée sur les accès distants, qui sont souvent gérés par un processus indépendant. Si aucune revue n'est jamais réalisée, on se retrouve rapidement avec une liste non négligeable de comptes orphelins.
- **Légitimité :** une fois les comptes dormants et les comptes orphelins supprimés, il reste à passer en revue la légitimité des comptes restants pour confirmer ou révoquer l'accès.

Certaines solutions d'accès distant nécessitent de remettre un *token* à l'utilisateur. Il s'agit généralement d'une calculette, d'une carte à puce ou bien d'une clé USB comportant des clés privées et publiques de l'utilisateur, protégée par un code PIN. Le processus de restitution de ces articles est très souvent déficient, si bien que, suite à une revue, il est très difficile de revenir vers un utilisateur pour lui réclamer son *token*. C'est d'autant plus difficile pour les personnels ayant quitté l'entreprise. La solution la plus simple à ce problème consiste à révoquer le *token*. À partir de ce moment-là, peu importe que le *token* soit perdu ou que quelqu'un essaie de s'en servir. L'accès sera de toute façon refusé.

Valider la sécurité des solutions

La priorité des intégrateurs, qu'ils soient internes à la DSI ou sous-traitants, est que la solution qu'ils déploient fonctionne et donne satisfaction aux utilisateurs. Ces déploiements se font généralement en temps contraint, si bien que les intégrateurs ne prennent pas toujours le temps nécessaire pour affiner les configurations. De plus, ils n'ont pas toujours les compétences pour optimiser le paramétrage dans le sens de la sécurité.

Ceci conduit souvent à ce que les plates-formes d'accès distant ne soient pas toujours bien sécurisées. Il n'est pas rare de constater des failles importantes dans la sécurité de ces solutions, telles qu'elles sont déployées en entreprise : acceptation de protocoles de chiffrement faibles, authentifications faibles, versions logicielles vulnérables à des attaques connues et publiées sur Internet, manquements graves dans la gestion des droits, etc.

Un regard extérieur par un expert technique s'impose donc. Cet examen peut être assuré soit via des audits, soit par des tests d'intrusion. Le recours à des cabinets de conseil spécialisés est ici indispensable. Les consultants chargés de valider la solution d'accès distant fourniront au commanditaire un rapport identifiant toutes les vulnérabilités et proposant des actions correctives.

On peut se demander ce que vient faire cette partie purement technique dans la section décrivant les actions organisationnelles. Ce qui justifie cet insert est que l'audit technique ne suffit pas en soi pour sécuriser la solution. Il est capital de lancer des actions correctives et préventives pour protéger l'accès distant en question. Le pilotage de ces actions relève clairement de l'organisationnel.

> **Remarque**
> Une procédure de gestion des accès distants est fournie à titre d'exemple en annexe de cet ouvrage.

Chapitre 4

Journalisation

Personne ne doute que les journaux soient l'outil le plus approprié pour surveiller la sécurité du système d'information. Néanmoins, à l'heure de choisir ce qu'il faut journaliser, le RSSI a l'embarras du choix. Ici, le problème n'est pas de savoir ce qui peut être journalisé, mais plutôt ce que l'on souhaite journaliser, et pour quelles raisons. Une fois ces deux points clarifiés, il sera possible d'organiser la journalisation conformément aux objectifs. Ce chapitre présente l'approche que l'on peut adopter pour faire en sorte que les journaux aident vraiment à améliorer la sécurité opérationnelle. Un focus est fait en fin de chapitre sur le *big data*, technologie appelée à changer la donne dans le domaine de la journalisation.

Usages de la journalisation

En raison de ses missions, le RSSI est régulièrement confronté à quatre besoins différents.

- **Détecter :** parmi les missions du RSSI, une des plus importantes consiste à détecter les incidents aussi vite que possible, car plus un incident est détecté rapidement, plus ses conséquences sont limitées. Des dispositifs techniques de détection s'imposent.
- **Enquêter :** il arrive régulièrement qu'une enquête soit nécessaire pour lever le doute sur un événement suspect. Seulement, pour enquêter, encore faut-il disposer de traces. Aussi des traces techniques sur les activités clés du système s'avèrent nécessaires.
- **Répondre aux exigences légales :** en marge des incidents de sécurité, tout organisme public ou privé est tenu de mettre à la disposition de la justice un certain nombre d'informations. Des dispositions doivent impérativement être prises en ce sens, sous peine d'être en infraction avec la loi.
- **Revues :** le RSSI est en charge de superviser les revues périodiques sur les comptes et sur les droits des éléments les plus sensibles du SI. Pour réaliser ces revues, il est nécessaire de disposer des traces de l'activité des différents utilisateurs concernés.

La journalisation répond précisément à ces besoins. Elle peut être utilisée pour détecter en temps réel des événements suspects ou bien pour enquêter après coup. Elle permet aussi de répondre aux obligations légales.

La problématique de la journalisation

Avant de mettre en œuvre une infrastructure de gestion des journaux, il est important de bien connaître les difficultés liées à la journalisation, puis de préparer une approche cohérente.

Difficultés propres aux journaux

Le besoin de journalisation est tel que les fournisseurs de systèmes et les éditeurs de logiciels ont intégré presque systématiquement dans leurs produits des fonctionnalités permettant de journaliser tout type d'événement. Toutefois, cette situation qui, en principe, est très favorable au RSSI, n'est pas sans lui poser quelques difficultés.

- **Multiplicité :** chaque système, chaque application a ses propres journaux. Il en existe tellement qu'il arrive souvent qu'on ne sache plus ni où ils sont, ni ce qu'ils contiennent.

- **Partialité :** les journaux permettent de consigner un certain nombre d'événements. Il peut s'agir des connexions, des déconnexions, des accès à des objets, des faits marquants au niveau du logiciel ou du système ; bref, toute une famille d'événements qui n'intéressent pas forcément le RSSI. L'information utile se trouve souvent noyée dans un océan d'événements sans intérêt.

- **Configuration :** la configuration des journaux est souvent laissée par défaut. Les paramètres sont donc ceux qui ont été mis au moment de l'installation du produit. Souvent, ce paramétrage n'est pas satisfaisant. La partition réservée aux journaux n'est pas assez grande, la politique de rafraîchissement fait que les journaux les plus anciens sont écrasés par les nouveaux avec une fréquence trop élevée, etc.

- **Répartition :** comme chaque système, chaque logiciel gère ses propres journaux, le RSSI se retrouve très rapidement face à une répartition massive des journaux dans tout le SI, rendant quasiment impossible une gestion cohérente d'ensemble.

- **Protection :** les journaux sont souvent laissés à l'abandon, c'est-à-dire que personne ne les consulte jamais. De plus, on ne fait pas forcément attention à leurs droits de lecture et de modification, si bien que souvent, il n'est pas très difficile de les consulter ou de les modifier.

- **Difficulté de rapprochement :** enfin, lorsque, suite à un incident, le RSSI réussit à consulter les journaux, il a le plus grand mal à les rapprocher les uns par rapport aux autres car la référence de temps n'est pas forcément la même pour chaque équipement. Une dérive d'une minute entre différents journaux suffit à rendre très pénible l'exercice de corrélation.

Toutes ces difficultés ont pour conséquence qu'une personne malveillante n'a souvent aucun mal à falsifier les journaux afin de cacher les traces de son forfait et brouiller ainsi les pistes de l'enquêteur qui chercherait à comprendre.

Approche pour maîtriser les journaux

Compte tenu de ce qui vient d'être dit plus haut, le RSSI doit considérer les journaux comme une ressource brute qui ne sert, en soi, strictement à rien. Cette ressource, il devra la travailler pour qu'elle livre les informations utiles qui, elles, permettront d'identifier les événements de sécurité intéressants. Pour maîtriser les journaux, plusieurs étapes s'imposent.

- **Clarifier le besoin :** la première chose à faire est de clarifier l'objectif de la journalisation. S'agit-il de détecter les incidents ou, simplement, de tracer pour d'éventuelles enquêtes ultérieures ? La réponse à la question est souvent une composition des deux.

- **Sélectionner les éléments à tracer :** nous avons vu que les journaux sont si nombreux qu'il est utopique de les surveiller tous. Maintenant que le besoin a été clairement spécifié, il est possible de sélectionner les sources correspondant précisément au besoin réel. Ce peut être les journaux des pare-feu, ceux des proxy HTTP, les journaux des bases de données ou des serveurs HTTP, etc. En tout cas, il est prudent de ne sélectionner que le strict nécessaire.

- **Identifier ce que l'on veut tracer :** quel que soit leur domaine, les journaux ont tendance à consigner un très grand nombre d'éléments. Il ne faut pas tomber dans l'erreur qui consiste à regarder le type d'éléments que propose le journal pour sélectionner ensuite ceux qui nous intéressent. Il faut d'abord identifier soi-même ce que l'on veut tracer, puis vérifier que le journal consigne bien les traces que l'on attend.

- **Configurer et mettre en forme :** l'étape suivante consiste à configurer unitairement chaque journal sélectionné comme source d'information afin qu'il consigne les éléments voulus. Un autre point à configurer sera la taille des fichiers contenant les journaux, leur format ainsi que la politique de cyclage (écrasement des événements les plus anciens, écrasement total du fichier, archivage automatique du fichier). Il sera aussi possible d'envoyer en temps réel les événements vers un serveur de centralisation.

- **Centraliser :** si la centralisation n'est techniquement pas nécessaire, elle est souhaitable à plus d'un titre. Cette centralisation nécessite l'installation d'un (ou plusieurs) serveur destiné à collecter les journaux. La qualité de la configuration de ce serveur est très importante.

- **Exploiter :** les moyens d'analyse, plus ou moins avancés, pourront maintenant être mis en place. Cela peut aller du simple archivage pour consultation ponctuelle en mode texte, au déploiement d'un SIEM nécessitant une période d'apprentissage et d'affinement.

Centralisation des journaux

Nous avons vu qu'une des étapes presque incontournables de la journalisation consiste à centraliser les journaux dans une ou plusieurs machines. Cette centralisation n'est pas forcément nécessaire, mais elle présente plusieurs avantages.

- **Facilité d'exploitation :** le fait que tous les journaux (ou la plupart d'entre eux) soient centralisés sur un seul système permet de les traiter plus facilement. On dispose ainsi dans la même machine de tous les journaux, provenant de toutes les sources. Il est donc possible de les fusionner, reformater, concaténer, filtrer, etc.
- **Espace disque :** le fait que les journaux soient centralisés dans un seul système libère mécaniquement de la place dans les disques des différents systèmes fournisseurs de journaux. Ce point est appréciable. Naturellement, cet avantage nécessite de bien calibrer l'espace de stockage du serveur qui centralisera les journaux.
- **Sécurité :** enfin, l'un des plus grands avantages de la centralisation est la sécurité car, pour peu que le serveur central soit bien sécurisé, très peu de personnes auront accès aux journaux, pas même les administrateurs. De cette façon, une personne malveillante aura le plus grand mal à masquer son passage.

La simple installation d'une machine de centralisation des journaux ne suffira pas pour tirer profit de ces avantages. Il faudra en plus penser à la supervision de la machine, à la récupération des journaux, à leur archivage, à leur protection ainsi qu'à leur traitement ; bref, tout un projet en soi. Voici les points qu'il sera indispensable d'aborder.

- **Type de machine :** la machine destinée à recevoir les journaux n'a pas à être particulièrement puissante. Il suffit qu'elle dispose de partitions bien taillées, par rapport au besoin important de stockage qui sera prévisible. On choisit généralement une machine sous Linux, disposant des services minimaux pour récupérer les journaux. On peut éventuellement y installer des systèmes d'analyse de journaux plus ou moins évolués.
- **Récupération des journaux :** selon le type d'équipement fournissant les journaux, leur récupération peut se réaliser soit via FTP ou SSH, soit au fil de l'eau par un protocole de la famille syslog. D'autres protocoles plus spécialisés dans les journaux existent.

- **Archivage :** il ne faut pas oublier que le but premier d'un serveur de centralisation des journaux est précisément de les centraliser pour les traiter. Or, une erreur commune consiste à considérer cette machine comme un dispositif d'archivage des journaux. Ainsi, ils s'accumulent jusqu'à remplir l'espace de stockage. En fait, la durée de rétention nécessaire doit varier en fonction du journal et des volumes générés. Hormis pour les journaux soumis à des obligations légales ou contractuelles, une durée de rétention de plusieurs mois est très souvent acceptable. Ce délai est un compromis entre le besoin de remonter dans le temps pour enquêter de façon pertinente et le besoin d'économie de l'espace de stockage.

- **Protection :** le serveur de journaux doit faire l'objet de mesures de protection particulières, surtout en matière de contrôle d'accès et de traçabilité. Par sa raison d'être, ce serveur doit garantir autant que possible que seules quelques personnes sont autorisées à y accéder. Ainsi, outre les mesures de protection classiques de durcissement du système, il convient de placer ce serveur dans un réseau isolé, bien filtré. Seuls les postes de travail habilités à accéder à cette machine doivent pouvoir la joindre. De plus, le mot de passe root ne doit être connu d'aucun administrateur. Naturellement, les accès à cette machine doivent être nominatifs, tracés et non privilégiés. Les mots de passe de ces comptes doivent être de très bonne qualité.

- **Supervision :** la puissance du serveur de journaux a relativement peu d'importance (notons toutefois que pour les solutions à base de *big data*, la puissance de traitement compte réellement). En revanche, il est essentiel de surveiller l'espace disque disponible de ce serveur. Superviser ce paramètre est important.

- **Synchronisation des horloges :** il peut paraître trivial de rappeler que tous les systèmes fournissant des journaux doivent être synchronisés. Pourtant, l'expérience montre que les serveurs ne sont pas toujours tous calés sur la même référence de temps. Cela est dû au fait que tous les équipements ne sont pas installés par les mêmes équipes. Certaines configurent avec soin la synchronisation horaire, alors que d'autres l'ignorent complètement, si bien que l'adresse du serveur NTP n'est pas toujours correctement renseignée. Il est donc prudent de vérifier ce point sur chaque système concerné.

- **Traitement de journaux :** les formats de fichiers étant très nombreux, il est souvent nécessaire de développer des scripts pour les consolider avec d'autres journaux. Ce travail peut aussi être fait par des agents spécifiques destinés à cet effet.

Une fois en place, la mise en route de l'analyse de journaux se fera progressivement. On commencera par récupérer un seul journal, par exemple le journal du proxy HTTP. Cela permettra de valider l'envoi du journal vers le serveur de logs, son traitement puis son archivage, ainsi que les éventuels scripts (ou agents) de conversion de format. L'équipe du RSSI pourra ainsi « se faire la main » sur les procédures techniques de consultation et d'analyse. Lorsque le processus sera stabilisé, il deviendra possible d'y joindre un autre type de journal, par exemple celui des accès aux bases de données centrales. Les procédures seront alors adaptées à ce journal. Les autres journaux pourront être ajoutés progressivement, au fur et à mesure de l'intégration satisfaisante des précédents.

Que surveiller ?

Que les journaux soient conçus pour une détection rapide des incidents (presque en temps réel) ou pour une analyse a posteriori, il est important de prendre le temps de définir précisément ce que l'on veut surveiller. Généralement, on se centre sur la surveillance des tentatives d'attaque. Nous verrons cependant qu'il peut être encore plus intéressant de surveiller les actes de malveillance avérés. Nous proposons ici deux axes d'événements à tracer. D'abord les incongruités dans les connexions, puis la surveillance des flux sortants.

Traquer les incongruités

Pour détecter les attaques sur le système d'information, on a tendance à journaliser les tentatives échouées de connexion au réseau, au domaine, aux applications ou aux systèmes. En effet, il est très fréquent que les attaquants lancent des automates essayant de se connecter aux différents dispositifs du SI en tentant les mots de passe les plus fréquents. Par la technique utilisée, ces attaques génèrent beaucoup de traces avant de réussir. Ainsi, tout système surveillant ces tentatives échouées détectera rapidement les attaques de ce genre. Le traçage de ces événements est donc important.

S'il est pertinent de tracer les échecs de connexion aux systèmes, il est encore plus intéressant de tracer les connexions avec succès. Cela peut paraître surprenant au premier abord. Pourtant, c'est bien en journalisant les connexions avec succès qu'on détectera le plus d'actions malveillantes. Voici trois illustrations concrètes.

- **Connexions simultanées :** la journalisation des connexions permet de révéler des connexions simultanées au SI depuis des adresses IP différentes. Par exemple, si les journaux montrent qu'une personne s'est authentifiée au domaine AD à la fois depuis le réseau interne et depuis l'extérieur, cela dénote certainement un événement de sécurité. Un tel événement justifie une enquête complémentaire.
- **Connexions depuis l'étranger :** un autre événement que les journaux peuvent mettre en évidence est la connexion aux systèmes depuis une

adresse IP correspondant à une localisation à l'étranger. Certes, certaines sociétés sont implantées à l'international et il n'est pas étonnant dans ces cas d'avoir des connexions provenant de l'étranger, mais ce n'est pas le cas de toutes les entreprises. Est-il normal qu'une PME implantée uniquement en France, avec des partenaires uniquement français présente des connexions provenant de l'étranger ?

- **Connexions aux heures inhabituelles :** un dernier point intéressant à tracer est l'heure des connexions. Le fait qu'une personne accède aux systèmes en plein milieu de la nuit justifie des vérifications complémentaires. Il s'agit très souvent de personnes travaillant à livrer un projet ou à corriger un problème de production. Ce peut aussi être du personnel d'astreinte. Cela peut aussi être un acte de malveillance. Dans tous les cas, une vérification est loin d'être inutile.

Surveiller les flux sortants

Il peut paraître étonnant de chercher à traquer les flux sortants puisqu'après tout, pour exfiltrer des données de l'entreprise, il faut d'abord commencer par y entrer. Une surveillance des flux entrants serait donc plus logique. C'est vrai dans l'absolu. Pourtant, surveiller les flux entrants ne permet de repérer que les tentatives d'intrusion sur le système, ce qui est déjà utile. Il est encore plus utile de repérer les intrusions réelles, c'est-à-dire celles qui ont réussi. Et la meilleure façon de le faire consiste à surveiller les flux sortants, puisque c'est par ces flux que les attaquants cherchent à exfiltrer les données.

La façon la plus classique d'exfiltrer des données ou de passer discrètement des commandes à distance consiste à prendre le contrôle d'une machine en interne (par exemple, en piégeant une page web ou un fichier PDF), puis de monter un tunnel sortant vers l'extérieur.

Comment détecter de tels tunnels ? Les deux exemples suivants soulignent les cas les plus faciles à détecter.

- **Premier cas :** si une ou deux machines concentrent à elles seules l'essentiel des flux sortants en HTTP ou HTTPS, c'est que des données sont massivement exportées vers l'extérieur. Ce n'est pas en soi la preuve d'un acte de malveillance, mais la probabilité que ces machines soient des têtes de tunnel contrôlées par des personnes malveillantes n'est pas nulle. Une enquête supplémentaire s'impose.
- **Second cas :** il peut arriver qu'un nombre conséquent de postes de travail (voire des serveurs) commencent à communiquer vers des serveurs web ou des machines n'ayant aucun rapport avec une activité licite, professionnelle ou non. Un système analysant les journaux et détectant ce comportement générera légitimement une alerte, qui motivera aussi une enquête complémentaire.

Pour l'essentiel, les tunnels sortants se glissent dans les flux HTTP ou HTTPS. Cependant, tout protocole autorisé à sortir vers l'extérieur du SI peut être victime d'un tunnel. C'est notamment le cas du DNS, car ce protocole est largement autorisé à sortir et les flux qu'il génère ne sont quasiment jamais surveillés.

La détection de ce type d'attaque repose sur une analyse statistique des comportements et sur la détection des changements brusques de ces comportements. Un processus manuel ou basé sur des scripts artisanaux atteindra très vite ses limites. Des outils appropriés sont nécessaires.

Il faut signaler que les cas qui viennent d'être exposés sont les plus « bruyants ». Aujourd'hui, les attaquants ont mis au point des techniques d'exfiltration de données beaucoup plus furtives, en distribuant et répartissant dans le temps les transferts sortants afin de ne pas se faire remarquer par des outils d'analyse statistique. Une veille sur les techniques d'attaque est donc nécessaire.

Principaux fournisseurs de journaux

Les sources de journaux sont nombreuses, chaque cas est particulier et les usages ainsi que les événements recherchés diffèrent d'une entreprise à l'autre. Pourtant, certains systèmes et équipements sont des fournisseurs incontournables de journaux. Nous allons les passer en revue.

Les journaux des pare-feu sont une source très importante d'enregistrements relatifs à la sécurité. Très souvent, ces équipements sont configurés pour tracer l'intégralité des flux les traversant. Aussi ces journaux sont-ils extrêmement volumineux ; ce volume est incompatible avec un stockage sur plusieurs mois et une analyse efficace. Il est pertinent de limiter le nombre de traces. Est-il réellement nécessaire de journaliser tous les flux vers toutes les DMZ ? Après une analyse des flux, il est généralement suffisant de se contenter de tracer les flux vers quelques segments du réseau stratégiques et quelques éléments clés de l'infrastructure. Les flux correspondant à ces règles pourront être envoyés au serveur de journalisation.

L'activité du (ou des) proxy HTTP est importante à journaliser, ne serait-ce que pour des raisons réglementaires. En effet, en tant que fournisseur d'accès à Internet pour ses employés, l'entreprise est considérée comme un opérateur. Elle est donc tenue d'archiver pendant un an les traces de ces accès. En cas de requête judiciaire, elle doit présenter les éléments demandés à la justice. L'impossibilité de fournir ces éléments est un manquement grave aux obligations légales. En conséquence, les journaux HTTP doivent être protégés contre les accès illicites, d'autant plus qu'ils consignent des données à caractère personnel (identifiant ou adresse IP des utilisateurs). Outre cet aspect légal, les journaux du proxy contribuent à détecter des comportements suspects (utilisateurs malveillants, virus, tunnel sortant, etc.).

Comme les bases de données sont dépositaires du patrimoine informationnel de l'entreprise, leur activité est intéressante à journaliser. Cependant, cette activité est telle que cela conduit trop souvent à tracer trop d'événements. Pour limiter le volume des journaux, on pourra se focaliser uniquement sur le traçage des actions des administrateurs. D'ailleurs, les commissaires aux comptes (ainsi que les auditeurs SOX) exercent une forte pression sur les DSI pour que ces derniers tracent au moins les accès des administrateurs aux bases de données.

Les applications métier sont aussi une source intéressante de journaux. Malheureusement, leurs journaux ne consignent pas toujours tous les éléments que l'on souhaiterait obtenir : un identifiant de la personne accédant à l'application, son adresse IP, la date et l'heure, etc.

Qu'elles aient été développées spécifiquement pour l'entreprise ou qu'il s'agisse de progiciels, ces applications métier doivent souvent être adaptées pour tenir compte de ces éléments souhaités par le RSSI. Ce dernier devra se rapprocher des études pour faire correspondre les journaux à ses besoins.

Comment traiter les journaux ?

La façon de traiter les journaux varie beaucoup selon la complexité du SI et les appétences techniques des équipes qui les gèrent. Certaines adoptent une approche très empirique alors que d'autres tendent vers des solutions de niveau industriel. Nous allons passer en revue quatre de ces approches.

La méthode artisanale

La première approche pour traiter les journaux peut être appelée la « méthode artisanale ». La tentation est grande de développer soi-même des scripts pour traiter les journaux afin de repérer les événements ciblés évoqués précédemment. Les scripts shell, awk ou autres programmes perl ont une flexibilité infinie. Les équipes de sécurité ayant une appétence technique développeront sans difficulté de tels scripts. Cette approche présente deux avantages.

- **Maîtrise en profondeur :** l'approche artisanale est en principe la meilleure, puisque l'équipe de sécurité maîtrise de bout en bout le processus d'analyse des journaux et de détection des incidents. En effet, elle sait très précisément ce qu'elle veut détecter et comment le faire.
- **Coût :** comme les développements sont souvent réalisés en interne et presque exclusivement à base d'outils open source, le coût strictement financier de cette solution est imbattable, surtout si on ne tient pas compte

du temps passé (et donc du salaire versé) à développer les outils. Il n'est donc pas nécessaire d'avoir un budget pour analyser les scripts, pour peu qu'on ait du temps à y consacrer.

Malheureusement, cet avantage est tempéré par les trois inconvénients suivants.

- **Temps :** l'inconvénient majeur de cette approche est que les temps de développement et d'affinement des scripts explosent très rapidement, occupant les équipes à développer et tester, au détriment d'autres tâches tout aussi importantes, si ce n'est plus.
- **Évolutivité difficile :** comme les scripts sont développés sur mesure, il est nécessaire de les retester dès qu'une modification survient dans la structure des journaux. De plus, l'intégration de nouveaux journaux oblige à développer de nouveaux scripts. Cette situation n'est pas tenable à long terme.
- **Horaires :** enfin, une fois les scripts en production, les équipes de sécurité ont tendance à ne pas surveiller systématiquement les journaux. D'ailleurs, les horaires de surveillance se limitent souvent aux heures ouvrables. Qu'en est-il des incidents repérés en dehors de ces plages horaires ?

Nous pouvons conclure que cette démarche artisanale est appropriée lorsque les journaux à analyser sont peu nombreux. En revanche, lorsque ceux-ci se multiplient, une autre approche s'avère nécessaire.

Les SIEM

Constatant les limites des méthodes artisanales pour détecter les événements, les éditeurs ont développé des solutions spécialisées. Elles sont basées sur des agents qui s'occupent de charger, convertir, uniformiser, corréler et interpréter les journaux provenant de sources hétéroclites.

> **Terminologie**
> SIEM est l'acronyme anglo-saxon de *Security Information and Event Management*.

Les solutions de SIEM présentent les avantages suivants.

- **Progiciel dédié :** comme il s'agit de solutions dédiées à l'étude des journaux, elles présentent des fonctions parfaitement adaptées. Il n'est pas nécessaire de développer soi-même des scripts.
- **Évolutivité :** cet outil est conçu pour s'adapter à tout type de journal, reconnaissant de nombreux formats de fichiers. L'intégration de nouveaux journaux est donc beaucoup plus simple que pour l'approche artisanale.
- **Fonctionnalités :** en plus des fonctions d'agrégation de journaux, de corrélation et d'alerte, les SIEM fournissent des fonctionnalités complémentaires, telles que les tableaux de bord et des rapports de conformité.

Malgré ces qualités, les SIEM comportent également quelques inconvénients. Voici les principaux.

- **Période d'adaptation :** même si les SIEM sont conçus pour lire plusieurs formats de journaux et pour corréler les événements, cela ne dispense pas l'organisme qui le met en place de passer un temps important à affiner le réglage de l'outil avant de le passer réellement en production.
- **Horaires :** tout comme pour la démarche artisanale, un SIEM est peu utile si les alertes qu'il génère ne sont surveillées qu'aux heures ouvrables.

Nous voyons bien que les SIEM apportent un plus par rapport à l'approche artisanale, mais un pas supplémentaire dans la maturité de la gestion de journaux peut encore être fait.

Les SOC

Aujourd'hui, le besoin n'est plus seulement d'exploiter les journaux existants, il est aussi d'en intégrer régulièrement de nouveaux, au rythme des évolutions du système d'information. Or, les deux approches précédentes peinent à suivre la cadence.

Par ailleurs, les entreprises commencent enfin à comprendre que pour limiter l'impact des attaques, il faut savoir les détecter rapidement, quels que soient le jour et l'heure de l'événement. Cette exigence est parfaitement incompatible avec un SIEM exploité en interne aux seules heures ouvrables, et encore plus incompatible avec l'approche artisanale.

Ces deux constats nous conduisent logiquement vers les SOC.

> **Terminologie**
> SOC est l'acronyme de *Security Operation Center.* Il désigne le centre de supervision de la sécurité, chargé de détecter les incidents 24 heures sur 24 et 7 jours sur 7. Ces centres sont de plus en plus souvent gérés par des prestataires de service spécialisés.

Les SOC apportent une dimension industrielle aux SIEM précédemment exposés. Attention, les SOC dépassent stricto sensu le domaine qui nous intéresse ici, car ils ne se limitent pas à la seule analyse des journaux. Ils couvrent aussi la détection/prévention d'intrusion, les alertes virales et bien d'autres paramètres de sécurité.

Longtemps réservés à un marché de niche, les SOC connaissent aujourd'hui un succès grandissant, principalement dû aux avantages suivants.

- **Industrialisation :** comme cela vient d'être dit, les SOC apportent une dimension industrielle à la surveillance des journaux.
- **Évolutivité :** le SOC étant un prestataire spécialisé, l'intégration de nouvelles sources de données et l'adaptation permanente des événements à cibler fait partie intégrante de ses processus d'exploitation.

- **Réactivité :** enfin, du fait de leur organisation en mode « 24/7 », les SOC permettent de réagir au plus vite aux incidents, quels que soient l'heure et le jour des événements.

Si les avantages sont certains, il ne faut pas en oublier pour autant certains inconvénients non négligeables.

- **Coût :** cette solution est clairement la plus chère puisqu'elle revient à payer un service. Dans l'état actuel du marché, ce service est considéré à forte valeur ajoutée. Il n'est donc pas bon marché.
- **Perte de maîtrise :** à l'opposé de la solution artisanale, le client du SOC a tendance à déléguer le savoir-faire en matière d'analyse de journaux. Si cette situation est parfaitement acceptable à un certain niveau, elle ne doit toutefois pas conduire à une délégation totale du savoir-faire.
- **Qualité du service :** comme tout service, le SOC doit être contrôlé afin de vérifier la pertinence et l'effectivité des procédures d'analyse des journaux. Des audits du prestataire peuvent être commandités. On peut aussi réaliser des exercices en générant des fausses alertes afin de s'assurer de la réactivité du SOC.

Les SOC peuvent être mis en place avec des ressources exclusivement internes. C'est le cas de certaines sociétés implantées dans plusieurs pays. Dans ce cas, les équipes sont réparties sur plusieurs points de la planète et se relayent dans la surveillance du SI afin de couvrir la sécurité 24 heures sur 24.

D'autres grandes structures, ainsi que les organismes plus modestes, ont tendance à sous-traiter cette activité à un spécialiste.

Dans tous les cas, la mise en place d'un SOC est progressive et nécessite un temps avant de monter en puissance.

Le big data

Toutes les démarches présentées jusqu'ici sont, somme toute, très traditionnelles. Il s'agit d'identifier les journaux, de spécifier leur format et de développer des outils, soit artisanaux, soit du marché, pour analyser des cas de figure prédéfinis. Cette approche butte sur deux limites. La première est que les temps d'analyse sont souvent très longs. Il faut de longues minutes, voire des heures pour analyser un fichier de 40 Go. La seconde est que si les journaux sont relativement bien traités pour les équipements réseau et les systèmes, ils sont nettement moins maîtrisés au niveau applicatif. Chaque développeur génère des journaux avec des formats différents, ce qui fait du travail de corrélation une tâche presque impossible à grande échelle.

Une nouvelle approche radicalement différente pour la gestion des journaux a vu le jour ces dernières années. Il s'agit du big data. Après une longue période de gestation, le service commence à devenir mature, avec des offres de conseil intéressantes et des éditeurs spécialisés. On commence même à voir des RSSI témoigner avec satisfaction de leur retour d'expérience sur le big data.

L'intérêt du big data est qu'il mobilise des technologies et des protocoles permettant le stockage sécurisé et distribué pour de grandes quantités de données. Les performances sont optimisées par la distribution du calcul. Des outils de traitement spécifique ont été développés, tant pour les analyses en *batch* que pour les analyses en temps réel.

Le plus du big data est sa capacité de traiter très rapidement de grands volumes de données. Par sa conception, l'effort de typage et de structuration des journaux est nettement moindre que pour les approches traditionnelles. Cela a pour conséquence que les solutions basées sur le big data sont capables d'analyser de façon pertinente des journaux de formats très variés. Ainsi, il devient enfin possible de surveiller non seulement l'activité au niveau système ou réseau, mais aussi au niveau des applications.

Les solutions de sécurité basées sur le big data proposent par ailleurs des bases de signatures d'attaques. Ainsi, elles savent repérer (quel que soit le journal) les adresses IP suspectes, les URL malveillantes et autres signatures de comportements suspects. Ces outils savent donc établir des corrélations impossibles à faire autrement et conduisent à détecter notamment les tunnels sortants.

Notons enfin un effet secondaire tout à fait utile au RSSI. Bien que les outils d'IAM évoqués dans le chapitre sur la gestion des identités soient efficaces, ils ne parviennent pas à dire, en temps réel, qui a vraiment accès à quelle information. Par leur conception, les outils de big data s'en chargent très bien.

Tous ces arguments laissent à penser que le domaine de la gestion des journaux va massivement migrer vers cette technologie. Le RSSI a tout intérêt à se tenir informé des évolutions dans le domaine.

> **Remarque**
> Une procédure de gestion des journaux est fournie à titre d'exemple en annexe de cet ouvrage.

Chapitre 5

Mots de passe

Pirater un compte est le moyen idéal de compromettre le système d'information, surtout si ce compte a des privilèges particuliers. Les comptes sont donc des cibles de choix et les mots de passe forment la première ligne de défense. De la qualité de ces derniers dépend la résistance du SI aux attaques. C'est donc logiquement que le RSSI s'appliquera à durcir les mots de passe autant que possible. Toutefois, derrière l'apparente simplicité de cette introduction se cache une variété de cas que ce chapitre va détailler.

Différents types de comptes

Les mots de passe servent à contrôler l'accès aux comptes en authentifiant l'utilisateur. Renforcer les mots de passe commence donc par identifier les différents types de comptes. La façon de sécuriser les mots de passe ne sera pas la même pour les comptes applicatifs que pour les comptes d'administration.

Cette partie explique, pour chaque type de compte, ce qui peut être réalisé pour le sécuriser.

Comptes applicatifs

Pour des raisons de simplicité, les DSI font tous pression pour que la gestion des authentifications soit centralisée autant que possible. Cette cible n'est malheureusement jamais atteinte car les applications ont plusieurs manières d'authentifier leurs utilisateurs. Nous présentons ci-après les cas les plus classiques.

- **Applications utilisant l'annuaire AD :** dans un domaine Windows, tout utilisateur doit s'authentifier auprès d'un annuaire Active Directory. Cet annuaire contrôle tous les comptes ayant besoin d'accéder à des ressources du domaine. Un des services fournis par les contrôleurs de domaine est de permettre aux applications de réaliser leurs authentifications de façon transparente pour l'utilisateur (c'est la fonctionnalité appelée communément « SSO Windows »). Ainsi, un utilisateur s'étant authentifié initialement dans le domaine en début de journée n'aura plus à saisir son identifiant ni son mot de passe lorsqu'il sollicite les applications qui utilisent le SSO Windows. Le seul mot de passe à sécuriser est celui que l'utilisateur saisit pour se connecter le matin. Or, ce mot de passe doit respecter les contraintes imposées par la GPO du domaine ; c'est donc tout simplement à ce niveau qu'il faut intervenir.

- **Applications utilisant un autre annuaire :** on peut souhaiter se passer de ce mécanisme de « SSO Windows » pour des raisons techniques ou d'urbanisme applicatif, tout en gardant les avantages d'un annuaire centralisé. Dans ce cas, il est possible d'installer un annuaire, généralement de type LDAP. Deux cas sont alors possibles : soit l'annuaire assure lui-même l'authentification, en demandant à l'utilisateur de s'authentifier, soit il fait suivre la demande au contrôleur de domaine. Dans ce dernier cas, il sert d'intermédiaire. Les solutions à base d'annuaire permettent de gérer de façon homogène et efficace les comptes et les mots de passe.

- **Applications gérant leur propre base :** malheureusement, certaines vieilles applications maison, ainsi que quelques progiciels mal développés, n'offrent pas la possibilité de déporter l'authentification sur un annuaire AD ou LDAP. Elles disposent de leur propre base de comptes, entièrement gérée en interne, sans aucune liaison possible avec les référentiels centralisés. Dans ce cas, la gestion des comptes, et notamment des mots de passe, est locale. C'est donc au niveau de ces applications que se règle la politique de mots de passe. Le RSSI devra vérifier, pour chaque application de ce type, que la politique de mots de passe est conforme à celle de l'entreprise.

- **Autres cas :** certaines sociétés confrontées au cas précédent (application gérant en local les comptes et les mots de passe) rusent pour contourner cette limitation. Elles exportent périodiquement les comptes de l'annuaire pour les intégrer ensuite dans les bases des progiciels, via des scripts ou des procédures stockées. De cette façon, les progiciels disposent des mêmes comptes que les annuaires. Cette solution a l'inconvénient majeur qu'elle nécessite de stocker les mots de passe soit en clair, soit de façon réversible, ce qui revient au même. En effet, l'algorithme utilisé par l'annuaire pour générer l'empreinte n'est pas forcément le même que celui de l'application. Ici, le travail du RSSI consiste à éradiquer cette pratique extrêmement dangereuse. Pour corriger cette situation, le RSSI doit souvent faire pression sur l'éditeur de la solution, ou faire développer une alternative qui évite de recourir aux mots de passe réversibles. Tout cela prend du temps.

Comptes techniques

Les comptes d'administration sont des comptes non nominatifs, présents dans tous les systèmes, que l'on ne peut généralement ni supprimer, ni modifier. Comme ils disposent des droits les plus élevés, la qualité des mots de passe les protégeant est vitale. Pourtant, on rencontre très souvent les mêmes erreurs grossières.

- **Mot de passe par défaut :** trop souvent, les mots de passe des comptes d'administration des équipements ou des systèmes sont laissés avec leur valeur par défaut au moment de leur installation. Or, ces mots de passe sont connus et publiés sur Internet. Il ne faut pas plus de quelques minutes de recherche pour les obtenir.
- **Mot de passe trivial :** une autre erreur courante est le recours à des mots de passe triviaux tels que *password*, 12345 ou *secret*. Là encore, des outils très simples disponibles gratuitement sur Internet permettent de tester automatiquement sur une cible tous les mots de passe triviaux. Le pourcentage de succès et la vitesse de ces attaques est spectaculaire.
- **Mot de passe unique :** cette pratique consiste à choisir toujours le même mot de passe sur le compte d'administration de chaque système. Ainsi, les administrateurs n'ont qu'un seul mot de passe à retenir. Malheureusement, si ce dernier vient à être découvert, l'attaquant aura lui aussi accès à tous les serveurs.
- **Mot de passe trivial et unique :** cette situation consiste à cumuler les deux points précédents, c'est-à-dire l'usage généralisé sur tous les systèmes du même mot de passe trivial.

L'objectif du RSSI sera d'éradiquer ces pratiques en imposant une politique de mots de passe longs, complexes et variés. Pour réussir, il faut vérifier tous les systèmes (du moins les plus sensibles). Or, l'expérience montre que l'on oublie souvent certains équipements. Voici les systèmes les plus importants dont il faut durcir le mot de passe d'administration.

- **Comptes d'administration système :** les premiers comptes auxquels on pense sont ceux qui permettent d'administrer les serveurs, quels que soient les systèmes d'exploitation. Tout système Windows a un compte local d'administration ; quant aux serveurs Unix, ils ont tous un compte `root`.
- **Comptes d'administration des bases de données :** un autre type de compte que l'on oublie souvent est celui qui permet d'administrer les bases de données.
- **Comptes d'infrastructure réseau :** au niveau du réseau, il convient de contrôler la qualité des mots de passe des principaux commutateurs de l'entreprise, notamment les cœurs de réseau. Les pare-feu doivent aussi être vérifiés, ainsi que les routeurs les plus importants.
- **Comptes d'administration middleware :** il est plus courant d'oublier d'identifier les comptes permettant d'administrer le paramétrage des serveurs applicatifs, des serveurs d'intermédiation (ESB, ETL, EAI, etc.)

et de tous les autres dispositifs à cheval entre le système et les applications. C'est souvent en exploitant les faiblesses de ces mots de passe que les pirates font le plus de dégâts.

- **Autres comptes d'infrastructure :** on oublie trop souvent de traiter les mots de passe des éléments clés de l'infrastructure comme les hyperviseurs des machines virtuelles, les contrôleurs de disques ou les répartiteurs de charge. Pourtant, négliger de durcir les mots de passe d'administration de ces comptes rend le SI extrêmement vulnérable aux actes de malveillance.

> **Illustration**
> Il arrive de trouver des systèmes d'information massivement virtualisés, ayant renforcé les mots de passe des comptes d'administration de tous les serveurs, mais ayant complètement omis de changer le mot de passe trivial des hyperviseurs permettant de contrôler toutes les machines virtuelles.

Si ce travail semble assez simple, on constate que sans un pilotage très actif, la sécurisation des comptes a une tendance naturelle à s'étaler dans le temps puis à perdre de l'élan. Il est vivement conseillé de tracer chaque changement de mot de passe par un ticket et de faire un point hebdomadaire de l'avancement du projet.

Qualité des mots de passe

Dans la section précédente, nous avons évoqué à plusieurs reprises la notion de « durcissement » du mot de passe et de « politique de mots de passe ». Qu'entendons-nous par là ? Nous allons le préciser ici avant d'évoquer la réelle difficulté à sécuriser les mots de passe.

Généralités

Le terme « politique de mots de passe » désigne un peu pompeusement les règles de base que les mots de passe doivent respecter. « Durcir » un mot de passe, c'est lui appliquer ces règles. Le paramétrage de ces règles est plus souvent basé sur un usage généralisé et accepté, plutôt que sur une réflexion précise au sujet du contexte réel dans lequel ces mots de passe seront utilisés. Voici les principales règles constatées.

- **Complexité :** la longueur minimale généralement acceptée pour un mot de passe utilisateur est de huit caractères. Il doit combiner des chiffres, des lettres majuscules, des lettres minuscules, voire des caractères spéciaux. Il est convenu que la longueur du mot de passe soit plus longue pour les comptes donnant accès à des droits d'administration.

- **Verrouillage :** une fonctionnalité peut bloquer le compte au bout de *n* tentatives infructueuses. Le but est d'éviter les attaques interactives par des automates. La valeur généralement admise est entre trois et cinq tentatives avant le blocage. En cas de verrouillage, ce dernier peut durer entre cinq minutes et un quart d'heure.
- **Historique :** certains systèmes empêchent de choisir un mot de passe déjà utilisé par le passé. Le nombre d'anciens mots de passe mémorisés (et donc impossibles à réutiliser) est souvent compris entre trois et dix.
- **Durée de vie :** l'usage veut que les mots de passe soient renouvelés régulièrement. Leur durée de vie maximale est généralement de 90 jours. Certains systèmes imposent même une durée de vie minimale dans le but d'éviter que les utilisateurs changent successivement leurs mots de passe jusqu'à récupérer celui qu'ils utilisent habituellement.

L'impossible sécurisation des mots de passe

Les paramètres présentés précédemment sont tellement admis que le RSSI ne prendra aucun risque en les appliquant dans son SI. Les différents auditeurs SOX et autres commissaires aux comptes qui viendront le contrôler n'y verront rien à redire. Ils encouragent même très officiellement leurs audités à appliquer cette politique. Pourtant, l'expérience suivante devrait donner à réfléchir.

> **Expérience**
> Un RSSI, décidé à tester la qualité réelle des mots de passe choisis par ses collaborateurs, extrait la base d'empreintes du contrôleur de domaine et lui applique un programme de cassage de mots de passe. Il s'agit de *John the ripper,* un des outils les plus anciens et les plus utilisés pour cette tâche. Voici un extrait du résultat obtenu :
> ```
> C:\home\sorel\John\>john --rules --wordlist=Dictionnaire-
> Francais.txt Extraction-AD.txt
> Loaded 2323 password hashes [...]
> Bonjour1          (sorel)
> Charlotte123      (frollot)
> Gandalf9          (aleman)
> Tenis444          (boulangeon)
> [...]
> ```

Quelles leçons pouvons-nous tirer de cet exemple ? La première est qu'une proportion très élevée d'utilisateurs se font casser leur mot de passe très facilement par les outils spécialisés. C'est le cas notamment des utilisateurs construisant leur mot de passe en composant un nom (qu'il s'agisse d'un nom commun ou un nom propre) et des chiffres.

La seconde leçon à tirer de cet exemple est que 100 % des mots de passe découverts respectent scrupuleusement les règles de complexité si généralement reconnues et si chères aux mauvais auditeurs de sécurité.

> **Anecdote**
> Un RSSI a rapporté qu'un jour, à l'occasion d'un audit SOX, l'auditeur avait failli lui notifier une non-conformité majeure, au prétexte que le RSSI avait contrôlé la qualité des mots de passe d'une application financière par le moyen d'un outil de cassage. Or, cette démarche n'était ni connue de l'auditeur, ni répertoriée dans son guide d'audit. Lorsque le RSSI lui eut signalé que tous les mots de passe tombés lors de ce test respectaient scrupuleusement la politique préconisée par le cabinet de l'auditeur, ce dernier préféra lâcher prise, de peur d'une escalade qui mettrait en évidence son incompétence technique.

En fait, respecter les règles communément admises ne suffit pas. Les mots de passe doivent être plus complexes que cela. Sur les systèmes Windows, cette nécessité s'explique pour des raisons techniques et historiques. La plus ancienne méthode de stockage des mots de passe sur Windows (appelée empreinte LM) consistait à ne considérer que les quatorze premiers caractères. Les suivants étaient ignorés. Tous les caractères étaient ensuite passés en majuscules. Enfin, le mot de passe était tronqué en deux segments de sept caractères. Ainsi, tout mot de passe dépassant sept caractères était décomposé en deux petits mots de passe de sept caractères, eux-mêmes cryptés, mais très faciles à attaquer.

Un système corrigeant ces faiblesses (appelé empreinte NTLM) a été conçu depuis. Le problème est qu'il est encore fréquent de trouver des systèmes stockant, en plus des empreintes NTLM plus sécurisées, les vieilles empreintes LM vulnérables, pour des raisons de compatibilité.

Voici les points qu'il faut retenir de ces considérations techniques.

- **Complexité réelle :** les mots de passe ne doivent pas être basés sur des noms, qu'il s'agisse de noms communs ou de noms propres. Ils doivent être réellement complexes.
- **Configuration système :** s'il s'agit de systèmes Windows, il convient de vérifier qu'ils sont configurés de telle sorte qu'aucune empreinte LM ne soit stockée.
- **Longueur minimale :** idéalement, mais c'est très difficile à faire accepter auprès des utilisateurs, il convient que les mots de passe fassent au moins quinze caractères. Naturellement, cette recommandation n'est pas réaliste pour des utilisateurs, mais elle doit être observée pour les systèmes sensibles et les comptes d'administration.

Ces précautions supplémentaires suffisent-elles à garantir la sécurité ? Elles y contribuent grandement, mais elles ne sont malheureusement pas la solution ultime, car la capacité de stockage et la puissance de traitement atteintes de nos jours sont telles qu'il est aujourd'hui possible de construire une base avec toutes les empreintes possibles de tous les mots de passe d'une longueur donnée. Cette technique, fréquemment appelée *rainbow tables* permet à toute entité s'en donnant les moyens de casser à peu près tous les mots de passe. Les sociétés de conseil, les états et, naturellement, les groupes malveillants visant à pénétrer les systèmes d'information ne se privent pas de se doter de telles infrastructures de cassage.

Enfin, il faut citer l'attaque appelée *pass the hash*, qui permet de s'authentifier sans avoir à casser le mot de passe de la victime. Cette attaque nécessite toutefois d'avoir un accès de niveau administrateur.

Que peut-on conclure de cette longue démonstration d'impuissance ? Que, malgré tout, les mots de passe sont réellement indispensables. Ils nous protègent contre un nombre très important d'actes de malveillance.

Gestion des mots de passe

Dans un service d'exploitation, les administrateurs ont besoin de récupérer très facilement le mot de passe des dispositifs sur lesquels ils doivent intervenir. Il faut donc allier la protection de ces mots de passe avec une mise à disposition simple et rapide. Pour résoudre cette problématique, plusieurs approches de gestion des mots de passe sont envisageables.

Les systèmes Unix ont généralement vocation à être des serveurs. Aussi relativement peu d'utilisateurs sont déclarés dans ces systèmes. Par défaut, les systèmes Unix entreposent les empreintes des mots de passe dans le fichier /etc/shadow, qui n'est pas en lecture pour tous.

> **Attention**
> Aussi étonnant que cela puisse paraître, il arrive encore que certains systèmes très anciens stockent les empreintes dans le fichier /etc/passwd. Or, il se trouve que ce fichier est en lecture pour tous. Ainsi, tout un chacun peut lancer sur ce fichier un outil de cassage pour récupérer les mots de passe des comptes. Il n'est pas inutile que le RSSI identifie les très vieux systèmes, car ils sont susceptibles de présenter cette vulnérabilité.

Le mécanisme /etc/shadow a pour conséquence qu'il faut déclarer chaque utilisateur sur chacun des serveurs. Si cette logique est acceptable à très petite échelle (une dizaine de machines, tout au plus), elle devient très rapidement ingérable, car le moindre changement dans la liste des utilisateurs doit être répercuté à la main sur tous les serveurs. Dans le contexte d'exploitation d'un parc de plusieurs centaines de serveurs, voire de plusieurs milliers, une autre solution est nécessaire. Cette autre solution consiste à recourir à un annuaire centralisant tous les comptes et les empreintes qui leur sont associées. Lorsqu'une personne veut se connecter sur un serveur, ce dernier consulte l'annuaire avant de donner l'accès à l'utilisateur. Sur le principe, c'est une solution proche de celle des contrôleurs de domaine Windows.

Un autre problème qui se pose est qu'il faut bien stocker quelque part les mots de passe des comptes administrateur local des serveurs Windows, ainsi que les mots de passe des comptes root de chaque système Unix. Dans un contexte d'exploitation de parc, il faut donc centraliser tous ces éléments dans un fichier unique, connu de tous les administrateurs et partagé par eux. De nombreux outils gratuits et payants, dédiés à cet usage, permettent de chiffrer le fichier central contenant tous les mots de passe sensibles. L'accès à ce fichier est protégé par un système d'authentification, qui va du simple mot de passe, connu de tous les administrateurs, aux certificats clients, gérés dans le cadre d'une PKI.

Ces outils sont de très bonne qualité et ont amplement fait leurs preuves. Cependant, ils ont leurs limites lorsque les administrateurs sont nombreux et qu'ils sont amenés à changer très régulièrement. Le mot de passe unique partagé par tous pour accéder au fichier central des mots de passe d'administration devrait en principe être changé chaque fois qu'un administrateur quitte la société. De son côté, la solution basée sur une PKI nécessite une véritable gestion qui peut s'avérer très lourde à l'usage. D'autres approches sont nécessaires.

Conscients de cette problématique, plusieurs éditeurs ont conçu des solutions consistant à placer un intermédiaire entre l'administrateur et le serveur auquel il veut accéder. On appelle cela un bastion d'authentification. Cet intermédiaire, généralement implémenté sous la forme d'un boîtier indépendant ou d'une machine virtuelle, contient le mot de passe d'administration de chaque serveur. Lorsqu'un administrateur souhaite accéder à un serveur particulier, il commence par s'authentifier auprès du boîtier. Ensuite, le boîtier se connecte sur le serveur, généralement en SSH ou en RDP, puis relaie les flux entre l'administrateur et le serveur. De cette façon, aucun administrateur ne connaît les mots de passe d'administration d'aucun serveur. Naturellement, ce type d'équipement permet de créer des groupes et des profils d'administrateurs, limitant aussi finement que possible les possibilités de connexion au strict nécessaire. Déclarer et révoquer un administrateur devient un jeu d'enfant, surtout via les interfaces web de ces dispositifs.

> **Remarque**
> Une politique de gestion des mots de passe est fournie à titre d'exemple en annexe de cet ouvrage.

Idées reçues sur les mots de passe

Pour terminer ce chapitre, il n'est pas inutile de démonter quelques idées reçues concernant les mots de passe. Ces dernières sont si nombreuses qu'il serait trop long de les exposer toutes ici. En revanche, deux d'entre elles méritent d'être évoquées.

- **Le renouvellement :** on dit souvent que les mots de passe doivent être renouvelés régulièrement. La période de renouvellement la plus courante est de 90 jours. L'argument avancé pour justifier cette pratique est que tout mot de passe finit toujours par être découvert, un jour ou l'autre. Quelle étude scientifique a-t-elle prouvé cela ?
- **L'effet Post-it :** la seconde idée reçue est que les mots de passe ne doivent pas être excessivement complexes car les utilisateurs risquent de les noter sur un Post-it, sous leur clavier, voire directement collé sur un côté de l'écran. On dit même que les auditeurs en sécurité sont entraînés à repérer le jaune typique du Post-it lorsqu'ils se déplacent dans les bureaux de leurs audités. Cela est vrai, surtout pour les très mauvais auditeurs, qui n'ont que cette technique pour se mettre en valeur.

Ces deux idées reçues ne résistent pourtant pas très longtemps à la question suivante : contre qui nos mots de passe sont-ils censés nous protéger ?

- **Contre nos propres collègues ?** Dans ce cas, la sécurité absolue consiste à ne jamais partager son mot de passe. La fréquence de renouvellement n'y change rien. Il suffit de changer son mot de passe uniquement lorsque l'on pense que quelqu'un a regardé volontairement par-dessus notre épaule pendant qu'on le tapait.
- **Contre des pirates réussissant à récupérer la base d'empreintes ?** Dans ce cas, il est préférable de choisir des mots de passe longs et vraiment complexes, ce qui est totalement incompatible avec un changement tous les 90 jours.
- **Contre les *keyloggers* ?** Ces logiciels installés de façon malveillante sur les systèmes « reniflent » les mots de passe saisis et les envoient aux attaquants. Dans ce type d'attaque, les mots de passe seront transmis aux pirates dans tous les cas, quelle que soit leur complexité et leur fréquence de renouvellement. Les mots de passe changés trois fois par jour seront envoyés trois fois par jour aux pirates. Dans ce type d'attaque, la réponse efficace est plus du côté de la sécurité du poste de travail que du côté de la politique de mot de passe.
- **Contre une attaque terroriste ?** Des terroristes voulant prendre le contrôle d'un système sensible, comme une centrale nucléaire ou un barrage, n'hésiteront pas à recourir aux armes. Dans ce cas, la seule solution intelligente consiste à donner le mot de passe aux terroristes qui vous

tiennent en joue. La gestion de ce type de crise dépasse amplement le cadre de la qualité du mot de passe, et même de la sécurité des systèmes d'information. Elle est du ressort des forces antiterroristes.

Paradoxalement, cette obligation obsessionnelle et dogmatique à renouveler les mots de passe quel que soit le contexte conduit précisément les gens à les noter sur des Post-it !

En somme, dans de nombreux cas il est préférable de ne pas imposer de changement de mot de passe, pour peu que l'utilisateur soit contraint d'en choisir un bon. Il faut toujours considérer le contexte avant de décider de la politique de mots de passe.

> **Exemple**
> Considérons une usine de production et de distribution d'énergie. Pour accéder au poste de commande depuis lequel l'usine est pilotée, il est nécessaire de franchir au moins deux contrôles d'accès physique (sas, porte à badge, tourniquet, etc.). Très peu de personnes sont habilitées à pénétrer dans cette enceinte et, en général, ces quelques personnes ont toutes les mêmes droits sur les applications de pilotage. Dans cet exemple, ce qui prime, c'est la qualité des mots de passe pour résister contre des cyberattaques. Les mots de passe doivent donc être longs et complexes. Leur renouvellement n'a pas vraiment d'importance. Avoir des mots de passe faibles pour piloter une usine, c'est comme afficher un Post-it géant sur Internet à l'attention des cyberterroristes.

Chapitre 6

Sécurité du poste de travail

Une expression très désobligeante au sujet des utilisateurs dit que « le problème est très souvent entre la chaise et le clavier ». Cela sous-entend que les intrusions réussissent le plus souvent à cause des mauvais réflexes des utilisateurs lorsqu'ils sont ciblés par une attaque (pages web malveillantes, pièces jointes piégées, hameçonnage, clés USB infectées, etc.). En tant que point d'entrée de l'utilisateur dans le système d'information, le poste de travail doit compenser ces mauvais réflexes pour résister aux attaques. En somme, il faut le sécuriser.

Mesures incontournables

Les mesures pour sécuriser les postes de travail sont simples et parfaitement connues. Certaines peuvent être réalisées rapidement par de simples affinements de paramétrage. D'autres, comme l'application des correctifs de sécurité, impliquent la mise en place préalable d'une organisation bien concertée avec les exploitants. C'est pourquoi la sécurisation s'opérera généralement en deux temps.

Premières actions

Nous abordons ici les actions techniquement très simples, et généralement peu risquées pour le service, qui peuvent être menées facilement pour commencer sans délai à sécuriser le parc de postes de travail.

- **Compte d'administrateur local de la machine :** tout système Windows dispose d'un compte local permettant d'administrer la machine. Ce compte s'appelle historiquement « Administrateur » bien que, dans les versions récentes de Windows, il puisse être renommé. D'ordinaire, ce compte n'a pas vocation à être utilisé. On ne s'en sert que lorsque des techniciens ont besoin d'intervenir sur la configuration du système. Pour faciliter le travail des techniciens, l'usage le plus répandu consiste à mettre exactement le même mot de passe sur chacun des postes de travail. Ainsi, lorsque le technicien a besoin d'intervenir, il lui suffit de taper ce mot de passe pour administrer le poste en question. La conséquence de ce choix est qu'une personne malveillante réussissant à deviner ce mot de passe peut littéralement prendre le contrôle de tout le parc de postes de travail. Cela lui offre la possibilité d'installer des outils malveillants et ce, en toute discrétion. Or, il se trouve que ce mot de passe est souvent trivial. La situation est la pire qui soit, puisque l'attaque est très simple à réaliser et que son succès est hautement probable. Le RSSI doit donc imposer un mot de passe complexe. On peut aussi choisir plusieurs mots de passe différents, en fonction du type de poste ou du site dans lequel les postes se trouvent. Cela sert à cloisonner les postes en cas d'attaque. Changer le mot de passe d'administration locale est une action techniquement très simple à réaliser et qui ne pose pas de problème de régression de service.

- **Droits de l'utilisateur sur le poste :** dans leur travail quotidien, les utilisateurs n'ont aucune raison d'installer des logiciels ou de modifier la configuration de leur poste de travail. Ces tâches sont du ressort des équipes techniques. Aussi, l'utilisateur n'a pas à être administrateur de son poste. Pourtant, le système est souvent configuré de telle sorte que les utilisateurs aient des droits étendus sur leur poste. Le risque de cette pratique est que, si l'utilisateur ouvre une pièce jointe piégée ou exécute à son insu un programme malveillant, son poste sera compromis. Sans les droits d'administration, les conséquences de telles attaques sont nettement moindres. Retirer aux utilisateurs le droit d'administration local de leur poste est très simple à réaliser. Toutefois, il faut s'attendre à de fortes réticences de certaines directions, notamment celles utilisant de très anciennes applications nécessitant, soi-disant, les droits d'administration pour fonctionner. Ces exemples doivent donc être étudiés au cas par cas et il faudra certainement faire des exceptions, du moins dans un premier temps.

- **Antivirus :** s'il existe une mesure de sécurisation que personne ne discutera jamais, c'est bien l'antivirus. C'est une des plus anciennes précautions prises pour protéger les postes de travail. Aujourd'hui, les antivirus ne se contentent plus de bloquer les virus, ils fournissent de très nombreux services complémentaires pour améliorer la sécurité du poste de travail. Il est donc inconscient d'en déployer un sans antivirus. Attention toutefois aux risques, car la situation est paradoxale. En effet, l'antivirus, qui actualise ses bases de signatures plusieurs fois par jour présente un risque non négligeable de régression de service. Étonnamment, ce risque est accepté par la production, si bien que le RSSI ne rencontre jamais de résistance au déploiement généralisé d'un tel outil.

> **Remarque**
> Un chapitre de cet ouvrage détaille la question des antivirus.

- **Automontage de volumes :** les systèmes Windows permettent de monter automatiquement des volumes, qu'il s'agisse de disques durs amovibles, de clés USB ou de partages réseau. Une fonctionnalité très répandue consiste à exécuter automatiquement un programme lorsqu'un volume est monté sur le système. Ce mécanisme sert par exemple à lancer un visualiseur d'images pour les volumes contenant des photos. Il est aussi très utilisé par les personnes malveillantes pour infecter facilement les postes de travail. En fait, les volumes disposent à leur racine d'un fichier appelé `autorun.inf`. Le contenu de ce fichier pointe sur le programme à exécuter. Heureusement, il est possible d'inhiber l'exécution automatique de ce fichier. Cela peut être effectué directement en positionnant la bonne valeur dans la base de registres. Naturellement, il est aussi possible de généraliser ce paramétrage sur tout le parc du domaine via une GPO. L'action de sécurisation est donc très simple à réaliser et le risque de régression de service est quasiment nul.

> **Exemple**
> Si un pirate parvient à placer un fichier `autorun.inf` et un code malveillant à la racine d'un volume destiné à être monté par tous les utilisateurs lorsqu'ils se connectent (un partage réseau, par exemple), il arrivera à propager très rapidement son code dès que les utilisateurs se connecteront, surtout si ces derniers ont les droits d'administration sur leur poste.

> **Remarque**
> Bien que l'inhibition du fichier `autorun.inf` soit nécessaire, il faut savoir qu'une attaque contourne assez simplement cette précaution. Il suffit de programmer une clé USB pour qu'elle se déclare auprès du système, non pas comme un volume, mais comme un clavier. Une fois branchée sur le poste de travail, la clé est programmée pour lancer un interpréteur de commandes et taper des commandes malveillantes. Bien que correctement configuré pour bloquer les exécutions automatiques, le poste de travail croit que c'est un clavier qui tape ces commandes. Il ne comprend donc pas que c'est une attaque.

Bien que ces mesures ne suffisent pas à elles seules, elles permettent déjà d'élever sensiblement le niveau de sécurité du poste de travail.

Correctifs de sécurité

L'application des correctifs de sécurité sur les postes de travail est au moins aussi importante que l'installation d'un antivirus.

Les outils ne manquent pas pour les diffuser à tout le parc. Entre ceux proposés par Microsoft et ceux de la concurrence, le RSSI a l'embarras du choix. Pourtant, il lui faudra faire preuve de ténacité avant de réussir à mettre en place un processus de diffusion de correctifs car il rencontrera de fortes résistances. Pour justifier leur opposition, les responsables de la gestion des postes de travail avancent le risque élevé de régression de service. Ils redoutent par-dessus tout que, du jour au lendemain, plus aucun poste de travail ne fonctionne suite à l'application d'un correctif. Cette terreur de la régression de service doit être prise très au sérieux, d'autant plus qu'il peut être très difficile de revenir en arrière en cas de problème.

> **Remarque**
> Il est curieux de constater que si les responsables ont peur d'une régression de service suite à l'application des correctifs de sécurité, ils n'exigent aucune validation préalable pour diffuser, de façon transparente et plusieurs fois par jour, des bases de signatures et des mises à jour d'antivirus qui, elles, provoquent régulièrement des régressions de service.

La mission du RSSI consiste d'abord à convaincre les exploitants que ce processus peut être mis en place en réduisant au maximum les risques de régression de service.

- **Identifier les correctifs à appliquer :** Microsoft propose un panel varié de correctifs. Cela va de la mise à jour de pilote au correctif de sécurité critique. Pour rassurer la production, le RSSI doit bien faire comprendre que le seul type de correctif qu'il souhaite déployer est le correctif de sécurité. Cela réduit considérablement le spectre de la régression de service. De plus, au sein même des correctifs de sécurité, il existe plusieurs classifications. S'il est indiscutable que les correctifs qualifiés de critiques et d'importants doivent être appliqués, le RSSI peut renoncer aux correctifs moins prioritaires, du moins dans un premier temps. Le serveur de mises à jour pourra alors être configuré.

- **Expérimenter sur une base de postes :** le second levier sur lequel le RSSI peut jouer pour faciliter l'acceptation du projet consiste à tester les correctifs sur un panel de postes. Généralement, il choisira les postes des responsables du parc, pour qu'ils constatent par eux-mêmes que ce processus n'est pas plus risqué qu'un autre.

- **Préparer la mise en production :** ce n'est que dans un troisième temps que l'on pourra réellement préparer la mise en production des correctifs. La démarche selon laquelle on divise le parc de postes de travail en différents groupes, puis on applique successivement les correctifs sur ces groupes a fait ses preuves.

À proprement parler, appliquer des correctifs de sécurité sur tout un parc, cela revient à modifier l'état du SI. Et qui dit modification du SI, dit qualification préalable. Or, il est difficile d'effectuer chaque mois toute une batterie de tests pour valider formellement la non-régression sur les postes. Une approche plus empirique permet de résoudre cette difficulté. Elle a aujourd'hui amplement prouvé son efficacité et consiste simplement à diviser le parc de postes de travail en plusieurs groupes, généralement deux ou trois.

- **Un premier groupe**, assez restreint, se voit appliquer automatiquement les correctifs de sécurité dès leur mise à disposition par l'éditeur. Il convient de placer dans ce groupe un panel de postes représentatifs. L'idéal est de sélectionner deux ou trois postes pour chaque profil métier. Ainsi, si une régression de service est constatée, les utilisateurs concernés peuvent alerter la production. On peut y ajouter quelques postes de l'équipe sécurité et de la production. La détection de la régression n'en sera que plus rapide.

- **Un second groupe**, plus consistant, se voit appliquer les correctifs une semaine après le premier. Dans le cas où le premier groupe aurait constaté une régression de service, l'application des correctifs sur ce second groupe serait gelée, le temps de comprendre la raison de la régression. Il convient de placer dans ce groupe une proportion relativement réduite, mais non négligeable, de postes de travail.

- **Un troisième groupe** concerne tout le reste du parc. Si aucun problème n'a été signalé dans les étapes précédentes, il recevra les correctifs une semaine après le second groupe.

À l'usage, on constate de très rares régressions de service en respectant cette démarche et, quand il y en a, le mécanisme en plusieurs étapes les bloque efficacement.

Attention, cette approche ne se limite pas uniquement à un projet technique, qui se gère entre informaticiens. Elle nécessite impérativement la collaboration active des utilisateurs. Les personnes des deux premiers groupes doivent être informées qu'elles en font partie. Elles doivent bien comprendre leur rôle et savoir qui prévenir en cas de problème. En principe, ce sera le service d'assistance qui, à son tour, fera suivre l'incident à la production et au RSSI.

Il est curieux de constater que, autant la réticence de la production est initialement grande au début du projet, autant sa confiance est exagérée une fois qu'elle constate que le processus des correctifs fonctionne correctement. Pourtant sans une vigilance de tous les instants, le processus de correctifs de sécurité peut perdre très rapidement de son efficacité sans que personne ne s'en aperçoive, et ce pour des raisons purement techniques.

- **Serveur saturé :** quelle que soit la solution technique retenue pour diffuser les correctifs, le serveur chargé de les récupérer chez l'éditeur doit d'abord les stocker en local. Ce n'est qu'ensuite qu'il peut propager les correctifs. Ainsi, plus le temps passe, plus le volume contenant les correctifs se remplit, jusqu'à arriver un jour à saturation. Une fois plein, le serveur ne peut plus charger les nouveaux correctifs. Il cesse donc de fonctionner. Si personne ne surveille l'activité du serveur, cette panne de correctifs peut passer tout à fait inaperçue, laissant croire à tort aux équipes que le parc des postes de travail est à jour.
- **Groupes mal configurés :** une autre erreur courante est la mauvaise intégration des postes de travail dans le dispositif de mises à jour. Il y a mille et une façons de déclarer un poste auprès du serveur de mises à jour. L'administrateur peut jouer sur les groupes AD, ou sur les GPO, ou sur les groupes au niveau du serveur. C'est généralement sur une combinaison des trois que les postes sont intégrés. Quand on connaît la complexité des groupes et des GPO dans un domaine, on comprend que des erreurs soient fréquentes (oublis, erreurs d'assignation de groupe, incompatibilités entre groupes ou entre GPO, cumuls conduisant à un résultat incohérent, etc.). La conséquence de cette complexité est que certaines catégories de postes se retrouvent exclues des mises à jour. Il n'est pas inutile dans ce cas de faire appel à un cabinet de conseil externe pour vérifier la bonne configuration générale. Un regard extérieur est toujours salutaire.
- **Machines pointant sur le mauvais serveur :** comme les postes de travail sont distribués sur tous les sites de l'entreprise, il est souvent pratique de déployer sur chaque site important un serveur relais pour diffuser les correctifs. Ces serveurs se synchronisent auprès du serveur principal, puis diffusent en local les correctifs de sécurité. Cela permet aux postes de chaque site de se mettre à jour sans pour autant saturer les liaisons WAN d'interminables flux de téléchargement de correctifs. Une erreur commune consiste à déployer les postes de travail en oubliant de configurer l'adresse du serveur local de diffusion des correctifs. Cela a pour conséquence soit une saturation périodique des lignes WAN puisque les machines cherchent à joindre le serveur central, soit la non-application des correctifs, si les flux sont filtrés par un pare-feu. Ici aussi, un travail d'audit externe peut déceler facilement ces erreurs. Encore faut-il y penser.

Ces trois points montrent combien ce processus est fragile. Pour s'assurer qu'il fonctionne correctement dans la durée, de nombreux organismes l'ont complété par un dispositif purement organisationnel. Il s'agit de publier périodiquement un état de l'application des correctifs. Cet état, généré au moins quatre fois par an, met en évidence les entités dont les postes présentent des déficiences en matière d'application de correctifs de sécurité. Il s'agit généralement de camemberts détaillant, pour chaque entité de l'entreprise, le pourcentage de postes à jour en vert, et celui des postes

Chapitre 6 – Sécurité du poste de travail

en retard dans leurs correctifs en rouge. C'est ce que l'on appelle un « mur de la honte ». Les plus mauvaises entités sont sommées de s'expliquer sur l'inefficacité de leurs mises à jour. Ce processus motive les responsables de parc à surveiller le bon fonctionnement des mises à jour.

> **Remarque**
> Une procédure de gestion des correctifs de sécurité est fournie à titre d'exemple en annexe de cet ouvrage.

Mesures souhaitables

Nous venons d'aborder les mesures incontournables augmentant sensiblement la sécurité du poste de travail. Pourtant, pour assurer un niveau de sécurité optimal, il convient d'en ajouter d'autres.

- **Suites bureautiques :** les suites bureautiques, surtout celle de Microsoft, sont ciblées par les codes malveillants. Leur mise à jour est importante et peut être intégrée dans le même mécanisme à plusieurs groupes exposé précédemment.
- **Visualiseurs de fichiers :** le besoin incontournable d'afficher des fichiers au format PDF a conduit la plupart des sociétés à intégrer un lecteur de PDF dans le *master* des postes de travail. Une fois installé, le lecteur n'est jamais mis à jour. Peu de gens savent que les fichiers PDF peuvent véhiculer du code malveillant. Ils sont même devenus une source importante d'attaque. Appliquer les correctifs de sécurité sur ces utilitaires de visualisation PDF est donc important. Malheureusement, le RSSI rencontrera une résistance forte à ces mises à jour, car il est fréquent que certaines applications métier imposent une version très précise du visualiseur pour fonctionner. Une mise à jour risquerait de faire régresser le service.
- **Machines Java :** de plus en plus d'applications nécessitent la présence sur le poste de travail d'une machine virtuelle Java. Or, ces machines virtuelles sont devenues tellement complexes et riches en fonctionnalités qu'elles présentent de nombreuses vulnérabilités, découvertes mois après mois. Elles nécessitent donc des mises à jour très régulières.

Naturellement, toutes ces mesures ne feront pas du poste de travail une forteresse imprenable, mais en les mettant en œuvre, le RSSI aura vraiment fait tout ce qui était en son pouvoir pour élever autant que possible le niveau de sécurité de son parc.

Cas particuliers

La démarche que nous avons adoptée jusqu'à maintenant pour sécuriser les postes de travail supposait qu'ils soient intégrés dans un domaine, que la version de leur système d'exploitation soit maintenue par l'éditeur et qu'ils soient raccordés au réseau bureautique. Il arrive pourtant qu'au moins une de ces trois conditions ne soit pas satisfaite. Dans ce cas, il faut adopter d'autres approches de sécurisation.

Systèmes obsolètes

Certaines machines sont tellement anciennes que les systèmes qu'elles exploitent ne sont plus maintenus depuis longtemps. Il n'est malheureusement pas possible de les mettre à niveau car les applications qu'ils font tourner ne fonctionnent que sur ces systèmes anciens.

Ces machines sont structurellement non sécurisables, car les éditeurs ne publient plus depuis longtemps de correctifs pour les systèmes d'exploitation qu'elles utilisent. De plus, les vulnérabilités sur ces systèmes se multiplient et les codes pour les exploiter foisonnent sur Internet. La présence dans le SI de ces systèmes obsolètes est donc un véritable danger.

Comment faire, alors, pour les sécuriser ? La stratégie consiste d'abord à faire le minimum indispensable, puis à les isoler avec tout leur écosystème dans un environnement aussi cloisonné que possible.

- **Appliquer les actions de base :** on peut dans tous les cas durcir le mot de passe de l'administrateur local. Rien n'empêche non plus de retirer les droits d'administration aux utilisateurs déclarés de ce système.
- **Isoler l'environnement :** il s'agit ici de placer le système en question dans un environnement isolé, avec tous les autres éléments dont il a besoin pour fonctionner (serveur de fichiers, serveur d'imprimantes, périphérique, etc.). Les règles de filtrage ne laisseront passer vers le reste du SI que les flux strictement nécessaires pour le fonctionnement de l'application.

Cette approche très facile à décrire est, en fait, assez compliquée à mettre en œuvre, mais le risque de laisser dans le SI de tels systèmes obsolètes justifie l'effort de cloisonnement.

Systèmes très sensibles

Nous avons vu que l'approche classique pour sécuriser les postes de travail nécessite l'application régulière de correctifs de sécurité ainsi que l'installation d'un antivirus. Chacun de ces outils oblige à avoir une liaison vers un serveur de signatures et de distribution de correctifs. Or, dans des milieux très sensibles, comme les systèmes industriels, il est légitime de ne pas souhaiter communiquer avec l'extérieur, même si ce n'est que pour aller chercher des mises à jour. Pour sécuriser ces systèmes, deux approches sont alors possibles.

La première approche consiste à créer une forêt Active Directory entièrement indépendante de la forêt bureautique et de ses nombreux domaines. On installe dans cette forêt un serveur d'antivirus, un serveur de diffusion de correctifs de sécurité et tous les systèmes (serveurs ou postes de travail) nécessaires au pilotage des activités sensibles. Naturellement, tous les systèmes de cette forêt sont dans un réseau entièrement dédié. Le système est ainsi cloisonné par rapport au réseau bureautique. Malgré ces précautions, cette architecture rencontre des réticences fortes auprès des exploitants industriels car elle nécessite tout de même d'ouvrir un flux vers Internet, ne serait-ce que pour aller chercher les mises à jour et les signatures d'antivirus. Un autre inconvénient de cette solution est qu'elle met en place un véritable urbanisme du SI auquel les industriels ne sont pas encore habitués.

La seconde approche, moins élégante mais plus pragmatique, est plus facilement acceptable par les équipes d'informatique industrielle. Il s'agit de sécuriser les postes de la façon suivante.

- **Appliquer les actions de base :** il faut, dans un premier temps, durcir le mot de passe de l'administrateur local de la machine, s'assurer que les utilisateurs déclarés sur chaque poste n'ont pas les droits d'administration et paramétrer le système pour qu'il n'exécute pas le fichier `autorun.inf` au montage d'un volume. Toutes ces actions ont été détaillées plus haut.

- **Appliquer les correctifs de sécurité :** il convient ensuite d'appliquer les mises à jour de sécurité sur les postes concernés. Ainsi, ils seront au moins à jour de leurs correctifs à l'instant de leur sécurisation. C'est mieux que rien.

- **Isoler le poste :** une fois les machines à jour, il faut les isoler dans un réseau spécifique, dédié au pilotage industriel, sans aucune liaison vers Internet ni même vers le réseau bureautique. Il est entendu qu'à partir de ce moment-là, elles ne recevront plus les mises à jour de sécurité.

- **Désactiver le service serveur :** si les postes de travail en question ne font pas partie d'un domaine (ce qui est généralement le cas) et s'ils ne sont pas amenés à partager des fichiers (ce qui est généralement le cas), il est possible de désactiver le service serveur de chaque poste. La désactivation de ce service diminuera sensiblement leur surface d'exposition aux risques.

- **Rendre impossible l'introduction de clés USB :** l'attaque *Stuxnet* qui avait infecté plusieurs sites industriels aurait réussi en partie grâce au fait que des clés USB avaient été insérées sur des postes opérateur sensibles. La désactivation des ports USB est donc souhaitable. Malheureusement,

elle n'est pas toujours possible, vu que les claviers et les souris utilisent ces ports.
- **Alternative aux antivirus :** si on ne peut déployer un antivirus du fait qu'Internet est proscrit, il est tout de même possible d'installer un logiciel de scellement de fichiers. Ces logiciels prennent une empreinte de chaque fichier et font remonter des alarmes si un de ces fichiers vient à changer, ou si un nouveau fichier vient d'être créé. C'est une bonne façon de détecter l'installation d'un code malveillant sans pour autant disposer d'un antivirus. Des solutions gratuites ou payantes de ces utilitaires existent.

Il est entendu que cette façon de sécuriser n'est pas idéale, mais elle permet toutefois d'élever sensiblement le niveau de sécurité des systèmes Windows dans les milieux industriels. En fait, cette seconde approche doit être considérée comme une phase de transition, en attendant que les équipes d'informaticiens industriels acceptent la démarche plus classique d'intégration dans un domaine.

Agir au niveau du master

L'essentiel du travail de sécurisation du parc de postes de travail est du ressort de l'équipe chargée de les gérer. L'idéal est de coupler la sécurisation des postes avec le renouvellement du parc. Cela permet d'agir au niveau du *master*.

Les master des postes de travail doivent intégrer tous les correctifs de sécurité disponibles au moment de la constitution dudit master. De plus, ils doivent intégrer par défaut l'antivirus, correctement configuré, ainsi que le paramétrage pertinent pour que le poste se mette à jour de ses correctifs de sécurité.

Lorsqu'un poste est installé à partir du master, un travail complémentaire doit être fait pour intégrer le poste dans son contexte d'exploitation. Il faut lui donner un nom, l'affecter à un groupe, etc. Un soin particulier doit être apporté au paramétrage de l'antivirus ainsi que à celui des correctifs de sécurité. Le technicien installant le poste doit s'assurer qu'il pointe bien sur les bons serveurs. Sans une configuration soignée et systématique, la sécurité sera approximative.

Sécuriser le poste de travail a-t-il encore un sens ?

On ne peut terminer ce chapitre sans attirer l'attention du lecteur sur le fait que les usages du SI font que de plus en plus d'utilisateurs disposent de plusieurs terminaux pour travailler (ordinateur de bureau, ordinateur portable, tablette, smartphone, etc.). Il y a donc une explosion des dispositifs à sécuriser. La sécurisation du poste de travail est d'autant plus difficile à réaliser que certains de ces équipements appartiennent aux collaborateurs, et non à l'entreprise. Cette dernière n'a donc pas la maîtrise de tout ce qui est installé. Certains RSSI vont jusqu'à dire qu'il faut abandonner la sécurité du poste de travail pour se centrer sur la sécurité des données. Cette phrase qui, sur le fond, n'est pas insensée a toutefois du mal à se traduire concrètement par des faits. En attendant, et même si la bataille peut sembler perdue d'avance, le RSSI a tout intérêt à maîtriser autant que possible le parc de postes de travail qui est sous sa responsabilité. Il n'y aura donc plus une gestion unique de la sécurité des postes de travail, mais plusieurs gestions différentes, spécifiques pour chaque type de poste de travail. À la démarche de sécurisation traditionnelle du poste de travail présentée précédemment, il faudra ajouter la sécurisation du parc mobile via une solution de MDM. Il conviendra aussi de compléter ce travail en responsabilisant les utilisateurs par le moyen d'une charte sur les équipements personnels.

Chapitre 7

Antivirus

Cela peut paraître complètement anachronique de consacrer un chapitre entier aux antivirus dans un livre actuel sur la sécurité des systèmes d'information. Nous allons voir que, même si l'antivirus a perdu depuis longtemps son rôle central, il constitue toujours un outil important pour la sécurité du SI. Le RSSI ne doit pas se priver de s'en servir.

Pourquoi parler encore d'antivirus de nos jours ?

L'antivirus est probablement l'outil logiciel le plus ancien en matière de sécurité des SI. Il est issu du vieux monde PC, où les postes de travail n'étaient pas encore reliés par un réseau et où le principal, voire l'unique vecteur de contamination était la disquette. Dans ces conditions, on peut se demander comment un outil si ancien peut encore trouver sa place dans la panoplie de solutions de sécurité dont dispose le RSSI.

En fait, les antivirus portent aujourd'hui très mal leur nom. En effet, avec l'évolution des menaces, ces outils se sont diversifiés et offrent maintenant de nombreux services de sécurité, non directement liés aux virus : parefeu, détection d'intrusion réseau, prévention d'intrusion réseau, blocage de fenêtres publicitaires, scellement de fichiers, exécution sélective de scripts sur le poste de travail, chiffrement de disque dur, etc. On voit bien que la fonctionnalité d'antivirus est presque devenue accessoire, mais, par habitude, on continue d'appeler ces outils « antivirus », malgré les efforts incessants des éditeurs à imposer le terme de *End Point Protection*.

La mutation des antivirus ne se limite pas aux seules fonctionnalités. Leur architecture générale a considérablement changé. Autrefois installé unitairement sur chaque poste, sans aucune administration centrale, l'antivirus est aujourd'hui une plate-forme logicielle distribuée sur la base d'agents répartis sur les postes de travail ainsi que sur les serveurs.

Un serveur central permet de contrôler tous ces agents. Souvent, on est amené à installer des serveurs pivots à des points stratégiques du SI afin de faciliter l'administration du parc ainsi que la distribution des signatures de virus. Une plate-forme d'administration fournit de nombreux états sur le niveau de protection de chaque équipement et propose une multitude d'indicateurs (souvent fort inutiles). Des messages quotidiens et hebdomadaires envoyés aux administrateurs récapitulent le nombre d'attaques subies dans la période, leur état ainsi que les équipements concernés. De plus, en cas d'attaque, ces serveurs sont capables d'alerter l'administrateur. Bref, c'est bien un outil moderne et puissant que l'on déploie.

Limites des antivirus et solutions

Les antivirus comportent deux problèmes fondamentaux. Les ignorer peut avoir des conséquences graves pour le SI. Nous commencerons donc par présenter ces deux problèmes, puis nous verrons comment y remédier afin que cet outil rende effectivement les services de sécurité qu'il est censé nous fournir.

Problèmes posés par les antivirus

Les deux problèmes fondamentaux des antivirus sont, d'une part, leur caractère lénifiant et, d'autre part, les problèmes de déploiement que l'on peut rencontrer.

Un outil lénifiant

La première limite de l'antivirus est son caractère lénifiant. Par sa nature, cet outil a tendance à « endormir » les personnes chargées de la sécurité. En effet, lorsque l'antivirus détecte une attaque, il la signale aux administrateurs puis la bloque. Très souvent, il est capable d'éradiquer automatiquement le code malveillant qu'il a détecté. En somme, lorsqu'une attaque est détectée par l'antivirus, les administrateurs n'ont quasiment rien à faire.

Le problème est que la détection des attaques est basée sur une base de signatures d'attaques connues, sur une politique ou sur des règles de comportement prédéfinies. Une attaque ne répondant à aucun de ces critères passera à travers les mailles du filet. Ne générant aucune alerte, elle proliférera sans que les administrateurs ne s'en aperçoivent. Pire, tous les antivirus envoient quotidiennement des états sur la sécurité du parc. Aussi, les administrateurs seront-ils rassurés de voir que l'antivirus leur fournit un état rassurant, ne rapportant aucune attaque, alors qu'en fait, une attaque sévit.

C'est en ce sens que l'antivirus est un outil lénifiant : lorsqu'un code malveillant est détecté, il n'y a rien à faire. Lorsqu'aucune attaque n'est détectée, il n'y a rien à faire car on ne s'en rend pas compte. En somme, il n'y a jamais rien à faire. Pour résumer, l'antivirus donne l'illusion que tout va toujours bien.

Ce problème n'est pas propre aux antivirus. On rencontre le même phénomène sur les dispositifs de détection/prévention d'intrusion ainsi que sur les systèmes avancés de surveillance des journaux ; en somme, tous les outils basés sur la détection des actes de malveillance utilisant une base de connaissance sont concernés.

Ce que l'on peut conclure de cet argument est que, s'il est réellement très utile, l'antivirus ne peut plus être considéré comme l'outil de sécurité par excellence.

Outil basé sur des agents

Une autre limitation très importante de l'antivirus est que c'est un outil basé sur un parc d'agents distribués sur les postes de travail et sur les serveurs. En théorie, ce modèle est très puissant puisqu'il répartit la détection des incidents ainsi que la réaction à ceux-ci au plus proche des utilisateurs. La pratique est malheureusement plus nuancée. Un rapide coup d'œil sur la console d'administration est souvent édifiant. Lorsque l'on compare le nombre de postes déclarés comme protégés par l'antivirus avec le nombre total de postes du parc, on constate souvent une différence. Il y a toujours plus de postes dans le parc que de postes déclarés comme protégés par l'antivirus. Selon le niveau de maturité des SI, cette différence peut atteindre 40 %. Cela revient à dire qu'alors qu'on se croit parfaitement protégé par l'antivirus, seuls 60 % du parc le sont réellement.

Comment se fait-il qu'un nombre non négligeable de machines ne soient pas correctement protégées par l'antivirus ? Les causes sont multiples.

- **Agents mal déployés :** les antivirus sont presque toujours intégrés aux masters des postes de travail et des serveurs Windows. Cela permet dès l'installation de disposer d'un antivirus correctement installé et opérationnel. Pourtant, une erreur est souvent commise dans ce type de déploiement. Chaque agent installé dispose d'un numéro qui lui est propre et qui identifie de façon certaine la machine protégée auprès de la console d'administration (bien que le fonctionnement varie d'un éditeur à l'autre, le principe reste partout le même). Ceci permet au serveur central de pousser les politiques et les bases de signatures de façon très ciblée, ainsi que de lancer des actions sur tel ou tel poste. Le problème est que, si aucune précaution n'est prise au moment de la constitution du master, cet identifiant censé être unique est répliqué sur tous les postes et tous les serveurs installés par le master. Aussi, même si l'antivirus est déployé sur toutes les machines, les agents partagent tous le même identifiant (celui du master). Concrètement, bien que l'antivirus soit déployé partout, la console d'administration ne voit qu'une seule machine (puisqu'il n'y a qu'un seul identifiant).

- **Agents mal installés :** un problème similaire au précédent est la mauvaise installation de l'antivirus sur le poste ou le serveur. Les paramètres sont mal configurés, si bien que l'agent n'arrive pas à joindre le serveur pivot le plus proche, censé lui envoyer les bases de signatures et les instructions. Il arrive aussi que des postes de travail mal installés cherchent à joindre un serveur pivot situé dans un autre site, non joignable au niveau du réseau. Bien d'autres cas d'erreurs de configuration sont possibles.
- **Agents anciens :** comme tous les éditeurs de logiciels, les éditeurs d'antivirus mettent régulièrement à jour leurs infrastructures. Il est donc souvent nécessaire de mettre à jour, soit la console d'administration, soit les serveurs pivots, soit les agents distribués sur le parc. Les mises à jour mineures ne posent généralement pas de problème, mais lorsqu'une mise à jour majeure arrive, notamment concernant les agents distribués, les problèmes commencent. En effet, la mise à jour des agents est loin d'être anodine et doit être menée en mode projet. Force est de constater que, très souvent, ces projets ne sont pas suivis avec rigueur jusqu'au bout. Ainsi, on se retrouve trop souvent avec un parc disposant d'un reliquat important d'agents non à jour. Or, au bout d'un certain temps, les anciens agents ne sont plus pris en compte par la console centrale d'administration. Les postes correspondants ne sont donc plus protégés. On se retrouve au final avec un parc partiellement sécurisé.
- **Agents désactivés :** lorsque l'on inspecte de façon détaillée l'état des agents, on constate que certains de ces derniers sont désactivés. Ils sont bien présents sur le poste de travail ou sur le serveur, mais ils ne sont pas opérationnels. Dans cet état, autant dire qu'ils ne servent à rien. Les raisons de ces désactivations sont très variées. Elles vont de la désactivation ponctuelle suite à une action d'administration, à la désactivation suite à une attaque virale. Il est important de connaître les différentes causes de désactivation des agents pour y remédier.
- **Base de signatures périmée :** la lecture attentive de la console d'administration met souvent en évidence certains postes dont l'agent est bien actif, mais dont la base de signatures est périmée. Ces postes sont donc vulnérables aux attaques les plus récentes. Les raisons expliquant pourquoi ces postes n'arrivent pas à se mettre à jour sont nombreuses. Notons que, souvent, cela est dû à la partition contenant les mises à jour qui est pleine. Cela arrive sur les postes anciens. Bien d'autres causes peuvent empêcher la mise à jour des bases de signatures. Là aussi, il est important de les étudier.
- **Licence périmée :** bien que le mode de licence varie beaucoup d'un éditeur à l'autre, on constate que, lorsque le nombre maximal d'agents prévus par la licence est atteint, il est toujours possible de poursuivre le déploiement ; soit les nouveaux agents ne seront pas activés, soit ils ne pourront pas recevoir les nouvelles signatures.

Tous ces cas, ajoutés les uns aux autres conduisent à une protection très partielle du parc par l'antivirus.

Notons que ces problèmes ne sont pas propres aux antivirus. Tous les outils construits sur le modèle d'agents distribués sont exposés aux mêmes questions. Cela concerne donc les agents d'inventaire de parc, ceux servant à distribuer des éléments logiciels, comme ceux permettant la prise de main à distance.

Solutions opérationnelles

Nous venons de voir que les agents d'antivirus sont susceptibles de rencontrer de nombreux problèmes les empêchant d'être pleinement opérationnels. Cette question doit être prise très au sérieux par le RSSI. Pour résoudre ce problème, il doit commencer par différencier le parc total censé être protégé et le nombre de machines déclarées protégées dans la console d'administration de l'antivirus. Ce chiffre donnera très rapidement l'ampleur du travail à réaliser.

La seconde étape consiste à résoudre (s'il existe) le problème de l'identifiant multiple présenté plus haut, dû à une mauvaise installation dans le master. En général, l'exécution d'un script correctif installant un identifiant unique pour chaque agent concerné suffit à résoudre rapidement le problème.

On pourra alors s'attaquer aux agents mal installés, anciens ou désactivés. L'idéal est de procéder en mode projet, avec un responsable désigné, chargé du suivi de l'avancement. L'expérience montre que les premiers agents à corriger seront facilement remis en état et, plus le projet avancera, plus les postes ayant un agent d'antivirus à remettre en état seront difficiles à traiter. Il est donc illusoire de penser que 100 % des postes seront un jour protégés par l'antivirus. En revanche, il n'est pas prudent d'accepter plus de 5 % d'écart entre le parc réel et le parc effectivement protégé.

Notons que ce projet de mise en ordre de tous les agents d'antivirus défectueux peut prendre plusieurs mois. Pendant ce temps, des attaques virales ne manqueront pas de survenir. Comment connaître les conséquences de ces attaques sur les postes non protégés ? Il convient de procéder en deux temps.

- **Identifier la signature du code malveillant :** tous les virus ont une signature très précise. Généralement, elle se caractérise par la création d'un fichier dans un point précis de l'arborescence système de l'hôte infecté. De plus, les virus créent souvent des clés dans la base de registres. Ainsi, lorsqu'un virus est détecté, il est impératif de prendre très rapidement connaissance de sa signature précise. Les sites Internet des éditeurs d'antivirus regorgent de bases de connaissance spécialisées, très claires et disponibles pour tous.

- **Contrôler le parc par un moyen alternatif :** la seconde chose à faire est de contrôler l'étendue réelle du virus dans le parc de postes de travail et de serveurs. Puisque l'on sait que de nombreux agents d'antivirus ne sont pas opérationnels, il faut utiliser un moyen alternatif à l'antivirus. Le plus pratique consiste à exécuter un script sur chaque poste de travail pour tester l'existence de tel ou tel fichier suspect, ou de telle ou telle clé suspecte dans la base de registres. Si le script détecte un poste infecté, il écrit son nom et son adresse IP dans un fichier texte. Le RSSI n'a plus qu'à consulter ce fichier texte pour connaître l'étendue réelle du virus.

Enfin, une fois le parc de serveurs et de postes de travail bien protégé, notons que les antivirus nécessitent une surveillance très attentive. Le nombre de postes non protégés, dont l'agent ne fonctionne pas, ou qui ne récupèrent pas les mises à jour doit être relevé tous les jours. Chacun de ces postes défectueux doit faire l'objet d'un contrôle. Il est donc important de désigner une équipe et de mettre en place des procédures appropriées. On peut conclure que faire en sorte que le nombre de postes protégés tende vers 100 % est presque aussi important que de surveiller les attaques virales. C'est un travail de tous les jours et le RSSI a la responsabilité de s'assurer que ces efforts ne sont jamais relâchés.

Atouts des antivirus

Revenons à la question posée initialement dans ce chapitre. Quel est l'intérêt d'un tel outil aujourd'hui ? On peut avancer plusieurs éléments de réponse.

Tout d'abord, l'antivirus est le seul outil déployé partout dans le monde Windows, que ce soit dans les postes de travail ou sur les serveurs. L'antivirus est donc un agent important pour le RSSI car il aide à agir rapidement sur le parc. Concrètement, cet outil permet de distribuer des politiques très ciblées sur tout ou partie du parc : interdiction d'exécuter tel ou tel type de fichier, remontée sélective d'alerte, exécution de script, etc. Ce sont autant de leviers d'action rapide, très utiles pour le RSSI.

Notons au passage que l'antivirus est probablement le seul outil appliquant des mises à jour (soit de signatures, soit des agents sur les postes) sans aucune qualification préalable et sans que la production se pose la question de la régression de service.

> **Remarque**
> À ce sujet, il est intéressant de rappeler les frilosités rencontrées lorsque le RSSI souhaite appliquer des correctifs de sécurité sur le parc de serveurs et sur les postes de travail. En comparaison, aucune résistance n'est rencontrée pour les antivirus.

Pourtant, de telles régressions de service ne sont pas rares, et il n'est pas une année sans qu'un éditeur majeur d'antivirus ne se fasse remarquer lorsqu'une mise à jour de signatures génère un blocage total du parc. Moins spectaculaire mais tout aussi fréquent, une modification dans la politique de l'antivirus peut bloquer toute une population de l'entreprise.

> **Exemple**
> L'application métier la plus importante d'une société utilisait une fenêtre de type pop-up pour lancer une fonctionnalité essentielle de l'applicatif. Cette application fut bloquée du jour au lendemain suite à une toute petite modification de la politique de l'antivirus par l'administrateur. Il venait simplement d'ordonner à tous les postes de travail d'interdire les fenêtres pop-up. Une part importante des employés fut bloquée le temps de comprendre que cette modification de la politique de l'antivirus en était la cause.

L'atout principal des antivirus est qu'ils sont parfaitement intégrés dans le modèle de défense en profondeur. En effet, le principe de la défense en profondeur préconise la mise en place de plusieurs lignes de défense. L'idée est que, lorsqu'un attaquant parvient à traverser la première ligne de défense (par exemple le pare-feu), il lui reste encore au moins une ligne supplémentaire à franchir avant d'atteindre son but. L'antivirus est clairement la dernière ligne de défense. Par ses fonctionnalités de détection/prévention d'intrusion, de protection des fichiers exécutables, etc., il comble les éventuels manques des mesures de sécurité situées en amont du SI. Cette aide est indéniable et doit être prise très au sérieux.

En un mot, on peut conclure sur les antivirus avec la phrase suivante : certes, les antivirus sont devenus très complexes, certes ils ont une utilité partielle, mais on est bien content de pouvoir compter sur eux lorsque l'on est confronté à des incidents de sécurité.

> **Remarque**
> Une procédure de gestion des antivirus est fournie à titre d'exemple en annexe de cet ouvrage.

Chapitre 8

Sécurité des services

Le titre « Sécurité des services » peut surprendre quelque peu. On aurait plutôt dû s'attendre au terme « sécurité des serveurs ». Certes, les services rendus par la DSI à tous les utilisateurs de l'entreprise sont assurés par ce que l'on appelle communément les « serveurs ». En fait, ces serveurs sont aujourd'hui presque exclusivement virtualisés, les seuls serveurs physiques que l'on trouve encore étant les très vieux dispositifs impossibles à virtualiser. Ainsi, sécuriser ces serveurs (qu'ils soient physiques ou virtuels) revient donc à protéger le système d'exploitation qui les fait fonctionner, mais aussi les bases de données et tous les services logiciels contribuant à fournir le service rendu à l'utilisateur. Il est donc plus pertinent de parler de « sécurité des services » puisqu'on ne se limite pas au seul système d'exploitation.

Freins à la sécurité des services

Dans l'absolu, la sécurisation des services ne devrait plus poser de problème depuis longtemps, car tous les grands éditeurs de systèmes d'exploitation et de bases de données proposent maintenant des modes d'installation sécurisée ainsi que des dispositifs de mises à jour de sécurité. De plus, ces mêmes éditeurs, mais aussi des organismes publics, mettent gratuitement à la disposition des administrateurs des guides de sécurisation très précis et de très bonne qualité. Le RSSI n'a que l'embarras du choix à l'heure de choisir un guide. Enfin, si la sécurisation des serveurs s'opérait jusqu'à récemment de façon artisanale, serveur par serveur, des outils très performants ont permis d'industrialiser ce processus sur tout un parc.

Pourtant, malgré tous ces points positifs, à l'heure de sécuriser les serveurs, le RSSI doit affronter une très forte résistance tant de la part de la production que de la part des équipes projet. En effet, prises par des délais toujours de plus en plus tendus, les équipes projet voient d'un mauvais œil les contraintes liées à la sécurité. Elles redoutent que la sécurisation des systèmes limite les fonctionnalités, rendant plus difficile le développement, le test puis l'intégration des solutions qu'elles sont chargées de construire. Quant à la production, elle redoute par-dessus tout que la sécurisation entraîne une régression de service. Cette appréhension est bien légitime et ne manque pas de fondement. Notons toutefois que ce risque de régression de service est trop souvent invoqué pour ne rien faire…

Face à ces résistances, le RSSI doit jouer à la fois de fermeté, pour faire avancer la sécurité, et de flexibilité, pour gagner la confiance des équipes. Pour cela, il doit mettre en avant des précautions pour rassurer les uns et les autres. Il montrera qu'il n'est pas un intégriste de la sécurité et proposera des modes opératoires réduisant au maximum les risques de régression, le tout de façon très simple, pour ne pas compliquer la tâche des exploitants.

Principes de base

Les actions possibles pour sécuriser un système ou les services qu'il héberge sont très nombreuses. Voici les principes de base qu'il convient d'appliquer au minimum.

- **Minimisation :** les serveurs doivent être installés avec le moins de fonctionnalités possibles. Comme chaque service est potentiellement vulnérable, moins de services seront mis en place dans un système, moins ce dernier sera vulnérable. Quel est l'intérêt d'installer un serveur FTP et un serveur HTTP sur une machine dont l'unique raison d'être est de relayer les messages en SMTP ? Cependant, cette minimisation a ses limites car, si on écoute certains consultants en sécurité, chaque serveur devrait être une forteresse ne fournissant qu'un seul service. Si cela est vrai dans un monde idéal, ce n'est pas réaliste dans le contexte de l'entreprise. La minimisation des systèmes est donc nécessaire, mais elle ne doit pas être poussée trop loin.

- **Correctifs :** des vulnérabilités sont régulièrement révélées pour chaque service et pour chaque système. La découverte de ces vulnérabilités donne lieu à la publication de correctifs de sécurité qu'il convient d'appliquer régulièrement pour réduire considérablement sa surface d'exposition aux attaques.

- **Configuration :** la sécurisation du système et des services qui y sont hébergés est inutile si aucun travail n'est réalisé au niveau de la configuration. Par exemple, des droits trop permissifs sur un système de fichiers autorisent à modifier le contenu des données de façon illicite. Un serveur de fichiers acceptant des connexions anonymes ouvre la porte à des fuites d'information. La configuration par défaut de chaque service doit donc être adaptée au cas par cas, pour éviter toute intrusion ou fuite d'information.

- **Comptes par défaut :** tous les logiciels, qu'il s'agisse du système, des bases de données, des serveurs de fichiers ou des serveurs HTTP, installent par défaut des comptes qui, bien souvent, ne sont jamais utilisés. Pour éviter qu'un malfaiteur s'en serve comme agent d'attaque, il convient de les désactiver. De plus, il est impératif de changer tous les mots de passe par défaut. Ne pas le faire est une faute grave. Si la minimisation des services et l'application des correctifs de sécurité nécessitent un certain sens du compromis de la part du RSSI, le changement de mots de passe par défaut est une mesure qu'il faut appliquer systématiquement, sans aucune concession. Aucun mot de passe par défaut ne doit être laissé sur un système.
- **Flux d'administration :** les protocoles utilisés pour administrer les serveurs doivent être chiffrés afin d'éviter les écoutes malveillantes qui permettraient de récupérer les accréditions de l'administrateur.
- **Imputabilité :** une dernière mesure de base consiste à configurer les systèmes de telle sorte que l'on puisse imputer les actions, surtout celles d'administration. Cela passe par l'utilisation de comptes nominatifs. Il convient donc que les administrateurs sur Windows administrent avec un compte nominatif, dédié à l'administration. Notons que pour les systèmes Unix, l'usage de *sudo* est très recommandé.

Certes, de nombreuses autres actions peuvent être réalisées, mais l'application de ces principes généraux assure déjà un niveau de sécurité acceptable. Pour la mise en œuvre de ces principes, le lecteur est invité à se reporter aux très nombreux guides de sécurisation dédiés à chaque système, base de données, application ou service qu'il souhaite sécuriser.

Sécuriser les serveurs

Si les réticences exprimées par les équipes projet et par les responsables de la production ne sont pas dénuées de fondement, le RSSI peut parfaitement proposer une démarche prudente permettant de sécuriser les services sans pour autant retarder les projets ni provoquer les régressions de service tellement redoutées. Nous allons voir comment.

Les nouveaux serveurs

La sécurisation des serveurs nouvellement mis en production est la plus simple. On peut se permettre de les sécuriser, car ils ne risquent pas de provoquer de régression de service, étant donné qu'ils ne sont pas encore en production.

- **Limitation des modules :** tous les éditeurs de systèmes d'exploitation ainsi que les principaux éditeurs de bases de données proposent des options d'installation minimisées. Au moment de l'installation, l'administrateur sélectionne uniquement les modules nécessaires en fonction de l'usage auquel le serveur est destiné. Cette sélection peut naturellement être réalisée de façon interactive, ou bien être préconfigurée pour être exécutée de façon automatique, à grande échelle.
- **Masterisation :** la masterisation consiste à concevoir un socle sur le modèle duquel tous les serveurs seront déployés. Si ce socle est sécurisé, tous les serveurs déployés le seront, du moins au moment de leur installation. Sécuriser le master est donc une tâche importante qu'il convient de confier à un spécialiste du système à installer. Comme les options de sécurisation varient d'une version de système à l'autre, il ne faut pas hésiter à faire appel à un consultant spécialisé qui, d'une part, saura configurer les bons paramètres pour la sécurisation et, d'autre part, tiendra compte des contraintes d'exploitation. Parmi les actions de sécurisation, il y a naturellement l'application de tous les correctifs de sécurité disponibles au moment de l'élaboration du master.
- **Affinement :** comme nous venons de le voir, le principe de la masterisation consiste à développer des socles assez fermés du point de vue des fonctionnalités. Au moment de la mise en production, il reste à ouvrir sélectivement les fonctionnalités et à positionner les paramètres pour rendre le service opérationnel. Les personnes chargées de cette tâche doivent donc très bien connaître les actions à réaliser. Nous voyons ici l'importance de disposer d'expertise en interne ainsi que de modes opératoires détaillés et à jour. Un travail régulier de vérification et de mise à jour de ces modes opératoires est indispensable.

Ces trois étapes garantissent que les serveurs nouvellement installés répondent aux critères de base de la sécurité. Il ne faut pas oublier, cependant, que cette sécurité se doit d'être maintenue dans la durée. Nous verrons cela plus loin.

Les serveurs déjà en production

Si l'on s'en tient exclusivement à l'appréciation des risques, sécuriser le parc de serveurs existants devrait être la priorité numéro un du RSSI. Il devrait donc logiquement se lancer tête baissée dans la sécurisation des serveurs, en commençant par les plus sensibles. Pourtant, procéder comme cela est la garantie d'un échec presque immédiat. En effet, c'est sur ce parc de serveurs qu'il rencontrera les plus grandes réticences de la part des équipes de production. Le RSSI doit donc jouer sur plusieurs leviers.

- **Dédramatiser :** la première priorité sera de dédramatiser la sécurisation des serveurs. Il faudra montrer que sécuriser un serveur ne génère que très rarement des régressions de service.

- **Motiver :** le RSSI a tout intérêt à motiver les équipes de production pour qu'elles s'impliquent dans la sécurisation des serveurs.
- **S'adapter à la production :** la sécurisation devra impérativement se fondre dans le courant des tâches prioritaires réalisées par la production. Le RSSI doit donc proposer une démarche progressive, adaptable aux contraintes des équipes de production.

Paradoxalement, la meilleure façon de dédramatiser la sécurisation des serveurs consiste à attendre… Attendre que les mises à jour des postes de travail soient installées et opérationnelles. Ceci montrera à la production de façon factuelle qu'appliquer les mises à jour ne génère pas forcément de régression de service.

Ensuite, le RSSI demandera à la production d'identifier deux ou trois serveurs jugés peu sensibles. C'est par ces serveurs que l'on commencera la sécurisation. Le but est que les équipes chargées de la sécurisation « se fassent la main » sur ces systèmes, puis procèdent à un retour d'expérience. Le constat sera fait qu'aucune régression de service n'a été rencontrée.

Une fois ces machines témoins traitées, il reste à motiver les équipes de production pour qu'elles s'impliquent dans le projet de sécurisation. Pour cela, le RSSI dispose de deux leviers dont il ne doit pas se priver.

- **Premier levier :** le RSSI commencera par sensibiliser toute l'équipe de production. L'idéal est de recourir à des démonstrations de piratage sur un serveur, soit en les réalisant lui-même, soit en les déléguant à des experts. Le but ici est de montrer l'incroyable facilité de pirater un serveur non sécurisé et de faire comprendre que cela n'arrive pas qu'aux autres. Cette démonstration mettra en évidence que le désagrément pour les équipes à se faire pirater est bien supérieur à celui de sécuriser les serveurs.
- **Second levier :** en complément de la sensibilisation, le RSSI doit convaincre le DSI d'intégrer la sécurisation du parc des serveurs dans les objectifs annuels du responsable de la production. Ainsi, le responsable de la production aura un intérêt personnel à faire avancer le projet. Il n'hésitera plus à s'impliquer et répercutera cet objectif sur ses équipes.

Maintenant que l'on sait, d'après les faits, que la sécurisation des serveurs est peu risquée et que les équipes de production sont motivées, on peut enfin commencer la vraie sécurisation du parc. Cette sécurisation doit s'opérer en mode projet, c'est-à-dire qu'un responsable sera désigné. Il disposera d'une liste précise des serveurs, avec leur nom, adresse IP, version de système d'exploitation et fonction. Un ticket d'intervention sera créé pour chaque machine à traiter (ou groupe de machines), pour un bon suivi de la sécurisation du parc. Toutes les semaines, le RSSI, accompagné du responsable de la production, passera en revue l'avancement du projet de sécurisation. Ce mode opératoire permet de s'adapter aux contraintes de la production. Le projet avancera plus vite dans les périodes creuses et ralentira lorsque des tâches plus urgentes seront nécessaires. Le tout est que la sécurisation des serveurs ne s'arrête pas.

Une question se pose alors logiquement : par quelles machines commencer la sécurisation ? L'idée est de traiter en priorité les machines les plus sensibles. Pour cela, on utilisera deux critères : celui du niveau d'exposition des machines aux risques, et celui de la sensibilité pour l'entreprise.

- **Systèmes exposés :** sécuriser les systèmes les plus exposés est une priorité car ce sont les plus susceptibles de subir des attaques depuis l'extérieur. Il est donc important d'identifier ces serveurs. Attention, il ne faut pas se limiter aux systèmes visibles depuis Internet, il convient aussi d'intégrer les systèmes auxquels les partenaires accèdent. En effet, nul ne connaît le niveau de sécurité des partenaires.
- **Systèmes sensibles :** en marge de leur exposition aux menaces extérieures, certains serveurs sont plus sensibles que d'autres. Par exemple, les serveurs assurant la téléphonie dans un centre d'appel sont capitaux. Les serveurs de facturation sont un élément clé pour la trésorerie de l'entreprise. Il va sans dire que les serveurs directement impliqués dans la production industrielle sont eux aussi essentiels.

Pour réduire les risques de régression de service, il est prudent de n'appliquer que les correctifs de sécurité jugés critiques par les éditeurs. De plus, l'application de ces correctifs concernera d'abord les environnements de développement puis de préproduction. Ce n'est qu'après des tests de non-régression, ou plusieurs semaines de préproduction sans incident, que ces mêmes correctifs pourront enfin être exécutés sur les plates-formes de production.

Maintien de la sécurité

La sécurisation des serveurs nouvellement déployés ainsi que celle des serveurs déjà en production ne sert à rien si aucune action de maintien de la sécurité n'est entreprise.

Cela commence par l'application des correctifs de sécurité. Or, un correctif de sécurité ne s'applique pas aussi systématiquement sur un service en production que sur le parc de postes de travail.

- **Mise à jour périodique des masters :** comme cela a été indiqué plus haut, les masters permettent de déployer rapidement des serveurs, conformément à un modèle adapté à l'entreprise. Nous avons vu qu'il convient que ces masters soient sécurisés et disposent (entre autres paramètres) des derniers correctifs de sécurité. Or, la durée de vie des masters peut être de plusieurs mois, voire de plusieurs années. Si, par exemple, on installe un serveur sur la base d'un master constitué il y a dix-huit mois, cela veut dire que le serveur aura un grand retard sur les correctifs de sécurité. Plus le master sera ancien, plus le risque sera grand. Pour éviter cette situation, il convient de reconstruire périodiquement les masters en leur appliquant les derniers correctifs en date. Une mise à jour par semestre, voire par trimestre est souhaitable. Cette pratique garantit que les nouveaux serveurs installés disposent d'une version raisonnablement à jour des correctifs de sécurité.

- **Mise à jour périodique des serveurs :** s'il est peu risqué de mettre à jour les correctifs d'un master, la situation est bien différente pour les serveurs déjà en production. Une campagne annuelle, ou semestrielle, d'application des correctifs de sécurité est souhaitable. Naturellement, les précautions évoquées plus haut sont de rigueur : traitement des services les moins importants pour vérifier la non-régression, puis traitement des services en test, suivis de la préproduction, pour terminer avec les services en production.

Il ne faut pas limiter la sécurité des services à la bonne application des correctifs de sécurité. Au long de la vie d'un serveur, des éléments applicatifs peuvent être intégrés, de nouveaux comptes techniques déclarés, des fichiers ajoutés, etc. Chacune de ces actions nécessaires au maintien en conditions opérationnelles est susceptible d'engendrer une régression du niveau de sécurité. Ces modifications sont généralement encadrées par un processus formel de mise en production. Il est donc important que l'équipe du RSSI soit impliquée dans ce processus. Cela permettra de s'assurer que les modifications n'ont pas d'influence négative sur la sécurité.

Une mesure complémentaire consiste à vérifier périodiquement la sécurité du parc de serveurs et des services qu'ils hébergent. Malheureusement, ce contrôle est quasiment impossible à réaliser de façon systématique sur tout le parc. Une approche par échantillonnage est beaucoup plus pragmatique. Il s'agit de sélectionner une fois par an un certain nombre de services à surveiller, puis de les faire auditer par des consultants spécialisés en sécurité. Cette approche donne un avis pertinent et indépendant sur le niveau de sécurité des services les plus essentiels. On peut aussi utiliser un service d'audit automatique de vulnérabilités sur toute une plage d'adresses. Les rapports de vulnérabilités sont moins poussés que ceux des audits faits manuellement par des consultants, mais ils peuvent être lancés plus souvent et sur une base beaucoup plus large.

Plus concrètement, ces audits de contrôle permettent d'inspecter les serveurs ciblés pour vérifier qu'ils sont conformes aux politiques publiées par le RSSI : absence de service inutile, contrôle des mots de passe triviaux pour les comptes par défaut, application des correctifs de sécurité, etc. En somme, le RSSI doit toujours réserver une partie de son budget pour auditer un échantillon de serveurs. La sélection des systèmes à vérifier dépendra de la sensibilité des dispositifs en production ainsi que du contexte du moment (présence d'incidents de sécurité récents, failles détectées, etc.). Une liste d'actions de sécurisation sera mise au point en tenant compte du rapport d'audit. Naturellement, ces actions pourront être extrapolées aux autres serveurs.

Rappelons enfin que le maintien de la sécurité des services, qu'il s'agisse des systèmes d'exploitation, des bases de données, des serveurs FTP, HTTP, SMTP ou autres applications, dépend grandement de la rigueur en matière d'administration. Aussi est-il fortement recommandé de recourir à un mécanisme de contrôle des accès d'administration. Le marché regorge de solutions gratuites ou payantes.

Chapitre 9

Sauvegardes et restaurations

Les sauvegardes sont une discipline à part entière qui dépasse amplement le domaine de la sécurité des SI. Le propos de ce chapitre n'est donc pas d'expliquer comment organiser les sauvegardes, car cela justifierait en soi un ouvrage tout entier. Ce chapitre vise plutôt à décrire en quoi le RSSI peut contribuer concrètement à ce que le processus des sauvegardes, si important pour le SI, soit digne de confiance.

En quoi le RSSI peut-il être utile pour les sauvegardes ?

On a tendance à croire que les sauvegardes sont une problématique exclusive de la production. Il ne faut pourtant pas oublier les contraintes du métier, qui doivent être en principe à l'origine des sauvegardes. Dans les faits, on est en présence de deux élans : d'une part celui des besoins réels de sauvegarde/restauration, directement issus des métiers, et d'autre part celui des pratiques effectives de sauvegarde/restauration, issues de processus purement techniques mis en place progressivement par les informaticiens, au fur et à mesure de l'évolution du SI. Ces deux élans ont tendance à diverger l'un de l'autre, alors qu'ils sont censés converger sans cesse. Cette évolution divergente conduit à trois risques très concrets.

- **Omission :** les sauvegardes sont un processus technique, mis en place par des architectes et opérés par des administrateurs. Elles sont enrichies progressivement, à mesure que le SI évolue, et il arrive fréquemment que certains éléments du SI soient oubliés du processus de sauvegarde, si bien qu'en cas d'incident sur ces éléments, il est très difficile de les restaurer.
- **Mauvaise durée de rétention :** un second risque est de ne pas retenir suffisamment longtemps les sauvegardes. Une fois de plus, il faut considérer non seulement les besoins techniques, mais aussi les besoins métier

pour décider la durée de rétention des sauvegardes. On ne se rend compte de cette inadéquation que le jour où on a besoin de restaurer une information qui n'existe plus.

- **Impossibilité de restaurer :** un troisième risque très répandu consiste à ne pas savoir restaurer une information que l'on croyait pourtant bien sauvegardée. Cela arrive avec les informations que l'on est rarement amené à restaurer.

Face à ces problèmes, en quoi le RSSI peut-il être utile ? Par son positionnement transverse au niveau du SI, le RSSI est à la fois tourné vers le métier, tout en restant au contact de la technique. Il est obligé d'avoir une vision d'ensemble et une partie de son travail consiste à modéliser différents aspects du SI. Il a donc les compétences appropriées pour vérifier l'adéquation entre les pratiques techniques de sauvegarde/restauration et les besoins réels.

Pour réaliser ce travail, il commencera par dresser une cartographie précise des sauvegardes, ce qui lui permettra ensuite de vérifier que les restaurations sont effectives.

Ce travail conduira à ce que les sauvegardes soient un processus fiable. Ainsi, en cas de sinistre majeur, de perte accidentelle de données ou en cas de destruction malveillante d'informations, les équipes de la DSI auront la possibilité de reconstruire facilement les données sinistrées.

Cartographier les sauvegardes

Nous allons voir que les mécanismes pour sauvegarder les données sont nombreux et complexes. Les documents opératoires existent, mais ils sont épars, rédigés à des époques différentes et rarement tenus à jour. De surcroît, lorsque l'on questionne les *sachants*, on comprend vite que si chacun a sa vision des sauvegardes propre à son domaine, personne ne dispose d'une vue d'ensemble. Dans ces conditions, comment savoir si les sauvegardes sont vraiment dignes de confiance ? Comment garantir aux utilisateurs que, quoi qu'il arrive, en cas de problème, on saura remettre les données dans un état correct et complet ?

C'est pourquoi dresser une cartographie de haut niveau sur les sauvegardes est la première chose à entreprendre.

Sur quoi portent les sauvegardes ?

Pour commencer la cartographie, le RSSI rencontrera tous les acteurs de la DSI concernés afin de passer en revue chaque point censé faire l'objet d'une sauvegarde. Son but est de vérifier qu'aucun dispositif important n'a été oublié. Les différents domaines à parcourir sont les suivants.

- **Les bases de données :** ce sont les données faisant l'objet des sauvegardes les plus soigneuses. Il convient d'en faire l'inventaire tant d'un point de vue métier (base clients, bases métier, bases financières...) que technique (Oracle, Sybase, MySQL, SQL Server...). Il est aussi très important de savoir sous quelle forme ces bases de données sont instanciées. Sont-elles portées par un *cluster* physique ? Sont-elles hébergées au sein d'une machine virtuelle ? Sur quelles baies et à quels endroits se trouvent physiquement les données ?
- **Les serveurs de fichiers :** les partages contiennent tous les fichiers manipulés par les utilisateurs de toutes les directions. Il faut savoir quels sont les serveurs fournissant ces services (partages SAMBA, NFS, CIFS...) et localiser précisément les volumes partagés.
- **Les serveurs virtualisés :** les DSI concentrent de plus en plus leurs serveurs dans des infrastructures de virtualisation, basées sur des châssis et des lames assurant le traitement. Les machines virtuelles sont, en fait, des fichiers chargés en mémoire. Il est donc très important d'identifier où sont stockées ces machines virtuelles, qui prennent une part importante dans les baies de stockage.
- **Les serveurs physiques :** à force de tout virtualiser, on a tendance à oublier certaines machines physiques qui, pour quelque raison que ce soit, ont échappé à la virtualisation. Ces machines assurent pourtant des fonctions importantes. Il ne faut donc pas les oublier.
- **Les équipements d'infrastructure :** enfin, il faut penser à sauvegarder la configuration des équipements sensibles de l'infrastructure, sans lesquels aucun service ne pourrait être rendu. C'est le cas des cœurs de réseau, des routeurs centraux, mais aussi des répartiteurs de charge, des pare-feu, sans oublier les contrôleurs de baies de disque ou les systèmes de pilotage de l'infrastructure de virtualisation. Certains de ces éléments sont régulièrement oubliés.

Différents niveaux de sauvegarde

Identifier les objets de la sauvegarde ne suffit pas. Il faut aussi connaître, pour chacun d'eux, par quel moyen technique est réalisée la sauvegarde. Une palette très vaste de solutions s'offre à nous.

- **Niveau système :** tous les systèmes d'exploitation intègrent des mécanismes de sauvegarde. Sur les systèmes Unix, il est très fréquent d'utiliser les mécanismes tels que `dd, rsync`, ou tout simplement la copie via SCP ou FTP. Les serveurs Windows disposent quant à eux d'un utilitaire de sauvegarde. De nombreux objets sont sauvegardés tout simplement en utilisant ces mécanismes élémentaires et répandus.
- **Niveau bases de données :** les systèmes de gestion de bases de données proposent d'innombrables mécanismes pour sauvegarder les bases.

- **Niveau contrôleur de disques :** certains dispositifs pilotant les baies de disques peuvent être configurés pour recopier simultanément, et en temps réel, toutes les écritures sur deux baies de disques différentes. C'est ce que l'on appelle « l'écriture en Y ». Ce mécanisme n'est pas à proprement parler un mécanisme de sauvegarde/restauration, mais il peut être invoqué dans le cadre des sauvegardes.
- **Outils dédiés multi-plates-formes :** de nombreux éditeurs proposent des progiciels spécialisés dans les sauvegardes multi-plates-formes. Ils sont basés sur une console centrale, qui se charge de piloter l'ensemble des sauvegardes, et des agents distribués sur les différents systèmes (voire directement sur les baies de disques ou les hyperviseurs de machines virtuelles). Les opérateurs programment des politiques ciblant différents objets à sauvegarder et celles-ci sont exécutées au moment spécifié. Ces solutions ont l'avantage de fonctionner sur quasiment toutes les infrastructures de tous les éditeurs. Un autre avantage de ces progiciels est qu'ils fournissent aussi un service très simple de restauration des données.

En plus de ces niveaux, les sauvegardes peuvent être faites en temps réel ou à intervalles réguliers. Elles peuvent être complètes ou incrémentielles. On peut les effectuer sous forme d'export de données puis de copie vers un autre volume. Bref, la situation serait presque lisible si une seule de ces solutions était utilisée pour l'ensemble des sauvegardes. Malheureusement, il s'agit presque toujours d'une combinaison complexe de tous ces moyens, accumulés au fil du temps, à mesure des évolutions successives du SI. Nous arrivons donc toujours à une situation très complexe.

Cartographier

Toutes les connaissances nécessaires à la cartographie des sauvegardes sont maintenant réunies pour formaliser le processus dans son entier. Deux optiques complémentaires vont être retenues, ce qui nous conduira logiquement à réaliser deux schémas.

Le premier schéma met en évidence les objets sauvegardés, les outils et protocoles utilisés pour effectuer les sauvegardes ainsi que la destination des sauvegardes (baies de disques, VTL ou bande physique). Ce type de schéma permet de parcourir les éléments réellement sauvegardés, ce qui sert au RSSI pour vérifier qu'aucun élément important de l'infrastructure n'a été oublié.

Le second schéma modélise la durée de rétention de chaque sauvegarde ainsi que son mode de stockage. En formalisant la durée de rétention des données, ce second schéma permet de s'assurer que cette durée de rétention est compatible avec les exigences applicatives et du métier.

Autres points à vérifier

À ce stade, le travail pour s'assurer que les sauvegardes fonctionnent est presque terminé. Il reste toutefois deux points complémentaires à vérifier.

- **Preuves de sauvegarde :** il paraît trivial de dire qu'exécuter les sauvegardes ne suffit pas. Encore faut-il vérifier qu'elles se sont correctement déroulées. Pourtant, les sauvegardes sont devenues tellement complexes, se superposant les unes aux autres, se glissant entre deux procédures *batch*, que les incidents sont nombreux. Ainsi, une vérification systématique des preuves de sauvegarde doit être établie.
- **Modes opératoires :** pour chaque objet sauvegardé (base de données, groupe de machines virtuelles, équipement, système...), il convient de vérifier que le mode opératoire détaillé existe, qu'il est à jour et connu de tous les opérateurs.

À partir de ce moment-là, on peut avoir une assurance raisonnable que les sauvegardes sont bien effectuées, qu'elles portent sur les bonnes données, qu'aucune information importante n'a été oubliée et que les durées de rétention sont appropriées par rapport aux besoins techniques et aux besoins métier.

Restaurations

Avoir l'assurance du bon déroulement des sauvegardes peut s'avérer parfaitement inutile si on n'arrive pas à restaurer les données en cas de besoin. Cela arrive surtout pour les données que l'on n'est d'ordinaire jamais amené à restaurer et pour lesquelles soit on ne dispose plus des modes opératoires, soit ils sont obsolètes. Des exercices réguliers de restauration s'avèrent donc nécessaires.

Différents types de restaurations

On pourrait penser que les restaurations de données ne sont réalisées qu'exceptionnellement, juste en cas de problème important. En fait, les occasions de restaurer ne sont pas si rares. En observant bien l'activité de la production, on s'aperçoit même que les actions de restauration sont assez fréquentes. Elles peuvent être faites systématiquement, à une période donnée ou de façon opportuniste, en cas de besoin.

- **Recopies systématiques :** pour certaines applications particulièrement importantes, les bases de données de production sont périodiquement copiées vers un autre environnement, de façon quotidienne ou hebdomadaire. Ceci est réalisé par un ordonnanceur de tâches, une procédure stockée ou tout autre mécanisme *batch*. Le but de cette opération est de créer un environnement bis, contenant toutes les données de production et aidant à exécuter en avance de phase les traitements sensibles. Cela permet de corriger les éventuelles erreurs. De cette façon, lorsque plusieurs heures plus tard, les traitements s'effectueront pour de vrai, dans les bases réelles de production, les risques d'un « plantage » seront minimes. Un autre usage possible de ces copies systématiques d'environnements est le test d'évolutions applicatives dans un environnement très proche de celui de production. L'effet secondaire de ces deux exemples est que les bases de données en question sont sauvegardées et restaurées très fréquemment.

- **Restaurations ponctuelles occasionnelles :** il arrive régulièrement que les utilisateurs effacent par erreur des fichiers dans les volumes partagés. Lorsqu'ils s'aperçoivent de l'erreur, ils contactent le service d'assistance, qui ouvre un ticket avant de relayer la demande de restauration aux équipes techniques. Ce processus fonctionne très bien car il est techniquement géré par des progiciels spécialisés. Certains de ces outils vont jusqu'à permettre aux utilisateurs de piloter eux-mêmes la restauration, via une interface web.

- **Restaurations générales opportunistes :** certains projets informatiques nécessitent de réaliser des sauvegardes/restaurations de pans entiers du système d'information. C'est le cas lorsque les équipements d'infrastructure doivent être physiquement déménagés d'un site vers un autre. C'est aussi le cas lors des tests de plan de secours informatique ou lors des évolutions majeures dans l'infrastructure. Tous ces projets sont d'excellentes occasions pour tester en grandeur réelle le processus de restauration de données.

Si, pour un domaine important (tel qu'une base de données métier sensible) aucune restauration n'a été effectuée dans l'année, la programmation d'un exercice de restauration s'impose.

La réalisation des tests peut s'accomplir en trois temps.

- **Spécification du test :** si l'aspect technique est extrêmement important, il ne faut pas oublier le métier. Aussi, pour les tests de restauration de bases de données métier, il est important de demander à un utilisateur de spécifier de façon formelle comment vérifier le résultat de la restauration. Ce peut être fait simplement en comparant une capture d'écran applicatif faite avant, puis après le test ou en exécutant une requête effectuant des calculs avant, puis après le test. Bien entendu, pour les tests de restauration de dispositifs purement d'infrastructure (serveurs, commutateurs…) un jeu de tests techniques devra être réalisé.

- **Exercice :** il s'agit ici d'exécuter la restauration des données et de garder une trace technique des résultats.

- **Validation :** pour les restaurations d'éléments d'infrastructure, une validation formelle de la non-régression du service est souhaitable. Pour ce qui est de la restauration des bases de données métier, la validation par le métier est nécessaire. En effet, cette validation est exigée par de très nombreux référentiels d'audit.

Enfin, il peut être utile que le RSSI, aidé de l'exploitation, dresse annuellement un programme de restauration. Il s'agit d'un document synthétisant les actions de restauration prévues par la production, ainsi que leur périmètre. Cela permet de planifier les exercices sur les éléments manquants.

À ce stade, on peut affirmer que les restaurations fonctionnement correctement.

Chapitre 10

Maîtriser les identités et les accès

Nous abordons dans ce chapitre le domaine le plus pénible dans la vie d'un RSSI : la gestion des identités et des accès. Ce domaine présente quasiment toujours des carences chroniques rendant inutiles les efforts de sécurisation faits à d'autres niveaux. C'est pour cela que tous les RSSI consentent des efforts très importants pour améliorer ce domaine, mais force est de constater que les succès sont très mitigés. Ce chapitre commencera par montrer en quoi la gestion des identités et des droits est si complexe. Il proposera ensuite un ensemble d'actions simples et pragmatiques pour maîtriser ce domaine autant que faire se peut.

Complexité de la gestion des identités

La gestion des identités est sans aucun doute le projet le plus délicat à gérer pour le RSSI et ce à plus d'un titre.

C'est d'abord parce que c'est un domaine très important en matière de sécurité. On peut faire tous les efforts pour sécuriser les réseaux, les systèmes et les applications, si aucun contrôle n'est effectué au niveau des comptes, c'est la porte ouverte à toutes les attaques. En effet, un compte non supprimé ou des droits mal positionnés peuvent être exploités par une personne malveillante, surtout si le compte en question dispose de privilèges. De plus, la gestion des comptes figure systématiquement dans tous les référentiels de sécurité. C'est pourquoi tous les auditeurs, qu'ils soient techniques ou organisationnels, demanderont des comptes au RSSI dans ce domaine.

Nous allons détailler dans cette section les raisons qui font de la gestion des identités un vrai casse-tête pour le RSSI. Nous verrons que ce n'est pas seulement la gestion de l'identité qui pose problème, mais aussi la gestion des droits d'accès.

Fonctionnalités simples

En principe, rien n'est compliqué dans la gestion des identités et des droits. En simplifiant à l'extrême le processus, on pourrait le réduire à quatre fonctions fondamentales. Nous allons voir que deux de ces fonctions présentent quelques difficultés.

- **Création du compte :** il s'agit ici de créer un compte pour l'utilisateur afin qu'il puisse accéder à l'application ou à l'environnement en question. Malgré certaines imperfections, ce processus fonctionne correctement par la force des choses. En effet, toute personne a besoin d'un compte pour travailler.
- **Attribution de droits :** presque tous les environnements permettent de distinguer plusieurs classes d'accès. Les plus archaïques distinguent l'accès illimité en lecture-écriture (appelé souvent « mode administrateur ») et l'accès en lecture seule. Les systèmes plus évolués permettent de spécifier des groupes ou des profils avec des droits très finement positionnés. Associée à la création du compte, l'attribution des droits est généralement bien opérée.
- **Modification de droits :** les changements de fonction des collaborateurs impliquent le besoin de modifier leurs droits d'accès. Force est de constater que sans des actions fortes de management, cette fonction n'est pas très efficace. Concrètement, les utilisateurs ont tendance à cumuler les droits d'accès tout au long de leur vie dans le SI car ils acquièrent de nouveaux droits sans pour autant perdre ceux dont ils n'ont plus besoin.
- **Suppression du compte :** la mutation ou le départ d'un collaborateur doit, en principe, déclencher la suppression de ses comptes. Là aussi, on constate souvent que de nombreux comptes demeurent actifs alors que leur titulaire a quitté ses fonctions.

Complexité de l'identité

La gestion des identités couvre deux niveaux : le niveau technique (comptes de l'annuaire, de l'AD, d'administration aux bases de données, d'administration des équipements réseau, etc.) et le niveau applicatif.

Les comptes de niveau technique sont globalement sous la responsabilité directe de la DSI. Cependant, nous ne pouvons pas parler d'une gestion de l'identité unique, mais plutôt de plusieurs gestions des identités. En effet, les bases de données sont gérées par des équipes différentes de celles qui se chargent de l'annuaire d'accès au réseau, qui diffèrent des équipes administrant les comptes sur les systèmes d'exploitation. On voit ici que le RSSI a affaire à une multitude d'interlocuteurs différents.

La situation au niveau applicatif n'est pas plus claire, car les applications couvrent plusieurs métiers et plusieurs services. La responsabilité de la création et la suppression des comptes est donc massivement répartie sur quasiment toutes les directions de l'entreprise. Dans ces conditions, il est difficile pour le RSSI d'avoir une vue claire de la question.

Complexité des droits

Créer ou supprimer des comptes est une chose, gérer leurs droits en est une autre. Là aussi, les difficultés se multiplient.

La première difficulté est d'ordre organisationnel. En effet, chaque application dispose de différents niveaux d'habilitation. Ces niveaux, plus ou moins complexes, sont gérés de façon très variée, soit en attribuant directement les droits aux utilisateurs, soit en créant des groupes, ou des profils auxquels les utilisateurs doivent adhérer. Certaines fonctions nécessitent le croisement de plusieurs profils, ce qui peut rapidement créer des cumuls de droits théoriquement incompatibles.

Enfin, notons que le sujet est aussi complexe du fait qu'il faut gérer l'historique des applications. Souvent, les anciennes applications gèrent les droits de façon moins rigoureuse que les plus récentes, ce qui complique encore plus le travail du RSSI qui doit en tenir compte.

Approches pour gérer cette complexité

Surmonter les difficultés issues des facteurs de complexité exposés ci-dessus n'est pas impossible. Deux grandes approches aident à maîtriser autant que possible les questions liées à l'identité et aux accès. Nous aborderons d'abord l'approche structurée que propose l'IAM, puis nous détaillerons une approche plus empirique.

L'approche structurée de l'IAM

Toutes ces difficultés ont été initialement traitées unitairement de façon artisanale, mais une discipline a progressivement vu le jour. Il s'agit de l'IAM.

> **Vocabulaire**
> IAM est l'acronyme de *Identity and Access Management*. Ce terme désigne toutes les dispositions techniques et organisationnelles déployées dans le but de maîtriser les identités et les accès aux données.

Cette discipline vise à traiter les questions de droits et d'identité de façon rationnelle et intégrée. L'IAM conduit souvent à modéliser l'ensemble du cycle de vie des identités pour mieux contrôler les comptes et leurs droits. Naturellement, des outils dédiés à ces tâches ont été développés. Les éditeurs de logiciels et les cabinets de conseil spécialisé ont très vite compris qu'ils pouvaient aider le RSSI dans le domaine.

- **Outils d'IAM :** l'offre d'outils est foisonnante. Les éditeurs proposent pour la plupart des outils de modélisation des flux de gestion des identités. Souvent, ils y associent des dispositifs de suivi des demandes. Les offres sont complétées par des logiciels dressant des états des habilitations, ce qui facilite grandement les revues des droits. Certains éditeurs associent à ces outils des dispositifs de SSO dans le but d'alléger les authentifications au niveau de l'utilisateur.
- **Conseil en IAM :** la complexité de la gestion des identités est telle qu'il ne suffit pas de se procurer un outil d'IAM pour régler le problème. Une assistance de la part d'un expert est presque toujours nécessaire. Aussi, les cabinets de conseil proposent de nombreux services allant de l'étude de cadrage du projet d'IAM à l'assistance à l'intégration, en passant par la conduite du changement.

L'IAM apporte donc une réponse rationnelle à la problématique des identités. Elle permet ainsi de s'affranchir de la démarche artisanale si limitée. L'outillage technique et méthodologique qu'elle propose est parfaitement justifié à partir d'une certaine masse critique d'identités à gérer.

> **Remarque**
> Ce chapitre n'a pas pour objet de présenter ce qu'est un projet d'IAM. Le lecteur est invité à approfondir ce point dans les nombreux ouvrages consacrés à cette question.

Alors que l'IAM répond spécifiquement à la problématique abordée dans ce chapitre, on peut se demander pourquoi elle n'est pas systématiquement appliquée dans toutes les entreprises. Écouter attentivement les RSSI sur cette question est édifiant. Lorsque l'on assiste aux conférences fièrement intitulées « Comment réussir son projet d'IAM », on s'aperçoit en questionnant l'orateur que le projet dont il parle a généralement duré bien plus longtemps que prévu, coûté bien plus cher que prévu, et couvert nettement moins d'applications que prévu initialement. En fait, les projets d'IAM sont extrêmement complexes et sont soumis à de nombreux risques d'enlisement technique, financier et administratif. La réussite de ces projets est bien souvent discutable. Le RSSI doit donc être extrêmement prudent au moment de se lancer dans un projet d'IAM. Avant de le lancer, il doit s'assurer que :

- il dispose des moyens financiers nécessaires ;
- le cadrage du projet est pertinent ;

- il a identifié le bon chef de projet et les bons consultants, réellement expérimentés dans ces questions ;
- il dispose du soutien de la direction.

Afin de réduire les risques liés à ce type de projet, certains RSSI prudents procèdent par étapes. Ils commencent par lancer un projet d'IM, c'est-à-dire qu'ils ne s'intéressent dans un premier temps qu'à la gestion des identités. Ils ne s'attaquent au A de l'IAM que dans un second temps. Pour limiter encore plus les risques du projet, ces RSSI privilégient les phases impliquant uniquement le back office dans le but de rendre le projet le plus transparent possible par rapport aux utilisateurs et aux directions métier. Enfin, notons que si le projet d'IAM s'accompagne de la mise en place de SSO, cela facilite son acceptation par les utilisateurs, qui n'auront plus qu'un seul mot de passe à saisir pour toutes les applications. Attention toutefois au SSO, qui lui-même véhicule souvent de nombreux risques projet…

Approche pragmatique de l'IAM

L'IAM, telle que présentée précédemment, n'est pas l'unique façon de traiter la question des identités et des droits. Le RSSI peut opter pour une approche beaucoup plus pragmatique, basée sur des processus très simples.

Le RSSI commencera par déterminer un périmètre précis sur lequel il focalisera ses efforts. Il est inutile de se disperser en prétendant maîtriser toutes les identités de toutes les applications. Il s'attaquera ensuite au niveau de maturité des processus de gestion des comptes et des droits sur ce périmètre. Pour compléter l'ensemble, il procédera à des contrôles périodiques.

Cadrage

Quasiment tout environnement informatique (du simple système à l'application la plus sensible) permet de se connecter et de procéder à des actions plus ou moins avancées en fonction d'un profil. Donc, dans l'absolu, chacun des environnements devrait théoriquement être intégré dans le processus général de gestion des identités et des droits. Dans les faits, seuls quelques-uns de ces environnements sont réellement très sensibles. C'est sur eux que le RSSI doit se focaliser. La première étape consiste donc à identifier les environnements les plus stratégiques. On commencera par les environnements techniques, tels que l'annuaire interne (s'il y en a un), l'annuaire AD, ainsi que les bases de données les plus importantes de l'entreprise. On pourra aussi inclure dans ce domaine les accès distants.

Il faudra ensuite se positionner au niveau applicatif. La cartographie applicative des entreprises représente plusieurs dizaines, voire plusieurs centaines d'applications. Il est nécessaire de sélectionner les plus importantes d'entre elles.

- **Applications pilotant des activités critiques :** il va de soi qu'une gestion correcte des identités est très importante dans ces applications. C'est notamment le cas pour les applications de pilotage industriel.
- **Applications comportant des données sensibles :** nous parlons ici des applications manipulant des données à caractère personnel ainsi que celles comportant des secrets industriels ou commerciaux.
- **Applications financières :** les sociétés sont pour la plupart soumises régulièrement à des audits de commissaires aux comptes. Ces auditeurs se focalisent sur les applications financières. Ainsi, il convient que toute application engendrant des flux financiers soit intégrée dans le processus de gestion des comptes. Cela concerne les applications de comptabilité, de facturation, de commandes, etc.

Une fois ces environnements techniques et ces applications sensibles bien identifiées, le RSSI peut dresser une liste officielle de domaines qui feront l'objet d'une attention particulière en matière de gestion des comptes et des droits.

Niveau de maturité

Pour chacun de ces environnements identifiés, il faudra ensuite passer en revue les processus de création, suppression de compte, vérifier le niveau de maturité de la documentation, ainsi que leur traçabilité.

- **Processus de création :** le RSSI commence par s'informer de la façon dont le compte est créé. Il regarde notamment si le processus suit toujours le même chemin ou si plusieurs cas sont possibles. Il vérifie aussi que les comptes ne sont créés qu'après la validation par une personne habilitée à en faire la demande.
- **Existence de documentation :** dans certains cas, la documentation pour créer un compte se limite à un simple schéma de flux. Dans d'autres, on peut trouver des modes opératoires détaillés. Le RSSI doit vérifier l'existence de documentation, qu'il s'agisse d'une procédure générale ou d'un mode opératoire détaillé. Il s'assure aussi que ces documents sont bien à jour et qu'ils sont connus de tous.
- **Traçabilité :** un dernier point à contrôler est la traçabilité du processus. L'entreprise doit être capable de renseigner qui a demandé quel accès et quand cet accès a été créé. Généralement, cette traçabilité est effectuée soit par courrier électronique, soit via un outil de gestion de tickets.

Généralement, la création de compte est relativement bien opérée et documentée. Le RSSI devra vérifier ces mêmes points (processus, documentation, traçabilité) pour l'attribution et la modification des droits, ainsi que pour la suppression des comptes.

Contrôles périodiques

Il s'agit de la phase la plus importante de cette démarche puisqu'elle consiste à vérifier les comptes et les droits, puis à faire corriger les anomalies. Pour cela, des contrôles périodiques sur différents aspects de l'identité et des droits seront réalisés. Ils prendront la forme de revues générales, domaine par domaine.

Les revues couvriront essentiellement les domaines suivants :

- les utilisateurs des différents annuaires de l'entreprise ;
- les accès distants au SI ;
- les accès à l'administration des infrastructures critiques du SI ;
- les applications identifiées comme très sensibles.

Pour chacun de ces domaines, les points suivants seront vérifiés :

- contrôle des administrateurs du domaine en question ;
- contrôle des comptes génériques ;
- contrôle des comptes partagés ;
- identification des comptes dormants ;
- revue détaillée des droits.

Chacune de ces revues donnera lieu à un rapport répondant au plan suivant.

- **Partie 1 - État des comptes avant la revue :** il s'agit ici de lister les comptes en question (et si nécessaire leurs droits). La date d'extraction devra être précisée. Naturellement, si les comptes sont trop nombreux pour être listés, il sera possible de joindre cette liste dans un fichier en annexe. Le tout est de pouvoir y accéder en cas de besoin.
- **Partie 2 - Décisions prises par les validateurs :** le RSSI fera suivre cette liste aux différentes personnes habilitées à valider les droits et les identités. Les noms des validateurs, le détail de leurs décisions et la date des décisions seront consignés.

> **Exemple**
> Concrètement, le validateur pour le contrôle des droits d'administration aux bases de données sera le responsable des administrateurs. Le validateur pour le contrôle des droits d'accès distants au SI sera la (ou les) personne(s) habilitée(s) à attribuer ces droits. Le validateur pour les comptes du méta-annuaire sera très logiquement un membre de la DRH.

- **Partie 3 - État des comptes après la revue :** une fois les mises à jour effectuées, un nouvel état est généré. Son but est de vérifier que toutes les décisions ont été correctement appliquées.

Nous devinons sans difficulté que, s'il est réalisé à la main, ce travail de revue est très fastidieux et nécessite un suivi très attentif. Si aucun outil n'accompagne ce travail, il ne sera pas possible de mener à bien plus d'une revue annuelle. Heureusement, certains outils du marché industrialisent ce processus en automatisant les rapprochements, les relances et en générant des états appropriés. Si un tel outil assiste le RSSI, une revue trimestrielle devient envisageable. En règle générale, plus la revue sera fréquente, plus les identités seront maîtrisées.

Différents points à contrôler

Nous venons de voir que des contrôles périodiques sont nécessaires. Il nous reste maintenant à préciser plus en détail quels sont les points à contrôler.

N'oublions pas que le but fondamental des revues est de s'assurer des trois points suivants.

- Les comptes doivent correspondre à des personnes réellement présentes et actives dans l'entreprise.
- Les droits associés à ces comptes doivent être pertinents.
- Les comptes ne sont utilisés que par une seule personne.

Aussi les contrôles ci-après visent-ils à s'assurer que ces trois règles sont bien appliquées et que les éventuelles exceptions sont dûment justifiées.

Confirmer les droits d'administration

Les droits d'administration sont très convoités par les attaquants car ils permettent de nuire fortement au SI. Nous devons distinguer ici les droits d'administration aux infrastructures techniques et les droits d'administration applicative.

- **Droits d'administration technique :** certains environnements techniques, comme les systèmes d'exploitation, les bases de données, les plates-formes de virtualisation, les équipements réseau sensibles ou les contrôleurs de disques ont une importance critique pour tout le SI. Il est capital que seules les personnes habilitées y aient accès. Le RSSI doit donc procéder à une revue très précise des droits sur tous ces équipements. Pour cela, il doit obtenir des extractions sur chaque environnement et confirmer avec les différents responsables (responsable des administrateurs système, responsable réseau…) que les comptes sont pertinents et qu'ils détiennent les privilèges appropriés. Toute erreur ou omission devra être corrigée.

- **Droits d'administration applicative :** le RSSI n'a pas à contrôler les droits attribués aux utilisateurs dans les applications, car ce travail revient aux services métier. Donc, dans l'absolu, il peut se désintéresser de cette question. Cependant, il peut être utile de s'assurer que les revues de droits sont bien réalisées. Il pourra notamment vérifier que les comptes permettant d'administrer les applications ont bien fait l'objet d'une revue.

Un SI maîtrisant bien les populations ayant des droits d'administration sur les infrastructures et sur les applications réduit considérablement sa surface d'exposition aux attaques.

Contrôler les droits applicatifs

Le RSSI n'a pas vocation à vérifier que les droits aux applications sont correctement positionnés. Cette responsabilité revient aux services utilisateurs. Cependant, le RSSI peut jouer un rôle de coordination pour s'assurer que chacun a vérifié les droits dont il a la responsabilité.

Contrôler l'annuaire interne de l'entreprise

À partir d'une certaine taille, toutes les entreprises disposent d'un annuaire, qui est le point d'entrée de l'identité des utilisateurs dans le SI. Il constitue donc un point essentiel à vérifier lors d'une revue de droits.

L'annuaire interne de l'entreprise est souvent basé sur un annuaire LDAP. Il contient pour chaque collaborateur de l'entreprise un ensemble d'informations allant du numéro de matricule à l'adresse du site où travaille le collaborateur, son numéro de téléphone, son adresse électronique, le service auquel il appartient, etc. La richesse des informations placées dans l'annuaire dépend de chaque entreprise.

Cet annuaire est donc stratégique car il contient des informations importantes et, surtout, il conditionne l'accès au SI. Généralement, il faut être présent dans l'annuaire pour avoir accès au SI.

Pour contrôler l'annuaire, le RSSI commencera par obtenir la liste des collaborateurs habilités à y apporter des modifications techniques. Il s'agit généralement d'administrateurs système rompus à LDAP. Il pourra alors vérifier que cette liste est pertinente, auprès du responsable de la production ou auprès de la DSI.

Le RSSI demandera ensuite la liste des utilisateurs autorisés à ajouter, supprimer ou modifier des entrées de l'annuaire. Généralement, ce sont les personnels de la DRH mais, parfois, la tâche d'administration fonctionnelle est déléguée à des personnels répartis dans les services. En tout état de cause, le RSSI fera valider cette liste à la DRH.

Une fois ces vérifications préliminaires effectuées, on pourra extraire la liste des utilisateurs actifs déclarés dans l'annuaire. Cette liste pourra être rapprochée de celle du logiciel de paie. La DRH identifiera très vite les personnes ayant quitté l'entreprise mais encore présentes dans l'annuaire.

Ces vérifications ne permettent de contrôler que les entrées de l'annuaire concernant le personnel salarié. Malheureusement, dans la grande majorité des cas, la DRH n'a aucune connaissance des prestataires embauchés par les services. Il faut donc identifier ces populations dans l'annuaire et envoyer à chaque service la liste des prestataires déclarés afin de vérifier que ces personnes sont toujours présentes. Cette partie de la revue est la plus délicate car elle oblige le RSSI à solliciter tous les services, dont la réactivité est très variable, nécessitant un travail important de suivi et de relance.

À la fin de cette revue, l'annuaire n'est plus censé contenir que des utilisateurs réellement présents et actifs dans la société. Cependant, le travail n'est pas terminé pour autant car, en principe, l'annuaire est censé être mis à jour en temps réel, au fur et à mesure des arrivées et des départs. Si la revue a mis en évidence des entrées à supprimer, c'est que le processus de mise à jour de l'annuaire présente des déficiences. Le RSSI doit donc chercher à comprendre pourquoi tel ou tel utilisateur n'a pas été supprimé.

Contrôler les comptes génériques et les comptes partagés

Nous avons vu en début de section que les comptes doivent être nominatifs et utilisés par une seule personne. Ce n'est malheureusement pas toujours le cas. Or, la pratique des comptes génériques et des comptes partagés rend très difficile l'imputation des actions, compliquant ainsi la détection des actes de malveillance.

- **Comptes techniques génériques :** tous les systèmes, bases de données et autres services installent des comptes par défaut. Ces comptes sont génériques, en ce sens où ils ne sont pas attribués à une personne en particulier. Compte tenu de ce qui a été dit plus haut, il faudrait en principe les désactiver. Pourtant, certains d'entre eux (bien connus) sont nécessaires et ne tolèrent aucune modification. En revanche, d'autres peuvent être désactivés sans aucun risque. Le RSSI doit donc demander la justification de chacun de ces comptes et faire supprimer ceux qui ne sont pas strictement indispensables.

> **Exemple**
>
> Il est fort probable que le compte nommé VNC soit lié à l'usage de l'outil de prise en main à distance du même nom. Le compte Apache a sûrement un rapport avec le serveur HTTP. Le RSSI doit vérifier si ces comptes sont justifiés et s'il est réellement nécessaire de leur accorder les droits d'administrateur du domaine.
>
> En revanche, les comptes Administrateur sur les systèmes Windows ou root sur les systèmes Unix ne peuvent en aucun cas être supprimés.

- **Comptes utilisateur génériques :** ces comptes sont relativement faciles à détecter car leur nom est souvent très explicite. Ils se caractérisent par le fait qu'ils sont utilisés par plusieurs personnes, ce qui conduit à une grande difficulté à imputer les actions faites sur ce compte. C'est pour cela que les politiques de sécurité du SI (PSSI) interdisent le plus souvent les comptes génériques. Force est de constater que cette pratique perdure malgré les interdictions. La persistance chronique des comptes applicatifs génériques s'explique souvent par le besoin d'attribuer rapidement des accès à des personnes qui viennent d'arriver dans l'organisation. En effet, les services reprochent souvent à la DSI d'imposer un processus de création de compte trop long (plusieurs jours), alors que cette durée est incompatible avec des personnels intérimaires, dont les services utilisateur découvrent le nom le matin même de leur arrivée. Attention, si l'usage des comptes génériques est très fortement déconseillé, il n'est pas pour autant à proscrire. Les services utilisateur recourant à ces types de compte peuvent mettre en place des dispositifs palliatifs indiquant malgré tout qui a fait quoi avec ce compte, et donc permettant d'imputer les actions en cas de litige. Les services les plus susceptibles d'utiliser des comptes génériques sont ceux qui recourent à une main d'œuvre très volatile.

> **Exemple**
>
> Les comptes nommés *Compta-1*, *Compta-2*, *Compta-3*, *Formation-1*, *Formation-2*, parlent d'eux-mêmes.

- **Comptes partagés :** cette pratique consiste à partager entre plusieurs utilisateurs un compte nominatif. En fait, nous sommes presque dans le cas précédent, mais au lieu d'utiliser un compte générique, c'est un compte nominatif qui est utilisé. Cet usage ne peut pas être repéré par une simple revue des comptes. Le RSSI doit surveiller les adresses IP depuis lesquelles les comptes sont utilisés. S'il repère un compte connecté simultanément depuis plusieurs adresses IP internes, c'est qu'il s'agit certainement d'un compte partagé. Néanmoins, ce peut aussi être la signature d'une usurpation frauduleuse d'identité. Le RSSI n'a aucun moyen de le distinguer. Aussi faut-il être très strict dans l'interdiction des comptes partagés.

Traquer les comptes dormants

Un compte dormant est un compte n'ayant pas été utilisé depuis un temps défini. Il est important de traquer ces comptes car une personne malveillante en utilisant un passera inaperçue, alors que si elle a recours à un compte actif, l'utilisateur concerné remarquera tôt ou tard le comportement suspect de son compte. En fait, les comptes dormants sont une porte d'entrée abandonnée, que le cambrioleur du SI peut forcer sans se faire remarquer.

À partir de quand un compte peut-il être considéré comme dormant ? Cela dépend de nombreux paramètres.

- **De l'application :** les applications sont généralement utilisées au quotidien. Dans ce cas, il est logique de considérer un compte comme dormant au bout de deux ou trois mois d'inactivité. Cependant, d'autres applications ne sont utilisées qu'une fois par trimestre, voire une fois par an. La limite du compte dormant pourra logiquement être repoussée dans ce cas.
- **De la personne :** la cause principale de compte dormant est le départ ou la mutation du collaborateur. Il faut cependant tenir compte de quelques exceptions individuelles. Par exemple, un représentant du personnel peut être appelé à ne plus utiliser son compte pendant longtemps sans pour autant qu'on lui supprime son accès. C'est aussi le cas pour les personnes détachées dans un autre service mais appelées à revenir à leur fonction initiale. Enfin, il est logique que les personnes bénéficiant d'un congé maternité ou d'un congé longue maladie ne se connectent pas pendant longtemps aux applications. Nous sommes bien d'accord que pour tous ces cas, l'idéal serait de suspendre le compte, quitte à le réactiver au retour du collaborateur. Cependant, des considérations politiques et sociales justifient souvent de ne pas les bloquer. Le RSSI doit ainsi examiner toutes ces situations au cas par cas.

Le but est donc de suspendre, voire de supprimer les comptes dormants.

> **Remarque**
> Notons que dans certaines applications, telles que les applications comptables, il est préférable de suspendre les comptes plutôt que de les supprimer.

Pour y parvenir, l'idéal est de faire en sorte que les applications désactivent automatiquement les comptes dès que l'utilisateur ne s'est pas connecté depuis un temps préalablement défini. Ceci est rarement le cas. La seule solution est souvent de procéder à une revue des comptes dormants. Selon les cas, cette revue peut être plus ou moins facile à réaliser. Pour cela, le RSSI commence par demander une extraction à l'administrateur fonctionnel de chaque application. Plus précisément, on distingue trois cas.

- **Présence du champ « date de dernière connexion » :** certaines applications disposent dans leurs bases de données d'un champ précisant, pour chaque utilisateur, la date de sa dernière connexion. Il suffit donc de requêter la liste des comptes avec le champ de dernière connexion. La revue est alors très simple.
- **Historique des connexions :** d'autres applications ne tracent pas la date de dernière connexion, mais elles gardent, en revanche, un historique des connexions dans un journal. Il est donc possible de consulter ce journal pour obtenir l'information. Cependant, cela nécessite souvent le développement de scripts pour analyser les journaux et en déduire la date de

dernière connexion de chaque utilisateur. Obtenir cette information est donc un peu plus compliqué.
- **Aucune trace :** enfin, certaines applications ne tracent rien sur l'activité de leurs utilisateurs. Il est donc impossible de repérer les comptes dormants. Dans ce cas, le RSSI doit faire pression auprès des études pour que cette information soit intégrée dans les prochaines versions de l'application.

Une fois les extractions réalisées, le RSSI identifiera, pour chaque application les comptes ne s'étant pas connectés depuis un temps convenu. Généralement, il s'agit de trois mois. Il demandera alors aux responsables fonctionnels de chaque application d'expliquer la raison pour laquelle les comptes sont dormants et fera supprimer (ou désactiver) ces derniers. Toute exception devra être justifiée par le service concerné.

> **Remarque**
> Une procédure de revue générale de droits est fournie à titre d'exemple en annexe de cet ouvrage.

Contrôle complémentaire : l'accès aux salles machines

On peut s'étonner de trouver une telle section dans ce chapitre, puisque ce sujet n'a pas de rapport avec la gestion des utilisateurs ni des droits applicatifs. D'ailleurs, la sécurité physique n'est pas du ressort du RSSI, mais de la sûreté. Toutefois, l'accès aux salles machines est l'exception qui confirme la règle. Le RSSI est parfaitement fondé à contrôler qui accède à ces salles puisque c'est dans ces locaux que les éléments les plus sensibles du SI sont hébergés. La revue des accès physiques consiste à vérifier que seules les personnes habilitées ont accès aux salles machines.

En principe, seule une population très réduite doit être autorisée à entrer en salle machines. Il s'agit des populations suivantes :
- le DSI et les cadres dirigeants de la DSI, dont le responsable de la production et le RSSI ;
- les administrateurs système, réseau, bases de données…
- les personnels chargés de l'entretien technique (services généraux, sécurité incendie, sûreté, climatisation, électricité…).

Généralement, cette revue présente deux difficultés récurrentes. La première est que les salles machines sont localisées soit chez des hébergeurs spécialisés, soit dans des locaux propres à l'entreprise, adaptés à cet effet. Dans les deux cas, la gestion des badges est souvent confiée à une société tierce (soit l'hébergeur, soit le propriétaire des locaux). Il arrive même de rencontrer un second niveau de sous-traitance. Aussi, lorsque le RSSI souhaite contrôler la liste des personnes habilitées à entrer dans la salle machines, il n'est pas rare qu'il doive s'adresser aux moyens généraux, qui transmettront la demande au prestataire approprié, qui parfois fait suivre lui-même à son sous-traitant. Le résultat est qu'il faut souvent plusieurs heures, voire plusieurs jours, avant d'obtenir la liste. Pour résoudre cette situation, il convient que le RSSI négocie avec toutes ces parties prenantes de pouvoir solliciter directement l'entité opérant réellement les accès aux salles machines.

> **Remarque**
> Notons au passage que si cette situation est inconfortable pour obtenir une liste des accès aux salles machines, elle est littéralement inacceptable lorsque le RSSI a besoin d'avoir un journal des entrées à ces salles suite à un incident. Il n'est pas acceptable d'avoir à attendre plusieurs heures, voire plusieurs jours, avant d'obtenir un historique des accès.

La seconde difficulté de la revue est que de nombreuses populations tierces figurent dans la liste des personnes habilitées. On trouve notamment les personnels des sociétés d'entretien des équipements de climatisation, de sécurité incendie, de la société de gardiennage, du fournisseur d'énergie... Ces personnels disposent pour certains d'un badge d'accès nominatif, pour d'autres d'un badge générique. Autant dire que le RSSI a toujours le plus grand mal à vérifier la pertinence de ces accès. Il n'y a malheureusement pas de solution miracle à ce problème.

Il n'empêche que malgré ces difficultés, un contrôle régulier des droits d'accès aux salles machines (l'idéal est d'en réaliser un tous les trois mois) permet de limiter au maximum les risques d'accès illicite à ces lieux.

Chapitre 11

Rôle du RSSI dans la continuité et la reprise d'activité

La continuité et la reprise d'activité sont une discipline à part entière. Le but de ce chapitre n'est donc pas d'expliquer ce qu'est un plan de continuité ou un plan de reprise. Il n'est pas non plus d'expliquer comment mettre en place de tels plans. La littérature spécialisée regorge d'ouvrages de qualité dans ce domaine. Ce que ce chapitre détaille, c'est le rôle du RSSI dans ces plans. En effet, n'oublions pas que dans le trio sacré du RSSI (confidentialité, disponibilité et intégrité), il y a disponibilité. Le RSSI ne peut donc pas être tout à fait étranger aux plans de continuité et de reprise d'activité.

Questions préalables

Chaque organisme, qu'il s'agisse d'une administration ou d'une entreprise privée, trouve sa raison d'être dans la fourniture de biens ou de services. Ne pas fournir ces biens et services est donc impensable. Pourtant, comme un sinistre majeur (tel qu'un dégât des eaux, un incendie) peut rendre inopérationnelle une part importante des moyens de production, un plan de reprise ou de continuité d'activité est toujours nécessaire. Avant d'approfondir ce sujet, il convient de clarifier très rapidement deux questions.

La première question qui se pose est : qu'est-ce qu'on entend par plan de continuité d'activité et par plan de reprise d'activité ? Il est amusant de constater que lorsque la question est posée en réunion, les esprits s'échauffent très rapidement, chacun ayant sa propre définition, convaincu d'avoir raison contre les autres. D'ailleurs, la multiplicité des termes et des sigles n'arrange rien à l'affaire. Si les sigles les plus fréquemment rencontrés sont PCA (pour Plan de continuité d'activité), PRA (pour Plan de reprise d'activité) et PSI (pour Plan de secours informatique), il en existe bien d'autres. Il n'est pas souhaitable que le RSSI s'engage dans un tel débat de vocabulaire. La clé de la question n'est pas dans les mots ou les sigles que l'on retient, mais dans le fait d'être bien d'accord sur ce que l'on veut. Ce point sera approfondi dans la section suivante.

La seconde question que l'on peut se poser est : quel est le rôle du RSSI dans de tels plans ? La réponse varie beaucoup d'un organisme à l'autre. Dans certains cas, le RSSI est le garant de la conception et du bon fonctionnement du plan. On parle alors de RPCA, pour Responsable du plan de continuité d'activité. Dans d'autres cas, le RSSI ne joue qu'un rôle secondaire, se contentant uniquement de vérifier que le plan tient bien compte des contraintes de sécurité de l'organisme. Ce qu'il faut retenir, c'est que le RSSI n'a aucune raison d'être systématiquement le RPCA. RSSI et RPCA ont des responsabilités bien distinctes qui peuvent éventuellement être portées par une seule personne, mais qui n'ont aucune raison d'être liées nécessairement. En revanche, même dans les cas où il ne joue qu'un rôle secondaire, le RSSI se doit tout de même de connaître les principaux axes d'un plan de continuité ou de reprise.

Dispositions de continuité et de reprise

Très souvent, les entreprises n'attendent pas la mise en place officielle d'un plan de continuité pour s'intéresser à la question. Par exemple, dans le domaine industriel, on rencontre régulièrement le principe de l'usine virtuelle. Les usines adoptant ce modèle sont dimensionnées de telle sorte qu'elles puissent se secourir mutuellement. Pour ce faire, elles doivent être capables d'absorber tout ou partie de la production perdue par l'usine sinistrée. Ceci sous-entend que des capacités de production sont laissées disponibles en cas de besoin, que des procédures opérationnelles pour le secours sont tenues à jour et que des exercices réguliers sont réalisés. Le RSSI a tout intérêt à prendre connaissance de ces procédures, même si elles ne sont pas directement centrées sur le SI.

Les plans de continuité peuvent aussi concerner des aspects très ciblés du SI, jugés critiques. Par exemple, les sociétés ayant recours à des centres d'appel pour traiter les demandes des clients disposent toujours de plans de continuité de la téléphonie. Le RSSI doit donc prendre connaissance des dispositions prises pour assurer la continuité de la prise d'appel. En général, il s'agit de redondances systématiques des équipements stratégiques pour la téléphonie et de la répartition de ces équipements dans des sites distincts. Naturellement, des procédures doivent exister, avec les fiches réflexes correspondantes.

Par ailleurs, quel que soit le niveau de maturité du SI, on trouve toujours de façon unitaire des dispositifs de redondance pour les serveurs sensibles ainsi que pour les équipements réseau stratégiques, tels que les pare-feu, les relais HTTP, les répartiteurs de charge, les cœurs de réseaux ou les routeurs. De plus, les salles machines sont souvent doublées, même si elles n'assurent pas forcément la redondance de tous les services stratégiques.

Quel que soit son rôle dans la continuité et la reprise d'activité, le RSSI a tout intérêt à passer en revue toutes ces dispositions. L'idéal est qu'il en fasse une synthèse dans un document intitulé « Dispositions de continuité et de reprise d'activité » dans lequel il récapitule clairement toutes ces dispositions en partant des mesures de continuité au niveau métier, puis en descendant progressivement à des aspects purement informatiques. Dans chaque section, il est utile de préciser le niveau de maturité des dispositions, qui peuvent aller de « documenté, à jour et testé » dans le meilleur des cas, à « non documenté, jamais testé » dans le pire des cas.

Fort de ce document, le RSSI pourra le faire valider par chacun des acteurs concernés afin de vérifier l'exactitude de ce qu'il a compris. Il pourra ensuite le présenter à la DSI ainsi qu'à la direction générale pour mettre en évidence les forces et les faiblesses des dispositions en matière de continuité et de reprise.

Le choix du niveau de profondeur et de disponibilité de l'activité dépasse amplement les prérogatives du RSSI, car c'est une décision d'entreprise à prendre au niveau de la direction générale. C'est bien à la direction de décider s'il faut mettre en place un plan de continuité orienté métier ou se contenter d'un plan de reprise informatique. Le RSSI n'a dans ce domaine qu'un rôle de conseil (certes important, mais limité) auprès de la direction générale et de la DSI.

Rôle du RSSI en temps de paix

Dans la continuité/reprise d'activité, il faut distinguer les actions à réaliser hors situation de sinistre, que nous appellerons familièrement « temps de paix » et les actions à accomplir en situation de sinistre. On parlera alors de « temps de guerre ». Commençons par les actions en temps de paix.

Démarche générale

Les cas de plans de continuité, plans de reprise et plans de secours sont tellement nombreux que nous allons illustrer la démarche à retenir par un exemple particulier, donc partiel. Considérons que la DSI souhaite mettre en place un plan de secours informatique (PSI). Il s'agit donc d'être capable de reconstruire rapidement l'infrastructure nécessaire pour fournir à l'entreprise les services informatiques les plus essentiels.

Comme nous l'avons vu, le rôle du RSSI en matière de continuité/reprise d'activité varie beaucoup d'un organisme à l'autre. Dans les cas où il est le responsable du PSI, le RSSI sera chargé du pilotage de l'ensemble des étapes décrites ci-après. S'il n'est qu'un des acteurs, il devra toutefois avoir une très bonne connaissance de ces étapes.

Voici, à titre d'exemple, les principales étapes pour réaliser un plan de secours informatique.

Analyse d'impact

Tout plan lié à la continuité ou à la reprise commence par une étude d'impact. Le but est de composer la liste de toutes les activités stratégiques de l'organisme et de mesurer, d'une part, le temps maximal que l'on peut supporter sans cette activité en cas de sinistre majeur et, d'autre part, la quantité maximale de données perdues que l'on peut endurer.

> **Vocabulaire**
>
> Le sigle généralement utilisé pour désigner l'étude d'impact est BIA, pour *Business Impact Analysis*.
>
> Le sigle généralement utilisé pour désigner la durée maximale d'interruption admissible dans une activité est RTO, pour *Recovery Time Objective*. En effet, il s'agit du temps maximal dont on dispose pour rendre fonctionnel le service sinistré avant de mettre l'entreprise en péril.
>
> Le sigle généralement utilisé pour désigner la durée maximale d'enregistrement de données que l'on peut se permettre de perdre lors d'un sinistre est RPO, pour *Recovery Point Objective*. En effet, c'est le point à partir duquel il faut absolument être capable de disposer de sauvegardes valides.

Il convient que cette analyse soit réalisée par un consultant spécialisé. Son regard extérieur assurera une évaluation objective de la sensibilité des activités. Le livrable de cette analyse est un tableau de synthèse récapitulant, pour chaque activité sensible, les éléments nécessaires au bon fonctionnement de cette activité (applications, serveurs, équipements, etc.), le RTO et le RPO. Ce tableau permet au RSSI de savoir quels sont les éléments du SI les plus en tension en matière de disponibilité.

Fixation de l'objectif du test

Maintenant que l'on connaît les activités les plus importantes de l'entreprise, on peut fixer le périmètre ainsi que le type du PSI.

- **Périmètre du PSI :** en principe, l'objectif idéal serait de reconstruire toute l'infrastructure informatique. Dans les faits, cela est très difficile. C'est pour cela que très souvent, le PSI ne porte que sur un sous-ensemble de l'infrastructure. L'analyse d'impact sera très utile pour fixer le périmètre du PSI.
- **Type d'exercice :** les exercices peuvent être réalisés selon plusieurs modes : test sur l'architecture réelle de production, test dans une bulle dédiée à l'exercice, isolée du reste du SI, simulation technique détaillée ou mélange des trois. Chaque option présente des avantages et des inconvénients.

Identification des ressources nécessaires

Une fois que l'on connaît le périmètre précis de l'exercice, il faut identifier clairement les ressources nécessaires à sa réalisation. Ces ressources sont très variées :

- moyens de calcul nécessaires (châssis et lames de virtualisation) ;
- identification des besoins en stockage et des baies disponibles ainsi que de leurs contrôleurs ;
- bases de données à mettre en place ;
- liste précise des applications concernées ;
- liste des machines virtuelles à impliquer, en support des applications sélectionnées pour l'exercice ;
- liste des machines physiques à impliquer ;
- etc.

Un tableau récapitulatif de toutes ces ressources sera complété par chacun des techniciens concernés et validé par les responsables désignés.

Préparation de l'infrastructure de test

Cette étape mobilise un nombre important de spécialistes. Il s'agit ici de tester chacune des briques de la future plate-forme de tests de façon unitaire. On sera donc amené à tester des réplications de bases de données, à restaurer des machines virtuelles sur un nouveau châssis, à mettre en place de nouveaux contrôleurs de disques, à recalibrer des baies de disques existantes ou à créer des réseaux et des VLANS pour l'exercice.

Cette étape très technique est indispensable pour s'assurer concrètement que toutes les briques de la plate-forme qui servira pour l'exercice pourront être construites.

C'est en réalisant ces tests unitaires que l'on mettra en évidence des difficultés techniques qui n'auraient jamais pu être identifiées autrement.

Séquence technique

La séquence technique est un document décrivant, pas à pas, la séquence des actions à réaliser pour construire l'infrastructure de tests. Si le document est bien rédigé, il suffira de le suivre au moment de l'exercice pour que la plate-forme de tests fonctionne.

Ce document, qui tient davantage d'une liste d'actions à accomplir que d'un document rédigé, n'a pas à être extrêmement détaillé. Il se contente de rappeler, pour chaque étape, qui doit faire quoi et quelles sont les relations d'ordre entre ces étapes. Idéalement, une prévision horaire pour chaque étape est un plus, pour peu que l'on ait pris la peine lors de l'étape précédente de mesurer sérieusement la durée unitaire de chaque action à réaliser.

Naturellement, ce document est rédigé par une personne de très bonne culture technique, en concertation avec les différents acteurs concernés, à savoir les ingénieurs système, les ingénieurs réseau, spécialistes du stockage, spécialistes de la virtualisation…

Constitution d'un jeu de tests applicatifs par le métier

Il ne faut pas oublier que les plans de secours ne sont pas un simple exercice de style réalisé uniquement par des membres de la DSI. Le but est de vérifier que les utilisateurs peuvent effectivement travailler en accédant très concrètement à leurs applications. Il est donc important de réaliser, pour chaque application concernée par l'exercice, un scénario de test décrivant au moins les actions suivantes :

- connexion à l'application ;
- consultation de données ;
- mise à jour de données ;
- invocation d'une fonctionnalité importante ;
- déconnexion.

Des captures d'écran pour chaque étape montreront clairement les résultats à obtenir. Ainsi, n'importe quelle personne jouant exactement ce qui est spécifié dans le jeu de tests saura si le résultat correspond à ce qui est attendu ou pas.

La formalisation d'un jeu de tests pour chaque application impliquée dans l'exercice est très importante car elle permet de vérifier exactement les fonctionnalités jugées importantes par les utilisateurs (un informaticien se contentera généralement de s'assurer qu'il arrive à se connecter sur l'application pour affirmer qu'elle est opérationnelle). Un autre avantage de faire des jeux de tests détaillés est qu'ils peuvent être déroulés par n'importe qui. Aussi n'est-il plus nécessaire de mobiliser les utilisateurs au moment de l'exercice.

Cette étape étant indépendante des tests unitaires ainsi que de la réalisation de la séquence technique, elle peut être réalisée dès que les applications concernées par l'exercice ont été désignées, en parallèle avec les actions techniques.

Réalisation de l'exercice

À ce stade du plan, chacun possède les éléments nécessaires pour réaliser le test. L'équipe de production dispose de la séquence technique décrivant chaque étape de la mise en place de l'infrastructure technique de secours. De son côté, l'équipe chargée de vérifier la disponibilité des applications dispose du dossier complet contenant tous les tests de niveau utilisateur.

Tant pour la construction de l'infrastructure technique que pour les tests applicatifs, les actions seront réalisées séquentiellement, par niveau de priorité décroissant. On commencera par les plus hautes priorités (ressources en support des autres ressources) et on avancera progressivement.

Un « homme journal » sera chargé de noter l'avancement des actions entreprises par les uns et les autres, en les horodatant. Le journal constitué aidera à comprendre après coup quelles actions auraient pu être optimisées.

Paradoxalement, la réalisation de l'exercice est censée être la moins stressante puisqu'il ne s'agit que de dérouler des scénarios soigneusement préparés lors des étapes précédentes. Naturellement, la réalité sème de nombreux imprévus qu'il faudra très rapidement régler. C'est pour cela qu'il convient d'être assisté de tous les experts techniques lors de cette étape.

Retour d'expérience

Contrairement à ce que l'on pourrait penser, l'exercice n'est pas la dernière étape dans le plan de secours. Il reste encore à réaliser un retour d'expérience. Il s'effectue sous la forme d'une réunion au cours de laquelle chaque personne impliquée dans les tests récapitule les succès, les difficultés et les échecs. Les causes des échecs sont cherchées, ce qui permet d'identifier des axes d'amélioration. Naturellement, cette réunion doit conduire à la rédaction d'un rapport de retour d'expérience. Ce rapport comporte idéalement les points suivants :

- rappel de l'objectif de l'exercice ;
- rappel du contexte technique de l'exercice ;
- tableau récapitulatif des tests réalisés avec leur statut de réussite ou d'échec ;
- analyse des difficultés rencontrées ;
- actions correctives ou d'amélioration à lancer avant le prochain exercice.

Principales difficultés rencontrées

Les plans de secours informatique présentent des difficultés à toutes les étapes du projet. Les difficultés commencent lors de la construction de l'infrastructure, mais elles se poursuivent aussi lors des tests. Il convient que le RSSI porte une attention particulière aux points suivants.

Difficultés lors de la construction de l'infrastructure

Lors de la construction de l'infrastructure de test, de nombreux aspects techniques ne manqueront pas de poser problème. En voici quelques-uns, à titre d'exemple.

- **Annuaires :** mettre en place une copie de l'annuaire pour l'exercice de PRI est souvent nécessaire. C'est auprès de lui que s'authentifieront les utilisateurs pour tester les applications secourues. Il faut toutefois faire très attention à ce qu'il n'ait aucune relation avec l'annuaire de production. En effet, des mises à jour croisées entre les annuaires de production et de tests pourraient conduire à des blocages de comptes. L'isolement entre ces deux annuaires est donc très important.

- **Licences :** la construction de la plate-forme de tests implique l'installation de dispositifs physiques et logiques. Les techniciens n'y verront aucune difficulté. Pourtant, certains de ces dispositifs sont soumis à licence. Par exemple, la simple installation d'une instance de base de données pour doubler une base existante est souvent soumise à licence. Attention, cette problématique des licences peut aussi toucher des dispositifs physiques tels que des contrôleurs de disque. Les fonctionnalités de ces équipements sont parfois soumises à l'activation d'une licence. Rappelons que la problématique de la gestion des licences est développée dans le chapitre consacré aux expirations bloquantes.

- **Les mécanismes de réplication et de sauvegarde :** s'il est trivial de concevoir des dispositifs de réplication et de sauvegarde en traçant des cercles, des carrés et des traits sur un tableau, la réalité technique s'avère toujours bien plus complexe. Les mécanismes de réplication sont très nombreux, dépendent de beaucoup de paramètres et nécessitent une réelle expertise avant d'être tranchés. Il ne faut surtout pas se précipiter au moment de choisir une option de réplication pour les tests.

- **Les problématiques liées à la virtualisation :** les discours marketing incessants de la part des éditeurs ont conduit les dirigeants en informatique à croire que la virtualisation est extrêmement simple à gérer. Malheureusement, cette simplicité n'est qu'apparente, tellement les problèmes techniques à régler sont nombreux : gestion du comportement des machines virtuelles, affectation à des lames, réseaux virtuels auxquels ces machines virtuelles sont reliées, commutateurs réels ou virtuels, qu'ils soient centralisés ou distribués, sans parler de l'accès aux ressources disque qui est un véritable casse-tête. Tous ces aspects sont extrêmement complexes et réservent de très mauvaises surprises s'ils ne sont pas analysés soigneusement en amont par des experts.

De nombreuses autres difficultés techniques pourront survenir. Aussi est-il indispensable de disposer de fortes compétences techniques en interne. Dans le cas contraire, il ne faut pas hésiter à faire appel à des consultants ultra spécialisés dans chacun des domaines posant problème. Bien que leur coût puisse paraître très important, il sera bien moindre que le coût généré par un blocage en plein test par manque de compétences techniques.

Difficultés lors des tests

Même si tous les efforts ont été consentis pour prévoir ce qui est prévisible, les difficultés ne manqueront pas de survenir lors de l'exercice du PRI. Voici quelques exemples de ce qui peut arriver.

- **Jeux de tests :** afin de ne pas déranger les utilisateurs, la DSI peut désigner certains agents chargés de réaliser les tests à leur place (il s'agit généralement de cadres de la DSI). En principe, il leur suffit de dérouler les actions telles que spécifiées dans les fiches de tests. Malheureusement, ces fiches ne sont pas toujours suffisamment précises et il arrive donc que, dans certains cas, la personne chargée de réaliser le test se retrouve bloquée. Pour résoudre ce problème, il suffit de s'assurer de la qualité des fiches de test en réalisant les tests unitaires avant le PRI. Il est ainsi possible de corriger ou d'apporter toutes les précisions nécessaires.

- **Droits applicatifs insuffisants :** lorsque l'utilisateur final ne procède pas lui-même aux tests, il est important de vérifier que l'agent chargé de tester dispose des droits applicatifs nécessaires. Trop souvent, on oublie que telle ou telle fonctionnalité applicative ne peut être invoquée qu'en disposant de droits étendus. Le testeur se retrouve donc bloqué lors de l'exercice. Là aussi, une vérification préalable et méticuleuse évite ce problème au moment du test.

- **Oubli de ressources stratégiques :** malgré toutes les précautions qui auront été prises lors de la phase de préparation, il n'est pas impossible que certaines ressources critiques aient été oubliées. Certes, personne n'oubliera d'intégrer dans la plate-forme de test l'annuaire interne, le serveur central de fichiers ou le serveur DHCP. Cependant, d'autres éléments pourront être oubliés. Par exemple, certaines applications nécessitent de joindre un serveur de licences avant de se lancer. Il est clair que ce n'est pas ce type de ressource auquel on pense au moment de l'identification des ressources nécessaires. Pourtant, si aucun serveur de licences n'est installé dans la plate-forme de tests, aucune application s'en servant ne pourra démarrer.

- **Clients lourds antédiluviens :** certaines applications historiques nécessitent l'installation d'un client lourd. Il faut vérifier que ces clients sont bien installés dans les postes de travail destinés aux tests. En effet, on oublie régulièrement de les installer et, lorsqu'on s'aperçoit de leur absence au moment de l'exercice, on dispose rarement de l'unique personne dans la DSI sachant paramétrer ce client lourd.
- **Poste de travail de test :** pour tester le comportement des applications lors de l'exercice de PRI, on construit généralement plusieurs postes de travail destinés à simuler le poste de travail des utilisateurs. Il ne faut pas oublier d'y installer les clients lourds nécessaires pour accéder à certaines applications (comme vu dans le point précédent). De plus, un traitement de texte permettra la rédaction du rapport de l'exercice au fur et à mesure des tests. Des outils d'enregistrement de session seront bien utiles pour garder des traces vivantes des tests. Pour terminer, n'oublions pas tout ce qu'il faut pour accéder aux serveurs (client SSH, client RDP, etc.). L'expérience montre que l'on oublie souvent au moins un de ces éléments.

Une fois de plus, il ne s'agit ici que d'exemples. D'autres oublis de ce type peuvent rendre plus difficile la réalisation de l'exercice. Le RSSI est bien placé pour aider les équipes à vérifier que rien n'a été oublié.

Rôle du RSSI en temps de guerre

Si la concertation, l'analyse, la formalisation et les tests sont les tâches principales en temps de paix, le temps de guerre est celui de l'action. Lorsque le plan de secours, de reprise ou de continuité est invoqué suite à une situation d'exception, le RSSI a deux rôles principaux à jouer.

La première priorité en cas de sinistre majeur sera naturellement de remettre en service aussi vite que possible les services les plus essentiels. Il en va de la survie de l'entreprise. Dans ce contexte, la mission du RSSI consiste à contribuer autant que possible à cette remise en service. Son rôle variera de chef d'orchestre des opérations de reprise, s'il est RPCA, à simple contributeur dans le cas contraire. Il faut noter qu'en situation de sinistre, le RSSI peut se voir attribuer des missions non directement liées à la sécurité du SI.

Malgré cette première priorité qui s'impose d'elle-même, le RSSI ne doit pas oublier son rôle. Il est le garant de la sécurité des SI et ce n'est pas parce que le centre de production brûle que ça donne pour autant le droit de remonter des bases de données de façon non sécurisée, de ne plus protéger les serveurs vis-à-vis de l'extérieur ou de relâcher la pression sur la qualité des mots de passe. En un mot, le RSSI doit s'assurer que la confidentialité des données est maintenue malgré les opérations de reprise.

En principe, ces questions de sécurité doivent être prises en compte dès la phase d'élaboration du plan car, au moment du sinistre, les équipes de la DSI n'auront qu'un unique objectif : remonter les services essentiels. La confidentialité des données sera le cadet de leurs soucis.

Remarque
Un modèle de plan de secours informatique est fourni à titre d'exemple en annexe de cet ouvrage.

Chapitre 12

Gestion des tiers sensibles

Les mutations que l'économie a connues ces dernières décennies ont incité les entreprises à interagir avec de très nombreux tiers, qu'il s'agisse de sous-traitants, de partenaires ou de clients. Dans la plupart des cas, ces tiers ont besoin d'accéder au SI de façon plus ou moins approfondie. La gestion de ces tiers est donc un enjeu majeur pour l'entreprise et, par voie de conséquence, c'est aussi un enjeu pour la sécurité de l'information. Ce chapitre présente les points sur lesquels le RSSI doit se focaliser pour maîtriser la sécurité avec les tiers.

Qu'entendons-nous par tiers sensible ?

Il n'est plus une société qui ne recoure à un tiers pour sous-traiter certaines de ses activités. Cette sous-traitance couvre généralement des fonctions de support, qui ne sont pas au centre de l'activité de l'entreprise. Il est toutefois de plus en plus courant de sous-traiter des activités métier critiques. Les sous-traitants ne sont pas les uniques tiers de l'entreprise. Par exemple, les partenaires collaborant avec l'entreprise pour des projets précis sont aussi des tiers. Enfin, de plus en plus de clients interagissent directement dans les processus métier de leurs fournisseurs. On constate donc que les tiers sont très nombreux.

Indépendamment de l'importance que les tiers peuvent avoir pour l'entreprise, certains peuvent être considérés comme sensibles en matière de SI, et d'autres pas. La sensibilité d'un tiers est indépendante du caractère stratégique de ce dernier. Concrètement, ce n'est pas parce qu'un sous-traitant est essentiel pour une activité clé de l'entreprise qu'il sera considéré pour autant comme un tiers sensible pour le SI. Inversement, nous trouvons très régulièrement des tiers quasiment insignifiants en matière d'enjeu métier et qui, pourtant, sont capitaux en matière de SI. La notion de tiers sensible est donc indépendante du caractère stratégique de l'activité fournie par ce dernier. Elle est aussi indépendante du chiffre d'affaires réalisé. L'exemple ci-après illustre ce que peut être un tiers non sensible.

> **Exemple**
> Une société fournissant des intérimaires à une entreprise de manutention est un tiers très important. Pourtant, dans la mesure où ces intérimaires n'ont pas besoin d'utiliser des moyens informatiques dans leur travail, cette société d'intérim n'est pas un tiers sensible du point de vue du système d'information.

À l'opposé, les exemples suivants illustrent ce que l'on entend par tiers sensible pour le SI.

> **Exemple**
> Le fournisseur d'une solution de CRM en mode SaaS détient des informations très importantes pour son client. Il ne fait aucun doute que ce fournisseur est un tiers sensible.

Les tiers sensibles ne se limitent pas aux fournisseurs d'applications. D'autres types de sous-traitants peuvent être considérés comme des tiers sensibles.

> **Exemple**
> Une société spécialisée dans des centres d'appel et assistant le centre de relation clientèle de son client peut être considérée comme un tiers sensible si les employés de ce fournisseur sont amenés à utiliser les applications de leur client, accédant ainsi à des données à caractère personnel.

Enfin, nous avons dit plus haut que le chiffre d'affaires réalisé par un tiers n'a aucun rapport avec la notion de tiers sensible. L'exemple suivant illustre ce propos.

> **Exemple**
> Une toute petite SSII fournissant des administrateurs système en régie est un tiers sensible même si, en termes de chiffre d'affaires, elle ne représente quasiment rien pour son client. C'est pourtant bien un tiers sensible pour le SI car le prestataire qu'elle fournit a accès, en tant qu'administrateur, aux systèmes les plus importants de l'entreprise.

Ces exemples montrent bien que les tiers sensibles sont très nombreux et de natures ainsi que de tailles très diverses. Aujourd'hui, plus aucun organisme ne peut sérieusement affirmer qu'il n'a pas de tiers sensibles pour son SI.

Principaux points d'attention

À l'heure d'ouvrir tout ou partie du SI à un tiers, le RSSI doit se poser un certain nombre de questions. Ainsi, lorsqu'un tiers nécessite d'être connecté au SI, le RSSI commencera par analyser les risques. Ensuite, il s'attardera sur les aspects contractuels pour s'assurer que la sécurité de l'information est bien couverte. Enfin, il mettra en œuvre des dispositions opérationnelles plus ou moins approfondies et contraignantes pour réduire autant que possible les risques.

Identification des risques

En principe, chaque accès au SI par un tiers, aussi marginal soit-il, doit faire l'objet d'une identification des risques.

Les méthodes d'appréciation des risques ne manquent pas. En France, les plus reconnues sont l'ISO 27005, ainsi qu'EBIOS ou MEHARI. Ce sont surtout ces démarches que les responsables des risques utilisent pour fixer les priorités en matière de sécurité ou bien pour mettre en place des systèmes de management en sécurité de l'information.

Ces méthodes ont l'avantage de proposer une démarche formelle très bien cadrée, souvent accompagnée par des bibliothèques de menaces et de vulnérabilités. Suivre une telle méthode donne une assurance raisonnable qu'aucun risque important n'a été oublié.

Cependant, ces méthodes ont un inconvénient majeur. Afin d'identifier correctement les risques, elles imposent un certain nombre d'étapes assez contraignantes (identification des actifs, identification des menaces et des vulnérabilités, valorisation des actifs, probabilités d'occurrence, calcul formel du risque, validations formelles par les différents responsables, itérations multiples, pondérations, etc.), si bien qu'elles sont lourdes à mettre en œuvre. Or, ce qui nous intéresse ici ne justifie pas forcément un tel travail.

Souvent, une démarche empirique, minimaliste et exclusivement basée sur le bon sens suffit amplement, car le but est simplement de vérifier qu'on s'est bien posé la question suivante : quels sont les risques à ouvrir notre SI à tel ou tel tiers ? Il n'est donc pas nécessaire de se lancer dans une démarche méthodologique lourde.

En fait, plus qu'analyser les risques, il s'agit ici de les verbaliser, c'est-à-dire de les décrire en une ou deux phrases pour vérifier que l'on est bien conscient des risques encourus. Les trois exemples ci-après illustrent le niveau extrêmement simple de description à adopter.

> **Exemple**
>
> Le risque à faire appel à des prestataires pour administrer les serveurs est que, lorsque les administrateurs terminent leur mission, ils quittent l'entreprise en connaissant potentiellement tous les mots de passe administrateur des équipements les plus sensibles du SI.

> **Exemple**
>
> Le risque lié à créer une liaison VPN site à site entre une société et un de ses partenaires est que, si aucune précaution technique particulière n'est prise, le partenaire aura accès à tout le SI de la société.

> **Exemple**
>
> Le risque de recourir à une solution de CRM entièrement en mode SaaS est double.
> – D'une part, la confidentialité des données client dépend du niveau de sérieux en matière de sécurité assuré par le prestataire.
> – D'autre part, en attendant la désactivation de son compte, si un intérimaire ayant quitté l'entreprise saisit la bonne URL, puis son login et mot de passe, il peut accéder aux données client alors qu'il n'a plus aucune relation contractuelle avec son ancien employeur.

Si cette approche ultra pragmatique et minimaliste suffit dans la plupart des cas, elle peut montrer ses limites pour quelques situations. Dans ce cas, rien n'empêche de recourir à une démarche plus formelle de type ISO 27005, ou autre méthode reconnue dans le secteur.

Dispositions contractuelles

Qui dit tiers dit contractualisation ou, tout au moins, formalisation des responsabilités entre les parties. Il est important que cette formalisation couvre aussi les aspects de sécurité de l'information.

Les premiers points auxquels on pense immédiatement sont la confidentialité, la disponibilité et l'intégrité de l'information à laquelle le tiers accède et qu'il traite, communique ou détient. Les contrats ou les accords avec les tiers doivent donc couvrir ces points.

- **Confidentialité :** presque tous les contrats stipulent que le sous-traitant (ou le partenaire) est tenu de garantir la confidentialité des données qui lui sont confiées ou auxquelles il a accès. Toutefois, les moyens techniques pour y parvenir ne sont quasiment jamais évoqués.
- **Disponibilité :** lorsque le tiers fournit un service, on trouve presque toujours une clause dans laquelle le sous-traitant s'engage à un certain niveau de disponibilité du service rendu. Cette disponibilité est formalisée de façon très précise et souvent accompagnée de pénalités en cas

de non-satisfaction. C'est surtout dans les conventions de service que ces points sont abordés.
- **Intégrité :** cette notion est la grande absente dans les contrats et les conventions de service. Il est très rare de trouver une clause insistant sur la responsabilité du fournisseur d'assurer l'intégrité des données.

Pourtant, ces trois clauses sont bien insuffisantes et beaucoup trop générales pour imposer au tiers des pratiques de sécurité conformes à nos attentes. À l'heure de contractualiser avec un tiers (et notamment avec un fournisseur de services), il est vivement conseillé d'aborder les points suivants.

- **Équipe :** le contrat doit exiger que le personnel dépêché par le fournisseur dispose bien de toutes les compétences nécessaires à la réalisation de ses missions. Il doit s'engager à respecter les règles déontologiques de base ainsi que les chartes publiées par le client. Une clause relative à la stabilité du personnel est un plus. Elle peut imposer des préavis suffisants pour assurer un passage de compétences dans des conditions satisfaisantes.
- **Équipements :** dans le cas où le fournisseur installe des équipements ou des logiciels, il doit s'engager à détenir tous les droits et licences nécessaires. Il doit par ailleurs sécuriser ces dispositifs et les mettre à jour régulièrement. Les questions d'évolution et de maintenance de ces dispositifs doivent aussi être couvertes.
- **Service :** le contrat doit citer explicitement la ou les conventions de service en vigueur ainsi que les pénalités en cas de non-respect.
- **Sécurité des données :** un engagement formel et explicite à assurer la confidentialité, l'intégrité et la disponibilité des données est important. Le tiers doit s'engager à respecter l'état de l'art en matière de sécurité de l'information. Il doit se tenir informé de l'évolution des menaces et s'adapter en conséquence. Il doit pouvoir intervenir sur les données qu'il gère pour les protéger en cas d'attaque. Une clause particulière doit contraindre le tiers à réaliser des sauvegardes et à tester périodiquement l'efficacité du processus de restauration. Des pénalités suite au manquement d'une de ces clauses doivent être précisées.
- **Audit :** il convient de spécifier dans le contrat que le client a le droit d'auditer son fournisseur et de détailler les conditions précises de ces audits. Un audit par an est la fréquence généralement acceptée dans les contrats. On peut aussi contraindre le fournisseur à obtenir telle ou telle certification en matière de sécurité.
- **Confidentialité :** les deux parties doivent s'obliger à garder confidentielles toutes les informations qu'elles possèdent sur l'autre. Naturellement, cette obligation ne sera pas applicable aux données tombées dans le domaine public ainsi qu'aux données demandées dans un cadre légal par les autorités compétentes.

- **Données personnelles :** la législation relative aux données personnelles est plus ou moins contraignante selon le pays. Il est très important de prendre connaissance des contraintes juridiques liées à la protection des données personnelles, notamment lorsque le fournisseur héberge des données à l'étranger et, à plus forte raison, lorsque cet hébergement se fait hors de l'Union européenne. Le fournisseur doit s'engager à protéger les données personnelles de façon appropriée et conformément à la loi. Lorsque le fournisseur sous-traite, il doit en informer le client. Un engagement à coopérer avec les autorités complétera les clauses relatives aux données personnelles.
- **Continuité et reprise d'activité :** il peut être pertinent de faire figurer une clause obligeant le fournisseur à disposer d'un plan de continuité ou de reprise de l'activité. Ce plan doit être formalisé, mis à jour et testé régulièrement. La périodicité des exercices idéale est d'un an.
- **Réversibilité :** il est prudent de prévoir la cessation de la relation contractuelle en convenant par avance d'un mode de restitution des données avec le fournisseur. Il faut donc prévoir les modes opératoires, le format des données, ainsi que le préavis nécessaire à la réalisation de la réversibilité. Tous ces points doivent figurer dans le contrat sous peine de très mauvaises surprises en fin de contrat.
- **Résiliation :** le contrat doit pouvoir être résilié de plein droit par le client en cas de manquement aux obligations en matière de sécurité. De plus, en fin de contrat, le fournisseur doit s'engager à effacer les données de son client, sous réserve, naturellement, d'avoir procédé préalablement à la réversibilité des données.

La formalisation de ces clauses est très importante. Elle doit donc être confiée à un juriste spécialiste de ces questions.

Naturellement, on ne trouve quasiment jamais un contrat abordant l'intégralité des points précédents. Le but ici est double. Il s'agit d'une part d'intégrer toutes ces clauses dans les nouveaux contrats et, d'autre part, de vérifier dans les contrats existants quels sont les points manquants afin de les intégrer, soit par des avenants (ce qui est très rare), soit au moment du renouvellement.

La réaction des fournisseurs à ces demandes contractuelles est très variable. Certains fournisseurs accepteront la totalité des clauses presque sans discuter, alors que d'autres dépêcheront une armée de juristes pour discuter point par point chacun de ces articles. Aussi est-il rare de trouver un contrat contenant toutes ces clauses.

Le RSSI peut compléter ces dispositions contractuelles par trois documents qui seront opposables à tout tiers accédant au SI.

- **La charte :** toute société responsable dispose d'une charte de bon usage des moyens informatiques. C'est un document court, destiné à être lu et

compris par un non-informaticien. Comme ce document est généralement annexé au règlement intérieur, la charte est opposable à toute personne soumise au règlement intérieur, qu'il s'agisse d'un collaborateur de l'entreprise, d'un fournisseur ou d'un partenaire.
- **La politique de sécurité :** de nature plus technique que la charte, la politique de sécurité du système d'information (PSSI) décrit toutes les règles, obligations et interdictions en matière de sécurité du SI. Ce document est idéalement signé au niveau de la direction générale. Il convient que les contrats avec les tiers stipulent que ces derniers sont tenus de respecter la PSSI.
- **Règles de sécurité applicables aux tiers :** certains RSSI font rédiger un document complémentaire de règles de sécurité applicables aux tiers. Il s'agit en fait d'un développement de la PSSI précisant pour chaque type de tiers du SI (sous-traitant, intégrateur, développeur...), quelles sont les règles techniques à respecter. Si ce document existe, il faut que le contrat avec le tiers y fasse référence.

Dispositions opérationnelles

Chaque fois que l'on donne accès au SI à un tiers, on court un risque en matière de sécurité de l'information. Des dispositions opérationnelles sont donc nécessaires pour réduire ce risque à un niveau acceptable. Ces dispositions sont essentiellement techniques, mais elles peuvent aussi être organisationnelles. Malheureusement, les cas d'accès au SI par des tiers sont tellement nombreux qu'il est impossible de dresser une liste exhaustive des mesures de sécurité nécessaires pour chaque besoin. Un ouvrage entier n'y suffirait pas. En revanche, nous allons évoquer les cas les plus fréquents.

Cas d'accès permanent au SI par un partenaire

Il est très fréquent qu'un tiers (généralement un sous-traitant, mais ce peut aussi être un partenaire, voire un client) ait besoin d'accéder au SI de façon permanente. Il faut donc lui fournir un accès pour que tous ses équipements IP depuis ses locaux puissent atteindre tout ou partie du SI. Les précautions techniques à prendre concerneront d'abord la sécurisation de la liaison, puis la limitation de l'accès de ce tiers au SI.

- **Sécurisation de la liaison :** les solutions pour sécuriser la liaison entre le tiers et l'entreprise sont nombreuses. On peut utiliser une liaison spécialisée point-à-point ou recourir à un réseau MPLS, si plusieurs sites sont concernés. Même si aucune de ces deux solutions ne chiffre les flux, les données transitant demeurent confidentielles puisqu'elles ne circulent que par des réseaux dédiés. Une autre solution consiste à relier le tiers via Internet, en protégeant les flux par un tunnel de type IPSec. De cette façon, les deux extrémités de la communication sont authentifiées et les flux sont chiffrés.

- **Limitation d'accès :** maintenant que les deux entités devant communiquer sont reliées, il reste à restreindre l'accès du tiers au SI. Pour cela, il convient de filtrer la liaison via un pare-feu, voire de mettre en place une DMZ spécifique pour héberger les ressources à mettre à disposition pour le tiers, ainsi que les éventuels relais applicatifs qui s'avéreront nécessaires.

Ces deux mesures cumulées assurent une liaison fiable et durable entre le tiers et le SI. De plus, elles garantissent que seules les ressources dont il a besoin sont accessibles par ce tiers.

Cas d'accès ponctuel au SI par un utilisateur distant

Une autre situation très fréquente est celle des prestataires auxquels on confie la mission de débloquer le système en cas d'incident. Par exemple, on peut souhaiter qu'un expert puisse accéder à distance à l'infrastructure téléphonique en cas de panne majeure. Un autre exemple est celui de l'administrateur système d'astreinte qui doit intervenir à distance en cas d'incident. Ces situations nécessitent la fourniture d'une liaison et d'un certain nombre de précautions complémentaires.

- **Sécurisation de la liaison :** contrairement au cas précédent, le but ici n'est pas de relier deux sites statiques de façon permanente, mais de donner un accès ponctuel à un individu, qui pourra se connecter depuis n'importe quelle adresse sur Internet. C'est donc une solution de VPN qui devra être mise en place. Il convient qu'un dispositif d'authentification forte soit déployé pour éviter au maximum le risque d'usurpation d'identité. De plus, une journalisation des accès permettra d'enquêter en cas de suspicion d'accès frauduleux.
- **Limitation d'accès :** comme pour le cas précédent, il faudra limiter l'accès au minimum indispensable. Il sera donc pertinent de faire rebondir les flux dans une DMZ qui se chargera de fournir une visibilité restreinte du SI.

Cas de la régie

De nombreuses sociétés recourent à des prestataires pour assurer des tâches d'administration technique sur l'infrastructure du SI. Cela concerne autant l'administration système, réseau, le stockage, la virtualisation ou la téléphonie, que les applications métier. Ce mode de fonctionnement est toujours guidé par des considérations financières et de flexibilité. En marge des avantages qu'il est censé procurer, ce choix a pour conséquence que de nombreux personnels externes à l'entreprise (des prestataires en régie) disposent des mots de passe pour accéder aux systèmes les plus sensibles du SI. Or, par nature, ces personnels sont très volatiles, car remplacés au gré des négociations commerciales avec les SSII qui les portent. Si aucune précaution particulière n'est prise, on se retrouve très vite avec une population de personnes ayant quitté l'entreprise, mais disposant de tous les mots de passe d'administration. En effet, il est raisonnablement impossible de changer tous les mots de passe d'administration chaque fois qu'un administrateur quitte ses fonctions.

Les mesures techniques pour limiter ce risque sont nombreuses. Elles sont évoquées dans le chapitre de cet ouvrage consacré aux mots de passe. Pour rappel, trois solutions se dégagent.

- **Recours à un annuaire LDAP :** au lieu de se connecter aux systèmes directement en *root*, on peut déclarer de façon nominative chaque administrateur dans un annuaire LDAP centralisé. Lorsqu'il souhaite se connecter sur un système, l'administrateur utilise son propre identifiant et le système vérifie (via le mécanisme PAM/LDAP) l'existence du compte et les droits qui lui sont associés. Ainsi, lorsqu'un administrateur quitte l'entreprise, il suffit de le retirer de l'annuaire LDAP pour qu'il ne puisse plus accéder à aucun système.

- **Recours à un bastion :** cette solution consiste à imposer aux administrateurs de passer par un bastion, avant de rebondir vers la machine destination. L'administrateur n'est déclaré qu'au niveau du bastion et seul le bastion a accès aux systèmes. Donc, supprimer un administrateur du bastion revient à lui interdire l'accès aux systèmes.

- **Recours à un bastion du marché :** de nombreux éditeurs proposent des bastions pour contrôler l'accès aux systèmes. Ils reposent globalement sur le principe de l'exemple précédent, mais ajoutent des services complémentaires tels que la prise en charge de plusieurs protocoles, une journalisation simplifiée, l'enregistrement des sessions ainsi que la gestion avancée de profils.

Le choix d'une de ces solutions réduit considérablement le risque lié au turnover des administrateurs. Notons que cette mesure ne se limite pas aux administrateurs système et peut être étendue à d'autres populations nécessitant de se connecter sur tel ou tel système.

Cas du recours au cloud

L'usage du cloud est en pleine explosion, que ce soit pour les applications métier ou pour des applications de support de type messagerie, proxy HTTP, portail d'authentification Wi-Fi, etc. Un chapitre dédié détaille les points à aborder pour sécuriser les usages du cloud. Sans entrer dans les détails, on peut avancer les mesures suivantes.

- **Gestion des comptes :** un des risques inhérents aux solutions du cloud est que toute personne connaissant l'URL du service et disposant d'un identifiant et d'un mot de passe valides peut accéder au service. Il est donc important que les comptes inutiles soient désactivés rapidement pour que seules les personnes habilitées puissent accéder au service. Il convient aussi de forcer les utilisateurs à choisir de bons mots de passe. Naturellement, cette mesure dépend des possibilités techniques proposées par le fournisseur.

- **Contrôle du prestataire**: comme, par nature, toutes les données d'une application cloud sont hébergées et gérées chez le prestataire, il est capital que le client contrôle le sérieux de son fournisseur en matière de sécurité. La solution la plus simple consiste à auditer le fournisseur en visitant ses locaux (notamment ses salles machines) et en prenant connaissance de ses pratiques en matière de sécurité. Cependant, lassés de se faire auditer constamment par leurs clients, les fournisseurs recourent de plus en plus fréquemment à des certifications pour prouver leur sérieux. C'est notamment le cas des certifications comme l'ISAE 3402 ou l'ISO 27001. En se faisant certifier, ils espèrent échapper aux audits ou, tout du moins, les alléger considérablement. Donc, si le fournisseur est certifié, il est possible de lui demander les rapports d'audits ainsi que les certificats dont il se prévaut.

Difficultés

Les exemples présentés jusqu'ici sous-entendent que le RSSI a un certain pouvoir, plus ou moins important, vis-à-vis du tiers. La réalité est parfois très décevante. Certains fournisseurs sont tellement puissants qu'ils sont en mesure de refuser en bloc toutes les demandes du RSSI, aussi client soit-il. C'est le cas des gros prestataires de solutions CRM ou de paie ainsi que de certains éditeurs de bases de données.

D'autres situations peuvent rendre difficile la mise en place de mesures de sécurité chez les tiers. C'est le cas des prestataires intervenant dans la société, mais n'ayant aucune relation contractuelle avec celle-ci. Cela arrive dans le cas de sociétés appartenant à un groupe. Le groupe passe un contrat global avec un prestataire, qui intervient ensuite dans chaque filiale, sans aucune relation contractuelle directe avec ces dernières. Le RSSI de l'entité n'a que peu de pouvoir sur le prestataire.

Une autre situation très inconfortable est celle des sous-traitances imbriquées. On trouve régulièrement ce cas dans les groupes. La société passe un contrat de service avec un GIE, qui sous-traite ce service à un autre GIE, qui lui-même sous-traite auprès d'un spécialiste. Il faut donc descendre de trois niveaux pour atteindre le sous-traitant qui opère réellement le service. Dans ces conditions, il est très difficile pour le RSSI d'imposer des mesures de sécurité à son sous-traitant.

Aspects opérationnels de la gestion des tiers sensibles

Maintenant que nous avons détaillé les points d'attention concernant les tiers sensibles, il nous est possible de préciser les aspects opérationnels de leur gestion.

> **Remarque**
> Une procédure de gestion des tiers sensibles pour le SI est fournie à titre d'exemple en annexe de cet ouvrage.

Inventaire des tiers sensibles

Nous avons commencé ce chapitre en définissant ce qu'on entend par tiers sensible pour le SI. On peut se demander maintenant comment savoir concrètement quels sont les tiers sensibles ayant accès au SI. La meilleure façon de le savoir est d'en faire l'inventaire. Cela paraît simple, mais ce travail s'avère rapidement difficile à réaliser. En effet, les tiers sont nombreux, de natures très variées, et travaillent avec tous les services de l'entreprise sans toujours passer par la DSI. Il est donc illusoire de prétendre obtenir un inventaire exhaustif des tiers. En fait, il faut se centrer sur les plus importants pour le SI. C'est donc par étapes successives que le RSSI obtiendra la liste des tiers.

La première étape consiste à se rapprocher de la DSI. C'est d'autant plus facile que de nombreux RSSI font partie de cette direction ou, tout au moins, travaillent étroitement avec elle. L'intérêt de se rapprocher de la DSI est évident. Lorsqu'une direction ou un service de l'entreprise souhaite faire appel à un sous-traitant et que ce sous-traitant demande à accéder au SI de son client, le service se tourne nécessairement vers la DSI. En effet, seule cette dernière a l'autorité et la compétence pour mettre en place les dispositions techniques nécessaires à l'ouverture du SI vers le tiers. Aussi la DSI est-elle au courant des tiers les plus sensibles pour le SI.

Ce premier inventaire pourra être complété dans un second temps par une revue des principales directions de l'entreprise. Ce sera l'occasion pour le RSSI de découvrir des accès accordés à des tiers, mais non gérés par la DSI. Cela arrive pour certaines applications en mode SaaS et pour des sociétés, très liées au métier, assurant la maintenance en conditions opérationnelles d'applications spécifiques, non gérées par la DSI.

Rappelons pour terminer que le but ici n'est pas de faire un inventaire exhaustif des tiers accédant au SI. Il s'agit d'identifier les plus sensibles d'entre eux.

Revue des tiers

Maintenant que la liste des tiers est réalisée, il devient possible de les passer en revue et, pour chacun d'eux, de procéder aux contrôles suivants.

- **Justification du besoin :** il convient de formaliser en une phrase la justification du besoin d'ouverture du SI au tiers en question. Ceci permet de valider (même après coup) le besoin fonctionnel.
- **Risques liés à l'accès au SI par le tiers :** on parle ici des risques tels qu'ils ont été expliqués plus haut dans ce chapitre. Le but est juste de formuler le risque en une ou deux phrases, uniquement pour s'assurer que les responsables sont bien informés de ces risques, et pour guider les mesures de sécurité qu'il conviendra de mettre en place.
- **Clauses contractuelles :** il s'agit ici de chercher les clauses contractuelles, conventions de service, accords, règles de sécurité existant pour chaque tiers. Les résultats seront extrêmement disparates d'un tiers à l'autre. Dans certains cas, on trouvera sans aucune difficulté le contrat liant l'entreprise à ce tiers. Dans d'autres cas, personne ne sera capable de retrouver de contrat. En effet, les pratiques sont très variables d'un service à l'autre. Certains services archivent les contrats dans un système documentaire très bien structuré. D'autres, à l'inverse, ont moins de rigueur à l'heure d'archiver les contrats signés.
- **Dispositions de sécurité déjà en place :** l'étape suivante consiste à vérifier que, par rapport aux risques qui ont été identifiés, les dispositions appropriées ont bien été prises pour en tenir compte. Ces dispositions sont essentiellement techniques (filtrage par un pare-feu, chiffrement, gestion des droits, authentification forte, recopie partielle de données dans une DMZ, etc.), mais elles peuvent aussi être organisationnelles (revue de droits, responsabilisation contractuelle, audits).
- **Dispositions de sécurité à mettre en place :** c'est ici que seront précisées les mesures complémentaires à mettre en œuvre lorsque le RSSI aura estimé que les dispositions déjà en place ne suffisent pas à réduire le risque à un niveau acceptable.

Démarche générale

Nous disposons enfin de tous les éléments nécessaires pour décrire la gestion opérationnelle des tiers.

Après un inventaire initial des tiers les plus sensibles pour le SI, le RSSI doit réaliser une revue générale en regardant, pour chaque tiers, les points exposés précédemment : justification, risques, clauses contractuelles, mesures de sécurité déjà en place ou à mettre en place. Sur la forme, il est très intéressant de synthétiser toutes ces vérifications par le moyen de fiches de synthèse, chaque tiers faisant l'objet d'une fiche spécifique qui récapitule en une page tous les éléments essentiels évoqués.

> **Remarque**
> Le lecteur trouvera en annexe de cet ouvrage un modèle donnant une idée de ce que pourrait être cette fiche.

Idéalement, cette revue des tiers sera réalisée une fois par an par le RSSI, qui se rapprochera des différents responsables concernés. L'idée est de vérifier périodiquement que :

- le besoin d'accès au SI par le tiers est toujours justifié ;
- les risques liés à ce tiers sont toujours pertinents et n'ont pas évolué ;
- les mesures de sécurité décidées l'année précédente ont réellement été mises en place.

Cette revue permet aussi, à l'approche de l'échéance du contrat, de préparer la prise en compte de la sécurité des SI lors du renouvellement.

Cette revue doit donner lieu à un plan d'action qui pourra être suivi dans un comité de pilotage approprié, par exemple le comité de pilotage sécurité. L'ensemble de ces actions peut être réuni dans un document appelé « plan de contrôle des tiers ». Ce document servira principalement à montrer aux auditeurs du SI que la question des tiers est prise au sérieux et de façon maîtrisée.

Chapitre 13

Gestion des incidents de sécurité

Une différence fondamentale entre le processus de gestion des incidents et d'autres processus tels que l'appréciation des risques, le déploiement des correctifs de sécurité ou la sensibilisation des utilisateurs est que ce processus est vécu de façon très intense par le RSSI. Et pour cause, c'est certainement la situation la plus inconfortable pour lui, car les enjeux sont forts, les délais de réaction sont courts, voire extrêmement courts, alors que la visibilité est faible, surtout au début de l'incident.

La gestion des incidents est un processus clé en matière de sécurité des systèmes d'information et savoir réagir de façon appropriée est indispensable.

Nécessité d'un processus de gestion des incidents

La première chose que l'on peut dire sur les incidents de sécurité est qu'ils sont nécessaires (au sens probabiliste du terme), c'est-à-dire que tôt ou tard, il est certain que le SI sera confronté à de tels événements.

Jamais le terme « responsable de la sécurité du SI » n'a autant de sens que lorsqu'un incident survient. En effet, le RSSI doit répondre de la sécurité du SI dont il a la responsabilité. Il centralise tous les regards car tout le monde veut connaître les conséquences de l'incident et comment les résoudre. Le RSSI doit apprendre à gérer cette situation très délicate.

Par ailleurs, les incidents de sécurité sont d'autant plus inconfortables à gérer que, par nature, ce sont des phénomènes que l'on subit (si on ne les subissait pas, nous ne parlerions pas d'incident). Le RSSI est donc nécessairement en mode réactif. Il a toujours un temps de retard par rapport à l'événement, du moins au début. Trois cas de figure sont possibles.

- **Absence totale de processus de gestion d'incidents :** c'est le règne de l'improvisation. Aussi, lorsqu'un incident survient, personne ne sait ce qu'il doit faire. Comme aucune action n'est coordonnée, l'impact de l'incident ne cesse de s'accroître. Ce n'est qu'après un temps que les rôles et responsabilités sont répartis et que les mesures de lutte sont prises. Cette première façon de gérer les incidents est naturellement la plus mauvaise car toute l'équipe informatique subit les événements de bout en bout, avec des conséquences pouvant atteindre parfois des proportions désastreuses.

- **Présence d'un processus, nouvel incident :** dans ce cas, on dispose en interne d'une procédure de gestion des incidents, où chacun connaît son rôle et réagit immédiatement, de façon cohérente. Certes, le caractère nouveau de l'incident fait qu'un travail relativement important d'enquête doit être réalisé pour comprendre sa nature et pour évaluer son impact, mais comme les rôles sont bien répartis, la réaction est globalement pertinente, limitant ainsi les conséquences.

- **Présence d'un processus, incident connu :** c'est la meilleure situation possible. Lorsqu'un incident survient et qu'il s'est déjà produit par le passé, il suffit de se référer à la fiche réflexe rédigée spécifiquement pour ce type d'incident. Ainsi, la réaction est très rapide et efficace. L'impact négatif est minimal.

Ces trois exemples illustrent clairement la relation directe entre le temps de réaction à l'incident et ses conséquences. Le but de la gestion des incidents de sécurité est précisément de rattraper le plus vite possible ce temps de retard. Ce rattrapage rapide ne peut s'effectuer qu'en mettant en place un processus approprié.

Points clés d'un processus de gestion d'incidents

Paradoxalement, le travail s'opère essentiellement hors situation d'incident. En effet, le RSSI doit installer et animer des dispositifs de veille et de détection. De plus, des procédures appropriées doivent assurer une réaction pertinente. Enfin, un travail important doit être réalisé après tout incident. Nous allons passer en revue ces étapes, qui sont les points clés dans la gestion des incidents de sécurité du SI.

La veille, ou la détection d'incidents potentiels

La veille consiste à identifier les plus importantes vulnérabilités rendues publiques, pour s'en prémunir avant l'arrivée des attaques. On peut se demander pourquoi parler de veille puisqu'à proprement parler il ne s'agit pas ici de gérer des incidents de sécurité ; c'est parce que la veille conduit précisément à mener des actions préventives afin d'éviter ces incidents. Il est donc parfaitement justifié d'intégrer la veille dans le processus de gestion des incidents.

Les moyens de faire la veille n'ont cessé d'évoluer. Si l'abonnement à des listes de diffusion bien ciblées, en fonction des infrastructures en place, est toujours de mise, les médias ont continué de s'enrichir. Aujourd'hui, le RSSI a l'embarras du choix quant à la veille. Selon sa culture technique et son parcours, il pourra être à l'écoute de canaux IRC spécialisés, s'abonner à des flux RSS, consulter quotidiennement les alertes publiées par les CERT, voire suivre quelques confrères reconnus sur les réseaux sociaux, très au fait des vulnérabilités jaillissantes. Il peut naturellement s'abonner à des veilles privées, plus ou moins configurées pour cibler uniquement les avis concernant le client. Dans ce domaine, il ne faut avoir aucun complexe. Tout moyen d'être alerté rapidement des vulnérabilités importantes est bon à prendre.

Tous ces médias génèrent énormément de données qu'il est littéralement impossible d'analyser dans le détail. On peut tout juste les parcourir. La difficulté pour le RSSI consiste à savoir extraire de ce bruit de fond les alertes qui le concernent et qui sont importantes, car si des vulnérabilités sont rendues publiques quasiment tous les jours, seules quelques-unes nécessitent un traitement d'urgence.

Lorsqu'une vulnérabilité est jugée suffisamment importante pour être traitée sans délai, le RSSI peut décider de la qualifier comme « incident potentiel ». Ceci déclenche généralement un processus d'application de patchs sur les infrastructures identifiées comme vulnérables. Le circuit de traitement de la vulnérabilité sera très similaire à celui d'un incident de sécurité.

En fait, la veille est l'exception qui confirme la règle, puisque dans ce cas, c'est le RSSI qui a un temps (très court) d'avance sur l'attaque.

Détection et signalement des incidents

Les incidents peuvent être détectés par plusieurs canaux différents, selon leur nature. Ces canaux existent généralement depuis longtemps et il suffit au RSSI d'en faire l'inventaire pour avoir une vue globale des différents types d'incidents qui peuvent être signalés.

Les principaux canaux de détection d'incidents sont les suivants.

- **Les utilisateurs :** les premiers signes des incidents sont souvent détectés par les utilisateurs, qui contactent le service d'assistance pour annoncer un dysfonctionnement.
- **Les membres de la DSI :** par leur fonction, ils sont bien placés pour identifier des situations suspectes, lors de leurs interventions d'administration.
- **Les outils de sécurité :** les antivirus, les pare-feu, mais aussi les dispositifs de détection/prévention d'intrusion permettent d'alerter en temps réel des attaques. Certes, ces dispositifs ont la réputation d'être amplement contournables, mais ils sont très utiles pour détecter les attaques les plus bruyantes. Les systèmes d'analyse de journaux (SIEM) sont aussi de bons dispositifs pour repérer les comportements anormaux.
- **Le SOC :** de plus en plus de compagnies mettent en place des centres de contrôle de la sécurité. Ces centres se chargent de collecter les alertes provenant des outils de sécurité évoqués dans le point précédent.
- **Le groupe :** si l'entreprise est une entité d'un groupe, il est quasiment certain que le RSSI du groupe a mis en place un moyen pour alerter ses confrères en cas d'incident. Les incidents sont généralement signalés via un e-mail dont le sujet est convenu d'avance (par exemple [Alerte sécurité]).

Une fois les différents moyens de détection d'incident connus, il reste au RSSI à mettre en place ceux qui manqueraient éventuellement.

Importance des procédures

Un principe régulièrement évoqué dans la gestion des incidents de sécurité est celui de la « sécurité basée sur le temps ». Ce principe consiste à dire que pour se protéger d'une attaque, il faut que le temps de détection, ajouté au temps de réaction, soit inférieur au temps nécessaire à l'agresseur pour perpétrer son attaque avec succès.

> **Précision**
> Ce principe est directement issu de la marine militaire, plus particulièrement dans la mise en place des défenses antimissiles. En effet, les dispositifs de protection sont calibrés de telle sorte que le temps de détection du missile ennemi, ajouté au temps de réaction contre celui-ci soit inférieur au temps nécessaire au missile ennemi pour atteindre sa cible.

La gestion des incidents de sécurité doit donc répondre à deux qualités.
- **Vitesse de la réaction :** plus la réaction sera rapide, plus les conséquences de l'incident seront limitées. Dans les meilleurs cas, une réaction rapide fera en sorte que l'incident ne génère aucun impact.

> **Exemple**
> Lorsque le groupe signale à toutes ses filiales qu'une attaque par hameçonnage est en cours, la mise à jour rapide des proxies HTTP sortants afin de bloquer les sites malveillants en question permet d'arrêter net l'attaque.

- **Pertinence de la réaction :** la vitesse de la réaction est inutile si les actions ne sont pas pertinentes. Une mauvaise réaction peut même conduire à aggraver l'incident au lieu de contribuer à le résoudre.

La meilleure façon de répondre à ces deux besoins consiste à mettre en place des procédures. Celles-ci doivent être suffisamment précises pour que chacun sache exactement comment réagir lorsqu'un incident survient. Généralement, deux niveaux de documentation sont nécessaires.

- **Procédure générale de gestion des incidents :** cette procédure décrit qui sont les responsables dans la gestion des incidents et, plus précisément, qui décide si un incident doit être qualifié d'incident de sécurité, qui en détermine la gravité, qui dirige les actions d'enquête, les actions d'éradication de l'incident, etc. Cette procédure est généralement complétée par des critères de qualification et une description des différents outils à utiliser. L'avantage de cette procédure est de cadrer les actions des uns et des autres. Elle favorise donc une bonne prise en charge des incidents. Cependant, son inconvénient est qu'elle n'est pas spécifique aux différents types d'incidents pouvant survenir.

> **Remarque**
> Une procédure de gestion d'incidents est présentée en annexe de cet ouvrage, à titre d'exemple.

- **Fiches réflexes :** la procédure générale de gestion des incidents doit être complétée par des fiches réflexes. Ces fiches sont par nature très synthétiques et ressemblent plus à des modes opératoires qu'à des procédures. Leur but est de dicter, aussi précisément que possible, la conduite à tenir par chaque personne impliquée dans le traitement de l'incident. Chaque fiche est propre à un incident en particulier. On peut donc trouver une fiche pour la réaction aux attaques virales, une autre contre les attaques par hameçonnage, une autre contre les intrusions sur le réseau, etc. Généralement, il n'est possible de rédiger ces fiches que lorsque l'on a déjà rencontré un incident similaire. C'est d'ailleurs suite au retour d'expérience qu'elles sont rédigées.

> **Remarque**
> Deux fiches réflexes sont présentées en annexe de cet ouvrage, à titre d'exemple.

En conclusion, on peut dire qu'il n'y a pas de gestion des incidents sans une documentation opérationnelle à jour, ni des équipes entraînées.

Comprendre l'attaque

Avant d'agir, il faut comprendre. C'est pour cela que la première mesure à prendre consiste à analyser l'incident. Certains incidents, tels que les intrusions dans le réseau interne sont peu bruyants et ne se font pas remarquer par les utilisateurs. Dans ce cas, le RSSI et son équipe peuvent analyser en profondeur l'incident avant d'agir. En revanche, lorsqu'un incident de sécurité affecte directement le bon fonctionnement du SI, les services métier font pression pour que des mesures immédiates soient prises. Or, cette précipitation peut s'avérer inutile, voire nuisible, si la nature profonde de l'incident n'est pas parfaitement comprise. Le travail du RSSI consiste à résister contre cette précipitation en préservant son équipe de la pression des utilisateurs. Il doit faire ici preuve de sang-froid. La priorité dans un tout premier temps est de comprendre exactement ce qui se passe.

L'analyse doit se baser exclusivement sur des faits avérés : liste précise des postes de travail atteints, programmes et fichiers concernés, flux sortants détectés, serveurs affectés. Naturellement, une analyse attentive des différents journaux s'avère incontournable. Il s'agit de reconstruire aussi précisément que possible le scénario technique et organisationnel qui a permis l'attaque. Par où est arrivé l'attaquant ? Quels moyens a-t-il utilisé pour s'installer dans le SI ? Quels équipements et quelles informations ont été atteints, ou peuvent l'être ?

> **Attention**
> Les autorités de police chargées de la lutte contre la délinquance numérique insistent sur l'importance de ne pas « piétiner la scène du crime ». Concrètement, le RSSI doit résister à la tentation de réinstaller les systèmes compromis avant d'avoir compris en profondeur en quoi consistait l'attaque. Si cela donne à très court terme l'illusion d'avoir résolu l'incident, cela n'empêche pas l'attaque de se reproduire dans un délai assez bref, dans les mêmes conditions et avec les mêmes impacts.

Réagir

Lorsque l'attaque est bien comprise, il devient possible de concevoir un plan d'action. Paradoxalement, plusieurs de ces actions n'auront pas pour but immédiat de résoudre l'incident, mais plutôt de le contenir ou de réduire son impact opérationnel.

Pour commencer, des actions urgentes pourront être entreprises dans le but de stabiliser l'attaque et de l'empêcher de progresser. Ces mesures peuvent être la confiscation de certains postes de travail affectés par l'attaque, la limitation voire la coupure de certains services, la coupure de l'intercommunication avec des réseaux de sensibilité plus élevée et un contrôle accru des liaisons Internet. Notons que si ces mesures peuvent contribuer à contenir l'incident, elles ne favorisent en rien sa résolution. En revanche, elles génèrent presque systématiquement un réel mécontentement auprès des utilisateurs qui ne peuvent plus travailler normalement. Ces mesures doivent donc être réduites au strict nécessaire et limitées dans le temps.

Ensuite, il sera possible de déployer des mesures compensatoires consistant à fournir aux utilisateurs des alternatives pour travailler. Le but ici est d'apaiser leur mécontentement. Concrètement, il sera utile de déployer des postes de travail de remplacement et de mettre en place des services alternatifs. Tout comme les mesures urgentes, elles ne contribuent pas en soi à résoudre l'incident. En revanche, elles limitent son impact opérationnel, ce qui est un point très important.

Nous pouvons enfin lutter contre l'incident pour rétablir le SI dans une situation nominale. Les mesures correctives consistent généralement à appliquer les correctifs appropriés sur les systèmes impactés, supprimer les comptes illicites, réinstaller des systèmes corrompus, modifier la configuration de certains services ou équipements, améliorer la journalisation, passer en revue les droits sur les systèmes et les applications, éradiquer les mots de passe triviaux et vérifier la correction et la complétude des informations sensibles.

N'oublions pas qu'idéalement, toutes les actions de détection, compréhension et réaction aux attaques doivent être réalisées dans un délai aussi bref que possible. Les équipes doivent donc être organisées pour optimiser la réactivité aux incidents. Une fois de plus, des procédures claires et des exercices réguliers contribueront à tendre vers cet objectif.

Clôture et bilan de l'incident

Cette phase est capitale. Or, l'expérience montre que lorsqu'un incident a mobilisé toute une équipe pendant un certain temps avant d'être résolu, tout le monde n'a plus qu'une seule envie : passer à autre chose. C'est pourtant lorsque l'incident est clos qu'il convient de se réunir pour récapituler.

- En quoi avons-nous perdu du temps ?
- Quelles sont les documentations techniques ou organisationnelles dont nous aurions eu besoin, mais qui étaient soit inexistantes, soit non à jour ?
- De quelles compétences avons-nous manqué ?
- Quelles erreurs de communication avons-nous faites ?
- Etc.

C'est en répondant à ces questions et en consignant les réponses que le processus de gestion d'incidents s'améliore. Ce retour d'expérience permettra de rédiger une fiche détaillée d'incident reprenant le fil des événements et facilitant la compréhension de ce qui a conduit à cette situation.

> **Remarque**
> Deux fiches d'incident sont présentées en annexe de cet ouvrage, à titre d'exemple.

De plus, chaque fois qu'un incident de nature nouvelle survient, il est important de rédiger une fiche réflexe décrivant précisément la marche à suivre. Ainsi, lorsqu'un incident de même nature se produira à nouveau, la réaction sera à la fois plus rapide et plus pertinente.

Chapitre 14

Le RSSI face au juridique

Le titre de ce chapitre laisse entendre que le rapport entre le RSSI et les aspects juridiques est conflictuel. Il est clair qu'agir sans tenir compte de l'aspect juridique peut entraîner des sanctions civiles ou pénales parfaitement contreproductives pour l'entreprise. Quelques précautions de base permettent au RSSI d'éviter ces difficultés.

Enjeux juridiques

Le RSSI n'est pas un juriste. Certes, il peut avoir une certaine culture en la matière, mais rien ne l'autorise à s'improviser juriste. Or, il est souvent amené à se prononcer sur des décisions ayant une dimension juridique. Par exemple, il peut être impliqué dans les questions suivantes :

- choix d'un algorithme de chiffrement ;
- chiffrement, ou non-chiffrement, de données à caractère personnel ;
- mise en place de journaux permettant de tracer l'activité des utilisateurs ;
- archivage et consultation de vidéos de surveillance ;
- géolocalisation du personnel ;
- consultation des données personnelles des employés ;
- etc.

Tous ces domaines sont techniquement du ressort du RSSI, qui peut être tenté de déployer rapidement des solutions. Pourtant, la possibilité technique ne doit pas aveugler le RSSI sur les enjeux juridiques. Comment être sûr de ne pas agir dans l'illégalité dans ces domaines ? N'oublions pas qu'ignorer la loi n'est nullement une excuse face à la justice. Si le RSSI prend des dispositions contraires à la réglementation, il s'expose lui-même, ainsi que sa hiérarchie et son entreprise, à des sanctions pénales et/ou civiles.

En fait, le domaine juridique pose deux problèmes au RSSI. D'une part, il s'agit d'un domaine dans lequel il faut être expert pour agir pertinemment. D'autre part, lorsqu'une question juridique se pose, elle exige généralement une réponse très rapide.

> **Exemple**
> Lorsqu'un employé est soupçonné de commettre des actes contraires au règlement intérieur, la DRH peut demander au RSSI de le surveiller. Le RSSI doit donc savoir très vite ce qu'il a le droit de faire et ce qui lui est interdit en vertu du respect de la vie privée. Tarder à réagir risquerait de permettre à la personne soupçonnée d'effacer des preuves compromettantes.

Il en ressort que le RSSI a impérativement besoin d'une expertise juridique avant d'agir dans certains domaines. Le cas idéal est de disposer en interne d'un service juridique compétent en matière de systèmes d'information et suffisamment disponible pour répondre très rapidement aux sollicitations.

Dans le cas contraire, il est préférable que le RSSI fasse appel à un conseil juridique qui lui fournira un service d'assistance. Vu la nature des demandes, il est nécessaire que le conseil s'engage à répondre dans un délai très bref. L'idéal est que lorsque le RSSI a besoin de conseil, il appelle l'assistance juridique pour qu'elle le conseille immédiatement au téléphone sur la conduite à tenir. Ceci permet au RSSI d'agir très vite et conformément à la loi. La demande, ainsi que la réponse du juriste, seront formalisées ultérieurement pour régulariser la prestation.

Pour résumer, il est important que le RSSI ne s'improvise pas juriste et qu'il pense et fasse penser aux aspects juridiques dans le domaine des SI.

Bases documentaires incontournables

La rédaction de trois documents aidera beaucoup le RSSI à limiter au maximum le risque juridique dans l'exercice de ses fonctions. On trouve en premier lieu la charte informatique, puis la politique de sécurité. On peut aussi rédiger une charte destinée aux administrateurs.

Charte informatique

La charte informatique est un document destiné à tous les utilisateurs. Elle sert avant tout à cadrer leur comportement face au SI. L'existence d'une telle charte est indispensable.

Comment la rédiger

La charte informatique répond à deux missions principales.

- **Sensibilisation :** la première mission consiste à sensibiliser tout le personnel sur le bon usage des moyens informatiques mis à sa disposition.

- **Discipline :** la seconde mission consiste à fournir un cadre pour prendre des mesures disciplinaires en cas d'usage détourné du SI.

Le cycle de vie d'une charte utilisateur est assez simple. Il se décompose en trois phases : rédaction, validation et publication. Il est prudent que le RSSI prenne quelques précautions à chacune de ces étapes.

Vu l'importance de ces missions, il est vivement conseillé de recourir à un conseil juridique pour rédiger la charte. Une charte mal écrite peut conduire à l'invalidation par la justice de mesures disciplinaires prises par l'employeur à l'encontre d'un salarié. En un mot, la charte doit être correcte du point de vue juridique ; cela ne s'improvise pas. Un conseil juridique (interne ou externe) est nécessaire.

Une fois la charte rédigée, elle doit être validée afin de la rendre opposable à tout le personnel. Pour cela, il y a deux façons de procéder. La première consiste à faire signer individuellement la charte à chaque employé. Inutile de dire que cette méthode est vouée à l'échec puisqu'il est impossible de s'assurer que tout le monde signera la charte. Le RSSI sera immanquablement confronté à de nombreux oublis et refus. La seconde façon de faire valider la charte est de la présenter aux représentants du personnel, puis de l'annexer au règlement intérieur. Cette démarche a l'inconvénient d'être plus lente, puisqu'elle implique une négociation avec les représentants du personnel, mais elle a l'avantage important de rendre la charte opposable à tout le personnel, du fait de son annexion au règlement intérieur. Il n'est nul besoin dans ce cas de courir après chacun pour signer la charte. C'est pour cette raison que cette seconde approche est retenue par quasiment toutes les sociétés.

La charte doit enfin être publiée. L'usage le plus répandu consiste à l'afficher dans les lieux d'affichage habituels, conjointement au règlement intérieur. En complément, une publication de la charte sur l'intranet est devenue incontournable. Ainsi, personne ne peut dire qu'il n'a pas eu connaissance de la charte. Enfin, il est utile que le RSSI rappelle régulièrement les points clés de la charte dans une communication annuelle.

Points à aborder

Malgré la diversité des organismes, les chartes se ressemblent toutes. Afin de bien cadrer le comportement des utilisateurs face au SI, il convient que la charte informatique aborde les points suivants.

- L'objet de la charte ainsi que son champ d'application sont rappelés.
- Les utilisateurs sont invités à respecter la règlementation.
- Toute opération pouvant nuire au bon fonctionnement du SI est interdite. Commettre des actes visant à empêcher le bon fonctionnement est passible de poursuites.
- Il est interdit de divulguer des informations confidentielles.

- Les moyens mis à disposition sont de nature professionnelle. L'employeur a donc le droit d'y accéder.
- Il est rappelé que les comptes sont nominatifs, que l'utilisateur est responsable de l'usage qui est fait de son compte et qu'il ne doit donc transmettre son identifiant/mot de passe à personne.
- L'utilisateur doit prévenir le service d'assistance s'il détecte un incident de sécurité, notamment s'il soupçonne un acte de malveillance.
- L'utilisateur ne doit pas installer de logiciel par lui-même.
- L'utilisateur autorise ses responsables à consulter sa messagerie ou ses données en cas d'absence prolongée, dans un cadre strictement professionnel et respectueux des procédures.
- Une utilisation personnelle de l'accès Internet (via un navigateur ou la messagerie) est tolérée. Cette utilisation doit être raisonnable et ne pas perturber le bon fonctionnement du système.
- La messagerie électronique fournie par l'employeur est à vocation professionnelle.
- Les utilisateurs sont informés sur le fait que des contrôles sont mis en œuvre afin de garantir le bon fonctionnement du système et sa sécurité (antivirus, journaux applicatifs, journaux HTTP, etc.).
- Il est rappelé que des sanctions pourront être prises contre les contrevenants, proportionnellement à la gravité des faits.

Politique de sécurité

Contrairement à la charte de sécurité, la politique de sécurité du système d'information (PSSI) n'est pas absolument indispensable du point de vue juridique. Pourtant, c'est un document sur lequel le RSSI pourra s'appuyer pour recadrer un chef de projet ou un service qui contreviendrait aux bonnes pratiques en matière de sécurité. Notons que si la charte est centrée sur l'individu, la PSSI est centrée sur la technique.

Comment la rédiger

Comme le but de la PSSI est d'être lue, puis consultée chaque fois que cela est nécessaire, il est important que son volume reste raisonnable. Rester dans une fourchette de dix à vingt pages est l'idéal. Ce volume donne une idée du niveau de précision que doit avoir ce document. Il doit être suffisamment précis pour fixer des lignes directrices claires et suffisamment générique pour pouvoir s'adapter dans la durée, face à l'évolution constante des techniques et des usages.

La rédaction de la PSSI est souvent confiée à des consultants. L'intérêt de cette pratique est de confronter la vision du RSSI à celle du consultant. En revanche, il n'est nul besoin de juriste.

Le style de la rédaction est très important et se tromper peut conduire à une PSSI inutile. En effet, comme il s'agit d'un texte cadrant les choix en matière de SI, la tendance naturelle est de rédiger la PSSI avec un style pseudo-juridique, c'est-à-dire très chargé. Les PSSI composées de cette façon sont parfaitement illisibles. Elles ne sont donc pas lues, ce qui les rend inutiles.

> **Exemple**
> Voici un exemple de tournure de phrase à éviter : « Dans le cadre de cette politique, et conformément aux bons usages, l'installation de tout dispositif visant à fournir à un utilisateur ou à un groupe d'utilisateurs un accès au réseau de l'entreprise par des moyens hertziens est proscrit. »

Les paragraphes de la PSSI doivent être clairs et courts. Idéalement, les phrases doivent se contenter d'un sujet, d'un verbe et d'un complément. De plus, comme le but est de pouvoir opposer tel ou tel point, il convient que chaque paragraphe soit numéroté. Le RSSI pourra ainsi affirmer que telle pratique est interdite en vertu de tel article de la PSSI.

> **Exemple**
> La phrase suivante désigne exactement la même chose que l'exemple précédent, mais de façon claire, directe et lisible : « 6.2.1. Le Wi-Fi est interdit. »

Un autre défaut régulièrement constaté est que de nombreuses PSSI stipulent ce qui doit être fait idéalement, et non ce qui est fait effectivement. Cette pratique crée un décalage entre la norme et la réalité, rendant la PSSI parfaitement inutile. Il faut noter que les consultants chargés de rédiger les PSSI ont tendance à aller dans ce sens. Le RSSI doit bien prendre soin de les recadrer et de les faire correspondre autant que possible à la réalité du terrain.

> **Exemple**
> Tout le monde est d'accord sur le fait que les systèmes doivent être à jour de leurs correctifs de sécurité. Pourtant, cela est très difficile à réaliser sur l'intégralité du parc, surtout pour les serveurs de production. Il est donc préférable de stipuler dans la PSSI que « tous les postes de travail, ainsi que les serveurs les plus exposés aux risques, doivent être à jour de leurs correctifs de sécurité » à la place de « tous les systèmes doivent être à jour de leurs correctifs de sécurité ». Certes, ce n'est pas l'idéal, mais cela met suffisamment de pression pour aller dans le bon sens, tout en restant réaliste.

Il va sans dire que la PSSI doit être validée au minimum par le RSSI. Il est toutefois préférable que la DSI la signe afin de la rendre opposable à tout informaticien. Cependant, l'idéal est de la faire valider par la direction générale. Cela peut paraître surprenant de faire signer un document très technique à la direction. Pourtant, cela a du sens. En effet, une signature de la direction générale montre son engagement dans la démarche de sécurité des SI. Elle permet aussi de rendre opposable ce document à toute l'organisation. Aussi le RSSI peut-il opposer la PSSI à toute direction métier tentée de déployer par elle-même des dispositifs informatiques.

Points à aborder

Si les chartes utilisateur sont généralement très similaires d'un organisme à l'autre, il en va différemment des PSSI. En effet, elles reflètent directement les priorités marquées par le RSSI. Ainsi, le responsable sécurité mettra dans la politique tout ce qui lui tient à cœur. On retient généralement les points suivants.

- **Rappel du contexte :** commencer par évoquer brièvement le contexte de l'entreprise et ses enjeux en matière de sécurité.
- **Sécurité des RH :** rappeler l'existence d'une charte destinée aux utilisateurs. La PSSI doit explicitement dire que l'utilisateur est tenu de la respecter.
- **Sécurité physique :** préciser que l'accès aux zones sensibles doit être protégé par badges, qu'un processus formel d'attribution des badges doit être respecté. Par ailleurs, on peut ajouter que les serveurs doivent être hébergés dans des salles machines équipées dans les règles de l'art (air conditionné, alimentation électrique, détection d'incendie, etc.).
- **Contrôle d'accès :** spécifier que l'accès aux données doit être authentifié et limité au droit d'en connaître de l'utilisateur. Cette clause a pour but d'obliger les développeurs à mettre en place des dispositifs en ce sens. Il est aussi utile de rappeler que des processus formels d'attribution des droits doivent être respectés et que des revues régulières sont organisées.
- **Exploitation des SI :** préciser que les équipements doivent être protégés par un antivirus, que les correctifs de sécurité doivent être appliqués et que les mots de passe doivent être de bonne qualité impose de bonnes pratiques à l'exploitation.
- **Sauvegardes :** si les sauvegardes sont réalisées, les restaurations sont rarement testées. Une clause imposant des tests périodiques de restauration est tout à fait souhaitable.
- **Postes de travail :** rappeler que les postes doivent être sécurisés oblige les équipes à maintenir cette sécurité dans la durée.
- **Communications :** maintenir un schéma réseau à jour, interdire les flux directs entre l'intérieur et l'extérieur, protéger les liaisons en fonction de leur sensibilité sont des clauses incontournables. On peut aussi ajouter que l'attribution des accès distants au SI est réglementée et soumise à des procédures.

- **Sécurité dans les projets :** imposer la sécurité dès le début des projets aide à généraliser les bonnes pratiques. Des dossiers projets présentent les enjeux de sécurité en matière de flux réseau, d'authentification, ou de stockage. Les profils de comptes doivent aussi être étudiés à ce stade.
- **Gestion des tiers et sous-traitance :** aborder cette question dans la PSSI aide à imposer aux tiers de bonnes pratiques en matière de sécurité.
- **Incidents de sécurité :** rappeler dans la PSSI que les incidents de sécurité doivent être gérés conformément aux procédures convenues.
- **Continuité/reprise d'activité :** évoquer les dispositions minimales de continuité et de reprise d'activité est nécessaire. Imposer la formalisation des procédures de reprise et la réalisation périodique de tests est un plus, mais il faut être sûr que l'on pourra tester conformément à ce qui est précisé dans la PSSI.
- **Conformité :** elle doit être vérifiée par des audits. Il est donc normal d'aborder ce point dans la politique, sans oublier de préciser que les recommandations des auditeurs doivent faire l'objet d'actions correctives.
- **Infrastructures spontanées :** interdire explicitement les infrastructures spontanées aide le RSSI à les éradiquer.

> **Remarque**
> Un exemple de politique de sécurité est fourni à titre d'exemple en annexe de cet ouvrage.

Charte administrateur

Contrairement à la charte utilisateur et à la PSSI que l'on trouve presque systématiquement dans tous les organismes, il est rare de voir une charte administrateurs. Pourtant, ce document peut s'avérer très utile. En fait, il est aux administrateurs ce que la charte informatique est aux utilisateurs.

Comment la rédiger

Quand on analyse la population des personnes ayant accès au SI, on s'aperçoit rapidement qu'il existe une population privilégiée bénéficiant de droits étendus. On pense immédiatement aux administrateurs système et aux administrateurs réseau. Toutefois, cela ne se limite pas à ces gens-là. Quasiment chaque application et chaque infrastructure (téléphonie, baie de disque, *cluster* de bases de données, etc.) dispose d'au moins un administrateur détenant des droits étendus. Les besoins du service justifient parfaitement ces privilèges. Pourtant, il peut arriver que ces personnes commettent des imprudences et, dans de rares cas, qu'elles se livrent à des actes de malveillance. Étant donné les privilèges dont ces personnels disposent, les conséquences de ces actes peuvent être réellement catastrophiques. Il est donc parfaitement fondé de rédiger une charte pour ces administrateurs.

Comme il s'agit d'une charte, l'aide d'un juriste est indispensable. Tout comme la charte informatique, l'idéal est de l'annexer au règlement intérieur. Dans les faits, la direction préfère faire signer directement la charte à chaque administrateur, vu que la population concernée est relativement restreinte. Pour éviter des refus de signature, il est prudent que le RSSI associe quelques administrateurs dès le début de la rédaction de la charte.

Disposer d'une charte spécifique pour les administrateurs servira à responsabiliser ces derniers et à les recadrer au besoin. De plus, ce document sera très apprécié des auditeurs.

Points à aborder

Voici les domaines utiles à aborder dans une charte pour les administrateurs.

- L'objet de la charte ainsi que son champ d'application sont rappelés.
- On rappelle le principe de séparation des fonctions.
- On précise les missions d'administration dans la définition de poste.
- Il faut alerter en cas d'incident de sécurité.
- Il faut éviter l'usage de comptes génériques pour administrer les systèmes, pour que les actions soient réellement traçables.
- On rappelle la notion de secret professionnel. L'administrateur ne doit pas profiter de ses privilèges pour exfiltrer des informations de l'entreprise ; c'est une faute grave.
- L'usage du compte à privilèges doit être réservé aux actions nécessitant des privilèges élevés. Le reste du temps, l'administrateur doit utiliser un compte avec des droits ordinaires.
- L'administrateur doit adopter des mots de passe de qualité, conformément à la politique.
- L'administrateur est susceptible d'être contrôlé dans ses actions.

Quelques points sensibles

Les sollicitations du RSSI pour des actions ayant un aspect juridique sont nombreuses. Les plus fréquentes sont toutefois les demandes d'accès à la messagerie d'un collègue ainsi que les demandes d'enquête sur l'activité d'un collaborateur, notamment en matière de navigation Internet. Cette section donne quelques lignes directrices pour ces deux situations.

> **Important**
> Il est important de noter que les recommandations de cette partie donnent des principes de base et ne remplacent pas un conseil juridique.

Accéder à la messagerie d'un employé

Une demande très fréquente est la sollicitation du RSSI pour accéder à la messagerie électronique d'un employé. Ces demandes sont généralement justifiées par deux besoins :

- celui d'enquêter sur un employé que l'on soupçonne d'entreprendre des actes contraires au règlement intérieur ;
- celui d'accéder à la messagerie d'un employé malade, en vacances, ou ayant quitté l'entreprise, afin obtenir des informations techniques importantes pour le service.

Ces demandes sont parfaitement légitimes, mais nécessitent un encadrement clair pour rester conformes à la réglementation.

En règle générale, si cela est bien précisé dans la charte utilisateur, tout document papier ou numérique est réputé avoir un caractère professionnel. Aussi l'employeur peut-il consulter les messages des collaborateurs en toute légalité. En revanche, si le sujet du message fait comprendre explicitement qu'il s'agit d'un message à caractère personnel, l'employeur n'a pas le droit de le consulter. Consulter un tel message constitue une violation de la vie privée. La personne lisant un message personnel s'expose donc à des poursuites. Par ailleurs, il est important de savoir que les preuves obtenues suite à une violation de correspondance ne sont pas recevables en justice. L'employeur ne doit prendre aucun risque à ce sujet.

Il est très important que le RSSI rappelle ces règles élémentaires aux personnes souhaitant consulter la messagerie d'un employé. En effet, si certains responsables accédant à la correspondance de leurs collaborateurs feront preuve d'une grande prudence, d'autres ne résisteront pas à la tentation d'entrer plus en détail dans la vie privée de leurs collègues, frisant ainsi des pratiques d'espionnage.

Pour limiter ce risque, le RSSI doit mettre en place des procédures cadrant très précisément :

- dans quel contexte un responsable est habilité à consulter la messagerie d'un collaborateur ;
- quelles sont les informations qu'il a le droit de consulter ;
- quel est le mode opératoire précis de la consultation.

En complément, il est utile de rappeler dans les procédures (même si ce n'est pas indispensable) ce qu'est le droit à la vie privée et rappeler les sanctions en cas de violation de correspondance.

Il est à noter que ce qui vient d'être dit ne se limite pas à la seule messagerie électronique. La consultation des fichiers, qu'ils soient en local sur le poste de travail de l'utilisateur ou sur un partage réseau, doit répondre aux mêmes règles.

Journalisation des accès à Internet

La loi française oblige les opérateurs fournissant des accès à Internet à tracer ces accès pendant un an. Ainsi, tout organisme public ou privé, fournissant à ses employés un accès à Internet peut être considéré comme un fournisseur d'accès. En conséquence, ces organismes sont donc tenus eux aussi de journaliser les accès de leurs employés pendant un an.

En marge de cette obligation légale, la journalisation des accès à Internet est très utile à plus d'un titre.

- **Statistiques :** les journaux permettent de dresser des statistiques sur l'usage qui est fait d'Internet. Très concrètement, ces statistiques renseignent sur le rapport entre les « flux strictement professionnels » et les « flux non professionnels ». Ceci rend possible le réglage des équipements pour optimiser les performances des usages professionnels.

- **Incidents techniques :** inspecter les journaux du proxy HTTP ou ceux du pare-feu aide souvent à comprendre la nature d'incidents techniques se manifestant par un comportement réseau inapproprié.

- **Incidents de sécurité :** l'étude des journaux du proxy HTTP est très utile lors des attaques virales ou des attaques par hameçonnage. Dans ces deux cas, la victime cherche souvent à accéder (à son insu) au site du pirate. La surveillance de ces journaux aide le RSSI à évaluer l'impact réel de ces attaques et à les bloquer efficacement.

- **Surveillance :** les journaux permettent aussi de confondre un collaborateur soupçonné de commettre des actes contraires au règlement intérieur.

Sur ce dernier point, des précautions doivent être prises. En effet, les journaux du proxy HTTP sont constitués essentiellement de l'horodate, de l'identité du demandeur et de l'URL demandée. Consulter ce journal permet donc de très bien connaître la personne que l'on surveille. En effet, la consultation des sites non professionnels auxquels l'utilisateur accède renseigne très précisément sur ses centres d'intérêt (loisirs, opinions politiques, convictions religieuses, etc.). De plus, comme certains sites mal programmés intègrent dans l'URL le contenu des champs de saisie, il est même possible de connaître très précisément les questions posées par l'utilisateur sur ces sites.

Les journaux HTTP sont donc très sensibles. Le RSSI se doit de les protéger convenablement en ne les rendant consultables que par les seules personnes habilitées. Tout comme pour la lecture des boîtes aux lettres, l'accès aux journaux doit être strictement cadré par une procédure.

Remarque

Une procédure de gestion des journaux est fournie à titre d'exemple en annexe de cet ouvrage.

Chapitre 15

Lutter contre les infrastructures spontanées

Avec la démocratisation de l'électronique grand public puis le phénomène du cloud, les infrastructures spontanées n'ont cessé de proliférer, créant de très nombreuses failles de sécurité. La grande diversité de ces infrastructures ainsi que leur caractère parfois presque clandestin en ont fait un domaine particulièrement difficile à gérer pour le RSSI. Nous allons étudier dans ce chapitre quelques pistes pour maîtriser ce phénomène.

Qu'entendons-nous par infrastructure spontanée ?

L'expression « infrastructure spontanée » n'est pas très parlante au premier abord. D'ailleurs, elle n'est pas souvent utilisée alors qu'elle correspond à un fait très répandu dans les SI, posant d'importants problèmes en matière de sécurité.

> **Remarque**
> Le premier en France à avoir consacré une conférence sur les risques liés aux infrastructures spontanées fut le consultant Hervé Schauer, en octobre 2005.

Pour définir simplement les infrastructures spontanées, on peut dire qu'elles désignent les dispositifs informatiques mis en place directement par les utilisateurs sans en référer à la DSI. On parle « d'infrastructure » car il peut s'agir d'un ou de plusieurs équipements physiques ou services logiciels. On les qualifie de « spontanée » car, très souvent, c'est bien spontanément que les utilisateurs déploient de telles infrastructures.

Généralement, ces infrastructures sont de toute petite taille. Elles commencent par un disque dur, acheté par un employé dans une grande surface afin de sauvegarder des données métier, mais ces infrastructures peuvent aller jusqu'à de réelles plates-formes de production parallèles à la DSI.

Voici quelques exemples concrets d'infrastructures spontanées couramment rencontrées.

- **Périphériques de stockage :** l'exemple le plus basique d'infrastructure spontanée est la clé USB ou le disque dur portable branché sur le poste de travail. Quel utilisateur n'a jamais été tenté de brancher un tel dispositif pour sauvegarder ses données ?
- **Bornes Wi-Fi :** lorsque les prises du réseau filaire ne sont pas suffisantes, il n'est pas rare de voir proliférer des bornes Wi-Fi, installées par les utilisateurs, afin de pallier la pénurie de connectivité.
- **Accès à Internet :** certains services n'hésitent pas à commander des accès Internet grand public afin de contourner les limitations de l'accès Internet officiel fourni par la DSI.
- **Services du cloud :** nombreux sont les exemples de services utilisés spontanément par les employés, tels que les services de prise de commande à distance des équipements pour des fins de maintenance, des services de partage de fichiers, de messageries, ou de réseaux sociaux…
- **Serveurs non gérés par la DSI :** les infrastructures ne se limitent pas exclusivement aux toutes petites installations. Il arrive que certains services mettent en place plusieurs serveurs, totalement ignorés de la DSI.

L'explosion de l'électronique grand public et l'extraordinaire dynamisme des usages d'Internet font que de nouveaux types d'infrastructures spontanées se créent sans cesse.

Une entorse à l'urbanisation des SI

Pour comprendre en quoi les infrastructures spontanées sont une épine dans les SI, il faut s'intéresser à l'urbanisation de ces derniers.

Importance de l'urbanisation des SI

L'urbanisation est devenue une discipline à part entière dans les SI des grands comptes (banques, assurances, grandes entreprises, etc.). Elle a progressivement couvert l'ensemble des SI, sauf, peut être, ceux des petites PME. Aussi, depuis dix ans, de grands efforts d'urbanisation ont été consentis par les entreprises.

L'urbanisation vise plusieurs objectifs. En voici quelques-uns des plus remarquables.

- **Vision d'ensemble :** le but premier de l'urbanisation est d'acquérir une vision d'ensemble du SI. Aucun aspect du SI ne doit donc échapper à l'urbanisation.
- **Maîtrise de toute l'infrastructure :** cette vision d'ensemble ne sert à rien si elle ne s'accompagne pas d'une maîtrise entière de l'infrastructure.
- **Adaptation aux besoins :** une infrastructure réfléchie permet de s'adapter aux besoins exprimés tant par les techniciens de l'informatique que par les métiers.
- **Évolutivité :** une infrastructure bien pensée est taillée de telle sorte qu'elle puisse évoluer en charge, à mesure que les besoins de traitement augmenteront. Cette évolutivité ne se limite pas à la capacité de traitement, elle permet aussi d'accueillir de nouvelles briques pour de nouveaux usages, sans pour autant remettre en question l'existant.
- **Standardisation :** l'urbanisation s'accompagne toujours de standardisation des systèmes. Les systèmes sont masterisés afin que tous les serveurs déployés aient les mêmes propriétés techniques. Cela simplifie grandement l'administration et la maintenance de l'infrastructure. De plus, la limitation et la spécification précise des systèmes permettent de bien cibler les compétences nécessaires à la maintenance en conditions opérationnelles.
- **Simplicité des interconnexions :** les systèmes ayant été pensés en ce sens, les intercommunications entre applicatifs et entre éléments de l'architecture sont grandement facilitées. Malgré leur apparente complexité sur le court terme, l'usage de systèmes d'intermédiation tels que les EAI, les ETL ou les ESB a grandement contribué à cette simplicité dans le long terme.

Ces choix peuvent paraître lourds à première vue, mais ils ont des conséquences bénéfiques à moyen et long terme.

- **Simplicité d'exploitation :** grâce à la standardisation très poussée, les systèmes sont tous administrés de la même façon, par des procédures standards.
- **Réactivité aux demandes :** prévus dès la conception pour être évolutifs, les systèmes urbanisés permettent d'implanter des évolutions assez rapidement, sans pour autant remettre en question l'architecture existante.
- **Maîtrise des coûts :** comme dans un système urbanisé tous les éléments du SI pouvant être standardisés l'ont été, les coûts de déploiement et de maintenance sont réduits au maximum.

- **Pérennité du SI :** par l'usage de briques standards et bien pensées, les SI urbanisés sont durables, en ce sens qu'il n'est pas nécessaire de repenser l'architecture tous les deux ans pour cause d'inadaptation aux besoins.

Pour résumer, un SI urbanisé est un SI responsable, qui s'inscrit dans la durée.

Cas des infrastructures spontanées

Force est de constater que les infrastructures spontanées échappent complètement aux efforts d'urbanisation.

Les utilisateurs avancent régulièrement les arguments suivants pour justifier le déploiement d'infrastructures spontanées.

- **Simplicité extrême de la solution :** les infrastructures spontanées sont presque toujours très simples. Cela s'explique par le fait qu'elles sont mises en place et exploitées par des utilisateurs non experts en informatique.
- **Rapidité de mise en place :** directement liée au point précédent, la mise en place de l'infrastructure spontanée est très rapide. Il n'est nul besoin de gérer un projet, d'analyser des risques ou de valider un budget. L'infrastructure peut être acquise et installée en quelques heures, voire plus vite, dans certains cas.
- **Coût dérisoire de mise en place :** comme il s'agit généralement de solutions grand public, transposées dans le monde professionnel, elles ont un coût dérisoire pour le service qui les acquiert.
- **Coût nul pour la DSI :** un autre argument avancé par les défenseurs de ces infrastructures est le fait que la solution ne coûte rien à la DSI. Donc, en principe, la DSI n'a rien à dire.
- **Lourdeur extrême de la DSI :** c'est l'argument le plus souvent avancé pour justifier le court-circuitage de la DSI. On lui reproche d'être beaucoup trop lente à réagir, trop bureaucratique et pas assez à l'écoute des utilisateurs.
- **Performance insuffisante du service fourni par la DSI :** débit insuffisant de l'accès à Internet, blocage de certaines URL, performances insuffisantes de tel ou tel serveur, pannes à répétition, voici autant d'arguments avancés pour justifier le déploiement d'une infrastructure spontanée.
- **Service non fourni par la DSI :** un argument souvent avancé est que le service fourni par l'infrastructure spontanée n'est pas proposé par la DSI.

> **Exemple**
>
> Les premières solutions de messagerie instantanée n'existaient que sur les plates-formes grand public ou via des réseaux IRC du monde open source. Ce n'est que plus tard que les éditeurs ont proposé des solutions comparables pour l'entreprise.

Pris hors contexte, chacun de ces arguments peut sembler imparable. Pourquoi, alors, faut-il bloquer la prolifération des infrastructures spontanées ? La première réponse est qu'elles contreviennent à tous les principes fondamentaux de l'urbanisation des SI exposés précédemment. Cet argument suffit à lui seul. Il existe pourtant d'autres explications qui seront développées dans la section suivante.

Risques de ces infrastructures

Outre le fait que les infrastructures spontanées effacent les efforts d'urbanisation, d'autres arguments complètent la liste des risques.

La mise en place d'un accès sauvage à Internet génère une porte d'entrée au réseau interne de l'entreprise. Or, cette porte d'entrée n'est généralement pas protégée par un pare-feu et, quand il y en a un, il est configuré par un amateur, autoproclamé compétent en sécurité. Le résultat est la création d'une faille béante de sécurité.

L'utilisation spontanée de dispositifs de prise en main à distance proposés dans le cloud est extrêmement dangereuse. Dans de nombreux cas, elle permet à toute personne qui devinerait l'identifiant et le mot de passe de l'utilisateur de prendre le contrôle depuis Internet de machines situées à l'intérieur du réseau de l'entreprise. Comme les pratiques spontanées de mots de passe sont extrêmement triviales, il n'est pas rare de trouver des identifiants et des mots de passe égaux, des identifiants contenant le nom de l'entreprise (voire composés uniquement du nom de l'entreprise) avec des mots de passe très courts et triviaux (toto, 1234, secret, etc.).

Quant à l'usage de systèmes de partage de fichiers, il peut favoriser la fuite d'informations confidentielles.

> **Exemple**
> Il est arrivé qu'un chef de projet, sincèrement convaincu d'apporter une solution à un problème concret qui se posait, ait décidé de poser sur un site de partage de fichiers un fichier contenant des données très sensibles de login et de mots de passe. Or, l'identifiant et le mot de passe à saisir pour accéder à ces données était trivial.

Pour les infrastructures spontanées basées sur une solution du cloud, l'acceptation, sans prendre la peine de les lire, des conditions générales d'utilisation (CGU) du service s'avère très risquée. Il est important de surveiller plus particulièrement les points suivants.

- **Licence d'exploitation du contenu :** certaines CGU accordent au fournisseur du service une licence d'exploitation plus ou moins avancée sur les contenus déposés par le client. Dans les cas extrêmes (mais pas invraisemblables), ne pas lire les CGU peut conduire à concéder au fournisseur une licence d'exploitation totale sur les contenus. Naturellement, il est capital de vérifier que l'on ne concède strictement aucune licence d'exploitation au fournisseur du service.

- **Utilisation des ressources :** certaines CGU permettent au fournisseur d'utiliser les ressources des systèmes sur lesquels est installé le client (à savoir, le poste de travail de l'utilisateur). En somme, le processeur, la mémoire et le stockage du poste de travail peuvent être mobilisés au profit du fournisseur.
- **Installation d'outils :** certains outils du cloud peuvent installer des mises à jour du client de façon transparente, à l'insu de l'utilisateur et, naturellement, sans aucune validation de la DSI. Le risque ici est naturellement une régression de service.
- **Exportation de données :** quasiment tous les services du cloud précisent qu'ils peuvent exporter des données liées à l'utilisation du service, dans le but généralement avancé « d'améliorer le service ». Si cet usage peut paraître acceptable, il est important de vérifier dans les CGU que cette exploitation de données en reste là et ne va pas plus loin.

Toutes ces clauses non contrôlées peuvent conduire à un risque important sur le SI. Pour résumer, l'acceptation de certaines CGU peut conduire à un détournement de l'usage nominal des ressources du SI à l'insu de la DSI, au profit du fournisseur.

Un autre argument contre les infrastructures spontanées est le caractère amateur des installations. Généralement, dans de telles infrastructures, les procédures ne sont pas documentées et ne sont connues que d'une ou deux personnes. Rien n'est prévu en cas d'incident. Lorsque les personnes concernées quittent l'entreprise, plus personne ne sait exploiter l'infrastructure en question.

Si tous les risques évoqués ici ne concernent pas la sécurité des SI, nous voyons bien qu'une grande majorité y est liée. Il est donc parfaitement légitime que ce soit le RSSI qui intervienne dans ces cas.

Comment éradiquer les infrastructures spontanées

L'expression « éradiquer » les infrastructures spontanées n'est pas forcément la plus pertinente. En fait, il est impossible de les supprimer complètement car, par nature, certains individus chercheront toujours à mettre en place des solutions très rapidement et sans passer par les lourdeurs de la DSI. De plus, les services et les usages sur Internet se multiplient, devançant souvent les services fournis par la DSI. Nous ne sommes donc pas près de voir la fin des infrastructures spontanées.

En revanche, il est parfaitement possible de maîtriser la prolifération de ce fait. Comme pour tant d'autres domaines, pour supprimer une infrastructure spontanée, il faut commencer par la repérer. C'est ensuite que le RSSI pourra agir.

Identifier ces infrastructures

Le début de ce chapitre a montré que la nature des infrastructures spontanées est très variée. Elle est tellement variée que lancer une campagne de suppression de ces infrastructures n'a pas vraiment de sens. Il est plus pertinent de travailler sur plusieurs axes.

Des actions ponctuelles de détection peuvent être lancées. Par exemple, pour identifier les bornes Wi-Fi non déclarées, une stratégie a consisté à inspecter les adresses MAC des équipements reliés aux switchs d'étage. En effet, les premiers octets des adresses MAC identifient le constructeur et parfois le type d'équipement en question. Pourtant, cette méthode n'est plus utilisée. Une alternative pour traquer les réseaux Wi-Fi spontanés est tout simplement de renifler les canaux du Wi-Fi pour identifier d'éventuels SSID non déclarés. Nous voyons bien que cette méthode, si elle peut donner parfois des résultats concrets, reste toutefois assez artisanale.

Pour interdire le branchement spontané d'équipements sur le réseau local de l'entreprise, il suffit de déployer le contrôle d'accès 802.1X. Ce protocole oblige l'entité qui se connecte à s'authentifier avant de bénéficier du réseau. Cependant, il faut noter que le déploiement du 802.1X est loin d'être trivial.

Pour repérer les boxes Internet achetées directement par les services pour contourner l'accès à Internet fourni par la DSI, il s'agit de se rapprocher du service achats et de traquer les factures relatives aux principaux fournisseurs d'Internet grand public. L'existence de factures Internet trahit ces services.

Les infrastructures spontanées reposant sur un service du cloud sont un peu plus simples à repérer. En effet, dans les réseaux bien constitués, tous les flux HTTP sortants doivent traverser un proxy. Nous sommes ici confrontés à deux cas.

- **Proxy filtrant :** si le proxy permet de filtrer les accès sortants selon la catégorie de site demandé, il suffit de créer une politique bloquant les services en question.
- **HTTP ouvert :** si la politique de l'organisme est de laisser sortir tous les flux HTTP, sans aucun filtrage, il suffit au RSSI de passer quotidiennement un script sur les journaux HTTP. Le but de ce script sera de repérer la consultation des sites susceptibles de fournir des services de cloud spontané.

Les principaux types de sites à rechercher sont ceux permettant de :
- partager des fichiers ;
- lancer des vidéoconférences ;
- utiliser la messagerie instantanée ;
- prendre le contrôle à distance des équipements.

Pour ce qui est des infrastructures physiques cachées dans les services, composées d'au moins un serveur, et parfois plus, il n'existe pas vraiment de méthode systématique. Dans l'absolu, l'idéal serait de lancer une véritable revue de casernement, bureau par bureau, en fouillant bien sous les bureaux, dans les armoires et derrière la trappe d'air conditionné afin de repérer tout équipement installé à l'insu de la DSI. Cette méthode est non seulement impensable, mais elle serait très nuisible à la sécurité par l'image très négative qu'elle donnerait.

C'est donc le bouche-à-oreille qui permet de repérer ces infrastructures spontanées. Autant dire que le RSSI doit cultiver de bonnes relations avec les personnels métier. Ce n'est en effet que spontanément, au détour d'une conversation, que certains personnels dévoilent (plus ou moins volontairement) l'existence de telles infrastructures. Il faut noter que, très souvent, ces systèmes sont hébergés dans des bureaux, sans aucune redondance d'alimentation, sans aucun refroidissement, et avec tous les risques de panne, de surchauffe et d'incendie que cela implique.

Que faire lorsqu'une telle infrastructure est découverte ?

Nous nous sommes limités dans la section précédente à repérer les infrastructures spontanées. Que faire maintenant ?

Il faut distinguer deux cas. S'il y a un danger important et immédiat, le RSSI ne doit pas hésiter à faire déposer immédiatement l'infrastructure en question (débrancher un accès ADSL ou une borne Wi-Fi, bloquer un site sur le cloud, débrancher un serveur spontané). Attention, cette action doit être exceptionnelle et justifiée par le risque encouru car elle est très impopulaire, surtout si l'infrastructure déposée a été dévoilée de bon gré par l'utilisateur lui-même.

En cas de résistance, le RSSI ne doit pas hésiter à invoquer d'une part la charte de bon usage des moyens informatiques et, d'autre part, la politique de sécurité des SI. Notons au passage l'importance de placer dans la PSSI un article interdisant explicitement les infrastructures spontanées. Le RSSI expliquera que l'interdiction de l'infrastructure n'est pas une mesure vexatoire en rappelant les risques induits sur le SI par celle-ci.

Dans le cas où l'infrastructure spontanée ne présente pas de risque majeur et immédiat, le plus prudent est de procéder en trois temps.

- **Information :** le RSSI commencera par expliquer les risques induits par l'infrastructure spontanée aux personnes l'ayant déployée. En revanche, il se gardera bien de la faire déposer, du moins dans un premier temps. Naturellement, le RSSI profitera de l'occasion pour rappeler l'interdiction formulée par la PSSI ainsi que par la charte informatique.

- **Recherche et mise en place d'une alternative :** dans un second temps, le RSSI cherchera une alternative au service spontané. Cette phase est très importante et nécessite de la part du RSSI une véritable réactivité. Si le service existe déjà dans le catalogue de la DSI, il lui suffira de le proposer, en s'impliquant personnellement dans la mise en œuvre. En revanche, si le service alternatif n'est pas encore fourni par la DSI, le RSSI devra être capable de construire rapidement une solution. S'il veut que son alternative soit acceptée par l'utilisateur, il est capital que ce que le RSSI propose soit à la fois iso-fonctionnel et iso-ergonomique.

- **Blocage de l'infrastructure spontanée :** ce n'est qu'une fois l'alternative en place et acceptée que l'on pourra déposer ou bloquer l'infrastructure spontanée.

Paradoxalement, traiter de cette façon les infrastructures spontanées permet de retourner la situation. La découverte d'une infrastructure spontanée qui, initialement, devait être une source de conflit entre le RSSI et les services, se transforme en opportunité de collaboration entre les deux parties.

Cette façon de travailler donne du RSSI l'image d'un collaborateur avec lequel on peut parler, même du plus inavouable en matière de sécurité des SI. C'est à cette condition que les infrastructures spontanées seront, sinon éradiquées, du moins considérablement limitées.

Un dernier levier que le RSSI peut actionner est la responsabilisation personnelle de l'utilisateur. Il est toujours utile de rappeler aux utilisateurs que lorsqu'ils installent une infrastructure spontanée, ils font courir un risque à l'entreprise. Ils sont donc responsables des conséquences d'un éventuel accident de leur fait.

> **Exemple**
> Voici le discours que l'on peut tenir auprès d'un utilisateur utilisant un service de partage des fichiers sur le cloud : « Est-ce qu'il vous est déjà arrivé de passer spontanément un contrat au nom de l'entreprise auprès d'un fournisseur, sans en avoir informé votre hiérarchie ? » Dans la plupart des cas, la réponse logique à la question est non. La réplique du RSSI peut donc être : « Pourtant, en acceptant les CGU, vous engagez votre entreprise auprès d'un fournisseur sans en informer votre hiérarchie. Pourquoi ce que vous vous interdisez d'un côté vous l'autorisez-vous de l'autre ? »

Ajoutons que par nature (et à juste titre), les chefs de projet informatique se perçoivent comme des bâtisseurs de solutions, créant des applications et des infrastructures aidant à résoudre des problèmes ou à créer de la valeur. D'une façon caricaturale, leur devise pourrait être : « Un problème ?

Une solution ! ». Cette catégorie de personnel n'est donc pas habituée à se poser la question suivante : « En quoi la solution que je vais mettre en place met-elle en péril mon entreprise ? » Le RSSI doit les aider à se poser cette question, surtout lorsqu'ils s'apprêtent à mettre en place une infrastructure spontanée.

Un autre type d'infrastructure spontanée

Ne quittons pas cette question sans aborder un autre type d'infrastructure. Il ne s'agit pas à proprement parler d'infrastructures spontanées telles que nous les avons évoquées ci-dessus puisqu'elles n'émanent pas d'un individu isolé ni d'un service souhaitant pertinemment contourner la DSI.

En fait, certains services se retrouvent, sans vraiment le vouloir, à installer des infrastructures en parallèle de la DSI.

> **Exemple**
> Un exemple illustrant cette situation est la mise en place de nouveaux dispositifs de vidéosurveillance, confiés au service sûreté. Si, à première vue, il s'agit simplement de déployer des caméras vidéo, des capteurs de présence et des lecteurs de badge, on se rend rapidement compte que tous ces équipements communiquent via un réseau sous IP. Les informations récoltées par ces capteurs sont stockées dans des serveurs de bases de données, analysées par des logiciels de traitement d'image et gérées sur des postes opérateurs par des vigiles. Dans les faits, le service de sûreté se retrouve, bien malgré lui, à déployer un véritable SI parallèle, avec des salles machines, des baies de disques et des fermes de serveurs (physiques ou virtualisés).

> **Exemple**
> Un autre exemple est celui du déploiement d'imprimantes réseau, entièrement pilotées par les moyens généraux. Or, ces équipements sont de véritables serveurs, administrables via Telnet, SSH, HTTP et HTTPS, recevant des commandes via SNMP et communiquant sur de nombreux protocoles avec les autres éléments du SI.

C'est généralement par hasard que le RSSI apprend l'existence de telles infrastructures. Il constate avec effroi qu'un véritable SI parallèle a été mis en place et est exploité bon an mal an par le service utilisateur. L'intégration a posteriori de ces infrastructures au SI de l'entreprise est souvent difficile car elles n'ont pas été conçues en ce sens et n'ont généralement pas bénéficié des mesures élémentaires de sécurité.

Notons que le traitement de ce type de situation relève plutôt de la gestion des tiers. Un chapitre est consacré à cette question dans cet ouvrage.

Chapitre 16

Gérer les expirations bloquantes

À la lecture de l'expression « expiration bloquante », on peut légitimement se demander ce qu'elle signifie. En fait, cette expression très générique désigne tous les phénomènes de blocage conséquents à l'expiration d'un délai. Plus concrètement, on parle d'expiration bloquante lorsqu'un certificat arrive à échéance, entraînant ainsi le blocage d'un service. Un autre exemple d'expiration bloquante est le non-renouvellement d'un nom de domaine. Du jour au lendemain, il devient impossible de résoudre les noms liés à ce domaine et, donc, plus personne ne peut joindre les services qui leur sont associés. Les expirations bloquantes peuvent aussi concerner les licences. Ce chapitre développe cette problématique et propose une approche préventive pour éviter les effets négatifs des expirations bloquantes.

Certificats

Les certificats sont très répandus dans l'entreprise et sont souvent la première étape incontournable pour accéder à un service. Lorsque les certificats expirent, on ne peut plus accéder au service. Pourtant, ces expirations sont parfaitement prévisibles. On peut alors se demander comment il se fait qu'un événement aussi prévisible puisse provoquer de telles interruptions de service. Pour répondre à cette question, nous commencerons par étudier les conséquences des certificats expirés, puis nous verrons que tout le monde est concerné. Ensuite, nous analyserons les causes et les facteurs aggravants, ce qui nous amènera à proposer des solutions pour éviter d'être surpris par ce phénomène.

Conséquences des certificats expirés

Les conséquences des expirations de certificats sont très variables. Elles vont d'un simple désagrément pour l'utilisateur jusqu'au blocage total de tout ou partie des services.

Par exemple, un client présentant un certificat périmé se verra presque toujours refuser le service qu'il demande. Cela peut avoir des conséquences très inconfortables comme le blocage d'accès VPN, la non-mise à jour des signatures d'antivirus, voire l'interruption complète des échanges inter-applicatifs...

Même si toutes les expirations n'ont pas forcément un résultat aussi bloquant, elles sont pour le moins peu souhaitables. Par exemple, lorsqu'un serveur présente un certificat expiré, le client est averti par un message lui indiquant que le certificat n'est plus valable. À proprement parler, ce message n'empêche pas le service de fonctionner, puisqu'il suffit au client de confirmer qu'il souhaite poursuivre la navigation, malgré le certificat périmé. Bien que non bloquante, cette situation génère un inconfort chez l'utilisateur, qui doit à chaque fois qu'il accède au serveur confirmer manuellement sa volonté d'accéder au site. Elle augmente les appels au service d'assistance, puisque certains utilisateurs ne manqueront pas de signaler ce fait. De plus, faire accepter à l'utilisateur un certificat périmé est une mauvaise pratique car cela l'habitue à accepter des certificats non valides, ce qui n'est pas sans danger sur le long terme. Enfin, les certificats périmés génèrent une mauvaise image de la DSI.

Nous venons de voir que la conséquence d'un certificat qui expire est généralement le blocage d'un ou plusieurs services pour tout ou partie d'une population. Ce blocage dure le temps de renouveler les certificats. Ce délai peut varier de quelques heures à plusieurs jours.

Tous les organismes sont concernés

On pourrait penser que peu d'organismes sont concernés par cette problématique, puisque les certificats sont presque toujours associés à l'existence d'une infrastructure à clé publique (PKI). Or, peu d'entreprises exploitent une telle infrastructure. Ainsi, on se sent souvent peu ou pas concerné par la problématique des certificats.

C'est une erreur, car rares sont les organismes qui ne gèrent pas de certificats. Les exemples suivants illustrent quelques usages typiques.

- **Les serveurs HTTP :** lorsqu'ils sont exposés sur Internet, les serveurs s'authentifient presque toujours par le biais d'un certificat. Quant au client, il s'authentifie par le moyen de la saisie d'un identifiant/mot de passe.
- **Les progiciels :** certains progiciels utilisent les certificats pour certifier un serveur central auprès d'un parc d'agents distribués. Le serveur central

s'authentifie en présentant aux agents un certificat, avant de leur passer des instructions. C'est notamment le cas de certains antivirus, mais on peut aussi trouver cette situation dans des systèmes de sauvegarde ou de gestion d'inventaire.
- **Les VPN :** certaines solutions d'accès à distance sont basées sur des certificats clients pour authentifier les utilisateurs.
- **Les systèmes intermédiaires :** les systèmes d'intermédiation tels que les ESB peuvent recourir aux certificats pour s'authentifier mutuellement avant de produire ou de consommer un service.

Cette liste non exhaustive illustre bien que les certificats sont partout dans l'entreprise.

Principales causes d'expiration

Par conception, les certificats ont une validité limitée. Leur durée de vie est généralement fixée entre deux et cinq ans. Lorsque la date d'expiration arrive, le certificat n'est plus valide et il est donc nécessaire de le renouveler. L'expérience montre qu'on oublie très souvent de le renouveler.

Comment se fait-il qu'un événement aussi prévisible que l'expiration d'un certificat puisse être aussi mal anticipé ? Plusieurs facteurs expliquent cela.

- **Répartition dans le temps :** si tous les certificats étaient générés à la même période de l'année, il serait facile de prévoir leur renouvellement avant expiration. Il suffirait de planifier celui-ci un peu avant l'expiration, à une date bien précise, avec une marge suffisante pour avoir le temps de tout régénérer. Malheureusement, il en est tout autrement dans la réalité. Les certificats sont générés au fil de l'eau, en fonction des besoins qui surgissent, tout au long de l'année. En conséquence, les certificats expirent tout au long de l'année. Il n'y a donc aucun sens à planifier une campagne unique de renouvellement de tous les certificats.
- **Court-terme :** les équipes intégrant les systèmes nécessitant un certificat se chargent de générer les certificats appropriés, avec les bonnes options et paramètres. Leur priorité est la mise en place du système et sa livraison en temps et en heure. Au moment de fixer la date d'expiration des certificats, ils choisissent une durée suffisamment longue pour permettre au système de fonctionner longtemps avant d'expirer. Les certificats sont donc mis en production, puis les équipes d'intégration passent à autre chose. Entre temps, rien n'a été prévu pour le renouvellement. Souvent, les équipes de production ignorent l'existence même d'un certificat dans certains environnements.
- **Gestion extrêmement décentralisée :** nous avons vu plus haut que les certificats sont utilisés pour des usages aussi variés que l'authentification des serveurs web, l'authentification des clients VPN, les systèmes d'intermédiation, la signature des échanges, les antivirus, etc. Par ailleurs, les

équipes d'intégration générant les certificats pour les serveurs web ne sont pas les mêmes que celles pour l'antivirus, etc. On voit clairement que les certificats sont générés par des équipes très variées : ceux des systèmes d'intermédiation par les équipes d'architectes, ceux des antivirus par la production, ceux du VPN par l'équipe du RSSI... Nous sommes donc en présence d'une gestion extrêmement décentralisée, sans aucune coordination ni vue d'ensemble, ce qui ne contribue nullement à l'efficacité. En somme, personne ne sait précisément dire combien d'environnements utilisent des certificats, ni pour quel usage ni à quelle période de renouvellement.

Facteurs aggravants

Au vu de ce qui vient d'être exposé, on pourrait légitimement conclure que lorsqu'un certificat expire, il suffit de le régénérer. En principe, cela ne prend techniquement que quelques minutes. Malheureusement, l'expérience montre que le renouvellement d'un certificat peut s'avérer un véritable cauchemar.

Il faut distinguer ici deux cas : d'une part, celui des équipes qui génèrent leurs certificats elles-mêmes en interne et, d'autre part, celui des organismes qui préfèrent sous-traiter cette activité à des organismes spécialisés.

Quels sont les problèmes qui se posent à ceux qui génèrent eux-mêmes leurs certificats ?

Le premier grand problème est que la génération d'un certificat n'est pas triviale. Trop souvent, la personne (ou l'équipe) ayant initialement installé les certificats a été mutée ou a quitté son poste depuis longtemps le jour du renouvellement. De plus, les certificats sont générés de façon artisanale, si bien qu'il est extrêmement rare de trouver un mode opératoire décrivant précisément comment procéder. Pire, quand la documentation existe, tout le monde en ignore la localisation, voire l'existence. Ainsi, une opération qui en principe ne devrait prendre que quelques minutes peut s'étendre sur une durée de plusieurs jours, le temps de trouver une personne compétente et sachant quels paramètres positionner dans le certificat.

Un second problème réside dans la complexité technique. En effet, même une personne sachant utiliser les outils de PKI aura le plus grand mal à choisir les bons paramètres. Les paramètres très souvent problématiques sont les champs *Key Usage* et *Extended Key Usage*. Ces champs précisent quel usage sera fait du certificat. Par exemple, on peut vouloir un certificat pour authentifier un serveur ou un client, ou pour faire de la signature, etc. Les usages sont très variés. Aussi, si les champs *Key Usage* ou *Extended Key Usage* d'un certificat indiquent que ce dernier a pour vocation d'authentifier un serveur, alors que le but est d'authentifier un client, le certificat sera rejeté par le serveur.

En principe, il suffit de connaître la finalité du certificat pour renseigner correctement ces champs. Pourtant, la réalité est tout autre, car l'interprétation des bits des champs Key Usage et Extended Key Usage dépendent beaucoup des logiciels qui vont s'en servir. Aussi, la seule logique ne suffit pas, les implémentations ont leur propre interprétation.

En somme, il ne s'agit pas seulement de positionner le champ Key Usage à Server Authentication pour que le certificat permette d'authentifier un serveur. Il faut aussi vérifier que les logiciels implémentés côté client et côté serveur s'entendent sur le sens à donner au champ Key Usage. Il est souvent nécessaire d'effectuer plusieurs essais, en générant plusieurs certificats présentant des champs Key Usage légèrement différents avant de trouver la bonne combinaison. Cette tâche peut prendre plusieurs heures. Rappelons que, pendant ce temps, le service est inopérant puisque le certificat a expiré.

On peut penser que les sociétés qui ne génèrent pas elles-mêmes les certificats et qui sous-traitent cette activité auprès d'un spécialiste échappent à ces problèmes. Pas forcément.

La personne chargée de renouveler le certificat doit savoir à quelle société s'adresser, qui demander ou à quel site web accéder. Une fois en contact avec son interlocuteur, celui-ci lui demandera de quel type de certificat il s'agit. Il voudra qu'on lui précise une adresse IP ou une URL, celle-ci pouvant être absolue ou présentant un *wildcard*. Nous n'échapperons pas non plus à la question du Key Usage. Si répondre à ces questions est trivial pour un technicien aguerri aux questions relatives aux PKI, ce sera une mission très pénible pour un simple manager, sans connaissances techniques dans le domaine.

Une autre mauvaise surprise vient du fait que certains certificats ne sont délivrés qu'après plusieurs jours. Cela résulte du fait que les fournisseurs proposent des certificats avec des niveaux de confiance très variés. Certes, on peut toujours acheter en ligne des certificats en quelques minutes, mais ils n'apportent que très peu de confiance. Aussi, pour obtenir un certificat de haut niveau de confiance, l'entreprise devra faire parvenir à son fournisseur un dossier administratif complet, démontrant que la demande de certificat est légitime et provient bien de l'entité en question. La constitution de ce dossier, puis l'instruction de ce dernier peuvent prendre plusieurs jours, pendant lesquels le service est inopérant, puisque le certificat a expiré.

Exemple
Une grande société reconnue dans son domaine achètera un certificat de haut niveau de confiance. Avant de se voir délivrer le certificat, la société devra envoyer à son fournisseur un dossier administratif complet, comprenant notamment le n° de SIREN, n° de SIRET, n° de TVA intracommunautaire, n° du registre du commerce, etc. Ce n'est qu'après vérification de la validité de ces documents que l'autorité de certification générera le certificat pour son client. L'instruction du dossier peut prendre plusieurs jours.

Nous voyons bien qu'ici aussi, l'absence de mode opératoire pose des problèmes considérables.

On peut alors se demander comment une situation aussi inconfortable peut se produire, puisqu'elle est si prévisible.

À ce jour, les dispositifs utilisant des certificats n'intègrent pas de système d'alarme prévenant de la prochaine expiration de ces derniers. Les certificats périment et cessent d'être acceptés par les équipements. Un mécanisme d'alerte doit être établi à la main, en plus de la PKI. Or, rares sont les entreprises qui mettent en place un tel mécanisme d'alerte, si bien que les certificats se périment sans préavis, bloquant ainsi le service.

Les entreprises utilisant les services d'un fournisseur de PKI peuvent bénéficier d'un tel service d'alerte. Ces alertes sont généralement générées automatiquement par le fournisseur et envoyées au client par e-mail. Comment se fait-il, alors, que nous soyons confrontés au même problème ? En fait, très souvent, personne ne met à jour les adresses de contact dont dispose le fournisseur. Lorsqu'un contact est muté ou quitte l'entreprise, le fournisseur n'est pas informé, si bien que les messages sont envoyés à une boîte aux lettres non valable, inexistante ou non consultée. Pire, lorsque ces messages sont bien reçus par le destinataire nominal, il arrive très souvent que ce dernier n'y prête pas attention et l'ignore en pensant qu'il s'agit de publicité. Le résultat est le même : le certificat arrive à expiration sans qu'il ait été renouvelé. Le service est donc interrompu.

Noms de domaines

Les expirations bloquantes concernent aussi les noms de domaines. En effet, tout comme les certificats, les noms de domaines sont achetés pour une durée limitée. Donc, tôt ou tard, le problème de leur renouvellement se pose.

L'expiration des noms de domaines est une problématique très importante, car elle concerne tous les services exposés sur Internet. Le syllogisme suivant suffit à illustrer la gravité de la question :

- nom de domaine expiré → plus de DNS ;
- pas de DNS → pas de service ;
- pas de service → pas de business ;
- Donc, nom de domaine expiré → pas de business.

Les conséquences techniques de l'expiration d'un nom de domaine sont immédiates. Dès l'expiration, plus personne sur Internet ne peut traduire en adresse IP le nom du domaine en question. Ainsi, il devient impossible d'atteindre le service désiré.

Cet incident est tellement bloquant que, paradoxalement, il présente un avantage : il est tout de suite détecté, ce qui permet de réagir rapidement. Malheureusement, certains obstacles font de cet incident un événement très crispant.

- **Départ du responsable :** la première chose à faire consiste à trouver la (ou les) personne(s) sachant renouveler le domaine. Or, les noms de domaines sont souvent achetés pour une durée de cinq ans, si bien qu'au moment du renouvellement, il est fort probable que les personnes sachant comment renouveler le domaine aient été mutées ou aient quitté l'entreprise. Trouver la bonne personne est donc une première perte de temps.
- **Interface :** les noms de domaines se renouvellent de façon interactive en accédant au site web du fournisseur de noms. Si on ne sait plus auprès de qui on a acheté le nom, on ne sait pas à quelle interface accéder.
- **Identifiants :** savoir quel est le bon fournisseur ne suffit pas. Il faut aussi disposer des codes utilisateurs et du bon mot de passe pour procéder au renouvellement. Trop souvent, ces éléments ont été oubliés depuis longtemps.
- **Rachat du domaine par un tiers :** pendant ce temps, le nom de domaine est disponible, ce qui permet à toute personne ou entité de l'acheter librement, obligeant l'entreprise ayant oublié de le renouveler à le racheter beaucoup plus cher, voire à ouvrir un litige auprès du fournisseur de noms.
- **Propagation :** une fois le nom renouvelé (ou racheté), il faut laisser le DNS propager le nom dans l'ensemble du système, ce qui peut prendre plusieurs heures, voire quelques jours.

Ces points illustrent bien que l'expiration d'un nom de domaine dure au moins quelques heures et peut s'étendre jusqu'à plusieurs jours. Il ne faut donc jamais attendre le dernier moment pour le renouveler.

Tout comme pour les certificats, on peut se demander comment un événement aussi prévisible peut surprendre à ce point les équipes. La réponse à cette question est très similaire à celle pour les certificats. Les fournisseurs de noms de domaines disposent tous d'un dispositif d'alerte, puis de relance, pour prévenir leurs clients de l'expiration imminente. Cette relance est généralement initiée par e-mail un mois avant l'échéance, puis renouvelée toutes les semaines.

Le destinataire de l'e-mail peut avoir quitté l'entreprise. À son départ, personne n'a pensé à mettre à jour l'adresse de contact. Il arrive aussi que le message arrive bien à son destinataire, mais que celui-ci n'y prête pas attention, pensant qu'il s'agit d'un message publicitaire. Ainsi, tout comme pour les certificats, les alertes du fournisseur ne sont pas prises en compte, conduisant fatalement à l'expiration du nom de domaine.

> **Exemple**
> Ce type d'incident n'est pas une vue de l'esprit et il arrive très régulièrement. L'exemple le plus connu à ce jour concerne une importante chaîne de télévision française qui avait oublié de renouveler un de ses noms de domaines, qu'elle utilisait pour stocker les vidéos en ligne du groupe. Du jour au lendemain, plus aucune vidéo n'était disponible.

Licences

Un troisième domaine pouvant conduire à des expirations bloquantes est la gestion des licences. Tous les logiciels payants, ainsi que de nombreux équipements critiques (contrôleurs de disque, pare-feu et autres répartiteurs de charge), sont soumis au paiement d'une licence. Le moins que l'on puisse dire, c'est que les éditeurs ne manquent pas d'imagination à l'heure de concevoir les systèmes de licence. Selon le type de produit et d'éditeur, on constate plusieurs grandes approches.

- **Licences au nombre :** ce sont des licences orientées poste de travail, ou orientées utilisateur. Dans ce cas, on paie les licences par tranches de postes ou d'utilisateurs. Si le nombre d'utilisateurs dépasse la tranche achetée, il faut acheter une nouvelle tranche de licence.
- **Licences à jeton :** certaines licences reposent sur le principe du jeton. Il s'agit ici d'autoriser un certain nombre d'utilisateurs simultanés. Lorsqu'un utilisateur désire utiliser la ressource protégée par le jeton, il se l'approprie. En fin de session, le jeton est libéré, permettant ainsi à un autre utilisateur de travailler. Ce dispositif est utilisé pour permettre des usages concurrents maximaux, fixés par licence. Au-delà, le service n'est plus rendu.
- **Licences d'équipement :** certains dispositifs nécessitent une licence valide pour fonctionner. Les fonctionnalités et la puissance fournies dépendent du niveau de licence acquise.
- **Licences au processeur :** quelques logiciels sont licenciés sur la base des processeurs sur lesquels les instances tournent. Plus il y aura de processeurs, plus les licences seront chères.

Cette liste, loin d'être exhaustive, illustre bien la variété et la complexité des modes de licence. Or, quasiment tous les dispositifs logiciels (hors open source) et matériels sont soumis à licence. Malheureusement, les exploitants ignorent souvent cette notion, si bien que des dispositifs et les logiciels sont déployés sans tenir compte des conditions de licence. Il arrive aussi que les licences arrivent à expiration sans que rien ne soit prévu. Les conséquences opérationnelles de ces déploiements non conformes ou de ces oublis sont très variables. Elles vont d'un impact nul au blocage total du service soumis à licence.

- **Aucun impact :** certains produits ne génèrent strictement aucun impact opérationnel lorsque la licence a expiré ou si elle n'a pas été payée. Cependant, ce n'est pas parce que le risque opérationnel est nul qu'il n'y a pas de risque du tout. En effet, utiliser des dispositifs sans licence valide peut présenter un risque financier réel et important.

> **Exemple**
> Le mode de licence de certaines bases de données repose sur le nombre d'instances, le nombre d'utilisateurs, mais aussi sur le nombre effectif ou potentiel de cœurs de processeurs sur lequel seront instanciées les bases de données. Or, à l'heure de la virtualisation, il suffit de quelques clics pour dupliquer entièrement toute une plate-forme de production, avec ses serveurs et ses bases de données. Les techniciens qui utilisent cette technique ignorent presque toujours qu'en dupliquant les bases de données sur d'autres processeurs, ils sont tenus de payer des licences supplémentaires à l'éditeur, si bien qu'en cas de contrôle, cela peut conduire à des « régularisations » pouvant atteindre très rapidement plusieurs millions d'euros.

- **Gel des fonctionnalités :** l'éditeur peut aussi limiter les fonctionnalités du produit en l'absence de licence. Par exemple, certains antivirus peuvent cesser de charger les mises à jour de signatures de virus si la licence n'est plus valable. L'antivirus est toujours opérationnel, mais non à jour.
- **Perte de l'assistance utilisateur :** la plupart des dispositifs soumis à licence perdent l'assistance utilisateur en cas d'expiration.
- **Blocage :** le cas le plus problématique est celui des applications cessant de fonctionner dès que la licence a expiré.

Ici aussi, les causes de ces expirations sont sensiblement les mêmes que pour les certificats ou les noms de domaines : gestion distribuée des licences par plusieurs entités différentes, absence de contrôles périodiques pour vérifier la validité des licences, départ ou mutation des personnes compétentes pour gérer les renouvellements, etc. Les solutions à apporter seront logiquement très similaires.

Comment éviter les expirations bloquantes ?

Nous avons vu que les causes des expirations bloquantes sont très similaires, qu'il s'agisse de certificats, de noms de domaines ou de licences. Les moyens pour s'en prémunir sont donc très proches.

L'anticipation des expirations bloquantes est une mesure essentiellement préventive. Globalement, il s'agira d'abord de mener à bien un inventaire, puis de procéder à des revues.

Inventaire

Cette démarche très générique peut se décliner plus concrètement de la façon suivante.

- **Pour les certificats :** identifier les services utilisant des certificats :
  - durée de vie du certificat/date d'expiration ;
  - nom de l'objet désigné par le certificat « nom de domaine, adresse IP, etc.) ;
  - finalité du certificat ;
  - copie exacte du *Key Usage* et *Extended Key Usage* ;
  - coordonnées de la personne chargée en interne de renouveler le certificat ;
  - autorité de certification auprès de laquelle a été généré le certificat ;
  - login et mot de passe du site permettant de solliciter le renouvellement ;
  - mode opératoire détaillé de renouvellement.

- **Pour les domaines :** dresser une liste des domaines détenus par la société. Ensuite, pour chacun de ces domaines, il convient de bien relever les éléments suivants :
  - noms et adresses électroniques des contacts internes désignés pour gérer le domaine ;
  - identifiants et mots de passe nécessaires pour effectuer les démarches auprès du fournisseur de noms (dont le renouvellement du domaine) ;
  - durée de vie/date d'expiration du domaine ;
  - nom et coordonnées du fournisseur de noms ;
  - mode opératoire pour le renouvellement.

- **Pour les licences :** le nombre de systèmes soumis à licence est tel qu'il s'agit de discriminer ceux qui couvrent des services sensibles et qui, de surcroît, risquent de provoquer un blocage ou une régression de service en cas d'expiration. Puis, pour chacun des éléments identifiés :
  - identification de l'événement à surveiller : date d'expiration de la licence, volume de licences, nombre d'instances du logiciel, etc. ;
  - identification des personnes à alerter en cas de risque de blocage ;
  - mode opératoire pour le renouvellement, extension ou l'acquisition de licence.

Revue

Après la phase d'inventaire vient celle de la revue. Idéalement, elle doit être réalisée une fois par an. Certains points méritent une attention particulière.

- **Actualisation des contacts :** nous avons vu que, dans la phase d'inventaire, il convenait de prendre connaissance des personnes désignées comme contacts. Or, nous savons que souvent, ces personnes auront été mutées ou auront quitté la société le jour où il faudra gérer l'expiration bloquante. Il est donc nécessaire de vérifier périodiquement la validité de la personne désignée comme contact et de s'assurer que ses coordonnées sont bien à jour.
- **Vérification des utilisateurs/mots de passe :** il est presque toujours possible de renouveler les certificats et les noms de domaines de façon interactive en se connectant sur l'extranet client du fournisseur. La vérification périodique de la validité du login/mot de passe évite de mauvaises surprises de dernière minute le jour du renouvellement.
- **Actualisation de la documentation :** en principe, les modes opératoires qui nous intéressent ici ne sont pas censés évoluer souvent. Il est toutefois prudent de vérifier que les documents sont bien à jour.
- **Vérification de l'accessibilité :** un point tout aussi important que l'actualisation des modes opératoires est la vérification que ces derniers sont connus et accessibles par les personnes désignées pour gérer les licences, certificats et noms de domaines. Trop souvent, ces personnes ignorent où se trouvent les modes opératoires. Il s'agit ici de vérifier que les documents sont disponibles et, surtout, que les personnes concernées savent où ils se trouvent.

Renouvellement et prévention

La revue conduira à planifier les renouvellements à faire. Il conviendra alors de dresser un calendrier des renouvellements préventifs, en gardant une marge de prudence de quelques semaines, et de le communiquer aux différents responsables ainsi qu'aux agents chargés de procéder aux renouvellements.

Enfin, notons que la solution la plus élégante au problème des expirations bloquantes consiste à intégrer cette problématique en amont des projets, dès la rédaction des documents d'architecture technique. Cette pratique facilite la mise en place d'alertes pertinentes et efficaces afin de prévenir les expirations.

Pourquoi la gestion des expirations bloquantes relève-t-elle de la sécurité ?

On peut légitimement se demander en quoi la gestion des expirations bloquantes relève de la sécurité. Après tout, nous sommes ici en présence de problématiques purement d'exploitation et non de sécurité opérationnelle.

Pourtant, c'est bien le RSSI qui impose envers et contre tous que les échanges dans les systèmes d'intermédiation soient sécurisés par des certificats. C'est donc logiquement vers lui que l'on se tournera en cas de blocage général des échanges interapplicatifs pour cause d'expiration de certificats. Il en sera de même pour les systèmes d'antivirus. De plus, il est logique que ce soit le service du RSSI qui prenne en charge les incidents liés aux PKI.

On peut aussi souligner que les référentiels de sécurité tels que SoX, commissaires aux comptes ou ISO 27001 parmi d'autres, ont tous un aspect relatif à la gestion des licences. Il est donc logique que les RSSI insistent sur ce point. Le fait que la gestion des expirations bloquantes soit intégrée à la sécurité opérationnelle a tout son sens.

Pour ce qui est de la gestion des noms de domaines, il faut reconnaître qu'elle ne concerne nullement la sécurité opérationnelle. Cependant, comme il s'agit d'une problématique très proche de celles des certificats et des licences, il n'est pas incohérent d'intégrer cet aspect.

En conclusion, nous voyons ici que le RSSI peut jouer un rôle clé dans l'anticipation des expirations bloquantes.

Chapitre 17

Sensibilisation

On peut s'étonner de trouver un chapitre sur la sensibilisation dans un ouvrage consacré à la sécurité opérationnelle. Pourtant, la sensibilisation est une tâche que le RSSI doit mener de façon constante auprès de toutes les populations de l'organisme. C'est donc un aspect très opérationnel dans les missions du RSSI. Ajoutons qu'une sensibilisation constante et bien menée améliore le niveau de sécurité du SI. Nous allons voir comment.

Importance de la sensibilisation

Commençons par une clarification. Certains pensent que la sensibilisation est une tâche secondaire et sans utilité réelle. On ne sensibiliserait que pour dégager sa responsabilité en cas de problème ainsi que pour faire plaisir aux auditeurs, sachant pertinemment que les utilisateurs ne comprendront jamais rien aux bons usages en sécurité. Cette idée reçue est parfaitement résumée dans l'arrogante expression : « Le vrai problème est entre la chaise et le clavier ». C'est oublier qu'une sensibilisation soutenue améliore réellement et de façon mesurable le niveau de sécurité du SI. Il s'agit donc d'une mesure de sécurité à part entière.

Le premier objectif de la sensibilisation est d'améliorer le niveau de sécurité du SI. Pour cela, le RSSI commencera par faire comprendre aux utilisateurs que la sécurité des systèmes d'information est un enjeu réel pour l'entreprise. En effet, les utilisateurs ne sont pas forcément experts en sécurité. Ils ne sont donc pas conscients des risques qu'ils font courir à l'entreprise quand ils adoptent des comportements non sûrs. Le RSSI rappellera les dommages très sérieux qu'une imprudence peut causer, allant même dans certains cas jusqu'à menacer l'existence de l'entreprise.

En plus des enjeux, le RSSI doit faire connaître les bonnes pratiques. Si on dit souvent que les formations ont pour but de transmettre un savoir-faire, les sensibilisations ont quant à elles pour but de transmettre un savoir-être. En somme, il s'agit d'inculquer de bons réflexes en sécurité. Naturellement, ces bons réflexes sont directement liés aux risques. Ainsi, le RSSI s'efforcera de rappeler que la qualité du mot de passe est très importante, qu'il ne faut pas le dévoiler à qui que ce soit, qu'il ne faut pas installer de logiciel non validé par la DSI, ou que sauvegarder spontanément une base de données sensible dans une clé USB est très dangereux.

Enfin, notons que les organismes publics et privés sont de plus en plus nombreux à appliquer des référentiels de sécurité en vue d'obtenir une certification. Les plus fréquemment rencontrées sont les certifications ISAE 3402 et l'ISO 27001. Ces certifications s'accompagnent automatiquement de contraintes fortes qui ne sont pas toujours bien perçues par les utilisateurs. En voici quelques-unes :

- règles de complexité pour les mots de passe ;
- filtrage de certaines URL ;
- authentification forte pour les accès distants ;
- processus formel d'attribution de droits applicatifs, imposant la validation de plusieurs responsables ;
- contrôle d'accès par badge aux zones les plus sensibles.

L'utilisateur a une tendance naturelle à considérer ces contraintes comme des lourdeurs, ayant des conséquences négatives pour la productivité. La sensibilisation doit expliquer que chacune de ces mesures de sécurité répond à un risque bien précis et qu'ensemble, elles permettent de fiabiliser le SI.

Différents niveaux de sensibilisation

Il est commun de parler de sensibilisation (au singulier), mais il serait plus pertinent de parler de sensibilisations (au pluriel). En effet, le message à transmettre n'est pas forcément le même si on s'adresse à un utilisateur lambda ou si on cherche à toucher un architecte réseau. Nous allons donc distinguer deux niveaux.

S'adresser à tout le personnel

Le RSSI a l'embarras du choix à l'heure de sensibiliser l'ensemble du personnel. Passons en revue les principaux leviers qui s'offrent à lui.

- **Charte :** c'est le niveau le plus élémentaire de la sensibilisation. L'avantage de la charte est qu'on en trouve une quasiment dans toutes les sociétés et qu'elle est opposable à tout le personnel. De plus, c'est un document publié, consultable par tous. Les chartes ont un aspect pédagogique dans le but de sensibiliser le personnel sur les questions élémentaires de sécurité. Le RSSI ne doit donc pas hésiter à y insérer tous les messages qu'il souhaite transmettre. L'inconvénient est que très souvent, les utilisateurs ne la lisent pas, ne sachant même pas où la consulter. Aussi le RSSI doit-il communiquer régulièrement, par un message (au moins annuel) envoyé à tout le personnel, complété parfois d'un titre dans la page d'accueil de l'intranet, pour rappeler où se trouve la charte et quelles en sont les grandes lignes.

- **Messages :** la messagerie est le moyen le plus direct pour communiquer rapidement avec le personnel. Le RSSI privilégie ce vecteur lorsqu'un incident survient et qu'il faut rappeler les bonnes pratiques dans un domaine précis. Cependant, hormis ce recours à des communications ponctuelles, la messagerie n'est pas le moyen de sensibilisation le plus approprié.

> **Exemple**
> Suite à une attaque par hameçonnage, le RSSI peut envoyer le message suivant :
> « Nous vous informons qu'une campagne d'e-mails malveillants est en cours contre notre société. Ces messages vous demandent de saisir votre identifiant et votre mot de passe. Le but réel de ces messages est de pirater votre boîte aux lettres. Nous vous rappelons que vous devez ignorer tout message non sollicité vous demandant de saisir ces informations. »

- **Actions de communication :** si l'organisme dispose d'un service de communication, le RSSI a tout intérêt à se rapprocher de lui. Attention : les communicants sont très imaginatifs et partent rapidement sur des actions chocs, souvent décalées. Le RSSI ne doit pas hésiter à les recadrer pour que le message de la sécurité soit pris au sérieux. Les communicants disposent d'une palette d'outils très variée pour attirer efficacement l'attention des employés :
  - campagnes d'affichage (souvent abordées sur un ton humoristique pour accrocher le public) ;
  - distribution d'autocollants ou de gadgets divers liés à la sécurité ;
  - organisation de jeux de sécurité avec distribution de prix ;
  - organisation d'événements sur la sécurité ;
  - etc.

- **Sessions sur la sécurité :** le RSSI peut animer de petites sessions de sensibilisation. D'une durée généralement comprise entre deux heures et une demi-journée, ces sessions établissent un échange direct entre le RSSI et les utilisateurs. Généralement, ces sessions ne dépassent pas une vingtaine de personnes. Attention, ceci n'est possible que dans les petites structures. Au-delà de quelques centaines de personnes, les coûts et les problèmes d'organisation rendent cette approche quasiment impossible.

- **Grand-messe :** beaucoup de sociétés organisent des réunions plénières réunissant tout le personnel, au cours desquelles les principaux dirigeants font passer les messages qui leur paraissent importants. C'est l'occasion idéale pour le RSSI de sensibiliser le personnel sur les questions liées à la sécurité.

S'adresser à un public ciblé

Le but des actions de communication évoquées jusqu'ici était de sensibiliser une part importante du personnel, sans personnalisation particulière du message. Pourtant, quelques populations nécessitent des messages bien plus ciblés. C'est notamment le cas pour les administrateurs, les développeurs et les architectes.

- **Les administrateurs :** une population incontournable à sensibiliser est celle des administrateurs. En raison de leur fonction et les privilèges dont ils disposent, une imprudence de leur part peut avoir des conséquences catastrophiques sur le SI. Il convient donc de concevoir une session dédiée au cours de laquelle les points suivants seront abordés.
    - rappel des principes de la charte, notamment en matière de secret professionnel ;
    - démonstration en direct de différents scénarios de piratage ;
    - importance de n'utiliser le compte d'administration que pour des actions d'administration ;
    - importance de choisir de très bons mots de passe ;
    - importance de n'installer que des outils validés par la DSI ;
    - importance de sécuriser les systèmes ;
    - reprise des exemples de piratage sur des systèmes sécurisés pour montrer l'échec des attaques.
- **Les études :** une autre population très importante à sensibiliser est celle des chefs de projet et des développeurs. Les précautions qu'ils prendront en amont dans leurs développements conditionneront durablement la sécurité du SI. Les points à aborder sont les suivants :
    - importance d'utiliser des moyens d'identification et d'authentification centralisés, pas de bases d'utilisateurs gérées en local dans les applications ;
    - chiffrement efficace des échanges d'authentification ;
    - chiffrement des échanges transitant par Internet ;
    - gestion des sessions de telle sorte qu'on ne puisse pas les usurper ;
    - protection des champs de saisie contre les différentes injections (XSS, injection SQL, etc.) ;
    - importance de ne pas utiliser spontanément des services du cloud pour échanger des fichiers, stocker du code ou prendre la main à distance sur des équipements ;
    - démonstrations en direct d'attaques sur les points évoqués.

- **Les architectes:** encore plus en amont que les études sur les projets, les architectes définissent les choix fondamentaux d'urbanisation qui marqueront en profondeur le SI. Il est donc très important de sensibiliser cette population. Il sera utile de rappeler les points déjà abordés pour les administrateurs et les études. En plus de ces points, le RSSI présentera les grands principes de la défense en profondeur. Concrètement, les architectes doivent comprendre le fait que plusieurs lignes de défense doivent séparer l'attaquant du bien à protéger. Le RSSI devra en plus énoncer les principes fondamentaux suivants, à charge pour les architectes de trouver des solutions allant dans ce sens:
    - un serveur ne doit servir qu'un client correctement authentifié, habilité à être servi par ce serveur et que pour les fonctions strictement nécessaires;
    - un client ne doit faire confiance qu'à un serveur correctement authentifié;
    - toute donnée sensible doit être protégée de façon adéquate.
- **Personnel clé:** selon le type d'organisme dans lequel travaille le RSSI, il y a des catégories de personnel particulièrement sensibles. Par exemple, dans le milieu industriel, les automaticiens (c'est-à-dire les informaticiens travaillant sur les systèmes industriels) sont une population clé pour la sécurité. Il faut donc leur consacrer des sessions de sensibilisation spécialement taillées pour eux.

En plus des communications évoquées jusque-là, le RSSI peut entreprendre des actions opportunistes en se faisant inviter aux différents comités de la société.

- **Comité de direction:** il est parfaitement justifié que le RSSI « s'invite » au comité de direction au moins une fois par an pour rappeler à ses membres l'état des risques et l'avancement des actions de sécurisation. Il doit saisir cette occasion pour sensibiliser tous les membres de la direction à la sécurité.
- **Comités projet:** les projets d'envergure nécessitent souvent la mise en place d'un comité pour suivre leur avancement. Le RSSI ne doit pas hésiter à intervenir (même ponctuellement) dans ceux où il lui semble que la sécurité est un enjeu majeur.
- **Comité de service:** les directions métier organisent régulièrement des réunions plénières pour faire le point sur tous les thèmes qui les concernent. Ici aussi, le RSSI peut intervenir. Ce type d'intervention établit un rapport direct avec les utilisateurs, ce qui est toujours très positif.

En complément à la sensibilisation

Sensibiliser le personnel à la sécurité ne suffit pas. Il faudra être capable de prouver que ce travail a bien été réalisé. Nous verrons aussi que les actions de sensibilisation entraînent une charge de travail que le RSSI se doit de prendre en compte. Enfin, nous verrons que la sensibilisation ne sera effective que si on l'améliore continuellement.

Prouver

Les principaux référentiels de sécurité insistent sur l'importance de sensibiliser le personnel à la sécurité des SI. C'est pour cela que les auditeurs demandent généralement qu'on leur fournisse la preuve que le personnel a bien été informé. Le RSSI a donc tout intérêt à archiver toutes les traces de ses actions. Ceci est d'autant plus facile que les sensibilisations s'accompagnent presque toujours d'un support. Les éléments à archiver sont habituellement :

- les fiches d'émargement prouvant que le personnel a bien assisté aux séances de sensibilisation ;
- les différents supports de sensibilisation utilisés (affiches, messages envoyés au personnel, supports de présentations) ;
- éventuellement, les vidéos des démonstrations de piratage que le RSSI a faites pour marquer les esprits.

Suivre

Un second point, plus important encore que l'archivage, est le suivi. En effet, chaque fois que le RSSI lance une action de sensibilisation, une partie du public accepte de « jouer le jeu ». Ainsi, si lors de ces sensibilisations le RSSI invite les utilisateurs à le solliciter pour toute question relevant de la sécurité, certaines personnes n'hésitent pas à le contacter quelques jours plus tard. Il est très important que le RSSI soit très réactif vis-à-vis de ces personnes. Il doit écouter attentivement leurs sollicitations et proposer très rapidement des solutions acceptables. S'il satisfait ces utilisateurs, ces derniers relayeront dans leurs services l'efficacité du RSSI, ce qui contribuera à faire passer durablement le message de la sécurité dans l'entreprise. En revanche, si le RSSI dédaigne ces sollicitations, cela entraînera une déception dans les services, contrebalançant négativement l'action de sensibilisation.

Il faut donc retenir que toute action de sensibilisation doit s'accompagner d'une écoute et d'une forte réactivité vis-à-vis du public.

Améliorer la sensibilisation

Ce chapitre commençait par affirmer qu'une sensibilisation soutenue permettait d'améliorer réellement et de façon mesurable le niveau de sécurité du SI. La question de la mesure se pose donc, car certains des points sur lesquels le RSSI a communiqué peuvent donner lieu à des indicateurs. Prenons l'exemple des mots de passe, qui autorisent une mesure très précise du niveau d'efficacité de la sensibilisation.

- **Qualité des mots de passe système :** quelques semaines après une séance de sensibilisation, le RSSI peut consulter la base de données des mots de passe système. Il mesurera leur qualité et dressera un pourcentage précis des machines ayant encore des mots de passe triviaux.
- **Qualité des mots de passe utilisateur :** après une action de sensibilisation sur les mots de passe, le RSSI peut lancer une simple attaque par dictionnaire sur la base d'empreintes. Ceci lui donnera rapidement la liste des utilisateurs n'ayant pas été sensibles à son discours.

D'autres indicateurs, moins précis, permettent toutefois de marquer des tendances.

- **Journaux HTTP :** la baisse des consultations de sites réputés dangereux peut être mesurée en analysant les journaux du proxy HTTP. Cependant, cette mesure est approximative car elle suppose que le RSSI dispose d'une liste précise de sites dangereux, et qu'il suit régulièrement l'évolution de la consultation de ces sites, ce qui est rarement le cas.
- **Sollicitations du RSSI :** s'il ne s'agit pas d'un indicateur scientifique, le nombre de sollicitations spontanées du RSSI par les utilisateurs donne une idée de la prise de conscience des utilisateurs sur les questions de sécurité.
- **Signalement d'incidents :** un autre indicateur assez significatif est le nombre d'incidents signalés spontanément par les utilisateurs. Plus les utilisateurs sont réellement sensibilisés aux risques, plus ils ont tendance à les signaler.

Toutes ces mesures permettront au RSSI de relancer de nouvelles actions de communication, plus ciblées sur les points où les utilisateurs n'ont pas encore atteint un niveau de maturité suffisant.

> **Remarque**
> Une procédure de sensibilisation est fournie à titre d'exemple en annexe de cet ouvrage.

Chapitre 18

Gérer les audits

Suite aux affaires de falsification de comptes de la société Enron en 2001 et après la crise financière de 2008, nous sommes entrés dans l'ère de l'audit. Les parties prenantes telles que les clients, les organismes de tutelle ou les actionnaires ne se contentent plus de beaux discours pour savoir quelles sont les pratiques des entreprises. Elles veulent vérifier par elles-mêmes ces pratiques, ou via des cabinets spécialisés d'audit. Le SI, en tant que support incontournable de la production de l'entreprise, n'échappe pas à cette tendance. Le RSSI est donc régulièrement amené à subir des audits. Nous allons voir ici comment les gérer pour fournir aux parties prenantes la confiance qu'elles sont en droit d'attendre.

L'importance des audits

Le réflexe naturel lorsque l'on est confronté à des problématiques opérationnelles est de ne pas s'intéresser aux audits et donc de ne pas bien s'y préparer. Cette préparation est d'autant plus difficile que chaque audit met le focus sur des sujets qu'on n'a pas forcément anticipés. Comment connaître par avance les thèmes qui intéresseront les auditeurs ? Nous tenterons d'y répondre.

Prendre les audits au sérieux

Les audits sont devenus le processus par excellence utilisé par les parties prenantes pour contrôler tel ou tel aspect du SI. Il n'est pas rare que la DSI soit confrontée à trois audits annuels, voire davantage. Cette multiplication des audits peut conduire à un certain agacement de la part des équipes de production, qui doivent consacrer à chaque fois un temps significatif à préparer les audits, à recevoir les auditeurs, puis à leur fournir les preuves demandées. Dans ce contexte, la tentation est forte de bâcler cette tâche non directement productive.

Pourtant, la perception de la DSI par les parties prenantes (direction générale, groupe, clients…) dépend grandement de l'avis des auditeurs. En fait, les audits sont les yeux et les oreilles des parties prenantes. Il est donc très important de donner aux auditeurs une image de qualité. Mépriser les audits est une erreur.

Il faut comprendre qu'une DSI bien perçue par les parties prenantes disposera de la stabilité managériale et des moyens nécessaires (en temps, en finances et en ressources humaines) pour améliorer sans cesse la production et délivrer les projets pertinents en temps et en heure. À l'inverse, une DSI mal perçue générera une forte mobilité dans son encadrement et s'accompagnera d'une baisse globale de la qualité de service.

Différents types d'audit

Les audits peuvent être commandés par des populations très variées. Leur but est directement lié aux attentes du commanditaire. De plus, les méthodes utilisées varient d'un auditeur à l'autre. Voici les principaux types d'audits que le RSSI est le plus souvent amené à subir.

- **Audits internes :** les responsables sécurité des grandes structures ont besoin de connaître le niveau de sécurité des différentes entités du groupe. Pour répondre à ce besoin, les grands groupes disposent généralement d'une structure d'audit interne destinée à contrôler les différentes DSI. Les RSSI des entités sont régulièrement amenés à recevoir ces auditeurs.

- **Audits de clients :** même si le contrat liant le fournisseur à son client cadre bien les responsabilités en matière de sécurité des SI, il est parfaitement légitime que le client souhaite vérifier par lui-même les pratiques réelles en sécurité de son fournisseur. Il est donc très fréquent de recevoir des auditeurs payés par le client pour vérifier tel ou tel point. On parle alors d'audit client, bien que le terme technique reconnu soit « audit seconde partie ».

- **Audits de certification :** pour montrer qu'ils ont de bonnes pratiques dans un domaine particulier, les organismes peuvent souhaiter obtenir une certification. La plus répandue pour la sécurité est la certification ISO 27001. Cette norme impose la venue annuelle d'auditeurs indépendants, dont la mission est de vérifier les pratiques de sécurité. On parle d'audit de certification, ou d'audit « tierce partie ».

- **Audits de commissaire aux comptes :** toutes les grandes sociétés sont tenues de faire certifier leurs comptes. Pour cela, elles font appel à des cabinets de commissaires aux comptes (CAC) qui, après un contrôle méticuleux, certifieront les comptes. Quel est le rapport avec les systèmes d'information ? Il est presque direct. Aujourd'hui, tous les flux financiers de l'entreprise sont portés par des logiciels de comptabilité, de gestion de stocks, de facturation, d'encaissement, etc. Or, ces logiciels reposent sur des bases de données, des systèmes d'exploitation et des réseaux. Il est donc parfaitement légitime que les commissaires aux comptes vérifient que les pratiques en matière de sécurité du SI sont suffisamment bonnes

pour prévenir toute manipulation des comptes via une malveillance informatique.
- **Audits SoX :** les sociétés cotées aux États-Unis sont soumises aux audits SoX, même si elles sont physiquement installées en France. En fait, il s'agit d'une version américaine des audits CAC. Les référentiels d'audit sont très proches et la méthodologie est strictement identique. Ces audits sont d'ailleurs perpétrés par les mêmes cabinets.

> **Vocabulaire**
> SoX est l'acronyme de Sarbanes Oxley. Sarbanes et Oxley sont les sénateurs américains ayant imposé aux sociétés cotées aux États-Unis un contrôle drastique des comptes suite à l'affaire Enron en 2001. Les mauvaises langues disent que les principaux bénéficiaires de cette mesure sont précisément les cabinets de certification de comptes ayant conduit aux scandales de type d'Enron.

Thèmes abordés par les audits

Malgré la diversité des audits, ils s'intéressent généralement tous aux mêmes sujets. Ce qui diffère d'un audit à l'autre est que certains sont centrés sur certains points (tels que la gestion des identités ou les revues de droits) alors que d'autres insisteront sur d'autres domaines (tels que les mesures de continuité et de reprise d'activité, la redondance des équipements, etc.).

Puisqu'il est important de donner une bonne image aux auditeurs, comment le RSSI peut-il être sûr d'avoir traité tous les points susceptibles de les intéresser, sans rien oublier ? Nous verrons dans la section suivante quelques pistes.

En attendant, il faut savoir qu'une norme publiée par l'ISO récapitule toutes les mesures de sécurité que l'on peut mettre en œuvre pour assurer la sécurité du SI. Il s'agit de la norme ISO 27002, publiée en 1995 et mise à jour régulièrement depuis. Elle présente de façon ordonnée une centaine de mesures de sécurité et donne, pour chacune d'elles, des conseils de mise en œuvre.

Le RSSI a donc tout intérêt à parcourir cette norme pour vérifier qu'il n'a rien oublié. Bien que chaque auditeur ait son propre référentiel de points à contrôler, il est quasiment certain que la norme ISO 27002 couvre tous les points.

Voici pour mémoire, les principaux domaines abordés par la norme ISO 27002 :

- politique de sécurité ;
- organisation de la sécurité ;
- ressources humaines ;

- gestion des actifs ;
- contrôles d'accès ;
- cryptographie ;
- sécurité physique ;
- sécurité de l'exploitation ;
- sécurité des communications ;
- acquisition, développement et maintenance des systèmes d'information ;
- relations avec les fournisseurs ;
- gestion des incidents liés à la sécurité de l'information ;
- sécurité dans la continuité d'activité ;
- conformité.

> **Remarque**
> Un chapitre de cet ouvrage présente plus en détail la norme ISO 27002.

Comment recevoir les auditeurs

Les enjeux de certains audits sont tels qu'il est important de les réussir. Cette réussite passe nécessairement par une préparation méticuleuse avant l'arrivée des auditeurs, par l'adoption d'une attitude appropriée lors de l'audit et par la réalisation des actions correctives demandées par les auditeurs.

Avant l'audit

La première chose à savoir est que tout auditeur digne de ce nom adopte ce que l'on appelle la « démarche fondée sur la preuve ». Cela veut dire qu'il ne se basera pour établir ses conclusions que sur des preuves qu'on lui aura présentées. Ces preuves peuvent être des documents, des traces système, des journaux ou des constatations faites directement par l'auditeur. Il est donc important de savoir trouver rapidement les preuves demandées. L'ISO a publié une norme décrivant en détail comment mener un audit. Il s'agit de la norme ISO 19011. Toutes les méthodes d'audit s'en inspirent. Le RSSI doit exiger que l'auditeur lui envoie bien avant l'audit la procédure qu'il va suivre. Demander ce document à l'auditeur est aussi une façon de le prévenir qu'il sera surveillé quant à sa méthodologie de travail.

Un autre point important est que le RSSI ne doit jamais oublier pour qui travaille l'auditeur. Par exemple, les commissaires aux comptes et les auditeurs SOX rendent compte au comité exécutif. Ils n'ont donc, en principe, aucun compte à rendre à l'audité. Il va sans dire que les auditeurs commandités par un client rendent compte à ce client. Pour leur part, les auditeurs internes travaillent pour la direction de l'audit interne. Enfin, les auditeurs de certification ISO 27001 travaillent pour l'organisme cherchant à se faire certifier. Ainsi, bien que tous les auditeurs sérieux aient une démarche fondée sur la preuve, il est évident que le RSSI aura plus de marge de liberté avec un auditeur ISO 27001 ou un auditeur interne qu'avec un auditeur commissaire aux comptes.

Le périmètre varie beaucoup selon le type d'audit dont il est question. Par exemple, les audits CAC et SOX se focaliseront exclusivement sur les applications financières, ainsi que sur les moyens du SI en support de ces applications. Les auditeurs regarderont surtout les processus de gestion des droits et de création/suppression de comptes. Quant aux audits commandités par un client, ils se centreront justement sur les services rendus à ce client. À l'inverse, les audits de certification couvrent l'intégralité des mesures de la norme ISO 27002. Connaître par avance le périmètre de l'audit aide à mieux le préparer. C'est donc un point à demander à l'auditeur.

Un dernier point à traiter avant l'audit est le référentiel. En effet, de nombreux auditeurs disposent de référentiels d'audit pour travailler. En fait, ces référentiels sont des listes plus ou moins détaillées de points à contrôler. Le RSSI a tout intérêt à demander à l'auditeur de lui envoyer ce référentiel au préalable afin de mieux se préparer. Il saura précisément les points sur lesquels il sera questionné et pourra ainsi préparer les preuves qu'il devra fournir. D'ailleurs, il est très intéressant de constituer ce que l'on appelle un « cahier de l'audité ». En fait, ce cahier est un tableau composé de plusieurs colonnes.

- La première colonne liste l'intégralité des points que l'auditeur souhaite contrôler. C'est quasiment une reprise du référentiel d'audit.
- La seconde colonne rappelle au RSSI, pour chaque point à auditer, le document décrivant le point en question. Il s'agit généralement de références aux procédures internes ou aux documents de politique.
- La troisième colonne désigne la preuve à fournir à l'auditeur si celui-ci en demande une.
- Une dernière colonne rappelle la personne responsable en interne de cette mesure de sécurité.

Ce document n'a aucune vocation à être transmis à l'auditeur. Il sert au RSSI et à ses collaborateurs pour leur faciliter les réponses les plus pertinentes au moment de l'audit.

Fort de tous ces éléments, le RSSI peut recevoir sereinement les auditeurs.

Pendant l'audit

Quelle que soit la méthodologie, l'audit commence toujours par une réunion d'ouverture, suivie des entretiens et des questions avec les auditeurs. L'audit se termine par une restitution.

Il faut exiger de la part de l'auditeur une loyauté absolue, fondée sur la démarche basée sur la preuve et ce, même pour les audits dont le RSSI n'est pas le commanditaire. En principe, cette loyauté va de soi, car elle est intégrée au professionnalisme de l'auditeur. Malheureusement, certains auditeurs se permettent parfois quelques écarts, se croyant au-dessus de l'audité. C'est parfois le cas dans les audits CAC et SOX. Dans ces cas, il faut faire preuve de fermeté et ne pas hésiter à rappeler l'auditeur à l'ordre en lui rappelant l'objectif, le périmètre, la méthodologie d'audit avancée, ainsi que le référentiel utilisé.

Cette loyauté exigée de l'auditeur doit se traduire réciproquement par une loyauté envers lui. Dans l'idéal, il faut être absolument clair et sincère avec l'auditeur, en lui apportant les preuves qu'il demande et en n'hésitant pas à répondre « Non, nous n'avons pas de preuves sur ce point. » ou « Non, nous ne sommes pas bons dans ce domaine. » dans les cas où l'on n'est pas bon.

Malheureusement, l'enjeu de certains audits est tel que le RSSI ne peut pas se permettre de répondre immédiatement avec une telle franchise sur les points où il n'est pas bon. À la place, il mettra au maximum en valeur les points positifs et fera en sorte d'omettre d'aborder les points qu'il sait négatifs. Par exemple, on peut mettre la lumière sur les excellentes pratiques en matière de gestion des droits pour une application particulière, afin que l'auditeur ne s'attarde pas sur l'autre application qui, elle, les gère très mal.

Attention, s'il est légitime de jouer du clair-obscur pour centrer les auditeurs sur les points positifs, il est hors de question de leur mentir. Le mensonge peut berner ponctuellement l'auditeur, mais il ne résistera pas longtemps à la démarche de croisement des preuves. De plus, une fois que l'auditeur aura vu qu'on lui ment, son rapport sera nécessairement très négatif, provoquant immanquablement une perception très mauvaise de la part du commanditaire de l'audit. En marge de ces arguments très pragmatiques, il est logique que la loyauté exigée de l'auditeur soit réciproque.

L'audit est un moment intense entre deux personnes : l'auditeur et l'audité qui, dans les audits de sécurité, est souvent le RSSI. Il est intense car il dure très peu de temps (quelques jours) durant lequel l'auditeur va décider s'il fait un rapport favorable ou défavorable. Cela passe très vite. Il est donc très important que le RSSI identifie très rapidement les principaux traits de l'auditeur. Il faut regarder surtout les points suivants.

- **Ses centres d'intérêt :** comme tout le monde, l'auditeur a des centres d'intérêt. Il a donc tendance à se focaliser sur ces points lors des audits.

Il est important pour l'audité de repérer aussi rapidement que possible ces centres d'intérêt.

- **Ses centres de compétence :** le panel de compétences en sécurité de l'information est tel qu'il est impossible d'avoir toutes les compétences techniques nécessaires sur tous les domaines couverts par l'audit. Par son parcours professionnel, l'auditeur aura tendance à insister sur les domaines où il est le plus compétent. L'audité doit donc s'assurer qu'il dispose de tous les éléments.

> **Exemple**
>
> Par exemple, un auditeur ayant une très bonne expérience en Unix aura tendance à vérifier par lui-même la configuration des systèmes Unix. L'audité a donc tout intérêt à être bon dans ce domaine.

- **Ses centres d'incompétence :** tout comme il excellera dans certains domaines, l'auditeur tâchera de passer rapidement sur les domaines qu'il connaît moins. Même si la démarche des audits est fondée sur la preuve, l'expérience montre que les auditeurs sont moins rigoureux dans les domaines qu'ils ne maîtrisent pas. Les carences sur ces points seront donc moins visibles.

> **Exemple**
>
> Le même auditeur, expert en Unix manque peut-être d'expérience en développement applicatif. Il aura donc du mal à identifier les failles béantes dans un code Java.

En conclusion, il convient d'être absolument loyal avec l'auditeur, de lui fournir les preuves qu'il demande, en le poussant au maximum dans les domaines que le RSSI maîtrise le plus et en évitant autant que possible (mais pas à n'importe quel prix) les domaines moins glorieux.

Après l'audit

Tous les audits donnent lieu à un rapport plus ou moins détaillé et, hors exception, l'audité reçoit une copie de ce rapport, même s'il n'a pas été le commanditaire.

Un point commun de tous les rapports est qu'ils donnent une liste de points d'amélioration à apporter, en les classant par ordre décroissant d'importance. Les critères de notation varient grandement, mais les principes sont toujours les mêmes.

Il n'est pas rare d'avoir à lancer après chaque audit entre cinq et dix actions, suite à des recommandations. Notons que certaines de ces actions tombent sous le sens et sont parfaitement justifiées. D'autres ont une utilité toute relative.

Cependant, si l'on subit trois audits par an, cela veut dire qu'il faut en moyenne lancer entre quinze et trente actions. Le RSSI doit s'assurer que ces actions seront suivies. En effet, lorsque les auditeurs reviennent l'année suivante, ils ont tendance à vérifier que leurs recommandations ont bien été prises en compte.

Ce constat permet de mettre l'accent sur un point. S'il n'y prend pas garde, le RSSI peut rapidement se retrouver à passer toute son année à piloter des actions lancées suite aux audits. Naturellement, ces actions se feront au détriment du plan de travail qu'il s'est fixé pour l'année. Il est donc très important, au moment de la restitution de l'audit, de discuter, voire de disputer les actions correctives demandées par les auditeurs afin qu'elles ne se multiplient pas.

Pour faciliter les audits

La première chose à faire pour faciliter les audits est d'impliquer les interlocuteurs les plus appropriés. Nous parlons naturellement des membres de la DSI les plus compétents pour répondre sur tel ou tel domaine technique ou organisationnel. Cependant, il ne faut pas rester cantonné à l'informatique. En effet, le RSSI ne doit pas se priver d'impliquer les services, notamment pour les revues de droits applicatifs. Enfin, certains comme les audits de certification ISO 27001 insistent sur l'implication du management dans la sécurité du SI. Il est donc parfaitement logique que la direction générale intervienne pleinement dans la démarche de sécurité et prenne sa part dans l'audit.

Si nous résumons ce qui a été abordé dans les sections précédentes, on voit que nous sommes pris dans un dilemme. D'une part, nous avons vu que les audits sont les yeux et les oreilles des parties prenantes. Il faut donc faire en sorte qu'ils se passent bien. D'autre part, nous avons vu que les acteurs du SI sont confrontés à plusieurs audits par an (deux, trois, voire plus). Cela prend beaucoup de temps aux équipes de production, qui ont tendance à ne pas trop les préparer.

Comment résoudre ce dilemme ? Comment faire pour que les audits prennent le moins de temps possible, tout en donnant un résultat satisfaisant ? La réponse passe par la mise en place de deux mesures.

La première est indispensable. Il s'agit de formaliser les procédures liées à la sécurité. On couvrira nécessairement les points suivants :

- management général de la sécurité des SI ;
- gestion des comptes/gestion des droits ;
- qualité des mots de passe ;
- sécurité du réseau ;
- sécurité des postes de travail ;

- sécurité des serveurs ;
- continuité et reprise du service ;
- sauvegardes et restaurations.

L'idée est que chaque domaine inspecté par les auditeurs fasse l'objet d'un document synthétique décrivant qui fait quoi, en générant quelle preuve. Pour chaque point, un document de trois ou quatre pages suffit. L'idée est de décrire de façon simple comment sont opérées les mesures de sécurité du SI. Cette formalisation simplifie grandement le travail de l'auditeur, ainsi que les réponses de l'audité.

La seconde mesure est moins nécessaire, mais elle aide grandement à soulager la charge des équipes d'exploitation lors des audits. Il s'agit de mettre en place un contrôle interne de la sécurité des SI. Dans la pratique, cela se traduit par l'identification d'un certain nombre de domaines clés, régulièrement inspectés par les auditeurs (en fait, ce sont les mêmes domaines que ceux qui viennent d'être formalisés). Sur chacun de ces points clés, il est intéressant de spécifier les enjeux principaux, puis de décrire de façon détaillée les contrôles réalisés en interne pour s'assurer que les objectifs sont atteints. Un contrôleur interne sera désigné pour chaque point. L'idéal est que le contrôleur interne soit une personne indépendante de la DSI, mais ce n'est pas indispensable. Pour chaque point, un dossier de contrôle sera constitué, réunissant toutes les preuves obtenues par le contrôleur. On y précisera si la mesure de sécurité en question donne un résultat satisfaisant ou pas. Lors des audits, il suffira de communiquer aux auditeurs ces dossiers de contrôle.

Cette façon de travailler est directement issue des méthodes des commissaires aux comptes. Aussi, les auditeurs CAC et SOX seront enchantés de trouver de tels dossiers. Lors des audits, ils les passeront en revue et approfondiront certains points par échantillonnage. Ceci soulagera grandement les équipes de production, qui n'auront quasiment plus à rencontrer les auditeurs.

Notons que cette méthode, très appropriée pour les audits CAC et SOX, peut aussi être proposée aux autres auditeurs, qui l'accepteront avec plus ou moins de profondeur selon leur mission et leur démarche méthodologique.

En conclusion, on peut dire que, certes, les audits ne sont pas des processus directement productifs. Certes, ils sont parfois réalisés par des auditeurs peu compétents en sécurité. Certes, les recommandations qui en ressortent génèrent une charge de travail contribuant peu à la sécurisation du SI. Pourtant, il faut reconnaître que les audits imposent une forte pression dans certains domaines tels que la gestion des droits ou la sécurité des mots de passe. Or, il est loin d'être certain que des efforts pour avoir de bonnes pratiques dans ces domaines seraient consentis s'il n'y avait pas la pression des auditeurs. Eh bien, rien que pour cette raison, les audits sont réellement justifiés et contribuent réellement à la sécurisation du SI.

Chapitre 19

Gérer le tout-venant

Les chapitres de cet ouvrage illustrent bien les différents domaines d'action du RSSI. Pourtant, certaines demandes, issues de populations très variées, sortent de ce cadre préétabli. C'est ce que l'on peut appeler le « tout-venant ». Nous allons voir dans ce chapitre l'importance de traiter ce tout-venant avec autant de soin que les autres domaines habituels du RSSI.

Généralités

Le tout-venant, ce sont les sollicitations imprévues du RSSI, provenant de différentes personnes et nécessitant selon les cas un traitement plus ou moins urgent. Leur arrivée est par nature chaotique (au sens mathématique du terme), c'est-à-dire qu'on ne peut pas les prévoir. Aussi, plusieurs semaines peuvent s'écouler sans qu'aucune demande n'arrive, puis elles peuvent se cumuler en seulement quelques jours. Cette imprévisibilité est très inconfortable.

> **Exemple**
> Un exemple typique de « tout-venant » est la demande d'un chef de projet d'autoriser un échange réseau entre un serveur du SI et un serveur externe.

Ces demandes sont généralement mal perçues par le RSSI car elles sont autant de missions à accomplir qu'il n'avait pas programmées. Il doit donc interrompre les tâches sur lesquelles il travaille, et pour lesquelles il estime qu'il y a un enjeu, au profit de ces petites demandes. Ainsi, en traitant le tout-venant, le RSSI n'a pas forcément l'impression de faire progresser le niveau général de sécurité.

Si la tentation est grande de passer ces demandes non planifiées au second plan, le RSSI doit les prendre au sérieux et les prioriser en tenant compte de plusieurs critères.

- **Niveau d'importance :** le premier critère est naturellement le niveau d'importance de la demande. Plus l'enjeu est grand, plus la demande sera prioritaire. Attention, nous ne parlons pas forcément ici d'enjeu en sécurité de l'information. L'enjeu sera surtout par rapport au projet ou au métier concerné.

> **Exemple**
> Il est clair que la gestion d'un incident de sécurité sera prioritaire sur la création d'un compte pour un utilisateur.

- **Niveau d'urgence :** il va sans dire qu'une demande urgente devra être traitée rapidement et justifiera l'interruption des tâches planifiées par le RSSI. D'autres demandes moins urgentes pourront attendre, même si elles sont importantes.

> **Exemple**
> Répondre à un auditeur est souvent plus urgent que supprimer un droit applicatif pour un utilisateur. Pourtant, en matière de sécurité, c'est bien cette deuxième demande qui est la plus importante.

- **Personne sollicitant :** cela peut paraître un critère très subjectif et peu important au regard des deux précédents. Il est pourtant très important de tenir compte du demandeur pour prioriser le traitement. Ce point sera développé plus loin dans ce chapitre.

Différents types de demandes

Comme son nom l'indique, le tout-venant est constitué d'un flux de demandes de natures très variées. Voici les principaux domaines où le RSSI peut être consulté.

- **Demandes de droits applicatifs :** le RSSI est régulièrement sollicité pour créer des droits sortant du cadre ordinaire fixé dans les procédures. Ces demandes peuvent concerner soit la création de comptes applicatifs, soit l'attribution de droits.
- **Demandes techniques :** ces demandes sont très variées. Par exemple, certains projets nécessitent l'ouverture de flux réseau entre l'intérieur et l'extérieur du SI. D'autres impliquent la recopie totale ou partielle d'une

base de données en DMZ, etc. Il est logique de consulter le RSSI sur ces questions pour obtenir son avis et son accord.
- **Sollicitations d'enquête :** il est très fréquent que le RSSI soit sollicité par des chefs de service ou par la DRH pour enquêter sur le comportement de tel ou tel employé, soupçonné d'actions malveillantes ou d'usage détourné du SI.
- **Sollicitations en amont :** des architectes, urbanistes ou des chefs de projet sont amenés à consulter le RSSI pour lui demander son avis sur telle ou telle question technique. Ces sollicitations nécessitent donc un travail de concertation avec le demandeur, d'analyse et de recherche de la part du RSSI.
- **Gestion des incidents :** dès qu'un incident concerne la sécurité, il est demandé au RSSI de piloter les actions. Ces dernières vont de l'analyse de l'incident à l'organisation de la réponse. Selon la nature de l'incident, cette tâche peut prendre beaucoup de temps.
- **Demandes de la DSI :** le RSSI est régulièrement consulté par le DSI pour répondre rapidement à des questions ponctuelles provenant de clients importants, d'auditeurs ou de la direction générale. Ces sollicitations entraînent souvent des analyses techniques et la rédaction d'un mémorandum pour répondre officiellement à ces questions.

Naturellement, cette liste n'est pas exhaustive. D'autres demandes de natures très différentes peuvent se présenter.

Traitement des demandes

Si les demandes non programmées se multiplient, le RSSI aura tendance à ne pas les traiter correctement. Nous verrons comment il peut s'organiser, puis nous aborderons ensuite l'importance d'être réactif dans ce domaine et comment prioriser les traitements.

Comment gérer le tout-venant ?

Nous avons vu que le tout-venant interrompt le RSSI dans son travail et le contraint à se réorganiser pour servir ces demandes non programmées. Il est possible de limiter ce désagrément en jouant sur deux leviers.

Le premier levier consiste tout simplement à provisionner du temps pour traiter ces demandes. Même si la nature chaotique du tout-venant rend les prévisions difficiles, le temps à provisionner est fonction de la charge moyenne consacrée à traiter ces demandes. Par exemple, si dans les six derniers mois, les demandes non programmées ont occupé le RSSI environ dix jours, le RSSI pourra bloquer une demi-journée par semaine. En somme, il s'agit de tenir compte, de façon prévisionnelle, des demandes qui ne manqueront pas d'arriver.

Le second levier consiste à établir au maximum des procédures pour les demandes récurrentes. L'idée est de profiter du traitement de la demande pour la formaliser par écrit en précisant bien qui doit faire quoi, puis de faire connaître la procédure aux différentes parties concernées. Ainsi, si une demande similaire se présente à nouveau, il suffit de dérouler la procédure. Cette façon de faire libère grandement le RSSI et améliore sensiblement les temps de réponse aux demandes.

Les demandes récurrentes les plus communes et pour lesquelles il est facile d'écrire une procédure sont les suivantes :

- demande d'ouverture de compte de la part d'un utilisateur ;
- demande de création de droits de la part d'un utilisateur ;
- demande d'ouverture de flux réseau par un chef de projet ou par la production.

Il est entendu que la gestion de comptes ainsi que la gestion de droits doivent normalement déjà faire l'objet de procédures bien cadrées. Cependant, les cas n'entrant pas exactement dans la procédure sont souvent envoyés au RSSI. Il est donc intéressant que, chaque fois qu'il est sollicité, le RSSI analyse ces exceptions et fixe des critères de décision qui seront ensuite intégrés dans les procédures existantes.

Pour ce qui est des demandes des chefs de projet et des architectes, l'idéal est de créer un comité qui se réunit périodiquement (la période étant fonction du flux des demandes) pour prendre connaissance, discuter puis décider de solutions. Naturellement, si un comité d'architecture ou des comités projet existent déjà, il n'est pas utile d'en créer un autre juste pour la sécurité. Il suffit au RSSI de se faire inviter aux comités pertinents.

Même les incidents, qui par nature sont imprévisibles, peuvent faire l'objet de procédures. En effet, certains incidents comme les attaques virales ou les attaques visant les boîtes aux lettres des utilisateurs sont très fréquents. Si elle ne décharge pas le RSSI de gérer les incidents, la rédaction de fiches réflexes contribue grandement à le soulager, en répartissant les rôles et responsabilités. De cette façon, dès qu'un incident similaire survient, chacun sait ce qu'il a à faire, déchargeant ainsi le RSSI. Un chapitre consacré à la gestion des incidents détaille les fiches d'incidents.

En somme, c'est quasiment l'ensemble du tout-venant qui peut être intégré dans des procédures bien définies. Dans ce domaine, le mot d'ordre du RSSI est double :

- intégrer autant que possible le tout-venant dans les processus existants ;
- intégrer le reste en tant qu'actions gérées, avec un suivi dans les instances appropriées (comité de sécurité, comité de suivi, etc.).

Importance de gérer le tout-venant

Le traitement du tout-venant est à la fois un risque et une opportunité. Il peut être un risque car s'il n'est pas sérieusement pris en compte par le RSSI, cela générera un réel mécontentement de la part des utilisateurs, qui se traduira par trois conséquences directes.

- **Contournement :** un utilisateur sentant que sa demande n'a pas été prise en compte sérieusement ou dans un délai trop long trouvera mécaniquement une alternative pour résoudre son problème en contournant le RSSI et la DSI.
- **Non-sollicitation :** non seulement le demandeur déçu sera tenté de contourner le RSSI pour sa demande, mais il ne le consultera plus à l'avenir.
- **Incitation au contournement :** enfin, l'utilisateur ne manquera pas d'inciter son entourage à ne pas solliciter le RSSI, vu sa piètre réactivité.

À l'inverse, si le RSSI se montre très réactif face à ces demandes, il encouragera les utilisateurs à travailler avec lui. Ils n'hésiteront pas à relayer à leur entourage les bonnes relations de travail que l'on peut établir avec le RSSI. Le responsable sécurité se positionne ainsi comme un cadre au service des autres et apporteur de solutions, c'est-à-dire à l'opposé de l'image que les utilisateurs ont de lui spontanément.

Notons que le chapitre consacré à la sensibilisation dans cet ouvrage nous dit que le RSSI doit entreprendre régulièrement des actions de sensibilisation à la sécurité au sein de l'entreprise. Or, dans les jours qui suivent chaque sensibilisation, il est très fréquent que des utilisateurs « jouant le jeu » viennent consulter le RSSI pour telle ou telle demande. Bien recevoir ces utilisateurs et traiter leur demande en priorité est très important pour les raisons exposées précédemment. En somme, il est capital de ne pas décevoir.

Priorités

Nous avons vu plus haut qu'un des critères pour prioriser une demande non programmée est de tenir compte du demandeur. Cela peut paraître étrange par rapport aux autres critères tels que l'urgence ou l'importance.

Il n'est pourtant pas faux que certaines demandes, issues de certaines populations, ont intérêt à être traitées rapidement. Voici quelques cas significatifs.

Les demandes émanant du DSI ou de la direction générale doivent être traitées en priorité. Elles concernent souvent des questions posées par des clients importants, auxquels il convient de répondre rapidement et avec soin. Elles peuvent aussi provenir d'audits (pas nécessairement d'audits de sécurité) ou de toute autre origine. Ces demandes ont généralement une dimension stratégique, d'où leur importance.

Les demandes provenant d'utilisateurs travaillant dans des services ayant historiquement des relations difficiles avec le DSI sont intéressantes à traiter en priorité. En effet, servir ces demandes contribue à donner une bonne image de la DSI et de la sécurité.

Enfin, comme signalé plus haut, le RSSI a tout intérêt à traiter rapidement les demandes d'utilisateurs venant consulter le RSSI suite à une action de sensibilisation.

Chapitre 20

Sécurité industrielle

Historiquement isolés des autres réseaux informatiques, on croyait les réseaux industriels préservés des actes de malveillance. Pourtant, cela fait plusieurs années que les passerelles entre les deux mondes se sont multipliées, rendant accessibles certains équipements industriels depuis l'informatique de gestion. L'attaque *Stuxnet* visant des installations nucléaires iraniennes illustre bien la réalité des risques. Le RSSI ayant des réseaux industriels sous sa responsabilité se doit de les sécuriser. L'objet de ce chapitre est de passer en revue les différents domaines d'action possibles pour mieux résister aux attaques.

Contexte

En synthétisant à l'extrême, on peut diviser en plusieurs niveaux les systèmes industriels (on dit aussi SCADA).

- **Niveau 1 :** c'est celui des automates qui sont, en fait, des ordinateurs conditionnés de manière à être placés physiquement dans des environnements hostiles en matière de température, pression et humidité. Ces automates pilotent les équipements industriels tels que des vannes, des capteurs, des injecteurs ou tout autre dispositif physique.

- **Niveau 2 et supérieurs :** les automates communiquent avec des dispositifs dits de contrôle-commande. Les serveurs permettent de superviser les automates et de leur envoyer des ordres. L'écosystème du niveau 2 est composé des serveurs de contrôle-commande (sous Unix ou Windows) ainsi que des postes opérateurs. Les niveaux supérieurs hébergent des systèmes liés à la gestion de la production : planification, états périodiques, archivage, gestion de la maintenance, etc.

> **Vocabulaire**
>
> SCADA est l'acronyme anglais de *Supervisory Control and Data Acquisition*.
>
> SCADA désigne les équipements et protocoles situés au niveau 1. On parle aussi de SCADA pour désigner les systèmes de contrôle-commande, tels que les serveurs et les postes opérateurs qui leurs sont associés, bien qu'il s'agisse d'équipements informatiques standards, utilisant le protocole IP.
>
> En revanche, on ne parle plus de SCADA pour les dispositifs situés dans les couches supérieures, telles que l'archivage, la génération d'états ou la gestion de la maintenance des équipements industriels.

Ce chapitre ne couvre que les dispositifs situés au niveau 2 et supérieurs. Nous avons donc affaire à une infrastructure Windows ou Linux assez classique, utilisant exclusivement les protocoles de la famille IP (les flux MODBUS issus du niveau 1 sont souvent encapsulés dans de l'IP). Nous ne traitons pas ici du niveau 1. Des ouvrages complets couvrent ce premier niveau, ainsi que les protocoles qui lui sont associés, tels MODBUS pour ne citer que le plus connu.

Nous ne traitons pas non plus des questions générales d'architecture. En effet, les particularités des sites industriels font que la sécurisation de l'architecture réseau est un projet au long cours, dépassant de loin l'objet de cet ouvrage. Notons seulement que, par le fait de la topologie des usines, les réseaux industriels sont souvent des réseaux de campus, utilisant des anneaux redondés, rendant difficile la mise en place d'un pare-feu centralisé. Une approche de distribution des règles de filtrage sur tous les switchs de l'anneau est souvent privilégiée.

La liste des actions pour sécuriser les systèmes industriels est assez longue. Il faut commencer par une première vague d'actions élémentaires. On pourra ensuite mettre jour les systèmes d'exploitation. L'action suivante consistera à limiter autant que possible des échanges entre le monde industriel et l'informatique de gestion. Ces actions se concluront par la sécurisation de certains services stratégiques.

Nous remarquerons très vite que les actions mentionnées précédemment sont extrêmement classiques et présentent peu de difficultés techniques. La difficulté du projet de sécurisation industrielle sera surtout humaine. Il faudra en effet construire une relation de confiance avec les informaticiens des environnements industriels (on parle d'automaticiens). Le RSSI devra ensuite vaincre les peurs des exploitants, mais aussi coordonner et recadrer leurs fournisseurs. Il faudra aussi tenir compte des enjeux de la production qui, dans l'industrie, sont très sensibles.

Lancer une première vague d'actions

Bien que le RSSI se doute de l'état de la sécurité des systèmes industriels, il commencera par commanditer un audit sur ces systèmes. Cet audit se fera en mode « boîte blanche », c'est-à-dire que les consultants auront un accès privilégié aux systèmes afin de voir comment ils sont configurés.

Il est presque certain que les consultants dresseront un constat accablant en mettant en évidence les vulnérabilités suivantes :

- recours à des protocoles non sécurisés pour accéder aux systèmes, comme *telnet* ;
- usage massif de comptes génériques, même pour administrer les systèmes ;
- mots de passe triviaux ;
- absence presque totale de journalisation ;
- nombreux services actifs, à l'écoute sur le réseau, configurés par défaut, tournant en mode privilégié et pourtant inutilisés ;
- services et système vulnérables, car non à jour ;
- etc.

Bref, nous sommes ici en plein dans la « zone d'humiliation », telle que définie au début de cet ouvrage. Appliquer d'un coup toutes les recommandations des consultants sera très difficile. Le RSSI sélectionnera donc les recommandations en privilégiant les plus importantes ainsi que les plus simples à appliquer.

Par exemple, et malgré l'importance de mettre à jour les systèmes ou d'appliquer les correctifs de sécurité, ces actions devront très certainement être remises à plus tard, étant donné les nombreuses réticences des exploitants.

Il s'ensuivra un plan d'actions relativement simple à mettre en œuvre :

- remplacement de *telnet* et de *ftp* au profit de *ssh* et de protocoles plus sécurisés ;
- suppression des services inutiles ;
- usage de comptes nominatifs, avec de bons mots de passe ;
- etc.

Quelques-unes de ces mesures, notamment l'usage de la commande *sudo* dans les systèmes Unix, le recours à des comptes nominatifs ou l'obligation d'avoir de bons mots de passe bousculeront les habitudes des exploitants. Le RSSI doit donc être très présent pour expliquer les raisons de ces changements et fournir du support en cas de besoin.

> **Remarque**
>
> Un chapitre de cet ouvrage couvre en détail la question des mots de passe. Il en est de même pour la sécurisation des services, qui fait aussi l'objet d'un chapitre. Le lecteur est invité à s'y reporter pour plus d'approfondissement.

Mettre à jour les systèmes

En principe, la mise à jour des systèmes d'exploitation devrait être la toute première étape de la sécurisation des SI industriels. Ce n'est pourtant pas le cas. Mais même si cela n'est pas fait dès le début, l'essentiel est de les mettre à jour à un moment donné.

Une question se pose très rapidement : n'est-il pas préférable de patcher ponctuellement les systèmes en appliquant uniquement les correctifs de sécurité couvrant des vulnérabilités identifiées, plutôt que de mettre à jour bêtement tout le système ? La réponse est très claire. Patcher ponctuellement des correctifs isolés n'a aucun sens. Les systèmes auxquels nous avons affaire ont tellement de retard dans les correctifs qu'il faudrait en appliquer des dizaines, si ce n'est des centaines, pour les rendre sûrs. Il est donc infiniment plus simple de mettre à jour l'ensemble du système sans se poser de questions. La seule contrainte consiste à rester sur la même version majeure du système d'exploitation afin de préserver au maximum la compatibilité binaire et applicative.

> **Exemple**
>
> Pour les systèmes Linux, il faut appliquer les dernières mises à jour, tout en restant sur le même niveau de version majeure de la distribution.

Cette question étant tranchée, encore faut-il convaincre les automaticiens de passer à l'action. C'est là que le RSSI se heurte à un refus catégorique de leur part.

Il est très important de comprendre les causes profondes de ce refus pour les surmonter, car il ne s'agit pas d'un simple caprice. Les automaticiens justifient souvent leur refus d'installer les mises à jour par quatre excellentes raisons.

- La première est tout simplement l'habitude. Les systèmes ont toujours très bien fonctionné sans mise à jour. Pourquoi donc se mettre en danger en y touchant ? La réponse que l'on peut apporter est que l'absence prolongée de mise à jour entraînera nécessairement des perturbations graves dans le service en cas d'attaque. Certes, il n'est pas garanti que les automaticiens adhèrent spontanément à cet argument, mais le RSSI se doit de les informer sur ce point.

- La deuxième cause du refus est le fait que les automaticiens ne disposent pas en local de compétences nécessaires pour appliquer les mises à jour. Ils pensent qu'il s'agit d'une opération complexe et savent très bien qu'ils n'ont pas les compétences système pour surmonter d'éventuelles complications techniques qui surviendraient. Pour surmonter ce blocage, le RSSI doit ici se positionner comme fournisseur de solutions clés en main. Il doit mettre à disposition des personnes très compétentes, s'occupant de tout, de A à Z, et ayant déjà construit une relation de confiance avec les automaticiens.
- La troisième cause de blocage est la peur classique de la régression de service. Cette peur est renforcée par le fait que l'on est dans un environnement encore plus sensible que les autres. Une piste pour surmonter ce blocage est que les automaticiens ont généralement d'excellentes pratiques de sauvegarde/restauration. Si tel est le cas, le RSSI peut rappeler que le retour arrière est toujours possible, bien qu'il ne soit pas forcément confortable. Au fond, il n'est donc pas si risqué de mettre jour les systèmes.
- Le dernier blocage est sûrement le plus fort. Il s'agit de la peur de la perte du support. En fait, les systèmes industriels sont généralement intégrés, puis maintenus par des fournisseurs, éditeurs des solutions de contrôle-commande de l'usine. Les automaticiens se contentent d'exploiter la plate-forme. Si on touche à quoi que ce soit sans l'accord du fournisseur, même lorsque cela n'a apparemment aucune incidence, c'est la perte du support. Or, les fournisseurs sont extrêmement réticents à valider des changements dans la configuration des systèmes d'exploitation sur lesquels tournent leurs applications. La perte du support est un événement inacceptable pour l'automaticien. Le RSSI doit prendre cette peur très au sérieux et obtenir des fournisseurs les validations nécessaires. Nous verrons plus loin comment.

Le RSSI va donc proposer aux automaticiens des solutions concrètes et pragmatiques à chacune des causes de refus. Malgré cela, il est encore possible que les résistances persistent. Il reste alors deux arguments au RSSI. Le premier est qu'il peut mettre en avant le paradoxe entre l'incroyable simplicité de l'opération (deux commandes à taper, suivies de trente minutes de traitement par système à traiter) et la gravité de la situation si rien n'est fait.

Si cet argument n'est toujours pas convaincant, le RSSI peut escalader en avançant les arguments suivants.

- Il a informé l'automaticien sur le risque très important de régression de service en cas de non-application des correctifs de sécurité.
- Il a informé l'automaticien sur la simplicité des opérations à réaliser.
- Il a informé l'automaticien du faible risque de régression de service.

- Il a proposé une solution pilotée et prise en charge de A à Z par lui-même (le RSSI), en apportant gratuitement toutes les compétences nécessaires.
- Il prend acte, malgré tous les points précédents, que l'automaticien refuse de mettre à jour ses systèmes.
- Le RSSI se dédouane dorénavant de tout dommage causé par un piratage sur le SI industriel.

Naturellement, le but n'est pas d'entrer en conflit mais de mettre chacun très clairement face à ses responsabilités. Le RSSI doit immédiatement rassurer en faisant comprendre qu'il est parfaitement conscient que c'est bien l'automaticien qui est en responsabilité sur le SI industriel. Que ce dernier est donc totalement souverain quant au déroulement des opérations. Le RSSI doit lui dire qu'à tout moment, si l'automaticien estime qu'il y a un risque, il peut bloquer les opérations de mise à jour. Cet argument finit généralement par convaincre. En somme, le RSSI se positionne en partenaire, travaillant main dans la main avec les automaticiens, avec eux, et pour eux.

Démarche technique générale

La démarche générale pour mettre à jour les systèmes de contrôle-commande est très classique, mais elle présente quelques particularités.

- **Inventaire précis des machines :** une cartographie fournie par les automaticiens suffit généralement pour identifier les machines à mettre à jour. Toutefois, il n'est pas inutile de compléter cette liste en scannant de façon non agressive les réseaux industriels concernés (commande nmap). Cette opération permet de vérifier qu'aucun dispositif important n'a été oublié.
- **Collecter les données système :** avant toute mise à jour, des informations doivent être collectées systématiquement sur chaque machine à traiter. L'information la plus importante à collecter est naturellement la version précise du système d'exploitation (version de Windows, niveau de *Service pack*, ou bien distribution de Linux et version du noyau). Il est aussi utile de savoir quels sont les services installés sur la machine et comment sont taillées les partitions. Une autre information qui peut être intéressante est le modèle de carte graphique. Nous verrons plus loin l'utilité de collecter toutes ces informations complémentaires.
- **Préparer un référentiel de mise à jour :** il est naturellement hors de question de permettre aux systèmes industriels d'accéder à Internet pour aller chercher leurs mises à jour. La bonne solution consiste à construire un référentiel contenant toutes les mises à jour susceptibles à appliquer. Il suffira de recopier ce référentiel sur un support amovible (généralement un DVD, mais ce peut aussi être un lecteur de disque amovible ou

une clé USB). Attention, comme les systèmes concernés sont souvent anciens, il est prudent que le support amovible en tienne compte. Aussi, est-il préférable de graver les DVD en 4X ou de recourir à des clés USB utilisant des protocoles relativement anciens (USB-1 ou USB-2). Il faut naturellement penser à construire un référentiel par version de système d'exploitation.

- **Lancer la mise à jour:** il ne reste plus qu'à monter le volume contenant le référentiel, spécifier au serveur d'aller chercher ses mises à jour, non pas sur Internet mais sur le volume monté à cet effet, et de lancer la mise à jour.

> **Remarque**
> Il est étonnant de constater l'extrême simplicité de cette opération. Par exemple, sur les principales distributions de Linux, les commandes à taper pour lancer la mise à jour sont étonnamment simples: `yum update` ou `apt-get update` selon les cas. Certes, quelques actions préalables doivent être réalisées, mais nous restons dans un niveau de complexité peu élevé.

Principales difficultés techniques

Nous avons vu qu'une des premières étapes de la mise à jour consiste à collecter les informations du système. Cette collecte a pour but d'éviter un certain nombre de désagréments, venant perturber le bon déroulement des mises à jour. Voici les problèmes classiques que l'on peut rencontrer.

- **Partitionnement du système:** ce qui peut empêcher d'entrée de jeu la mise à jour d'un système est son mauvais partitionnement. En effet, il n'est pas rare de croiser dans le milieu industriel des systèmes très mal partitionnés. Cette situation s'explique par le fait que ces systèmes sont généralement intégrés par les éditeurs de logiciels de contrôle-commande, issus des métiers industriels, mais non informaticiens de culture. Les systèmes sont ainsi installés par défaut, comme le ferait un stagiaire, si bien que les partitions ne sont pas taillées par rapport aux besoins prévisibles sur le long terme. Au moment de la mise à jour, on s'aperçoit qu'il n'y a pas de place sur les partitions pour installer les nouveaux binaires et les fichiers de travail nécessaires à l'opération. Il faut donc commencer par retailler les partitions. Si cette opération était naguère extrêmement délicate, la plupart des systèmes actuels permettent un repartitionnement dynamique, ne nécessitant qu'un redémarrage du système.

> **Exemple**
>
> On peut trouver des systèmes Unix avec des partitions racine (contenant `/bin` et `/sbin`) ainsi que `/usr` bien trop limitées. Or, c'est dans ces partitions que les données de mise à jour ont vocation à être placées. En parallèle, ces mêmes systèmes présentent généralement des partitions `/home` surdimensionnées et largement sous-utilisées. Il est alors nécessaire de tailler dans la partition `/home` pour redonner de l'espace aux autres partitions.
>
> Sur les systèmes Linux, le mécanisme de Logical Volume Manager (LVM) est d'une grande utilité, car il permet de retailler les partitions simplement et avec peu de risques.

- **Pilotes graphiques :** les postes opérateurs des systèmes de contrôle-commande disposent souvent de cartes graphiques spéciales afin d'afficher clairement l'état des dispositifs de production industrielle. Ces cartes sont insérées physiquement dans le poste opérateur et nécessitent donc l'installation d'un pilote spécifique. Il arrive que la mise à jour du système écrase ce pilote spécifique par un pilote plus générique, ce qui a pour conséquence de faire planter l'affichage. Il est donc important de bien vérifier les particularités de la carte graphique des postes opérateurs et de prévoir leur réinstallation juste après la mise à jour et avant le redémarrage de la machine.

- **Services :** certains services plantent parfois au redémarrage de la machine, suite à une mise à jour générale du système. Ceci est bien souvent causé par l'écrasement de fichiers de configuration standard, qui avaient été personnalisés par les intégrateurs. Ces derniers sont écrasés par la mise à jour et remplacés par des fichiers de même nom, mais avec des options par défaut. Il est donc important que l'équipe sécurité prenne connaissance des services hébergés par le serveur à traiter, et vérifie que les fichiers de configuration ne seront pas altérés. Une sauvegarde des fichiers de configuration afin de les réinstaller après la mise à jour s'avérera sûrement nécessaire.

- **Fausses régressions :** une dernière difficulté est celle des régressions inexpliquées. On s'aperçoit, après le redémarrage de la machine, que certains comportements sont anormaux et que malgré les enquêtes techniques et les différentes vérifications effectuées, rien ne vient expliquer ces comportements. Il faut alors se demander s'il ne s'agit pas en fait d'une fausse régression, c'est-à-dire d'une anomalie déjà présente avant la mise à jour, mais non remarquée par l'exploitant jusqu'alors. Naturellement, la réponse à cette question dépend beaucoup du climat de confiance existant entre les automaticiens et l'équipe sécurité.

Tous ces obstacles techniques sont assez simples à surmonter une fois qu'ils sont compris, et à plus forte raison s'ils sont anticipés. Mais cela prend parfois beaucoup de temps avant de les comprendre. Or, ne pas les anticiper ne fait pas seulement perdre du temps, cela affaiblit aussi la crédibilité de l'équipe sécurité face aux équipes d'automaticiens.

Dans quel ordre traiter les systèmes ?

Malgré la relative simplicité des opérations décrites précédemment, et la résolution des principales difficultés, les exploitants ne vont pas se précipiter pour autant à mettre à jour leurs systèmes, vu leur extrême sensibilité. Le RSSI devra proposer une démarche progressive.

Le but premier est de vaincre l'appréhension des automaticiens. Pour cela, on commencera par patcher un système non critique. L'idéal est de choisir une machine très proche au niveau système des serveurs de contrôle-commande. On trouve parfois des machines de remplacement, configurées comme les serveurs de production, et mises à disposition en cas d'extrême secours ou pour tester des changements. Ces machines sont idéales pour « essuyer les plâtres ».

Une fois cette première machine mise à jour et une fois réglées les difficultés imprévues qui ne manqueront pas de survenir à cette occasion, les automaticiens pourront vérifier par eux-mêmes la non-régression du service. Ils constateront que la mise à jour ne prend que trente minutes et qu'aucune régression ne survient.

Il sera alors possible de traiter un poste opérateur type. Étant de nature un peu différente du serveur, le poste opérateur présentera lui aussi sûrement quelques difficultés imprévues. Une fois résolues, les automaticiens pourront en vérifier le fonctionnement nominal.

Il conviendra ensuite de marquer une pause au cours de laquelle l'équipe de sécurité rédigera un retour d'expérience, détaillant très précisément le protocole appliqué sur les deux machines traitées. Le responsable des automatismes fera suivre ce document aux titulaires de la maintenance afin qu'ils valident officiellement la non-régression du service. À ce stade, il sera très difficile au fournisseur de ne pas valider un protocole simple, clair, précis, peu risqué, déjà testé sur deux systèmes significatifs et, qui plus est, validé fonctionnellement par le métier.

Lorsque tous les fournisseurs concernés auront validé le protocole, il conviendra de les convoquer pour une opération de mise à jour générale. L'idée est de mettre à jour l'ensemble du parc identifié. Le fournisseur appliquera le protocole sur les systèmes dont il a la responsabilité avec, si nécessaire, l'aide et le conseil de l'équipe sécurité du RSSI. Il validera officiellement la non-régression sur chaque machine. De surcroît, le responsable des automatismes appliquera un protocole de test pour valider la non-régression au niveau métier.

Il faut commencer par mettre à jour l'ensemble des postes opérateurs, puis traiter un premier serveur de contrôle-commande. Après validation de la non-régression, les autres serveurs pourront être mis à jour.

Il n'est pas rare de constater que, très frileux avant la toute première mise à jour, les automaticiens se prennent progressivement au jeu lorsqu'ils constatent que l'application des correctifs ne perturbe pas la production et que l'équipe de sécurité est là pour régler toute difficulté imprévue. À la fin, ce sont bien les automaticiens qui sont les moteurs de ce processus.

Pour terminer cette section, nous pouvons dire que la mise à jour des serveurs, ajoutée à leur durcissement fait franchir un seuil important en matière de sécurité.

Limiter les échanges entre les deux mondes

Le durcissement des serveurs situés dans les réseaux industriels ne suffit pas à garantir un bon niveau de sécurité. En effet, nombreuses sont les passerelles qui permettent d'y accéder depuis l'informatique de gestion. Celles-ci laissent passer des populations nombreuses sur des protocoles très peu sûrs. Les portes d'entrée vers les réseaux industriels sont donc trop nombreuses et grandes ouvertes.

Cette situation est due au fait que les réseaux industriels n'hébergent pas uniquement des machines directement liées à la production. On y trouve aussi tout un écosystème de serveurs gérant les maintenances et servant aussi à générer des états, des statistiques ou des bilans. En fait, c'est toute une informatique de gestion « parallèle » que l'on découvre. Certes, c'est une gestion étroitement liée à la production, mais il ne s'agit nullement de dispositifs contrôle-commande à proprement parler. En fait, ces systèmes s'alimentent des données fournies par les serveurs de production, puis mettent ces données à la disposition d'un nombre important de clients côté informatique de gestion.

Ainsi, les flux entre les deux mondes (industriel et informatique de gestion) sont nombreux et sur des protocoles trop souvent non sécurisés. Comment cette situation a-t-elle pu se produire ?

En fait, l'existence de cette informatique de gestion « parallèle », intégrée dans les réseaux industriels, s'explique par le fait qu'il y a une quinzaine d'années, les deux mondes (industriel et gestion) s'ignoraient mutuellement. Nul besoin de passerelle entre les deux. Or, les services gérant la production industrielle avaient besoin d'outils de gestion pour assurer la production. Ils intégrèrent alors des bases de données et des applications de gestion dans le réseau industriel. Inutile de dire que la sécurité n'était nullement une préoccupation à l'époque. Ensuite, lorsque les deux mondes se sont rapprochés, des ponts ont été déployés entre la DSI et le monde industriel. Il est devenu possible de consulter, depuis des postes de travail bureautiques standards, des données provenant directement du réseau industriel, les serveurs de gestion étant restés dans ces réseaux. La logique aurait voulu à ce moment-là que l'on migrât toute cette informatique de gestion du côté DSI, mais il n'en a pas été ainsi. Les habitudes installées depuis si longtemps, ainsi que la vieille méfiance mutuelle entre informaticiens et automaticiens ont été plus fortes que la raison. Cette situation n'est plus du tout acceptable !

Le RSSI doit donc « faire le ménage » dans les flux. Cela consiste concrètement à supprimer tous les flux où de nombreuses personnes côté informatique de gestion peuvent accéder aux serveurs industriels. De plus, les flux reposant sur des protocoles non sûrs devront être remplacés par des protocoles sûrs. Certaines de ces actions obligeront à modifier des aspects ponctuels d'architecture.

Voici comment procéder à ce nettoyage des flux.

- **Identifier les différentes passerelles :** la première chose à faire consiste à identifier toutes les passerelles possibles entre les deux mondes. Historiquement, on rencontre souvent une liaison protégée par un pare-feu, contrôlant les accès. Cependant, il n'est pas rare de trouver un deuxième passage, issu d'un projet plus ancien, et présentant aussi des règles de filtrage. Enfin, il ne faut pas oublier les passages auxquels on ne pense pas, tels que les imprimantes doublement raccordées à la DSI et à l'industriel. Aussi étonnant que cela puisse paraître, les imprimantes sont des passerelles idéales car elles sont pilotées par des systèmes d'exploitation complets, parfaitement attaquables par des pirates. En fait, comme tous les équipements à double raccordement (quelle que soit leur nature) sont une passerelle potentielle, il faut systématiquement les identifier.

- **Pour chaque passerelle, formaliser les flux traversants :** il convient de formaliser très clairement les flux de chaque passerelle. Quitte à être caricatural, le RSSI ne doit pas hésiter à placer d'un côté, les machines de l'informatique de gestion, et de l'autre, les réseaux industriels. De grandes flèches très claires entre les deux mondes doivent mettre en évidence les flux, avec les numéros de ports et protocoles utilisés. Pour réaliser ce travail, il est très judicieux d'étudier toutes les règles des pare-feu cloisonnant les deux mondes. Analyser les journaux de ces mêmes pare-feu est aussi très opportun car cela permet de savoir précisément quelles sont les règles vraiment efficaces et quelles sont celles qui ne sont jamais invoquées (ce dernier point sera très utile par la suite). Une fois ces flux bien formalisés, il faut les présenter aux automaticiens pour validation et pour correction.

- **Décider du traitement de chaque flux :** une fois les flux formalisés, il faut les passer en revue un par un pour décider d'un traitement approprié, conjointement avec les automaticiens. Plusieurs cas sont possibles.
    - <u>Flux obsolètes :</u> rappelons que nous parlons de systèmes souvent en production depuis plus de dix ans. Il est donc fréquent que des équipements, pourtant déclarés dans les pare-feu, n'existent plus depuis

longtemps. Il faut impérativement supprimer ces flux car le fait de les laisser ouvre des portes parfaitement inutiles.

- <u>Flux de confort :</u> en approfondissant la raison d'être de certains flux avec les automaticiens, on arrive parfois à la conclusion qu'ils ne sont là que pour des raisons de confort. Par exemple, un partage SAMBA accessible depuis la bureautique est-il réellement nécessaire pour mettre à jour occasionnellement un répertoire sur une machine industrielle ? Ne suffirait-il pas de se rendre sur le serveur avec une clé USB pour faire cela ? La suppression de ces flux est simple et salutaire.

- <u>Flux de gestion :</u> certains serveurs situés du côté industriel sont accessibles via des protocoles très peu sûrs par un grand nombre d'utilisateurs bureautiques. Ces serveurs, qui hébergent généralement des applications développées il y a plus de dix ans par des non-informaticiens, consultent deux ou trois serveurs de production, puis fournissent des états divers et variés aux exploitants. De nos jours, ces serveurs n'ont plus aucune raison d'être dans le réseau industriel. Il faut les migrer vers l'informatique de gestion. Ainsi, tout le monde pourra y accéder sans avoir à entrer dans le réseau industriel. Naturellement, il faudra ouvrir un flux entre ce serveur et les machines de production qu'il consulte pour générer ses états, mais nous sommes ici en présence d'un flux bien plus sûr, et bien plus limité en termes de source et de destination. Pour que l'automaticien ne perçoive pas cette migration vers la DSI comme une perte de souveraineté sur son infrastructure, le RSSI doit insister sur le fait que, physiquement, la machine ne changera pas de place, c'est son raccordement réseau qui changera. Il doit aussi concéder les droits d'administration de cette machine aux automaticiens. En somme, il doit vendre le fait que, malgré le changement de localisation du serveur, les habitudes ne seront pas modifiées. Le changement n'est qu'au niveau réseau, pas au niveau fonctionnel. La seule différence, c'est que de très nombreux flux non sécurisés seront désormais supprimés.

- <u>Flux techniques trop largement ouverts :</u> il n'est pas toujours possible de migrer vers l'informatique de gestion les serveurs accédés par beaucoup de monde. Dans ce cas, il est envisageable de mettre en place, côté informatique de gestion, un relais applicatif afin de centraliser tous les accès. Il s'agit généralement d'un relais HTTP. Le but de cette opération est de faire en sorte que seul le relais puisse accéder aux machines côté industriel, ce qui réduit radicalement les flux traversant les passerelles. Naturellement, ce relais sera configuré dans les règles de l'art pour garantir un niveau minimal de sécurité. Si l'idée est bonne, elle n'est pas forcément simple à mettre en œuvre car elle nécessite la mise en place d'un relais applicatif, ce qui ne sera pas forcément du goût des exploitants industriels.

- Flux techniques point à point : restent encore quelques flux simples (une ou deux sources côté DSI vers une ou deux destinations côté industriel) sur des protocoles identifiés et sécurisables. Ces flux sont parfaitement nécessaires et ne justifient pas de blocage ou de migration particulière.
- **Mise en œuvre des changements décidés :** cette mise en œuvre doit être progressive. Maintenant que les décisions sont prises et que les automaticiens sont d'accord avec les changements, il est important de rédiger un plan de migration détaillé. Ce plan sera exécuté, étape par étape, flux par flux, avec validation de la non-régression par les exploitants à chaque opération. Il est conseillé de commencer par les étapes les plus simples (suppression des flux inutiles, suppression des flux de confort, etc.) et de passer progressivement aux étapes plus complexes, telles la migration des serveurs.

À la fin de cette démarche, il ne reste plus que deux ou trois services des réseaux industriels accessibles depuis l'informatique de gestion. Seuls les serveurs indispensables à la production ainsi que leurs postes opérateurs respectifs demeurent dans les réseaux industriels.

Durcir les services restant ouverts sur l'informatique de gestion

Maintenant que les échanges entre les deux mondes sont limités au strict nécessaire, seuls quelques rares services des réseaux industriels (bases de données, applications accessibles en HTTP) sont à l'écoute de clients provenant de l'informatique de gestion.

Ces services seront désormais le point de passage obligé pour les utilisateurs ayant besoin de consulter des informations liées à l'exploitation industrielle. Logiquement, ces mêmes services seront aussi le point de passage obligé pour les attaquants cherchant à pénétrer dans le système industriel. Il est donc certain que ces services seront attaqués. Leur protection est donc capitale afin de les rendre à même de résister aux assauts répétés des attaquants.

Une série d'actions assez simples peut tenir en échec les pirates.

- **Mettre à jour le service :** la première des choses à faire consiste à mettre à jour le service dans sa dernière version et installer les correctifs de sécurité éventuellement nécessaires. Ceci empêchera toute attaque triviale par exploitation d'une vulnérabilité connue.
- **Limiter les adresses IP :** une seconde mesure que de nombreux services permettent est la limitation des adresses IP depuis lesquelles le service peut être sollicité. Ainsi, seules les machines explicitement autorisées

seront servies. Cette mesure limite considérablement la surface d'exposition aux risques. Ainsi, il ne suffit plus à l'attaquant d'obtenir une adresse IP dans le bon réseau, il est obligé d'usurper une adresse autorisée, ce qui est plus complexe à réaliser. Il faut absolument se servir de cette fonctionnalité si le service le permet car elle est très facilement applicable et présente un risque très restreint de régression de service.

- **Mots de passe de qualité :** lorsque l'attaquant réalisera qu'il ne peut exploiter une vulnérabilité triviale du fait que le service est à jour, il centrera ses attaques sur les comptes autorisés à accéder au service. La première mesure de sécurisation consiste donc à mettre en place de très bons mots de passe. Aucun mot de passe trivial, devinable ou par défaut ne doit être laissé dans un service industriel exposé sur l'informatique de gestion.

> **Remarque**
> Un chapitre de cet ouvrage aborde la question des mots de passe. Le lecteur est invité à s'y référer pour plus de détails à ce sujet.

- **Désactiver les comptes inutiles :** il est très fréquent que les services situés dans les réseaux industriels soient installés avec les options et les comptes par défaut. Aussi, n'est-il pas rare de rencontrer des bases de données avec des comptes actifs, mais jamais utilisés. Certains de ces comptes peuvent avoir des accès privilégiés sur les bases de données. Cette problématique est similaire pour d'autres types de services. Il est donc essentiel de désactiver tout compte inutile. Cela rendra impossible l'utilisation malveillante de ces comptes par des attaquants.

- **Limiter les droits des utilisateurs authentifiés :** les comptes vraiment nécessaires devront rester actifs. Il est quasiment certain qu'en cas d'attaque, ces comptes seront visés par les pirates. Il convient donc, pour chacun de ces comptes, de limiter au maximum leurs droits. Les comptes n'ayant besoin que de lire ne doivent pouvoir que lire. De même, qu'il s'agisse de lecture ou d'écriture, ces actions ne doivent porter que sur les tables, répertoires ou services strictement nécessaires. Une fois de plus, c'est particulièrement vrai pour les utilisateurs des bases de données.

- **Empêcher le lancement de commandes système :** enfin, les pirates essayeront de s'échapper du service dans le but de lancer des commandes sur le système hôte. Il faudra donc faire en sorte qu'il ne soit pas possible de lancer des commandes système depuis le service. Cette recommandation s'applique naturellement aux bases de données comme aux serveurs de fichiers ou tout autre type de service.

- **Journalisation :** elle ne protège pas en soi le système, mais elle aide à repérer les comportements suspects. Il est donc très important de tracer les actions sur le service. L'idéal est de tracer les tentatives de connexions (qu'elles soient des succès ou des échecs), ainsi que les objets accédés et les mises à jour effectuées.

> **Remarque**
> Un chapitre de cet ouvrage traite la question de la journalisation. Le lecteur est invité à s'y référer pour plus de détails à ce sujet.

En somme, toutes ces actions ont pour but de rendre les services restants aussi autistes et peu loquaces que possible pour tenir en échec les attaquants.

Cette approche rappelle celle rapportée par Hérodote lors de la seconde guerre médique, où trois cents Spartiates tinrent en échec pendant plusieurs jours plusieurs milliers de Perses. La configuration du site de la bataille, l'étroit défilé des Thermopyles, fit perdre aux Perses l'avantage de leur écrasante supériorité numérique. Le durcissement des services proposé ici poursuit un objectif très similaire. Pour pénétrer dans le réseau industriel, l'attaquant est obligé de passer par les rares services laissés ouverts. Or, ces derniers sont configurés de telle sorte à résister longtemps aux attaques. Pendant ce temps, l'attaquant est obligé de se dévoiler en tentant des connexions sur des comptes et en testant des vulnérabilités connues. Toute cette activité est bruyante et peut être décelée par une surveillance des journaux ou un détecteur d'intrusions.

Il est évident que toutes ces actions bousculent fortement les vieilles habitudes. Elles nécessitent donc un véritable climat de confiance entre le RSSI et les automaticiens. Cette relation de confiance peut prendre plusieurs années à se construire.

En conclusion, tout ceci nécessite de travailler pas à pas, dans la confiance, sans jamais donner de leçons, avec des approches toujours claires, simples, concrètes et exploitables. Le RSSI doit se positionner comme un collaborateur proche, accompagnateur de tous les jours, de façon soutenue, régulière et sur une longue durée (parfois plusieurs années).

Notons pour terminer que la fréquentation des automaticiens est très enrichissante pour le RSSI, car leur approche pragmatique des problèmes, leur rigueur et leur conscience professionnelle sont une grande leçon de modestie.

PARTIE II

Compléments sur la sécurité des SI modernes

Jusqu'à maintenant, nous avons présenté les processus élémentaires de sécurité opérationnelle. Il est impossible de sécuriser un SI sans les mettre en œuvre et les exploiter correctement. Ces processus sont donc nécessaires, mais ils ne sont malheureusement plus suffisants pour sécuriser les SI modernes. En effet, la réalité des entreprises d'aujourd'hui impose des contraintes très fortes sur les SI afin de s'adapter à l'économie numérique. Le RSSI se voit donc obligé de mettre à jour ses connaissances pour déployer de nouvelles mesures de sécurité et de nouveaux outils, reposant sur des technologies relativement récentes. Ce sont ces processus et ces outils que nous abordons dans cette partie.

Chapitre 21

La nouvelle donne de la sécurité

Nous avons abordé jusqu'à maintenant les bases incontournables de la sécurité opérationnelle. Elles existent depuis longtemps et, bien qu'il y ait eu des évolutions, les fondamentaux n'ont pas changé. La sécurisation d'un SI passe donc immanquablement par l'application des bonnes pratiques dans le domaine des réseaux, des systèmes, des identités, etc.

Cependant, ces dernières années ont vu l'avènement de nouvelles briques essentielles pour le SI, telles que la virtualisation, les systèmes d'intermédiation, le big bata, etc.

Ces nouveautés ont changé la donne en matière de sécurité, ouvrant certaines portes, mais induisant aussi de nouveaux risques. Ce chapitre présente les nouvelles questions qui se posent en matière de sécurité.

Nouveaux défis pour les entreprises

Oublions pour un instant les systèmes d'information pour nous placer plus haut, à l'échelle de l'entreprise.

On constate que le contexte concurrentiel exacerbé ajouté à l'extrême célérité de l'économie font que, pour survivre, l'entreprise se voit obligée de lancer constamment des projets très ambitieux.

C'est ainsi que les processus métier sont entièrement repensés, que l'on casse les cloisons entre les différentes directions et que les personnels sont régulièrement réaffectés et formés à de nouveaux outils et processus.

Trois priorités stratégiques

La survie de l'entreprise, évoquée plus haut, se traduit concrètement par trois objectifs stratégiques principaux.

- **Se centrer sur la valeur ajoutée :** les entreprises centrent leurs efforts sur la valeur ajoutée, c'est-à-dire dans les domaines où elles génèrent de la valeur, soit effective, soit à potentiel. L'effort est donc porté sur les spécialités métier, au détriment des activités supports. L'entreprise sous-traite ainsi ces activités non stratégiques. Cela concerne au premier chef la paye, la comptabilité ou la facturation.
- **Maîtriser les coûts :** c'est l'obsession de tout organisme depuis de nombreuses années. Dans ce domaine, les pratiques n'ont cessé de progresser pour limiter les coûts et les rationnaliser au maximum. Cette limitation des coûts s'accompagne aujourd'hui par les refontes en profondeur des processus métier. Les méthodes Lean et Six Sigma sont très utilisées pour atteindre ces objectifs.

> **Remarque**
> *Lean* est une méthode permettant d'optimiser les processus en limitant au maximum les gaspillages et en utilisant les ressources au plus juste. Elle s'accompagne d'une approche du management aidant à résoudre rapidement les problèmes.
> Quant à *Six Sigma*, c'est une démarche visant à réduire au maximum les défauts des biens de production et des services, ce qui réduit les coûts liés à la non-qualité.

- **Innover :** la réduction des coûts ne suffit plus à garantir la pérennité des affaires. L'innovation est devenue un impératif pour survivre. Cet aspect occupe donc une place de plus en plus centrale dans l'entreprise. C'est par l'innovation que l'entreprise se différencie de ses concurrents, occupant des marchés naissants, voire en créant de nouveaux. Nombreuses sont les innovations sans lendemain, mais il suffit que quelques-unes d'entre elles trouvent leur place dans le marché pour assurer la pérennité de l'activité. Le centre de gravité des revenus évolue ainsi constamment.

Exemples de projets concrétisant ces priorités

Voici trois projets d'entreprise illustrant parfaitement ces priorités de recentrage sur la valeur ajoutée, de maîtrise des coûts et d'innovation.

Le premier exemple concerne le domaine de la relation client et, plus particulièrement, ce que l'on appelle le « multicanal ». Le multicanal consiste à diversifier les canaux de communication avec le client. En plus du courrier papier ou électronique ainsi que du téléphone, clients et fournisseurs peuvent se joindre via des réseaux sociaux, des forums d'utilisateurs, des canaux de *chat*, etc. Ces canaux ne sont pas étanches. Ainsi, rien n'empêche un client de commencer une relation via courriel, de la poursuivre par téléphone et de la terminer sur un site web.

Ces projets ne sont pas lancés par simple technophilie ou goût gratuit pour l'innovation, mais parce que les usages des populations les plus jeunes passent de plus en plus par les tablettes et les *smartphones*. S'adapter à ces nouveaux usages est donc essentiel pour les fournisseurs de services. De plus, l'animation de communautés d'utilisateurs et la mise à disposition d'un maximum d'informations via Internet contribue à délester les services clientèle, réduisant ainsi le coût de la relation client.

> **Exemple**
> Les opérateurs téléphoniques proposent souvent, en plus des canaux habituels, des forums ainsi que des plates-formes de messagerie instantanée, permettant d'échanger en direct avec des conseillers clientèle, mais aussi avec d'autres usagers. Par ailleurs, les sites web de ces mêmes fournisseurs poussent un maximum d'informations dans l'espace privé du client, si bien que ce dernier a de moins en moins besoin d'appeler pour trouver une réponse à ses questions. Les fournisseurs escomptent ainsi réduire sensiblement le coût très élevé de leurs centres d'appel.

Le deuxième exemple concerne le secteur industriel. Historiquement, les usines sont pilotées par des systèmes dits de « contrôle-commande ». Ces dispositifs assurent la supervision et permettent de passer des consignes sur les différents équipements industriels. Ils sont presque toujours accompagnés d'un système de gestion, plus ou moins intégré, qui fournit des états et des informations techniques pertinentes. Le problème est que ces systèmes ne donnent qu'une vision locale de la production, limitée à l'usine en question.

Afin obtenir une vision globale sur un ensemble d'usines, et dans le but de les piloter de façon centralisée, il a fallu collecter les données de chaque usine en temps réel, les mettre en relation, les traiter et distribuer les consignes pertinentes sur chaque site. Ces projets permettent d'adapter la production de façon globale, finement, en tenant compte à la fois de la demande mais aussi des contraintes ; le tout en optimisant les coûts.

> **Exemple**
> Les opérateurs pétroliers ont été les premiers à centraliser à grande échelle les données de production de leurs puits et à distribuer à distance des consignes de production. Cette intégration poussée a permis de réduire drastiquement les coûts de déplacement de personnel. Toutefois, il ne s'agit pas seulement de réduire les coûts, mais aussi d'analyser toutes les informations disponibles sur l'ensemble des sites de production pour s'adapter au mieux à la demande (ce qui n'était pas possible auparavant).

Un dernier exemple de projet d'entreprise concerne les travaux publics. L'entreprise doit réaliser des études préalables à l'ouverture du chantier. Puis elle doit faire un nombre important de démarches administratives (déclarations, demandes d'autorisation, etc.). Une étude détaillée vient ensuite. Ce n'est qu'après que peuvent démarrer les travaux à proprement parler, nécessitant eux-mêmes la coordination de plusieurs corps de métier.

Toutes ces étapes impliquent des directions différentes, couvrant des métiers très différents (ingénierie/études, administration, approvisionnements, travaux, gestion de parcs de véhicules). Or, on constate souvent un cloisonnement fort entre ces différents métiers (donc entre les différentes directions), ce qui entraîne de nombreux gaspillages, attentes inutiles et autres allers-retours improductifs. Déjà complexes par nature, ces processus se sont sur-complexifiés avec le poids de l'histoire et les incessantes évolutions réglementaires.

Face à cette situation, certaines sociétés de travaux publics ont décidé de refondre radicalement leurs vieux processus, en supprimant les allers-retours inutiles, en adaptant leurs matériels de chantier pour les rendre plus multifonctionnels et en formant le personnel pour qu'il soit plus polyvalent. Le résultat escompté est une accélération des chantiers entraînant une réduction des coûts. Les ressources étant mieux sollicitées, elles sont plus rapidement disponibles pour d'autres chantiers.

> **Exemple**
> Sur un chantier de pose de câblage électrique souterrain, les équipes et les outils nécessaires pour creuser les tranchées, poser le câble, remblayer et reconstituer la chaussée diffèrent. Chaque étape de la pose d'un câblage induit donc une succession de corps de métiers, impliquant des attentes et nécessitant une forte coordination. La mise en place d'équipes polyvalentes capables, en un seul déplacement, de creuser la tranchée, de poser le câble, de remblayer et de reconstituer la chaussée réduit considérablement la durée du chantier, les déplacements, ainsi que les coûts liés aux locations de matériel de chantier.

On voit bien que ces trois exemples partagent cette préoccupation simultanée d'innovation et de création de valeur ; ils entraînent tous une diminution des coûts.

Les SI en support de ces projets d'entreprise

Redescendons maintenant à l'échelle du système d'information. Lorsque l'on regarde les projets exposés précédemment, on comprend rapidement que l'informatique en est le centre de gravité. Il est impossible de raccourcir les délais, d'optimiser les processus, de consulter plusieurs sources d'information à la fois, puis de les intégrer en temps réel, sans un outil informatique omniprésent et bien adapté aux nouveaux besoins. En fait, c'est par l'informatique que les entreprises se transforment. Il ne fait aucun doute que les entreprises qui réussissent aujourd'hui y arrivent grâce aux systèmes d'information.

Principales caractéristiques

On peut se demander maintenant à quoi ressemble le système d'information en support de ces projets ? Voici quelques lignes générales que l'on retrouve presque systématiquement.

- **Intégration d'applications :** nous avons dit que les entreprises se centraient sur leur valeur ajoutée, se délestant de ce qui n'est pas au cœur du métier. Cette tendance est aussi palpable à l'échelle du SI puisque les DSI renoncent de plus en plus à développer de nouvelles applications à partir de zéro. Elles préfèrent acquérir des progiciels spécialisés dans un domaine, ayant largement fait leurs preuves par ailleurs chez d'autres clients. Le travail des DSI consiste maintenant à intégrer ces progiciels dans le SI, plutôt qu'à les développer. Ceci implique la montée en force des équipes projet, au détriment des équipes de développeurs. Certes, des développements sont encore nécessaires, mais nous ne sommes plus à la même échelle qu'avant.
- **Échanges entre applications :** les processus métier étant devenus transverses, les applications informatiques en support de ces processus le sont devenues aussi. Elles sont donc amenées à consulter des informations depuis plusieurs bases de données différentes, historiquement cloisonnées entre elles. Il est maintenant très courant qu'une application A requête une application B qui requête à son tour une application C, avant d'intégrer tous les résultats dans l'application A. Tous ces échanges se font d'une manière totalement automatique et transparente.
- **Réutilisation de briques existantes :** il n'est plus acceptable de redévelopper des services ou des modules chaque fois qu'une application est intégrée au SI. Les briques applicatives et système doivent être réutilisables autant que possible.
- **Flexibilité des infrastructures :** les infrastructures doivent s'adapter constamment à l'évolution rapide de l'entreprise. Des pans entiers de serveurs et de bases de données doivent pouvoir être créés, déplacés, renforcés ou supprimés très rapidement. Ce qui est vrai pour l'infrastructure système l'est tout autant pour les infrastructures réseau.
- **Industrialisation de l'exploitation des systèmes :** conséquence directe du point précédent, tous les éléments d'infrastructure, qu'il s'agisse de système, de réseau, de base de données ou d'application, doivent pouvoir être administrés à une échelle industrielle.
- **Mobilité :** les projets tirent de plus en plus profit de la mobilité des utilisateurs, diversifiant ainsi les terminaux à intégrer dans le SI : ordinateurs portables, téléphones, tablettes et autres équipements plus spécifiques. Partout où il se trouve, et quel que soit son équipement, l'utilisateur doit pouvoir accéder au SI.

- **Amélioration de l'ergonomie :** enfin, aucune de ces évolutions ne doit se faire au détriment de l'ergonomie. Au contraire, les projets majeurs d'entreprise s'accompagnent généralement d'une simplification des interfaces (du moins, c'est leur intention).

Ensemble, ces caractéristiques font que l'on peut se centrer sur la valeur ajoutée, innover, tout en maîtrisant les coûts.

Nouvelles briques des SI modernes, pour répondre aux besoins

Les caractéristiques que les SI doivent présenter pour répondre aux projets ambitieux ont entraîné le développement de domaines relativement nouveaux. Il est impossible pour un SI performant d'aujourd'hui d'échapper aux domaines suivants.

- **Virtualisation :** ce sont les infrastructures de virtualisation qui fournissent la flexibilité nécessaire au SI. Des groupes de serveurs peuvent être créés, supprimés ou modifiés très facilement. Aujourd'hui, quasiment tous les systèmes sont virtualisés. Notons que ce mouvement ne touche pas uniquement les systèmes, car le réseau aussi tend de plus en plus à être virtualisé. Toute l'infrastructure (physique et réseau) sera prochainement entièrement virtualisée.
- **Cloud :** c'est la réponse au recentrage des entreprises sur la valeur ajoutée. Il est inutile d'insister sur son impressionnant essor.
- **Systèmes d'intermédiation :** que les applications aient été placées en interne dans des environnements virtualisés, ou sous-traitées dans le *cloud*, un besoin massif de communication entre elles oblige à mettre en place des dispositifs d'intermédiation. Selon la nature des échanges (volumineux ou ponctuels, synchrones ou asynchrones), certaines solutions seront préférées à d'autres. Les principaux systèmes d'intermédiation sont les EAI, les ETL et les ESB. Ces dispositifs sont devenus incontournables dans un SI moderne. Pas un projet d'entreprise ambitieux ne peut s'en passer.
- **Big data :** les projets d'optimisation de la production ainsi que ceux nécessitant de connaître au mieux le client obligent à déployer des solutions d'analyse massive de données, avec des infrastructures très performantes de stockage, d'indexation et de consultation. C'est à ce besoin que répondent les infrastructures de big data.
- **MDM :** nous avons vu que les nouveaux projets impliquent souvent l'usage de terminaux mobiles. Ces derniers se sont ainsi multipliés dans le SI, rendant nécessaires des dispositifs de gestion de flotte. Il faut pouvoir maîtriser, configurer et mettre à jour l'ensemble du parc de façon industrielle. C'est ce que proposent les solutions de MDM (*Mobile Device Management*).
- **WebSSO :** l'utilisateur est amené à accéder à de nombreuses applications. Par ailleurs, nous avons vu que les applications se sollicitent de plus en

plus entre elles. Tout ceci n'est soutenable que par une simplification des authentifications, tant des machines que des utilisateurs. Le WebSSO est une réponse à ce besoin de simplification.

Questions sur la sécurité opérationnelle

Parmi les briques exposées précédemment, certaines se positionnent de manière centrale en matière de sécurité opérationnelle. C'est le cas pour le cloud, mais aussi pour le WebSSO, les systèmes d'intermédiation et, dans une moindre mesure, pour le big data.

Chacun de ces domaines mérite de se poser quelques questions.

- **Questions concernant le cloud :** elles gravitent essentiellement autour du fournisseur, mais aussi autour du contrôle des usages.
    - Comment contrôler l'explosion du cloud ? Qui a le droit de contractualiser un service dans le cloud ? Qui a le droit de s'en servir ?
    - Comment intégrer le cloud dans le SI ?
    - Qu'en est-il de la confidentialité des données confiées au fournisseur ?
    - Quelles sont les pratiques de sécurité du fournisseur ? Comment les contrôler ?
    - Comment protéger les interfaces d'administration fonctionnelle ?
    - Comment avoir une vue claire de qui fait quoi dans le cloud ?
- **Questions concernant le WebSSO :** elles sont centrées sur des aspects très techniques, souvent liés à la gestion des sessions.
    - Quelle sera l'interopérabilité entre applications ?
    - Comment intégrer les applications les plus anciennes dans le WebSSO ?
    - Quelles sont les difficultés liées aux navigateurs ? Comment les contourner ?
    - Quelles sont les difficultés liées aux serveurs applicatifs ? Comment les contourner ?
    - Quels sont les risques liés à la gestion des sessions ?
- **Questions concernant les systèmes d'intermédiation :** la diversité de ces services et leur rôle central dans le SI rend leur sécurisation délicate.
    - Les services sont-ils bien cartographiés ?
    - Les configurations des EAI, ETL et ESB sont-elles bien sécurisées ?
    - Comment les équipes administrant les EAI et les ETL font-elles pour stocker les logins/mots de passe nécessaires pour échanger les informations ?

- Comment les services web fournis par un ESB s'authentifient-ils ?
- Comment les clients de l'ESB s'authentifient-ils ?
- Comment les droits d'accès sont-ils gérés ?
- **Questions concernant le big data :** elles se situent essentiellement au niveau des fonctionnalités.
  - Quel usage peut-on faire du big data en matière de sécurité ?
  - Quelles sont les limites de cet outil ?

Les chapitres suivants de cette partie de l'ouvrage apportent des éléments de réponse.

Chapitre 22

Le cloud

On peut se demander quelle est l'utilité de consacrer un chapitre au cloud alors que nous venons d'aborder la gestion des tiers dans un autre chapitre. Après tout, les fournisseurs de cloud ne sont-ils pas des tiers ? Oui, mais ils présentent quelques particularités qui méritent d'être développées spécifiquement.

Plus personne ne met en doute les apports du cloud, mais nous allons voir que le passage à cet outil n'est pas sans induire un certain nombre de risques, que le RSSI doit impérativement connaître et traiter. C'est ce que nous développons dans ce chapitre.

Conséquences du cloud pour la sécurité

Le phénomène du cloud touche absolument tous les organismes, de la plus petite des PME à la multinationale. Le fait que de très nombreuses sociétés du CAC 40 migrent vers de telles solutions montre bien que nous ne sommes plus en présence d'un effet de mode, mais bien dans un mouvement de fond. C'est donc une partie importante du SI qui est en train de glisser progressivement vers le cloud.

Les services concernés sont très variés. Cela a commencé par des services logiciels en mode SaaS, destinés à soulager les clients dans des aspects métier très spécifiques. Puis, le cloud a colonisé progressivement les services supports de l'entreprise, en commençant par la paye, la comptabilité, pour arriver au CRM. Il touche maintenant l'infrastructure des serveurs, la messagerie, et va même jusqu'à supplanter les infrastructures de sécurité telles que le filtrage des accès à Internet, les portails d'authentification Wi-Fi, la gestion de parc de mobiles, etc. En fait, le cloud couvre aujourd'hui potentiellement tous les aspects du SI, si bien qu'on pourra imaginer bientôt une DSI qui serait limitée au pilotage de l'activité des différents fournisseurs de cloud.

Qu'est-ce qui justifie une telle fièvre ? Principalement une volonté de réduire les coûts en s'affranchissant totalement de l'exploitation des infrastructures techniques et applicatives du SI. Dans un contexte ultra-concurrentiel, les sociétés se recentrent sur leurs activités à valeur ajoutée, se délestant de tout le reste. Le cloud profite largement de ce mouvement. Ajoutons à cela que ce recours au cloud s'accompagne généralement d'une amélioration radicale de la qualité de service, notamment en termes de disponibilité et de réactivité face aux incidents.

Ces avantages ne doivent pas nous faire ignorer pour autant les effets secondaires négatifs de ce modèle. Il y en a principalement deux.

- **Perte de savoir-faire :** recourir au cloud revient à accepter de ne pas maîtriser la plate-forme technique supportant le service acheté. Pire, le client ne connaît même pas la structure de ses propres données, gérées par son fournisseur. Lorsque le service acheté n'est qu'un service support de type messagerie, comptabilité ou paye, cela n'est pas très grave. En revanche, lorsque c'est un service métier stratégique pour l'entreprise et à forte valeur ajoutée, cela pose un réel problème.

- **Renoncement de souveraineté :** recourir au cloud revient à accepter une perte de souveraineté de son patrimoine informationnel, dans la mesure où l'on confie ses données à un tiers, qui les gère en toute liberté. Naturellement, les fournisseurs sont en écrasante majorité loyaux avec leurs clients mais, malheureusement, l'histoire récente a montré que les grands acteurs du cloud ont beaucoup de mal à éviter de dévoiler aux états espions les données de leurs clients. Cette perte de souveraineté sur le patrimoine informationnel doit être connue et acceptée par les dirigeants de l'entreprise. Ceci concerne surtout (mais pas uniquement) les sociétés confrontées à la concurrence internationale.

La question de la sécurisation des services du cloud se pose donc. Pour y répondre, rappelons-nous que le fournisseur de cloud est avant tout un tiers. Aussi, les recommandations du chapitre sur les tiers s'appliquent sans réserve. Il convient donc de vérifier la justification du recours au tiers, d'identifier les principaux risques, de cadrer correctement les aspects de la relation contractuelle et de mettre en place des mesures techniques et organisationnelles pour sécuriser le service autant que possible.

Enfin, notons que l'on parle « du » cloud, mais qu'il faudrait plutôt parler « des » clouds. En effet, même si le principe fondamental reste le même dans tous les cas, on peut difficilement comparer les services de cloud grand public utilisés spontanément par les membres de l'entreprise (on parlera de « cloud spontané ») avec les services de cloud très spécialisés fournis par des petites start-up (on parlera de « petit cloud »), ou des services fournis par des poids lourds du marché (on parlera de « grand cloud »). Les façons de sécuriser ces trois usages seront donc bien différentes. Le RSSI doit en tenir compte.

Sécuriser le cloud spontané

Nous commencerons par expliquer ce que nous entendons par cloud spontané, avant de passer en revue les risques, pour terminer sur les postures possibles pour sécuriser.

Qu'entendons-nous par cloud spontané ?

Comme son nom l'indique, le cloud spontané est celui qui est choisi spontanément par les utilisateurs, sans aucun contrôle de la DSI. Il est souvent issu des pratiques domestiques, transposées dans le milieu professionnel.

Un exemple classique est celui des sites de prise de rendez-vous. Lorsqu'une personne veut organiser une soirée entre amis, elle propose plusieurs dates sur un site spécialisé et c'est la date ayant obtenu le plus de votes qui est retenue.

Un autre usage très répandu du cloud spontané est la visioconférence. Qui n'a jamais communiqué avec sa famille à l'autre bout du monde via un outil du cloud ? Les utilisateurs se tournent naturellement vers les mêmes outils dans le cadre professionnel.

Un dernier exemple est celui du partage de fichiers. Nombreux sont les fournisseurs qui proposent des plates-formes de partage de fichiers, complètement transparentes et indépendantes de l'équipement et du système utilisé. Il est naturel que les usagers de ces services veuillent aussi les utiliser pour partager l'information dans un cadre professionnel.

D'autres services tels que les messageries instantanées, le partage de photos, les outils de prise en main à distance complètent l'offre de cloud grand public… et de nouveaux services se créent quasiment tous les jours.

Risques liés à ces usages

Si l'usage de ces services est très pratique dans la vie privée, il n'est pas sans risque dans un environnement professionnel. Voici les plus importants.

- **Installation d'un logiciel :** certains de ces outils nécessitent l'installation d'un client sur le poste de travail de l'utilisateur. Or, installer un outil sur un poste de travail sans la validation de la DSI peut générer une régression de service.
- **Responsabilité :** avant d'installer le client sur son poste de travail, ou avant d'utiliser le service, l'utilisateur doit accepter la licence ainsi que les conditions générales d'utilisation. Il s'engage donc, au nom de la société, à respecter les termes du contrat. Or, seule la DSI est habilitée à accepter un contrat relatif à l'usage de moyens informatiques. L'utilisateur est donc en infraction. Notons que cette acceptation des termes du contrat signifie

souvent que le fournisseur peut installer des mises à jour sur le poste de travail, de façon transparente, sans aucune notification particulière.

- **Fuite d'information consentie :** directement issue du point précédent, l'utilisation de certains services dans le cloud s'accompagne de fuites d'information. En effet, pour bien fonctionner, certains de ces services partagent les adresses et les coordonnées de tous leurs abonnés. Il ne s'agit pas là de malveillance de la part du fournisseur, puisque ce partage est clairement annoncé dans les conditions générales d'utilisation, que l'utilisateur a généralement validées sans les lire. Ainsi, sans le savoir, l'utilisateur divulgue des informations internes à l'entreprise.
- **Vulnérabilités :** les services de cloud ne sont pas mieux sécurisés que les autres logiciels. Ils sont donc sujets à des vulnérabilités qui, parfois, donnent lieu à de réels incidents de sécurité. Par exemple, il est arrivé que le système d'authentification d'un site de partage de fichiers soit inopérant suite à une faille de sécurité, donnant ainsi un accès libre à tous les utilisateurs du service. De plus, on ne compte plus les sites, même prestigieux, qui se font pirater les identifiants de leurs utilisateurs, mettant ainsi en danger leurs données.

Ces arguments montrent bien que lutter contre le cloud spontané n'est pas un acte idéologique, promu par une DSI voyant d'un mauvais œil ces services faisant échapper de son contrôle les utilisateurs. Au contraire, lutter contre le cloud spontané est nécessaire pour préserver le patrimoine informationnel de l'entreprise.

Comment sécuriser ?

La question qui se pose logiquement maintenant est comment sécuriser le cloud spontané. Plusieurs approches sont possibles.

La première réponse consiste à lutter, à proprement parler, contre les pratiques de cloud spontané. Les moyens techniques ne manquent pas. En effet, il est très simple pour un RSSI de bloquer les sites fournissant de tels services. Il suffit d'agir au niveau du proxy HTTP, du pare-feu ou sur tout autre équipement en coupure entre le poste de travail et Internet. Attention, toutefois, aux effets secondaires d'une telle réaction, car cette mesure ne manquera pas de générer un réel mécontentement de la part des utilisateurs, qui ne se priveront pas de chercher immédiatement des contournements. La lutte frontale contre le cloud spontané n'est donc généralement pas une bonne option et ne se justifie que si des risques immédiats et importants ont été identifiés.

L'interdiction des sites de cloud spontané n'est pas, en soi, à proscrire. En revanche, toute interdiction doit s'accompagner d'une proposition de service alternative, iso-fonctionnelle et tout aussi pratique que celle utilisée spontanément par l'utilisateur. Le RSSI doit donc étudier la mise en place de plates-formes de messagerie instantanée, d'échanges de fichiers, de visioconférence ou de prise en main à distance maîtrisées et sécurisées. Parfois, ces solutions sont déjà en production dans l'entreprise et sont tout simplement ignorées des utilisateurs. Il suffit dans ce cas d'informer ces derniers que telle ou telle infrastructure, proposée par la société, répond déjà aux besoins en question. Dans d'autres cas, le recours aux clouds spontanés comble effectivement un manque. Il sera alors nécessaire d'étudier puis de mettre en place un nouveau service répondant aux besoins, mais maîtrisé par la DSI.

Pour résumer, si un service équivalent est déjà proposé par l'entreprise, le RSSI peut interdire le service spontané pour imposer l'alternative. Dans le cas contraire, il sera prudent de retarder toute interdiction jusqu'à être en mesure de proposer une alternative satisfaisante. Naturellement, en cas de risque majeur et immédiat, le RSSI ne doit pas se priver de bloquer tel ou tel site, et ce, qu'il y ait une alternative ou pas.

Quelle que soit la stratégie retenue, le RSSI doit toujours sensibiliser les utilisateurs sur les risques à se servir spontanément et à des fins professionnelles des services du cloud grand public.

Le message à faire passer est que l'on ne traite pas les données de l'entreprise comme on traite les données personnelles. Si certains utilisateurs n'hésitent pas à publier leurs photos de vacances sur Internet ou à faire part de leur humeur du moment sur des sites spécialisés, ils ne doivent pas oublier que les informations de l'entreprise ne leur appartiennent pas, qu'elles sont par défaut à usage interne et que leur divulgation peut être non seulement nuisible pour l'entreprise, mais qu'elle peut même avoir des conséquences dangereuses.

Un rappel à la charte de bon usage des ressources informatiques est incontournable. Enfin, il ne faut pas hésiter à rappeler que lorsqu'un utilisateur installe un logiciel sur son poste (ce qui, en principe, ne devrait pas être possible dans un parc bien géré), sans aucun encadrement de la DSI, ou lorsqu'il divulgue de l'information professionnelle sur un site Internet, il est personnellement responsable des conséquences que cela peut avoir en cas d'incident de sécurité.

Sécuriser le petit cloud

Intéressons-nous maintenant à ce que l'on peut appeler le « petit cloud ». Il s'agit généralement de services développés par des start-up, fournissant des fonctionnalités très spécialisées, généralement en mode SaaS, destinés à des métiers bien ciblés. Ces fournisseurs connaissent un essor important, car ils se positionnent dans des segments très pointus, dans des marchés verticaux, ultra spécialisés. Leurs services contribuent à soulager certaines tâches des processus métier clés de leurs clients. Ils permettent ainsi à leurs clients de se concentrer sur les activités à forte valeur ajoutée. Aucun secteur professionnel n'y échappe. Citons par exemple les services dans le secteur de la gestion immobilière, dans la gestion de patrimoine, dans les systèmes de prise de rendez-vous ou dans la gestion des comptes-rendus d'intervention. En peu de temps, ces petits prestataires sont devenus incontournables.

Les start-up fournissant ces services sont généralement composées d'un ou deux fondateurs associés, aidés d'une équipe de quelques dizaines de collaborateurs essentiellement consacrés à l'évolution de l'offre et au développement de la société. Elles ont une capacité étonnante à adapter et à faire évoluer leur produit. Autant dire que la sécurité de l'information est le cadet de leur souci. Ainsi, si leurs produits sont extrêmement évolutifs, ils présentent souvent des failles de sécurité importantes : mécanismes d'authentification faibles, centralisation dans une seule instance de base de données de toutes les données de leurs clients, faible protection du code source, perméabilité aux attaques d'injection SQL et de *Cross Site Scripting*, etc. Cette situation s'explique dans la mesure où, d'une part, personne dans l'entreprise n'est expert en sécurité et, d'autre part, les clients ne font pas forcément pression en matière de sécurité.

Faut-il considérer cette situation comme inquiétante ? Paradoxalement, non. En effet, ces sociétés ont deux qualités principales. La première est qu'elles sont petites, si bien qu'il est parfaitement possible de se rapprocher de leurs dirigeants pour commanditer un audit de sécurité. Le RSSI pourra donc aller auditer son fournisseur (ou le faire auditer par des prestataires) ce qui lui donnera un état des lieux très précis de son niveau de sécurité. Ceci est un point très positif.

La seconde qualité de ces fournisseurs est qu'ils sont très dynamiques. Pour peu que l'audit de sécurité propose des recommandations constructives, le fournisseur comprendra très vite qu'il a tout intérêt à les mettre en œuvre rapidement. En effet, sécuriser son service sera une action dont il tirera profit en communiquant auprès de ses autres clients.

Cette collaboration entre le client et son fournisseur de cloud est l'exemple par excellence d'une relation gagnant-gagnant. Le RSSI doit vendre ce principe.

Si la mutualisation massive de l'infrastructure et des données est la pierre angulaire du cloud, c'est aussi le cauchemar du RSSI qui cherche, quant à lui, le plus de dédié possible. Aussi, si le client a suffisamment de poids par rapport à son fournisseur, il est possible de lui demander de mettre en place une infrastructure physique et des instances de bases de données dédiées, non mutualisées. Naturellement, ceci n'est possible que lorsque le client représente une part importante du chiffre d'affaires de son fournisseur.

Enfin, notons que ces petits fournisseurs de cloud recourent à leur tour massivement au cloud. Se centrant sur les activités métier à forte valeur ajoutée, ils n'hésitent pas à sous-traiter leur messagerie, leur gestion de documentation, leur hébergement, leur relation clientèle, etc. Le RSSI, client de ce fournisseur de cloud, doit vérifier que son fournisseur a bien évalué les risques liés à cette dépendance massive vis-à-vis des sous-traitants et s'il a mis en place toutes les dispositions nécessaires pour réduire les risques à un niveau acceptable.

Sécuriser le grand cloud

Passons maintenant aux poids lourds du secteur. Il s'agit des grands fournisseurs de services de messagerie, de gestion de documents bureautiques, de spécialistes de la paye ou de gestionnaires de la relation clientèle. Ces sociétés offrent leurs services à toute la planète, pour tout type d'entreprise, de la plus petite des PME à la multinationale implantée sur tous les continents.

Un problème de taille

Les plates-formes système, réseau et applicatives de ces fournisseurs sont extrêmement complexes, souvent réparties sur plusieurs centres de production dans le monde et gérées par des équipes pléthoriques de techniciens et d'ingénieurs. Cette complexité est entièrement masquée aux yeux du client, qui ne voit que les interfaces qui lui sont présentées par le fournisseur.

Cette apparente simplicité ne dispense pas le RSSI de se poser de très nombreuses questions : il ne sait pas comment sont gérées les sauvegardes et les restaurations. Il ne sait pas comment est assuré le cloisonnement de ses données par rapport aux autres clients. Il ne sait pas si les centres de production sont construits dans les règles de l'art (alimentation électrique, refroidissement, accès réseau, contrôle d'accès physique, etc.). Il ne sait pas non plus si des plans de continuité d'activité sont opérationnels. Comment savoir, par ailleurs, comment sont administrés les systèmes, de quelle manière et par qui ? Comment est organisé le contrôle interne ?

Rester dans l'ignorance sur des points aussi importants est parfaitement inacceptable pour le RSSI. Il va donc demander des éclaircissements à son fournisseur et, si nécessaire, exiger la mise en place de mesures de sécurité pertinentes. Malheureusement, cette initiative sous-entend que le RSSI a un certain pouvoir plus ou moins développé vis-à-vis du tiers, mais la réalité est parfois très décevante.

On dit souvent de façon très caricaturale qu'entre un client et son fournisseur s'installe une relation de maître à esclave. Cela sous-entend que le client dispose de nombreux leviers pour faire pression sur son fournisseur, notamment en matière de sécurité. La réalité du marché fait que ce rapport de maître à esclave n'est pas toujours dans le sens que l'on espère. Lorsque le fournisseur est en position de force sur le marché, ou bien que sa taille est telle que le client ne pèse que très peu sur son chiffre d'affaires, ce rapport de force est littéralement inversé. C'est presque toujours le cas chez les grands fournisseurs de cloud. Ceci complique grandement la tâche du RSSI lorsqu'il souhaite imposer des mesures de sécurité à son fournisseur.

À défaut de pouvoir imposer des mesures de sécurité, il est bien légitime que le RSSI cherche au moins à contrôler le niveau de sécurité de son fournisseur.

Contrôle du fournisseur

Le contrôle le plus simple pour connaître les pratiques de sécurité d'un fournisseur est toujours l'audit. Malgré le rapport de force en défaveur du client, les fournisseurs acceptent généralement de se faire auditer, surtout si ces audits sont stipulés dans des clauses contractuelles. Dans ce cas, le RSSI, son équipe ou un cabinet mandaté par lui pourra se rendre chez le fournisseur afin d'inspecter l'ensemble des mesures de sécurité. Cette démarche est coûteuse et ne donne pas une image très précise de l'infrastructure du fournisseur, car les infrastructures en question sont tellement complexes (souvent mondiales) qu'il est très difficile de ressortir de l'audit avec les idées claires. L'audit direct par le RSSI ou ses mandataires donne toutefois une idée d'ensemble sur le sérieux du fournisseur. En revanche, il faut savoir qu'elle n'apporte aucune certitude que les données de l'entreprise sont bien en sécurité.

Notons que les fournisseurs en question ont tellement de clients qu'ils sont constamment sujets à des audits. Ils reçoivent quasiment toutes les semaines des auditeurs mandatés par leurs clients qui leur posent toujours le même genre de questions. Recevoir les auditeurs et répondre à leurs questions est devenu tellement coûteux que ces fournisseurs élaborent tous un corpus de politiques et de documents d'architecture détaillant toutes les dispositions prises dans tous les domaines, et notamment dans le domaine de la sécurité des SI. Le but est de répondre, par écrit et par avance, aux questions les plus fréquemment posées par les auditeurs. Ainsi, ceux qui veulent les auditer sont priés de prendre connaissance au préalable de ces documents, qui dépassent généralement la centaine de pages.

Toutefois, cette disposition ne suffit pas à réduire sensiblement le nombre et la durée des audits. Alors, pour fournir de la confiance en sécurité auprès de leurs clients, les fournisseurs décident de plus en plus souvent d'obtenir des certifications en sécurité. Les deux plus connues sont la certification ISAE 3402 (qui remplace l'ancienne SAS 70 type 1 et type 2) ainsi que la certification ISO 27001. Ces certifications reposent sur des référentiels reconnus internationalement dans le domaine de la sécurité. Des auditeurs indépendants passent en revue les mesures de sécurité mises en place par les fournisseurs, ils vérifient que ces mesures sont appropriées et opérationnelles et, en cas de succès, ils délivrent un rapport ainsi qu'un certificat. Cette démarche est très contraignante pour le fournisseur, mais elle lui permet de montrer à ses clients qu'il a de bonnes pratiques dans le domaine de la sécurité des SI. En principe, le client n'a plus qu'à se faire transmettre le certificat ou le rapport d'audit pour vérifier le sérieux de son fournisseur, plus besoin d'aller l'auditer (ceci dit, le client est toujours libre de le faire s'il le souhaite).

Que les grands fournisseurs de cloud exposent à leurs clients des certifications présente sans aucun doute des avantages, mais cela ne doit pas faire oublier certaines limites.

- **Avantages :** le premier avantage de la certification est que le client dispose de la preuve qu'un auditeur réputé indépendant a vérifié, par rapport à un référentiel reconnu, que son fournisseur a de bonnes pratiques de sécurité. C'est surtout le cas pour la certification ISO 27001. Quant à la certification ISAE 3402, elle délivre des rapports très détaillés, décrivant assez précisément les mesures de sécurité mises en place par le fournisseur. Ceci répond aux principales questions que se pose le RSSI.
- **Limitations :** la certification du fournisseur présente toutefois quelques limitations que le RSSI ne doit pas ignorer. D'abord, les rapports d'audit (surtout les rapports ISAE 3402) sont très volumineux. Ils dépassent généralement une centaine de pages et certains atteignent même trois cents pages. Qui peut affirmer honnêtement avoir déjà lu un rapport aussi volumineux ? De plus, ces rapports illustrent des plates-formes très complexes, donc difficiles à appréhender. Ajoutons que, si tous les rapports commencent par préciser le périmètre couvert par l'audit, comment savoir si ce périmètre est vraiment pertinent par rapport aux attentes du client ? Enfin, il ne faut jamais oublier que, même si les audits sont réalisés par des acteurs reconnus, ils n'en sont pas moins les fournisseurs de leurs audités. Les auditeurs n'ont donc pas intérêt à être trop sévères avec leurs clients à l'heure de rédiger leurs rapports.

Collaboration avec le fournisseur

Même s'il est très difficile de connaître le niveau réel de sécurité du fournisseur et s'il est quasiment impossible de lui imposer quoi que ce soit, tout n'est pas négatif chez les grands acteurs du cloud. Ils ont même des atouts importants qui vont clairement dans le sens de la sécurité.

Commençons par le plus élémentaire. Les grands fournisseurs de cloud proposent pour la plupart des options de sécurité via leur interface d'administration. L'utilisateur chargé d'administrer l'application peut donc positionner très simplement un certain nombre de paramètres. L'expérience montre que ces fonctionnalités sont souvent sous-exploitées, car méconnues. Ici, la tâche du RSSI consiste simplement à se rapprocher de l'utilisateur chargé de l'administration applicative pour passer en revue avec lui les différentes possibilités de sécurisation fournies en standard. Il est généralement possible d'agir sur les paramètres liés aux mots de passe (longueur, complexité, durée de vie...), sur la gestion des comptes (durée de vie, activation/désactivation, comptes orphelins) et sur la gestion des privilèges (directement attribués aux utilisateurs ou bien basés sur les profils). Utiliser au maximum ces possibilités est déjà un pas important pour la sécurité.

Un autre avantage des grands fournisseurs de cloud réside dans les moyens qu'ils consacrent pour mobiliser des équipes très compétentes et concevoir des dispositifs avec un très haut niveau de disponibilité. Leurs processus de réaction aux incidents sont très éprouvés. En fait, ces acteurs ont poussé le niveau d'industrialisation de ces processus de continuité à un niveau dont on ne peut que se réjouir. Peu d'acteurs peuvent aujourd'hui prétendre assurer eux-mêmes un tel niveau de disponibilité.

Un dernier atout méritant d'être signalé est que ces fournisseurs proposent à leurs clients des API couvrant de nombreux domaines, dont la sécurité de l'information. Le client peut donc obtenir des journaux de l'activité, générer des filtres, configurer des alertes et intégrer automatiquement ces événements dans des applications maison. D'ailleurs, les fabricants de boîtiers de sécurité (proxy, analyseurs d'e-mails, etc.) sont de plus en plus souvent interfacés avec ces fournisseurs via ces API. Le RSSI peut donc mettre en place des mesures de sécurité techniques directement sur le service.

Principales mesures de sécurisation

À ce jour, les solutions pour sécuriser le cloud sont encore en pleine évolution. De nombreuses solutions ne manqueront pas de paraître sur le marché dans les prochaines années. Cependant, on peut d'ores et déjà dégager trois mesures élémentaires pour sécuriser les services du cloud. Les deux premières sont relativement simples à mettre en œuvre, la troisième présente quelques difficultés. Avant cela, il faut évoquer la question de l'urbanisation du cloud.

Urbanisation

Cette question n'est pas à proprement parler spécifique à la sécurité. Elle concerne plus le DSI que le RSSI. Cependant, ce dernier ne doit pas y être totalement étranger. En fait, il est très fréquent que les métiers contractent un service de cloud sans compter sur la DSI. Une fois le service en place, ils s'aperçoivent rapidement du besoin d'interagir avec le reste du SI et se tournent en catastrophe vers la DSI. La question de l'urbanisation se pose donc très rapidement et les besoins concernent les domaines suivants : gestion des identités, solutions intégrées d'authentification, solutions d'extraction ou d'intégration de données, transferts de fichiers, intégration dans les dispositifs d'intermédiation (ESB, EAI ou ETL), etc. La DSI ainsi que le RSSI doivent impérativement s'impliquer le plus en amont possible pour assurer, d'une part, la bonne intégration du service dans le SI et, d'autre part, un niveau de sécurité satisfaisant.

Filtrage des adresses

L'un des intérêts du cloud est que le service est disponible depuis Internet. Il n'est donc pas nécessaire de mettre en place une liaison dédiée, un accès MPLS ni même un tunnel VPN pour y accéder. Tout équipement relié à Internet et sachant faire du TLS peut accéder au service. Cet avantage indiscutable induit un inconvénient : le service est exposé aux attaques depuis tout Internet. Concrètement, toute personne ou entité malveillante connaissant l'URL du service peut l'attaquer. Pour peu que l'attaquant devine un identifiant dont le mot de passe est trivial, le service sera pénétré. Pour prévenir ce risque, de nombreux fournisseurs proposent de filtrer les adresses depuis lesquelles le service peut être consulté. Ainsi, si une DRH sous-traite dans le cloud son application de paye, elle peut demander au fournisseur de ne répondre qu'aux requêtes provenant des adresses IP de l'entreprise. Toutes les autres requêtes seront rejetées. Cela réduit considérablement la surface d'exposition au risque. Naturellement, cette solution très simple n'est applicable que si le service est consulté par du personnel sédentaire, travaillant depuis des sites bien connus, dont on a déclaré les adresses IP. On ne peut pas appliquer cette mesure pour un personnel mobile, susceptible de changer très souvent d'adresse IP.

Protection des accès pour les administrateurs fonctionnels

L'expérience montre que les administrateurs fonctionnels des services du cloud y accèdent avec un mode d'authentification standard, c'est-à-dire qu'un simple identifiant et un mot de passe suffisent pour administrer le service. Peu sensibilisés à l'importance de choisir un bon mot de passe, ces administrateurs ont tendance à avoir des pratiques très moyennes en la matière. Or, leurs comptes sont très sensibles puisqu'ils permettent de créer, supprimer et modifier des utilisateurs, des services ou des données applicatives. Sécuriser leurs accès est donc très important. L'idéal est d'imposer aux administrateurs fonctionnels un mode d'authentification fort, à plusieurs facteurs. Malheureusement, cette solution n'est pas toujours triviale à déployer étant donné que ces administrateurs souhaitent souvent pouvoir piloter le service depuis plusieurs types de terminaux, notamment leurs équipements personnels (PC personnels, tablettes, etc.). Le RSSI doit être très attentif sur ce point et imposer, pour le moins, un mot de passe de grande qualité pour cette population. L'usage d'un *soft token* sera un plus.

Chiffrement des données

Une autre mesure, beaucoup plus difficile à implémenter que les précédentes, est le chiffrement des données. L'idée est de chiffrer les données que le client place dans le cloud. Certains fournisseurs proposent une solution intégrée, mais elle inspire généralement peu confiance aux clients car le fournisseur détient les clés. Une autre solution consiste à chiffrer les données en amont, avant leur dépôt dans le cloud, mais ces solutions ne sont pas totalement transparentes. Une troisième approche consiste à mettre en place des dispositifs de chiffrement à la volée. En fait, ce sont des proxies chiffrants/déchiffrants. Ainsi, les données sont dynamiquement chiffrées lorsqu'elles sont envoyées vers le fournisseur et déchiffrées lorsqu'elles sont servies par ce dernier. Cependant, les produits ne semblent pas encore mûrs et de nombreuses difficultés techniques se posent encore dans la pratique. Notons que le chiffrement résout un problème récurrent. En fin de contrat, le fournisseur est censé détruire toutes les informations de son client. L'expérience montre que, d'une part, les fournisseurs ont du mal à s'y tenir et, d'autre part, les clients n'ont aucun moyen d'avoir la certitude que leurs données ont bien été effacées. Le chiffrement résout définitivement cette question puisqu'il suffit de détruire les clés pour que les données soient supprimées à tout jamais, même si le fournisseur ne les efface pas. Cet argument soulève toutefois un risque très important : si les clés sont perdues par accident, les données du client sont perdues définitivement, sans aucune possibilité de récupération. Une gestion très stricte des clés est donc nécessaire.

Maîtriser les comptes génériques

Les applications en mode SaaS sont très souvent facturées au compte actif. Plus il y a de comptes, plus le coût est important. Lorsqu'une application en mode SaaS est déployée, on constate généralement une dynamique en deux temps. Tout d'abord, les créations de comptes se multiplient, faisant croître les coûts de façon constante. Cette situation peut durer plusieurs mois avant que la direction financière signale une alerte aux services concernés. Cette alerte débouche naturellement sur une revue des comptes afin de désactiver ceux qui sont inactifs ou inutiles. De plus, des processus sont alors mis en place pour limiter les créations injustifiées ; seuls les comptes absolument nécessaires sont créés. À ce stade, le coût de la solution en mode SaaS se stabilise enfin.

Cependant, certains usages favorisent l'inflation des comptes. Considérons par exemple les populations ayant besoin d'accéder à l'application peu souvent. Il faudrait logiquement créer un compte pour chacune de ces personnes, chacun ayant un coût non négligeable pour un usage certes nécessaire mais occasionnel. Les chefs de projet et les responsables métier sollicitent alors le RSSI pour autoriser un ensemble limité de comptes génériques servant au besoin aux utilisateurs occasionnels.

Dans cette situation, deux contraintes se télescopent : d'une part, la contrainte sécuritaire qui consiste à exiger la création d'un compte nominatif pour chaque utilisateur et, d'autre part, la contrainte financière qui pousse à limiter au maximum les créations de comptes, quitte à créer des accès génériques pour les usages occasionnels. Comment satisfaire ces deux contraintes pourtant contradictoires ?

Avant de répondre à cette question, il convient de se rappeler les deux raisons fondamentales justifiant les comptes nominatifs.

- **L'imputabilité des actions :** les comptes nominatifs permettent d'imputer les actions. Ainsi, lorsqu'une erreur a été commise ou lorsqu'un acte de malveillance a eu lieu, il est possible de savoir qui en est à l'origine ou, du moins, qui s'est fait usurper son identité.
- **Responsabilisation de l'utilisateur :** la conséquence directe de l'imputabilité des actions est que l'utilisateur adopte un comportement responsable en utilisant le SI.

Face à la pression de la demande de comptes génériques, le RSSI dispose de plusieurs options. Nous allons les passer en revue.

Un compte nominatif permanent par utilisateur

Il est clair que l'usage de comptes nominatifs sans exception est la solution la plus sécuritaire, entièrement alignée sur les règles de l'art. Cependant, si le nombre d'accès à créer est important, son coût peut s'avérer rapidement prohibitif. Aussi, malgré la position du RSSI, les utilisateurs contourneront son choix en créant des comptes génériques. Ce contournement sera contre-productif en termes de sécurité. L'approche du « tout nominatif » pour ces cas-là n'est pas forcément la meilleure. Des alternatives sont nécessaires.

Activation/désactivation de comptes nominatifs

Ici, chaque utilisateur dispose d'un compte nominatif, par défaut désactivé, qui est activé uniquement lorsqu'il a besoin d'accéder à l'application.

Cette approche a l'avantage de ne coûter que pour les comptes réellement utilisés. En même temps, elle préserve parfaitement l'imputabilité et la responsabilisation de l'utilisateur. En revanche, elle nécessite d'activer et de désactiver les comptes à la demande, ce qui implique généralement le service informatique. L'activation/désactivation peut aussi être effectuée via des scripts ou des procédures programmées dans le cas où l'on sait bien à l'avance qui aura besoin d'accéder aux applications SaaS et quand (c'est généralement le cas pour les personnels d'astreinte). Cependant, il faut pour cela que l'application permette l'automatisation de ces opérations, ce qui est rare.

Cette solution s'avère donc très peu viable dans la pratique.

Comptes génériques réinitialisés à l'usage

Dans cette approche, des comptes génériques sont créés en nombre limité. Lorsqu'un utilisateur a besoin d'accéder à l'application, il appelle l'assistance informatique qui génère alors un ticket d'intervention pour tracer l'action, affecte un compte générique à l'utilisateur et le bloque aussitôt, puis renseigne dans l'adresse de contact l'adresse électronique de l'utilisateur. Ce dernier reçoit alors un courriel permettant de débloquer le compte et l'obligeant à changer le mot de passe. Puisqu'il est le seul à connaître le mot de passe, le demandeur est à cet instant-là le seul à pouvoir se servir du compte. De plus, le ticket d'intervention aide à tracer les actions car il indique qui dispose de quel compte générique.

L'avantage de cette approche est qu'elle ne nécessite la création que d'un nombre restreint de comptes génériques utilisés au besoin, ce qui est financièrement très satisfaisant.

Il est cependant inutile d'insister sur la complexité de cette méthode qui oblige le service d'assistance à intervenir à chaque fois. De plus, devant la lourdeur du processus, il y a fort à parier que les utilisateurs s'entendront rapidement sur une convention de mot de passe afin de partager les comptes génériques sans avoir à les réinitialiser ni à solliciter le service informatique.

Comptes génériques chaînés par un WebSSO

Dans le cas où un dispositif de WebSSO a été mis en place, il est possible de faire en sorte que l'utilisateur s'authentifie de façon nominative auprès du boîtier de WebSSO.

> **Remarque**
> Un chapitre de cet ouvrage présente en détail la question du WebSSO.

Une fois l'utilisateur authentifié, le boîtier lui attribue de façon transparente un compte générique pré-convenu. Certes, l'utilisateur accède à l'application SaaS avec un compte générique. Il n'est donc pas possible à ce niveau-là de lui imputer des actions. En revanche, le dispositif d'authentification conserve les traces de la connexion ainsi que l'association identité/compte générique. La traçabilité est donc possible.

Si elle semble cumuler les avantages, cette approche présente toutefois une limite, car si plusieurs utilisateurs se voient attribuer simultanément le même compte générique, leurs actions ne seront plus imputables. De plus, il faut pouvoir consulter facilement les journaux du boîtier d'authentification, ce qui n'est pas forcément trivial. Un rapprochement avec les équipes de production est donc nécessaire.

En conclusion, nous sommes bien forcés de constater que les très forts impératifs financiers imposent souvent l'usage des comptes génériques, malgré les risques et les complications que cela implique. Il est inutile de rappeler aux équipes projet ayant imposé l'approche en mode SaaS qu'elles auraient bien fait de prévoir cette inflation de comptes et cette explosion des coûts en amont du projet. Aussi, le RSSI est-il contraint dans certains cas, et bien malgré lui, d'accepter l'usage des comptes génériques ; à lui de mettre en place des dispositifs pour assurer, autant que faire se peut, l'imputabilité et la responsabilisation des utilisateurs.

Les CASB

Les solutions exposées jusqu'ici sont gérables lorsqu'on a affaire à trois ou quatre fournisseurs de cloud. De plus, ces solutions restent, somme toute, relativement unitaires et peu liées entre elles. On se rend compte progressivement que le cloud impose une nouvelle approche de la sécurité.

Besoin d'une nouvelle approche

Une approche traditionnelle de la sécurité est basée sur les pare-feu, les SIEM, ainsi que sur les dispositifs de détection et de prévention d'intrusion. Or, ces dispositifs ne couvrent que l'activité au sein même de l'entreprise. Dès lors que les données quittent le datacenter pour le cloud, ces dispositifs perdent une grande part de leur utilité.

Ainsi, pour traiter les infrastructures spontanées (usages du cloud non déclarés à la DSI), l'approche classique présentée plus haut consiste souvent à bloquer les fournisseurs de cloud non désirés. Nous sommes donc dans une démarche du tout ou rien. Or, on peut légitimement souhaiter bénéficier de certains services d'un fournisseur, tout en interdisant d'autres services.

> **Exemple**
>
> Considérons un fournisseur de cloud proposant un service de travail collaboratif.
>
> S'il est compréhensible que le RSSI interdise la fonctionnalité de prise de contrôle des postes de travail à distance, il est parfaitement légitime d'autoriser la fonctionnalité de déport d'affichage, afin de faciliter les actions d'assistance.
>
> Le blocage pur et simple du fournisseur interdirait cette fonctionnalité pourtant bien nécessaire.

Bloquer purement et simplement certains services ne ferait qu'encourager les utilisateurs à contourner les règles de sécurité.

Certes, les éditeurs de pare-feu traditionnels ont réagi à ce besoin en proposant des équipements montant jusqu'au niveau applicatif. Il est donc maintenant possible d'autoriser certaines fonctionnalités d'un service du cloud tout en en interdisant certaines autres. Cependant, ce mécanisme reste, somme toute, assez limité.

Ainsi, et malgré les actions ponctuelles de sécurisation du cloud, les DSI perdent progressivement la maîtrise des données au fur et à mesure que le cloud monte en puissance. Il devient impératif de trouver un moyen de redonner une bonne visibilité sur l'activité du cloud. C'est précisément que ce propose une nouvelle gamme de produits appelée CASB.

> **Vocabulaire**
> Le terme CASB est le sigle anglais de *Cloud Access Security Broker.*
> Certains acteurs utilisent plutôt le sigle CDP, pour *Cloud Data Protection*, au lieu de CASB, mais cette dénomination reste marginale.

Nouveaux services rendus par les CASB

Le premier besoin du RSSI est de contrôler l'accès spontané au cloud par les utilisateurs. Toutefois, les fonctionnalités souhaitées ne se limitent pas à contrôler ce Shadow IT. On veut aussi contrôler les usages du SaaS licite. En fait, le but est de sécuriser tous les clouds de l'entreprise. Pour répondre à ce besoin, les éditeurs de CASB ont développé un certain nombre de fonctionnalités.

- **Contrôle du cloud spontané :** les CASB montrent les usages du cloud faits par les employés. Les sites visités se voient attribuer une note de confiance en matière de sécurité (service autorisé, service dangereux, service interdit). Le but est clairement de neutraliser l'usage du cloud spontané (on dit aussi Shadow IT). On trouve des solutions intéressantes consistant à envoyer des alertes directement à un utilisateur en lui proposant une application alternative lorsqu'il cherche à accéder à un service de cloud non référencé dans l'entreprise. En ce sens, c'est une réponse industrielle à l'approche empirique proposée dans la section « Sécuriser le cloud spontané » du présent chapitre. L'avantage est que l'on reste dans une démarche positive, sans bloquer tout de suite l'utilisateur, tout en lui proposant une alternative. Il sera toujours temps d'escalader et de devenir plus directif si l'utilisateur persiste dans son attitude à consulter des services non référencés. Tout ce travail peut être fait automatiquement.
- **Visibilité sur les actions :** les CASB analysent finement les actions des utilisateurs sur les applications SaaS et fournissent des états très précis.

Ces états peuvent couvrir l'ensemble des utilisateurs comme en cibler quelques-uns en particulier.

- **Contrôle des partages :** un des points qui inquiètent le plus le RSSI est l'absence totale de visibilité sur les fichiers partagés par les utilisateurs dans le cloud. Grâce à la fonctionnalité exposée précédemment, les CASB proposent souvent des états dédiés aux partages, présentant clairement quels sont les fichiers exposés, avec qui ils sont partagés et quel est le niveau de risque.

- **Protection contre la fuite d'informations :** certains CASB analysent le contenu des données échangées. Ce contenu est ensuite comparé selon une liste de critères (mots-clés, expressions régulières). Si un document partagé satisfait aux critères, une alerte est envoyée. Cette analyse peut être réalisée en temps réel, si bien que l'utilisateur faisant fuir des informations sera immédiatement détecté. Naturellement, pour exploiter cette fonctionnalité, il faut au préalable classifier l'information. On peut par exemple positionner des mots-clés par rapport à PCI-DSS afin de protéger les données des porteurs de cartes bancaires, ou positionner des expressions régulières pour protéger les données médicales. Cependant, il ne faut pas sous-estimer la difficulté de classifier les informations.

- **Analyse de comportement :** certains produits permettent d'analyser l'activité des utilisateurs par rapport à des critères. Cette analyse est basée sur un modèle mathématique produisant une note qualifiant le niveau de risque de chacun. Comme les états fournis contiennent des éléments très personnels sur les utilisateurs, certains produits anonymisent ces données en direct.

- **Détection d'incident :** c'est une conséquence directe du point précédent. Lorsque le CASB détecte que l'utilisateur change brusquement de comportement, et à plus forte raison lorsque ce nouveau comportement est noté comme étant à risque, une alerte peut être lancée. Par exemple, en cas d'usurpation d'identité, le système se rendra mathématiquement compte que la victime a changé brusquement son comportement. Les outils fonctionnant de cette façon produisent souvent dynamiquement des arbres de menaces. Cet outil est très appréciable pour le RSSI.

- **Protection dynamique :** conséquence immédiate du point précédent, il est possible de bloquer le compte d'un utilisateur ou le partage d'un document sensible sur détection d'un comportement suspect.

- **Chiffrement :** il est parfaitement légitime de ne pas faire confiance au fournisseur de cloud pour chiffrer les données. On peut donc charger les CASB d'assurer ce chiffrement. Ce point a été développé dans la section « Chiffrement des données », plus haut dans ce chapitre.

Nous voyons que les fonctionnalités proposées par les CASB sont originales et prometteuses. Les éditeurs font preuve dans ce domaine d'une grande imagination. Cependant, il faudra voir à l'usage si ces fonctionnalités tiennent vraiment leurs promesses et à quel prix.

Différentes approches de déploiement

Les CASB se positionnent comme intermédiaires entre le client et le fournisseur de service SaaS. C'est cet intermédiaire qui fournit les services de sécurité dont nous venons de parler. D'un point de vue purement architectural, y a plusieurs façons de positionner cet intermédiaire.

- **Proxy :** dans ce cas de figure, tous les accès à destination du fournisseur de SaaS sont redirigés, via les équipements réseau de l'entreprise, vers le service de CASB. Ensuite, ce dernier fait suivre les flux vers les fournisseurs de SaaS demandés par le client. Pour que cette solution fonctionne, il faut que les équipements réseau (ou les postes de travail) soient configurés pour relayer les flux vers le CASB. Cela ne pose pas de problème pour les accès depuis des postes de travail maîtrisés, accédant au service SaaS depuis l'intérieur du SI. En revanche, cette solution ne marche pas pour les accès depuis des terminaux non maîtrisés ou situés à l'extérieur du SI. Ainsi, rien n'empêche un utilisateur situé à l'extérieur du SI d'accéder directement au service SaaS sans passer par le CASB.

- **Reverse proxy :** une fois sortis sur Internet, les flux sont redirigés vers le CASB pour être ensuite relayés vers le fournisseur de SaaS. L'avantage de cette approche est qu'elle fonctionne, que l'utilisateur soit situé à l'intérieur du réseau d'entreprise ou sur un poste non géré, à l'extérieur de l'entreprise. Elle ne nécessite pas de configurer un proxy interne ou les postes de travail. En revanche, cette approche ne fonctionne pas forcément pour toutes les applications. Celles ayant codé les URL en dur ou ne sachant pas gérer le protocole SAML ne pourront pas interagir avec un CASB en mode reverse proxy.

- **API :** dans ce cas, le client accède directement au fournisseur de SaaS, sans intermédiaire. En parallèle, le fournisseur se charge d'échanger avec le CASB les informations nécessaires via ses API. Les échanges via les API ne sont généralement pas synchrones. Ils ne permettent donc pas de fournir des fonctionnalités de contrôle en temps réel. En revanche, ce type de déploiement sait toucher les couches les plus profondes du service, si le fournisseur le permet. Il devient alors possible de savoir précisément qui se connecte, qui se déconnecte, quelles fonctions sont utilisées, quels fichiers sont manipulés ou partagés, etc. Des actions de contrôle très fines sur les usages du service sont ainsi envisageables.

- **Agent :** il s'agit ici de déployer un agent sur chaque terminal. Il se charge alors de rediriger les flux vers le CASB. Cette approche est plus particulièrement utilisée pour les déploiements destinés à chiffrer les données. Cet aspect a déjà été présenté plus haut.

Notons que les déploiements de CASB sont pour la plupart hybrides et cumulent plusieurs de ces approches.

Points importants

Si la richesse et l'originalité des fonctionnalités exposées plus haut peut donner envie de se lancer dans le déploiement d'un CASB, il ne faut pas pour autant fermer les yeux sur certains points moins positifs. Les sujets suivants doivent donc être considérés avec attention.

- **Modèles d'implantation :** les modèles d'implantation des CASB sont nombreux (à base de proxy, de reverse proxy, d'API ou d'agent) et ne sont pas encore stabilisés. À ce jour, il n'y a pas de consensus sur la meilleure approche pour implanter un tel produit.
- **Pérennité des fonctionnalités :** un tronc commun de fonctionnalités se retrouve d'un fournisseur de CASB à l'autre. En revanche, chacun cherche à se distinguer en fournissant des services plus spécifiques, absents chez le concurrent. Il est très difficile de savoir à l'heure actuelle quelles fonctionnalités trouveront réellement leur place et quels sont les usages qui s'imposeront.
- **Fonctionnalités en double :** toujours dans le domaine des fonctionnalités, il ne faut pas oublier que les poids lourds des services en mode SaaS fournissent déjà des fonctionnalités et des API apportant de la valeur ajoutée en matière de sécurité. Il y a donc un risque de doublon entre ces fonctionnalités intégrées et celles proposées par les CASB. S'il ne fait pas attention, le RSSI risque de payer deux fois certaines de ces fonctionnalités.
- **Prix :** à ce jour, le mode de facturation le plus répandu pour ce type de produit est calculé sur la base d'un abonnement par utilisateur, par fournisseur de SaaS géré et par fonctionnalité de sécurité contractée (naturellement, des nuances existent entre les fournisseurs). Autant dire que les prix sont pour le moment très élevés.
- **Nombre de fournisseurs de SaaS couverts :** certains acteurs garantissent qu'ils sont capables d'interagir avec quelques dizaines de fournisseurs de cloud. En fait, ils centrent leurs efforts sur les poids lourds du marché. À l'opposé, d'autres fournisseurs annoncent couvrir plus d'un millier de fournisseurs de SaaS. Il est très important de vérifier que les fournisseurs couverts par les CASB correspondent bien à ceux qui sont utilisés dans l'entreprise, voire à ceux qui risquent de l'être à l'avenir. Ce travail n'est pas si simple, vu l'extrême dynamisme de l'intégration de nouveaux services SaaS dans les entreprises.
- **Fébrilité du marché :** les éditeurs de CASB sont encore assez récents et assez nombreux sur le marché. Si quelques noms commencent à s'imposer, il est plus que probable que certains acteurs disparaîtront et que

le secteur connaîtra des rapprochements, des fusions et des acquisitions. Ce contexte n'est pas très favorable au déploiement rapide et pérenne d'un CASB.

Précautions à prendre avant de s'équiper d'un CASB

Les différentes approches de déploiement et les points importants présentés précédemment ne sont pas les seuls paramètres à prendre en compte avant de déployer une solution de CASB. Un certain nombre de précautions complémentaires s'avère nécessaire.

- **Anticipation :** il est important d'essayer d'anticiper les usages du cloud qui seront faits dans la durée. Un déploiement peu réfléchi d'une solution de CASB nécessitera un recadrage très rapidement après la mise en production. Ceci est particulièrement vrai pour les CASB utilisés en vue de chiffrer les données à la volée. Lorsque les applications SaaS seront mises à jour par leur fournisseur (cela arrivera bien tôt ou tard), resteront-elles toujours compatibles avec le chiffrement implanté au niveau du CASB ? Rien n'est moins sûr.

- **Transparence :** tout service de sécurité en coupure entre le client et le serveur se doit d'être le plus transparent possible. Aussi faudra-t-il privilégier les solutions les plus transparentes au niveau de l'utilisateur. Ce dernier ne doit pas se rendre compte qu'un intermédiaire à haute valeur ajoutée a été inséré entre lui et les services qu'il consulte.

- **Performance :** c'est une question clé qu'il faudra impérativement tester dans les conditions les plus proches de la réalité de production. Ceci est particulièrement vrai pour les CASB opérant à base d'API. Un écart très important peut être constaté entre une petite maquette de tests et un déploiement de production.

- **WebSSO :** rien n'oblige à déployer une infrastructure de WebSSO avant d'intégrer un CASB. Cependant, comme il s'agit de contrôler les accès aux applications web, la mise en bon ordre des authentifications web est salutaire. Attention, il ne faut toutefois pas oublier que les projets de WebSSO sont assez complexes. Il est donc fort peu prudent de mener ces deux fronts à la fois (projet WebSSO et projet CASB).

> **Remarque**
> Le chapitre 23 présente en détail la question du WebSSO.

- **Intégration au SI :** en tant que brique essentielle de la sécurité, les CASB doivent pouvoir s'intégrer avec l'environnement de l'entreprise. Il ne faut pas attendre le déploiement de la solution pour se demander comment s'interconnecter avec les annuaires, comment récupérer les journaux, etc. Ces points doivent être envisagés dès la phase de conception.

Conclusion sur les CASB

Nous avons vu que les CASB redonnent une réelle visibilité sur les usages du cloud (notamment pour le Shadow IT). En fait, ils sont en passe de devenir le pendant des pare-feu pour le cloud et constitueront une brique essentielle de la supervision sécurité du SI. Si ces produits tiennent leurs promesses, leur capacité d'analyse comportementale fera entrer la sécurité dans une nouvelle ère. D'une certaine manière, les CASB vont dans le sens de l'histoire.

Il est à ce jour encore assez difficile de faire son marché pour ce type de produit. En revanche, une veille très active s'impose pour déployer ces solutions de façon pertinente lorsque l'offre aura atteint un niveau de maturité acceptable, car il ne fait aucun doute que ces produits seront incontournables dans peu de temps

Chapitre 23

Aspects concrets du WebSSO

Le RSSI peut rarement prétendre apporter du confort pour l'utilisateur. Or, s'il est un domaine où il peut le faire, c'est bien dans le WebSSO. Il ne doit donc pas se priver de lancer un projet dans ce sens. Cependant, bien que le marché présente aujourd'hui des solutions satisfaisantes, le WebSSO cache de nombreuses difficultés concrètes que le RSSI se doit de maîtriser dès le départ, sous peine de compromettre le projet. Il est donc important de bien connaître ses principes de fonctionnement, ce qui nous permettra d'anticiper les questions opérationnelles qui seront à traiter.

Introduction

Véritable serpent de mer de l'informatique, l'idée du SSO n'est pas nouvelle. Des solutions historiques, souvent basées sur des agents distribués sur les postes de travail, repèrent les mires d'authentification des applications et saisissent l'identifiant et le mot de passe à la place de l'utilisateur. Mieux, certaines de ces solutions vont même jusqu'à choisir et saisir des mots de passe très complexes à la place de l'utilisateur.

> **Vocabulaire**
> Le sigle SSO signifie en anglais *Single Sign On*, qu'on pourrait traduire par « authentification unique ». L'idée est que l'utilisateur n'ait à s'authentifier qu'une seule fois pour accéder à toutes ses applications.

Depuis, une nouvelle génération de SSO a vu le jour. Il s'agit du WebSSO, que nous traitons ici.

Contexte

Trois tendances de fond ont modifié considérablement le paysage applicatif de nos SI. La première est le développement web. Cela fait plusieurs années que les applications sont massivement tournées vers les technologies web. Aussi, l'écrasante majorité des applications récentes que l'on voit reposent sur cette famille de technologies. Certes, on croise encore d'anciennes applications spécifiques basées sur des technologies obsolètes. Il est même probable qu'elles perdurent encore longtemps, mais elles demeureront dans des niches de plus en plus isolées. C'est notamment le cas de vieilles applications de gestion ou de certaines applications très directement liées à la production industrielle. Le Web n'est donc plus le futur, mais un présent bien réel.

Une seconde tendance est celle du cloud. Les DSI et les services métier recourent de plus en plus à des fournisseurs proposant des applications en mode SaaS. Ces dernières couvrent autant les domaines stratégiques de l'entreprise que des aspects plus périphériques, si bien que l'on ne trouve plus une seule société qui ne recoure au mode SaaS pour tel ou tel pan de son SI. Par essence, ces applications sont entièrement tournées vers le Web.

> **Remarque**
> Le chapitre précédent traite les questions liées à la sécurité du cloud. Le lecteur intéressé par cette question est invité à s'y référer.

Une troisième tendance est l'intercommunication entre les différents environnements. Les applications ne sont plus monolithiques, alignées les unes à côté des autres, elles communiquent entre elles, de façon de plus en plus intégrée.

Problème

La conséquence de ce qui vient d'être dit est que les applications se sont multipliées, obligeant l'utilisateur à se connecter sur chacune d'elles. La connexion se traduit concrètement par la saisie d'un identifiant et d'un mot de passe. Or, il est fréquent que ces derniers diffèrent d'une application à l'autre. L'utilisateur est donc face à un double inconfort :

- celui d'avoir à se connecter plusieurs fois (une fois par application) ;
- celui d'avoir à gérer plusieurs identifiants et mots de passe.

Cette situation est aggravée par le fait que les applications ont généralement été conçues pour être utilisées depuis des postes de travail (qu'ils soient fixes ou portables). Or, les usages tendent de plus en plus vers les équipements mobiles. La saisie répétitive d'identifiants/mots de passe est réellement fastidieuse sur de tels équipements.

Chapitre 23 – Aspects concrets du WebSSO

Cette situation n'est donc plus acceptable. Avoir à se connecter unitairement sur chaque application est en train de devenir véritablement archaïque. Il faut simplifier la vie de l'utilisateur.

L'intégration applicative n'arrange rien à la situation. Les applications se sollicitent de plus en plus et de façon récursive. Aussi n'est-il pas rare de voir une application A solliciter une application B, qui elle-même sollicite une application C. Les données provenant de B et de C sont intégrées de façon transparente dans l'application A. Comment faire pour que ces applications s'authentifient mutuellement ?

Nous sommes donc en présence d'une collision entre deux exigences parfaitement contradictoires. Nous avons, d'une part, le besoin non négociable d'authentifier correctement l'utilisateur sur chaque application et, d'autre part, le besoin d'accéder de façon transparente à des applications de plus en plus nombreuses. Une nouvelle approche s'avère nécessaire.

Solution

Les problèmes exposés précédemment ont poussé les acteurs du marché à développer des outils pour adapter l'authentification aux besoins d'aujourd'hui. Un bond technologique a ainsi été réalisé. Il se traduit concrètement par l'apparition de nouveaux protocoles ainsi que de logiciels et de boîtiers. C'est ce que l'on appelle le WebSSO, c'est-à-dire le SSO portant sur les applications web.

Quelques protocoles clés ont émergé. Il s'agit essentiellement de SAML, mais il y en a aussi d'autres. Par ailleurs, ces protocoles ne vaudraient rien si les éditeurs de solutions ne proposaient pas des approches originales d'implémentation.

- **SAML :** le protocole par excellence dans le domaine du WebSSO est SAML, qui est devenu incontournable. Extrêmement flexible, il a pour but de rendre les authentifications les plus transparentes possibles. Dans le principe, lorsqu'un utilisateur veut se connecter à une application, cette dernière redirige le client vers un dispositif d'authentification. Une fois reconnu, l'utilisateur peut entrer dans l'application. Il ne lui sera plus demandé d'autre authentification pour travailler sur d'autres applications. En fait, le processus a bien lieu à chaque nouvel accès, mais il est transparent à l'utilisateur, qui n'a à ressaisir ni identifiant, ni mot de passe.

> **Vocabulaire**
> SAML signifie *Security Assertion Markup Language*. Notons que les échanges entre les différents acteurs de SAML sont appelés « assertions ».

- **Autres protocoles :** d'autres protocoles comme Oauth ont pour vocation de contrôler, non pas les authentifications, mais plutôt les autorisations

d'accès aux objets entre applications. Ces protocoles et leurs langages de description sont en constante évolution.
- **Boîtiers :** forts de ces protocoles, les éditeurs de boîtiers réseau (proxy HTTP, répartiteurs de charge) ont enrichi leurs solutions pour ajouter la fonctionnalité de WebSSO.

L'intégration de tous ces outils est appelée communément WebSSO.

Usages du WebSSO

Pour comprendre les problèmes opérationnels rencontrés dans le WebSSO, il est important de bien connaître les différents usages qui en sont faits. Commençons par décrire les principales composantes généralement rencontrées.

Principales composantes

Si les options de déploiement du WebSSO sont très nombreuses, on retrouve quasiment toujours les quatre entités suivantes.
- **Le client :** c'est le logiciel depuis lequel l'utilisateur accède à l'application. Il s'agit le plus souvent (mais pas toujours) d'un navigateur web.
- **Le fournisseur d'identité :** c'est le référentiel des identités, qui contient toutes celles impliquées dans le WebSSO, sur un périmètre défini. Le fournisseur d'identité est aussi chargé de mener à bien les authentifications. Selon les cas, il peut y en avoir un ou plusieurs.
- **Le fournisseur de service :** par service, on entend « service d'accès aux applications ». C'est le dispositif chargé de contrôler les autorisations. En fait, c'est le point de passage obligé du client avant d'accéder à l'application désirée.
- **L'application :** on désigne ici l'application au sens large du terme. Cela comprend le serveur applicatif, mais aussi le serveur HTTP qui se trouve généralement en frontal devant lui. En fait, il s'agit de l'application vers laquelle l'utilisateur veut se connecter.

Usage de SAML de bout en bout

Le déploiement idéal de SAML consiste à faire en sorte que clients et serveurs utilisent ce protocole de bout en bout. Fonctionnellement, lorsqu'un utilisateur souhaite accéder à une application, il est redirigé vers le « fournisseur de service ». Ce dernier redirige le client vers le « fournisseur d'identité » qui l'authentifie. Le client dispose alors d'un jeton attestant qu'il s'est bien authentifié. Il est enfin redirigé vers l'application souhaitée.

Ce qui est intéressant, c'est que l'utilisateur pourra accéder à d'autres applications impliquées dans ce WebSSO sans avoir à s'authentifier à nouveau. Il lui suffira de présenter un jeton.

Notons par ailleurs que si l'utilisateur dispose d'un identifiant différent sur chaque application, la bonne identité sera automatiquement prise en compte. L'opération étant transparente, l'utilisateur n'a rien à faire. C'est donc un réel progrès en termes d'ergonomie.

En fin de session de travail, l'utilisateur se déconnectant d'une application pourra être automatiquement déconnecté des autres applications impliquées dans le WebSSO. Il n'est plus nécessaire de fermer explicitement chacune des sessions applicatives.

Techniquement, cette cinématique est entièrement transparente pour l'utilisateur. Elle recourt très souvent à des redirections HTTP, les échanges se basant quant à eux sur des messages en XML, via des services web (en SOAP ou en mode REST).

Autres usages

L'usage évoqué précédemment suppose que les applications impliquées dans le WebSSO sont toutes compatibles avec le protocole SAML. Or, ce n'est pas toujours le cas. On peut souhaiter intégrer dans le SSO à la fois des applications compatibles avec SAML et d'autres qui ne le sont pas.

L'idée est alors de placer entre les clients et les applications un dispositif se chargeant d'assurer le WebSSO. Il s'agit généralement d'un boîtier par lequel transitent tous les flux. Nous appellerons dorénavant ce dispositif un « boîtier de SSO ». Ce dernier dialogue en SAML avec les applications compatibles et suit des protocoles plus classiques avec les autres applications.

Pour cela, les éditeurs de solutions ont développé différentes fonctionnalités dans leurs équipements.

Une première fonctionnalité très intéressante des boîtiers de SSO est qu'ils permettent de choisir la méthode d'authentification en fonction du contexte. Deux critères sont généralement privilégiés.

- **La localisation géographique :** on peut se contenter d'un simple identifiant/mot de passe si l'utilisateur est connecté dans le réseau interne de l'entreprise. En revanche, s'il accède au SI depuis Internet, on souhaitera renforcer l'authentification par un dispositif à deux facteurs (mot de passe + code complémentaire envoyé par SMS ou par une calculette physique ou logique).
- **Le type de terminal utilisé :** si la saisie d'un identifiant/mot de passe est parfaitement aisée depuis un poste de travail, qu'il soit fixe ou portable, on préfère parfois utiliser des certificats X509 pour authentifier les utilisateurs de tablettes ou de téléphones mobiles. Cela les dispense de la laborieuse saisie du mot de passe.

S'ils sont les plus courants, ces deux paramètres ne sont pas les seuls possibles. On peut choisir un mode d'authentification en fonction de la population concernée, de l'heure, etc.

Les protocoles d'authentification proposés sont extrêmement classiques. Voici les principaux dispositifs d'authentification généralement disponibles.

- **Le fournisseur de cloud :** le référentiel des identités peut se situer au niveau du cloud. Généralement, les échanges entre le boîtier d'authentification et les identités se font en SAML.

> **Exemple**
> Considérons l'exemple d'une société sous-traitant son courrier électronique chez un grand fournisseur de cloud. Chaque utilisateur dispose d'un identifiant/mot de passe pour accéder à sa messagerie. Rien n'empêche cette société de choisir ce fournisseur comme référentiel des identités.

- **AD/Kerberos :** on peut faire pointer le boîtier de SSO vers l'annuaire AD. Dans ce cas, les échanges sont généralement réalisés en Kerberos. Cette solution a l'avantage que lorsque l'utilisateur saisit son identifiant/mot de passe le matin pour se connecter sur son poste de travail, il n'a plus à ressaisir de mot de passe pour les applications du WebSSO.
- **Annuaire interne :** naturellement, il est toujours possible de requêter en LDAP un annuaire contenant les identifiants des différentes applications impliquées dans le WebSSO.
- **Certificat :** les boîtiers de SSO prennent généralement en compte les certificats clients. Ce type d'authentification est indiqué pour les utilisateurs accédant au SI depuis des équipements mobiles.

À ce choix de méthodes d'authentification vient s'ajouter le mécanisme de repli.

> **Vocabulaire**
> On cite souvent le terme anglais *fallback* pour désigner le repli.

Le mécanisme du repli présente une cinématique des authentifications adaptée au contexte. Le repli consiste à présenter au client successivement différentes méthodes d'authentification, jusqu'au moment où il en retient une. Ce mécanisme est utile pour adapter l'authentification en fonction du contexte.

> **Exemple**
> Prenons le cas d'un utilisateur voulant accéder à une application exposée sur Internet.
> - S'il se connecte depuis une tablette munie d'un certificat client, le boîtier de SSO lui demandera de présenter son certificat. L'authentification sera transparente.
> - En revanche, si ce même utilisateur se connecte depuis un ordinateur personnel, chez lui, non muni de certificat client, il se le verra tout de même demander par le boîtier de SSO. N'obtenant pas le certificat client, le boîtier se repliera alors sur une authentification par rapport à l'annuaire LDAP interne de l'entreprise.
>
> Dans cet exemple, le repli sert à authentifier le client en fonction du type de terminal utilisé.

Par ailleurs, le repli permet à l'utilisateur de s'authentifier, même si le mode nominal d'authentification n'est pas disponible.

> **Exemple**
> Prenons l'exemple d'une société utilisant un service dans le cloud pour ses authentifications. Si ce fournisseur connaît un incident et n'est plus disponible, le boîtier de SSO peut alors basculer sur une authentification LDAP pointant sur un annuaire interne. De cette façon, la panne majeure du fournisseur de cloud n'empêche pas pour autant les utilisateurs d'accéder au SI.

Problèmes concrets

Les principes exposés jusqu'ici apportent des solutions très ergonomiques et des fonctionnalités nécessaires aux nouveaux développements des SI. Cependant, ces solutions entraînent des effets très concrets sur le terrain, qui ne sont pas toujours agréables.

Par nature, les solutions de WebSSO présentées ici sont très orientées HTTP. Ainsi, le dispositif de WebSSO va interférer (au sens propre du terme) avec les authentifications applicatives.

Concrètement, cette interférence aura des effets se stratifiant soit du côté du client (essentiellement dans le navigateur), soit du côté du serveur.

Effets liés au navigateur

Les principaux effets liés au navigateur sont les suivants.

- **Un SSO par navigateur :** n'oublions pas que le premier S de SSO signifie « single ». Il s'agit bien de ne s'authentifier qu'une seule fois avant d'accéder à un ensemble d'applications. Le SSO se base sur la génération d'un cookie de session. Or ce cookie est stocké dans le navigateur du client. Toutes les applications auxquelles on accède par le même navigateur bénéficieront du SSO. En revanche, si l'utilisateur utilise deux navigateurs différents, il devra s'authentifier sur chacun d'eux. Il serait donc plus pertinent de dire qu'il n'y a pas un SSO unique, mais un SSO par navigateur.

- **Client autre que le navigateur :** conséquence directe du point précédent, le SSO ne fonctionne que si les clients savent gérer les cookies de session. Si c'est naturellement le cas pour les navigateurs, ce n'est pas automatique pour les clients lourds ni pour les applications installées sur les smartphones. Le RSSI doit donc s'assurer le plus tôt possible que ces clients spécifiques les gèrent correctement. De plus, ces clients n'ayant pas pour vocation de lire les cookies de session des navigateurs, ils obligent l'utilisateur à s'authentifier.

- **Onglets multiples :** les utilisateurs placent souvent une application par onglet du navigateur. Il y a donc plusieurs sessions ouvertes simultanément, sur plusieurs applications, sur plusieurs onglets. Lorsque l'utilisateur quitte une de ces applications, il clique généralement sur un lien qui le déconnecte. Ce lien est intercepté par le boîtier de SSO qui ferme à son tour sa session. On se retrouve alors dans un état où la session SSO est fermée, alors que toutes les autres applications des autres onglets sont restées ouvertes. Personne n'a informé les autres applications que la session a été fermée. Si l'utilisateur s'authentifie à nouveau auprès du SSO, il retrouvera ses autres sessions toujours ouvertes, dans l'état où il les avait laissées.

- **Certificat :** nous avons dit plus haut qu'un des intérêts des certificats était de faciliter à l'extrême l'authentification du client en le dispensant de toute interaction avec son équipement pour s'authentifier. Dans les faits, ce mode n'est pas toujours aussi transparent qu'on le pense. Ce n'est pas grave en soi, mais il faut le savoir, surtout si le RSSI a « vendu » l'authentification par certificat comme un moyen parfaitement transparent pour l'utilisateur. Concrètement, cela dépend beaucoup du client utilisé. Plusieurs cas sont possibles :
  - *plusieurs certificats* : si plusieurs certificats sont installés dans le terminal, le client demandera certainement à l'utilisateur de choisir le bon. Il y aura donc une interaction avec l'utilisateur, interaction qui devra sûrement être renouvelée à chaque redémarrage du terminal. Ceci est à tester impérativement en condition d'exploitation ;
  - *un seul certificat* : certains navigateurs demandent à l'utilisateur de sélectionner le bon certificat, même lorsqu'il n'y en a qu'un seul. Bien que cette interaction soit plus simple que la saisie d'un identifiant/mot de passe, ce n'en est pas moins un désagrément dont il faut tenir compte ;

– *aucun certificat* : si aucun certificat n'est présent dans le terminal, le mécanisme de repli présentera à l'utilisateur une boîte de dialogue pour saisir un identifiant et un mot de passe.

Effets liés à l'application

Le comportement du SSO peut aussi être conditionné par la configuration applicative. En effet, la façon dont les serveurs vont gérer certains paramètres a son importance.

- **Cookies persistants :** les cookies assurant la continuité de la session peuvent être persistants (une date limite est spécifiée) ou non. Généralement, les seconds sont préférés aux premiers. Aussi les cookies sont-ils stockés dans le navigateur tant que ce dernier est ouvert. Une fois que l'utilisateur quitte son navigateur, tous les cookies de session non persistants sont effacés. Un redémarrage du navigateur nécessitera une nouvelle authentification. Dans le cas d'un cookie persistant, la session sera préservée, même en cas de redémarrage du navigateur, du moins pendant la durée de vie maximale de la session.

> **Exemple**
> De nombreux réseaux sociaux ainsi que des sites de commerce électronique utilisent des cookies persistants afin que l'utilisateur retrouve sa session juste en redémarrant son navigateur et en appelant l'URL du site en question. En effet, ces fournisseurs ont tout intérêt à ce que l'utilisateur soit connecté le plus facilement possible.
> À l'inverse, les applications professionnelles ont intérêt à limiter la durée de la session au strict nécessaire. Il n'y a aucune raison de préserver la session une fois que l'utilisateur a terminé son travail. Ici, les cookies non persistants seront privilégiés.

- **Cookies sécurisés :** le cookie envoyé par le serveur au client est une information très sensible. S'il venait à être intercepté, la session pourrait être usurpée très facilement. Il est donc très important que le cookie de session soit échangé de façon sécurisée, c'est-à-dire chiffrée. En fait, les cookies marqués comme sécurisés refusent d'être transmis si ce n'est par un canal HTTPS. Le RSSI doit s'assurer que les applications recourent à des cookies sécurisés.

- **Expiration de session :** un autre point auquel il faut prêter attention est la gestion des expirations de sessions. En effet, les applications gèrent chacune au bout de combien de temps d'inactivité la session est automatiquement fermée. De son côté, le dispositif de SSO gère lui-même sa propre expiration de session. Il y a donc deux gestions de session qui se superposent. Il peut alors arriver que la session de SSO expire avant la session applicative. L'utilisateur devra s'authentifier à nouveau. Un réglage des temps de session sera nécessaire. Le RSSI devra se rapprocher pour cela des équipes projet.

- **Gestion des ID utilisateurs :** le boîtier de SSO insère un champ donnant l'identifiant de l'utilisateur dans l'en-tête HTTP des échanges destinés au serveur. C'est ce champ que l'application lit pour savoir quel est l'utilisateur connecté. Il est donc important que le boîtier de SSO renseigne correctement ce champ. Or, on constate souvent des difficultés sur ce point en début de projet de déploiement du WebSSO. Il faut connaître précisément, pour chaque application, quel est le format de l'identifiant.

> **Exemple**
> Considérons un utilisateur appelé Julien Sorel, souhaitant accéder à quatre applications différentes. La structure de l'identifiant utilisateur diffère d'une application à l'autre :
> - pour l'application A, il s'agit de l'adresse électronique : Julien.Sorel@lefroidgourmand.com ;
> - pour l'application B, c'est le nom : *sorel* ;
> - pour l'application C, c'est le nom précédé de l'initiale du prénom : *jsorel* ;
> - pour l'application D, il s'agit d'un trigramme suivi de plusieurs chiffres : *jso123*.
>
> Le boîtier de SSO doit donc positionner le bon identifiant pour chaque application. Il y arrive sans difficulté si cette question a été étudiée en amont du projet et si un annuaire centralise les différents identifiants pour chaque application.

Questions liées à l'infrastructure

Aux problèmes liés au client et au serveur viennent s'ajouter les difficultés propres à l'infrastructure. Voici les principaux points dont il faut tenir compte.

- **Tester le WebSSO :** l'expérience montre que pendant la phase projet, tout comme au cours des premiers mois d'exploitation, la solution de WebSSO est amenée à évoluer très régulièrement, en fonction des affinements nécessaires. Il est donc très utile de tester les nouvelles options mises en place dans le SSO avant de les mettre en production. C'est pour cette raison qu'il est prudent de déployer un environnement de test. Ce déploiement est facilité par le fait que les boîtiers actuels permettent d'activer au sein d'un même équipement physique plusieurs instances virtuelles. Une de ces instances peut donc être consacrée aux tests ou à la préproduction. Naturellement, il faudra savoir aiguiller les flux de test du SSO vers l'instance de test. Cela passera notamment par des URL spécifiques.
- **Tester les applications :** le SSO pose un problème nouveau auquel on ne pense pas forcément dans un premier temps. Normalement, lorsqu'un développeur ou un intégrateur a besoin de tester une application, il utilise

un identifiant de test. Or, dans un environnement en SSO, le développeur se connecte au SI avec sa propre identité. Le SSO le rend donc prisonnier de son identité. Il lui est impossible de se connecter à une application avec une autre identité que la sienne. Comment faire pour accéder aux applications de tests avec des identifiants différents du sien ? Les solutions de WebSSO donnent la possibilité « d'usurper » des identités. Il suffit de mettre une stratégie d'authentification particulière pour les applications de test. La séquence sera la suivante :

- le testeur se connecte au SSO avec sa propre identité ;
- le testeur demande ensuite à accéder à l'environnement de test ;
- le SSO vérifie que le testeur a bien le droit d'accéder à cet environnement ;
- le SSO affiche ensuite un formulaire en demandant au testeur de saisir l'identifiant qu'il souhaite utiliser pour tester ;
- l'utilisateur se retrouve alors connecté à l'application de test avec l'identifiant demandé.

Exemple
Concrètement, cette séquence peut être réalisée en une seule étape, via un formulaire présenté par le boîtier de SSO lorsque le testeur demande à accéder à l'environnement de test.
Les champs présentés dans le formulaire seront les suivants :
- identifiant réel du testeur ;
- mot de passe du testeur ;
- identité demandée par le testeur pour accéder à l'application de test.

- **Panne de l'équipement :** il ne faut pas oublier que les implémentations de WebSSO reposent en majorité sur des boîtiers physiques, bien qu'ils permettent d'instancier des machines virtuelles. Un problème qui se pose est donc la panne physique de l'équipement. Les éditeurs conseillent vivement de recourir à des solutions classiques de haute disponibilité. Étant donnée la sensibilité de ce dispositif (s'il tombe en panne, plus aucune authentification n'est possible), il est quasiment nécessaire de doubler cet équipement.

- **Pannes multiples simultanées :** le boîtier de SSO n'est pas le seul à être susceptible de tomber en panne. Les serveurs AD, LDAP ou le fournisseur d'identité dans le cloud peuvent aussi souffrir d'indisponibilités. Ici, le principe du repli (exposé plus haut dans ce chapitre) bascule automatiquement vers un autre mode d'authentification si le mode nominal ne fonctionne pas. Il est toutefois prudent de prévoir des pannes multiples et simultanées, en établissant plusieurs étapes successives de repli.

> **Exemple**
>
> Si le fournisseur d'identité sur le cloud rencontre un problème de disponibilité, on peut configurer le SSO pour se replier sur une authentification par rapport à l'annuaire LDAP interne de l'entreprise.
>
> Cependant, si ce dernier connaît précisément à ce moment-là un incident, on peut se replier sur une authentification Kerberos, par rapport à l'annuaire AD du domaine.

- **Dialectes anciens** : tous les protocoles et formats évoqués jusqu'à maintenant sont standards (SAML, Kerberos, LDAP, X509). Donc, en principe, toutes les entités appelées à interagir ne devraient rencontrer aucune difficulté à communiquer. Dans les faits, il arrive que le boîtier de SSO ait du mal à communiquer avec tel ou tel fournisseur d'identité ou avec certains clients. Ce cas de figure se présente surtout lorsqu'il y a un fossé de génération important entre le boîtier de SSO et son interlocuteur, les deux entités parlant le même protocole, mais pas la même version de dialecte. Le RSSI a donc tout intérêt à repérer très rapidement ces situations. Comprendre que les dialectes ne sont pas compatibles prend énormément de temps et trouve rarement une solution simple.

> **Exemple**
>
> Un boîtier de SSO peut avoir le plus grand mal à communiquer avec un contrôleur de domaine AD obsolète, si ce dernier ne connaît que des dialectes Kerberos trop anciens.

- **Complexité** : nous voyons bien que les boîtiers de SSO présentent des fonctionnalités très riches, que les chefs de projet chargés de déployer la solution utiliseront largement. La configuration de ces équipements ne manquera pas de se complexifier très rapidement, ce qui posera sans aucun doute un problème réel de clarté. Malgré les efforts importants consentis par les éditeurs pour fournir des interfaces d'administration aussi lisibles que possible, il sera très difficile de s'assurer qu'aucune faille n'a été laissée dans la configuration. Le risque est bien réel de laisser un accès non sécurisé aux applications. La solution à ce problème consiste à faire venir un consultant externe pour expertiser la configuration. Son regard extérieur aidera à repérer d'éventuelles failles que le chef de projet aura laissées involontairement. L'idéal est de procéder à cette revue de configuration juste avant la mise en production de la plate-forme de WebSSO.

> **Exemple**
> Nous avons vu que les boîtiers de SSO mettent en œuvre le mécanisme du repli. À chaque occurrence d'un repli, des décisions sont prises par le boîtier pour passer à tel ou tel mode d'authentification, en fonction du contexte. Ces replis sont généralement formalisés au moyen d'arbres de décision spécifiant, pour chaque cas, l'action à entreprendre. Or, il arrive que, suite à un oubli, certaines branches de cet arbre laissent passer les utilisateurs sans aucune authentification. Cette erreur est parfaitement repérable lors d'une revue réalisée par un consultant externe.

Sécurité du « dernier kilomètre »

Nous percevons le boîtier de SSO comme un équipement essentiellement tourné vers le client, puisque c'est lui qui pilote l'authentification ainsi que la gestion globale de la session de WebSSO. Il ne faut pas oublier pour autant que ce même boîtier est aussi tourné vers l'applicatif. Nous allons maintenant traiter cette partie-là, que l'on pourrait appeler familièrement le « dernier kilomètre » de l'architecture de SSO.

Pour comprendre les problèmes posés à ce niveau, rappelons dans leurs grandes lignes les trois principales étapes de l'authentification.

1. Dans un premier temps, le client veut s'authentifier auprès d'une application.
2. Immédiatement, le boîtier de SSO intercepte cette demande et invoque le mécanisme d'authentification pertinent par rapport à ce client (certificat, fournisseur d'identité dans le cloud, annuaire LDAP ou autre).
3. Une fois l'authentification réussie, le boîtier SSO fait suivre les flux provenant du client vers le serveur. Ces flux HTTP comportent un en-tête contenant l'identifiant du client.

Remarquons que l'application ne procède pas à l'authentification, puisqu'elle a déjà eu lieu. Elle fait confiance au boîtier de SSO qui s'en est chargé à sa place. Elle lit l'identifiant fourni par le SSO dans l'en-tête HTTP et vérifie les droits fins de l'utilisateur en son sein. L'accès est alors accordé (avec les droits appropriés) ou refusé.

Le problème dans ce modèle est que l'application fait entièrement confiance au SSO pour l'authentification. Pire, toute requête est servie sans authentification, qu'elle vienne du SSO ou pas. L'usurpation d'identité est donc triviale pour toute personne ayant un accès réseau direct sur le serveur.

Plusieurs approches réduisent ce risque.

- **Filtrage IP :** la première mesure qui vient à l'esprit est élémentaire. Elle consiste à placer devant l'application un dispositif de filtrage, de telle sorte que seul l'équipement de SSO puisse lui envoyer des requêtes. Ce filtrage est aussi réalisable en configurant le serveur pour qu'il n'accepte les requêtes que si elles proviennent du dispositif de SSO. Cette solution suppose que seul le dispositif de SSO soit susceptible de solliciter l'application. Or, il n'est pas rare que l'on souhaite accéder à l'application directement, dans certains cas de figures, sans pour autant passer par le SSO. Il faut dans ce cas se débrouiller pour que l'application se contente de l'identifiant de l'utilisateur (sans authentification) lorsque la requête provient du SSO, mais qu'elle exige une authentification classique lorsqu'on s'adresse à elle directement.

- **Certificat entre équipement et application :** la solution précédente apporte un peu de sécurité, mais demeure insuffisante. En effet, toute personne usurpant l'adresse IP du dispositif de SSO pourra se connecter aux applications aux dépens de n'importe quel utilisateur, en plaçant son identifiant dans l'en-tête HTTP. Cette situation se corrige en établissant un certificat pour le boîtier de SSO. Ainsi le boîtier devra-t-il présenter un certificat valide auprès de l'application pour que les échanges soient acceptés.

- **Authentification de bout en bout :** les solutions présentées jusqu'à maintenant sont des arrangements pour réduire le risque d'usurpation d'identité dans le « dernier kilomètre ». Il est entendu que la voie royale pour supprimer ce risque consiste à recourir au protocole SAML de bout en bout, entre le client et le serveur, sans recourir à un boîtier SSO. Ainsi l'application a-t-elle dans tous les cas l'assurance que l'utilisateur est bien celui qu'il prétend être. L'inconvénient de cette solution est qu'elle suppose que l'application est compatible avec SAML, ou que l'on peut la modifier en ce sens. Or, ce n'est pas toujours possible. C'est bien là l'intérêt des boîtiers d'authentification.

Conclusion

Malgré toutes les difficultés et les points importants évoqués dans ce chapitre, les nouvelles solutions de SSO sont un réel progrès. Elles facilitent grandement la vie des utilisateurs tout en autorisant des intégrations inter-applicatives très poussées. C'est donc un seuil qui a été franchi. Ce seuil s'accompagne d'une amélioration de la sécurité en permettant des authentifications adaptées au contexte d'utilisation. Le RSSI ne doit pas se priver de cette occasion pour faire comprendre que la sécurité n'est pas nécessairement une discipline contraignante. Elle peut aussi faciliter la vie de l'utilisateur.

Chapitre 24

Sécuriser les systèmes d'intermédiation

Le premier chapitre de cette partie expliquait que les systèmes d'intermédiation sont devenus une brique essentielle dans les SI modernes. En tant que point de passage obligé pour la plupart des informations de l'entreprise, ces environnements se doivent d'être sécurisés. Or, aussi étonnant que cela puisse paraître, il est rare de croiser des systèmes d'intermédiation correctement sécurisés.

Après avoir illustré la diversité des systèmes d'intermédiation, nous allons tâcher d'appréhender les actions à lancer pour sécuriser ces environnements.

Généralités sur les systèmes d'intermédiation

Il existe différents types de systèmes d'intermédiation. La façon de les sécuriser diffère d'un cas à l'autre. Ainsi, avant de nous questionner sur comment les sécuriser, commençons par évoquer les différentes familles de systèmes rencontrés. Nous pourrons ensuite étudier les principaux risques, ce qui nous aidera à décider des actions les plus pertinentes.

Urbanisation des SI

Les SI sont de plus en plus urbanisés autour de grandes applications métier, interagissant massivement entre elles. Il a donc fallu développer des interfaces entre ces applications. Par le passé, chaque fois qu'une nouvelle application était intégrée au SI, on lui développait des interfaces spécifiques afin qu'elle puisse communiquer avec les autres éléments du SI. Or, deux phénomènes ont rendu cette approche difficilement soutenable de nos jours.

- **Explosion des échanges :** aujourd'hui, chaque serveur est susceptible d'avoir à communiquer avec de très nombreux autres serveurs. Certes, on peut toujours développer des interfaces spécifiques entre telle et telle application, mais le nombre des échanges est tel qu'il faudrait passer son temps à développer des interfaces.
- **Dynamisme :** les évolutions constantes des éléments du SI n'arrangent rien à la situation. Il n'est pas un semestre sans qu'un serveur ne soit ajouté ou supprimé, sans qu'une application ne fasse l'objet d'une actualisation ou sans qu'une structure de données ne soit modifiée. Ces événements entraînent souvent le besoin d'actualiser les interfaces qui avaient été développées.

Cette double explosion des échanges et de leurs actualisations rend tout à fait inacceptables le développement et la maintenance d'interfaces spécifiques.

C'est pour résoudre cette situation que les éditeurs de logiciels ont mis au point des standards, des principes et des solutions appropriées. Certains appellent ces solutions les systèmes d'intermédiation, dans la mesure où ils servent d'intermédiaires entre les différentes applications du SI.

> **Vocabulaire**
> La traduction anglaise la plus répandue pour système d'intermédiation est *middleware*, bien que la définition fine de ce terme varie d'un milieu à l'autre.

Les systèmes d'intermédiation

Les systèmes d'intermédiation sont des environnements logiciels ayant pour vocation de faciliter les échanges interapplicatifs. Ils se placent entre les producteurs et les consommateurs des flux, de telle sorte que pour communiquer avec tout autre élément du SI, une application n'a plus besoin que d'une seule interface (celle qui la relie au système d'intermédiation). Il n'est donc plus nécessaire, pour chaque application, de développer autant d'interfaces que d'applications destinataires d'un flux.

Plusieurs approches existent, selon la nature du besoin d'échange. Certains besoins sont synchrones et nécessitent une prise en charge immédiate. Inversement, d'autres besoins sont asynchrones, se contentant d'échanges en mode *batch*, lancés périodiquement.

Ces besoins nous conduisent aux trois principales familles de systèmes d'intermédiation.

Chapitre 24 – Sécuriser les systèmes d'intermédiation

- **Les ESB :** les *Enterprise Service Bus* permettent à des applications de publier des services, qui seront consommés par les applications clientes. Cette solution est particulièrement indiquée pour les flux synchrones et repose essentiellement sur les services web (via SOAP ou en mode REST).

- **Les ETL :** ce sigle est suffisamment parlant puisqu'il signifie *Extract, Transform and Load*. Les ETL permettent d'extraire des données d'un environnement source (généralement une base de données), de les traiter en effectuant d'éventuelles transformations, puis de les charger dans un autre environnement. Particulièrement adaptée aux échanges asynchrones, cette approche est indiquée pour les flux en mode batch entre applications, nécessitant de convertir les données entre la source et la destination.

- **Les EAI :** l'*Enterprise Application Integration* permet aussi d'échanger des informations entre applications. La nature des échanges est plus proche du synchrone que de l'asynchrone. Le plus des EAI est qu'ils intègrent la notion de workflow. Si dans la pratique, les EAI assurent les échanges entre applications et déclenchent des traitements en conséquence, ils donnent surtout une vision d'ensemble sur les flux métier, en se plaçant au-dessus des applications.

À ces trois familles, on peut ajouter les deux suivantes, qui ne sont pas à proprement parler des systèmes d'intermédiation, mais qui sont toutefois incontournables.

- **Les ordonnanceurs de tâches :** ces dispositifs servent à déclencher des actions sur l'ensemble des composants du SI. Ces actions peuvent être programmées et la spécification des conditions de synchronisation permet d'aller très loin en complexité. Très utilisés pour piloter les processus batch, les ordonnanceurs sont devenus indispensables.

- **Les systèmes intégrés de transfert de fichiers :** certains éditeurs proposent des plates-formes permettant de centraliser tous les transferts de fichiers, indépendamment des protocoles utilisés et des systèmes source et destination. Ces environnements sont très pratiques pour rationaliser les transferts.

Naturellement, la définition formelle de tous ces systèmes d'intermédiation change d'un éditeur à l'autre, et d'une implémentation à l'autre. Cependant, les grandes lignes restent toujours les mêmes, bien que chaque éditeur cherche à se différentier des autres en redéfinissant certains principes à son avantage.

> **Exemple**
> Nous avons parlé plus haut d'ETL. Cependant, certains éditeurs de solutions d'ETL revendiquent le principe de l'ELT, dans la mesure où leur solution ne procède à la transformation des données qu'après leur chargement sur le système cible. Cette nuance technique est reprise ensuite en termes commerciaux. Cela ne change rien au principe fondamental de l'ETL. Il en va de même pour les ESB et les EAI qui connaissent eux aussi de nombreuses déclinaisons.

Notons pour terminer que tous les environnements décrits ici sont naturellement multi-plates-formes (Windows, Unix, *mainframe*) et sont susceptibles de se solliciter mutuellement afin d'assurer leurs services.

Principaux risques en sécurité

Si ces systèmes rationalisent énormément les échanges au sein du SI, ils ne sont pas sans risques en matière de sécurité. Les principaux risques sont les suivants.

- **Indisponibilité totale du SI :** il suffit de regarder un schéma de cartographie applicative pour comprendre la position centrale de ces environnements (au sens littéral du terme). Ils sont figurés au centre du schéma, sous forme de bus logique, vers lequel viennent se connecter toutes les applications productrices de flux, et toutes les applications consommatrices. Un déni de service sur ces bus logiques compromettra très gravement les opérations du SI. C'est le risque principal.

- **Intégrité et confidentialité :** outre le déni de service, ces environnements sont par nature très ouverts. Ils ont vocation à faire communiquer tous les éléments du SI entre eux. Aussi, si aucune précaution particulière n'est prise en amont, il est relativement simple de polluer les bases de données des différentes applications ou de voler des informations sensibles.

- **Désorganisation du SI :** un attaquant provoquant des dysfonctionnements dans les systèmes d'intermédiation pourra, sans aller jusqu'au déni de service, entraîner une réelle désorganisation du SI.

Compte tenu de l'importance de ces risques, on pourrait penser que ces environnements font l'objet d'une attention particulière. Pourtant, ce n'est pas le cas. Rares sont les middleware sécurisés.

Raisons de l'insécurité chronique

Qu'est-ce qui explique cette insuffisance chronique de sécurité dans ces environnements ? Il y a trois raisons principales.

- **Systèmes peu connus :** les RSSI techniques ont traditionnellement une culture système et réseau. Par leur parcours, ils ne sont pas forcément sensibles aux EAI, ESB ou ETL. De leur côté, les RSSI organisationnels identifient très vite le danger à l'occasion d'une analyse des risques.

Malheureusement, l'absence de compétences dans le domaine, ajoutée au poids des autres projets de sécurité, conduisent à remettre à plus tard la sécurisation des systèmes d'intermédiation.

- **Systèmes oubliés :** conséquence directe du point précédent, la sécurisation de ces environnements ne fait pas partie des projets traditionnels de sécurité. On noie la sécurisation de ces environnements dans les projets de sécurité système et de sécurité applicative. Pourtant, les EAI, ESB et autres environnements d'intermédiation justifient un projet dédié de sécurisation.

> **Remarque**
> À ce propos, il est intéressant de constater que les cabinets de conseil en sécurité, pourtant très actifs pour mettre en valeur leur expertise, ne se bousculent pas pour vendre des prestations de sécurisation des systèmes d'intermédiation.

- **Systèmes ouverts, par nature :** une dernière explication est la difficulté réelle à sécuriser. En effet, ces services ont, par nature, vocation à être sollicités très facilement par de nombreux éléments du SI. Or, cette finalité d'ouverture est en contradiction directe avec le principe qui consiste à restreindre les accès. Comment, dans ces conditions, sécuriser sans limiter les fonctionnalités ?

Mesures générales de sécurisation

Avant d'entrer dans les détails, il ne faut pas oublier que les logiciels assurant l'intelligence de ces systèmes sont naturellement hébergés dans un ou plusieurs serveurs dédiés. Toutes les données nécessaires au service sont stockées dans des bases de données et, très souvent, les données métier échangées entre les applications transitent par ces bases, répertoires et autres partages réseau. Le travail de sécurisation commence donc par des mesures extrêmement classiques.

Les règles de bon sens élémentaires sont les suivantes. Elles ont déjà été abordées largement dans des chapitres précédents de cet ouvrage.

- **Vérifier les spécifications :** la première mesure à prendre est de vérifier l'existence de documents décrivant l'architecture technique des environnements en question. Le but est de s'assurer que ces documents sont bien à jour. Il est impossible de sécuriser quoi que ce soit si on ne connaît pas précisément les différents composants impliqués.
- **Protéger les interfaces d'administration :** chacun de ces environnements dispose d'une interface d'administration. C'est par cette interface que quelques administrateurs privilégiés affinent la configuration et

mettent en œuvre les évolutions. L'accès à ces interfaces doit être correctement protégé par des mots de passe de qualité. Vu la sensibilité de ces environnements, il ne faut pas hésiter à utiliser un mode d'authentification fort, tel que l'authentification à deux facteurs.

- **Administrateurs et opérateurs :** il n'y a aucune raison de multiplier les utilisateurs sur ces environnements. Généralement, seuls deux profils sont nécessaires. Il y a d'une part les administrateurs, qui configurent le système et y apportent toutes les modifications nécessaires lorsqu'un nouveau flux interapplicatif est créé ou modifié. D'autre part, les opérateurs sont habilités à lancer le service, l'arrêter, vérifier son bon fonctionnement et effectuer quelques autres opérations élémentaires. Le RSSI doit vérifier que ces deux populations sont clairement identifiées, à jour, et que les droits correspondant à leurs profils sont appropriés.

- **Protéger les éléments de configuration :** le talon d'Achille de ces environnements est leur configuration, que l'on néglige trop souvent. En effet, il n'est pas rare de trouver des fichiers de configuration très sensibles en lecture pour tous, ou des serveurs LDAP contenant des éléments de configuration, accessibles sans aucune authentification. Il en est de même pour les bases de données de configuration, consultables avec des comptes et des mots de passe triviaux. Le RSSI doit s'assurer que tous ces éléments de configuration sont bien protégés. À défaut, ce sont tous les échanges du SI qui risquent d'être compromis.

- **Sécuriser le système :** la consultation des documents d'architecture technique permettra d'identifier les différents serveurs de chaque environnement. Tous ces systèmes devront être sécurisés correctement. Outre les actions élémentaires de sécurisation, l'idéal est de leur appliquer tous les correctifs de sécurité, plusieurs fois par an. Il est donc prudent de disposer d'environnements de test pour vérifier la non-régression de service.

> **Attention**
> Il n'est pas rare que les éditeurs de middlewares soient très frileux quant à l'application de mises à jour système. Leurs produits sont qualifiés pour une version très précise du système d'exploitation. En cas de changement, c'est la perte automatique du support. Or, cette perte de support est inacceptable par la DSI. Le RSSI doit tenir compte de cette contrainte.

- **Limiter les adresses IP :** cette mesure est souvent difficile à mettre en œuvre. Il s'agit de cloisonner les réseaux, ou de configurer les services concernés de telle sorte que seules les machines ayant besoin d'interagir avec l'ESB, l'EAI, etc, puissent y accéder. Malheureusement, ces systèmes ont vocation à être accédés par à peu près tous les serveurs. C'est même leur principal intérêt. Autant dire que la limitation des adresses IP sera rarement mise en œuvre.

Focus sur les services web et les ESB

Comme il n'est pas possible de traiter en détail la sécurisation des EAI, des ESB et des ETL en un seul chapitre, nous allons nous focaliser sur la question des ESB. Nous évoquerons ensuite les autres systèmes d'intermédiation qui bénéficieront, somme toute, de recettes similaires.

Les ESB sont des systèmes permettant d'orchestrer les appels des services web. Ils s'interposent entre le consommateur et le fournisseur du service web.

> **Vocabulaire**
>
> L'expression anglaise pour « service web » est *web service*. Le sigle WS est aussi utilisé pour désigner les services web.

Donc, pour sécuriser un ESB, il faut commencer par sécuriser les services web. Ce n'est qu'ensuite que l'on pourra envisager de sécuriser l'ESB.

Règles fondamentales

Avant de se lancer tête baissée dans des actions de sécurisation, voici trois règles fondamentales qui nous guideront dans notre démarche.

- **Première règle :** les services web ne doivent servir que les clients ayant le droit d'être servis. Le but est d'éviter qu'un faux client, connaissant les services web, puisse récupérer des informations confidentielles ou agir sur les applications ou les bases de données.
- **Deuxième règle :** les services web ne doivent fournir que les services pour lesquels les clients sont habilités. Il ne suffit pas d'être un client licite pour être servi. Les clients n'ont pas à pouvoir tout requêter. Seuls les services web nécessaires doivent être accessibles à chaque client, et seulement pour les fonctionnalités strictement nécessaires.
- **Troisième règle :** avant de faire confiance à un serveur, le client d'un service web doit s'assurer de son identité. En effet, il n'est pas impossible qu'une personne malveillante cherche à se faire passer pour un service web auprès des clients. Ainsi, le pirate pourra intercepter les flux entre le client et le service web licite, ou même fournir au client des informations fausses.

Toute l'action du RSSI visant à sécuriser les services web et les ESB devra chercher à satisfaire autant que possible ces trois règles fondamentales. Nous verrons que dans la pratique, il est très difficile de satisfaire ces trois règles.

Notions pour attaquer les services web

Maintenant que nous connaissons les règles fondamentales à suivre, il est utile de savoir quelles sont les techniques élémentaires d'attaque contre les services web.

> **Remarque**
> Le présent paragraphe n'a pas pour but de former aux attaques sur les services web. Il se limite à présenter des notions extrêmement élémentaires pour aider à comprendre les actions de sécurisation. Les lecteurs souhaitant approfondir les questions techniques sur les attaques contre les services web sont invités à se référer à la très riche littérature spécialisée dans le domaine.

Voici quatre actions généralement réalisées pour attaquer les services web.

- **Connaître les URI des services :** les services web sont accessibles sous la forme d'URI. Il faut donc connaître leur URI avant d'être servi. Aussi, l'attaquant commencera par chercher à connaître les URI des services disponibles, qui seront potentiellement attaquables.

> **Exemple**
> Même si rien n'y oblige, les URI des services web commencent souvent de la façon suivante : `/NomAplication/services/NomDuServiceWeb`.

- **Obtenir la structure des appels et des réponses :** connaître la structure des URI est un premier pas, mais cela n'est qu'une première étape. L'attaquant doit maintenant connaître la structure des appels. Il va donc chercher à obtenir le nombre de champs, leur type et l'ordre dans lequel il faut les placer. C'est une sorte de convention, voire de contrat, entre le service web et le client qu'il va lui falloir obtenir. Sans cette connaissance, l'attaquant n'arrivera pas à requêter correctement le service web, bien qu'il en connaisse l'URI.

- **Mettre à l'épreuve ce service web :** maintenant que l'attaquant a obtenu la structure des appels de services, il va pouvoir les requêter. Si aucune mesure particulière n'a été prise, il sera servi librement. L'attaquant peut aussi essayer de faire des appels incongrus, avec des paramètres invalides, afin de provoquer des exceptions entraînant des comportements atypiques des serveurs. Ceux-ci donneraient alors des informations ou des accès non prévus nominalement. Cette technique n'a rien de spécifique aux ESB ni aux services web. Elle est largement utilisée depuis longtemps pour attaquer les sites Internet.

> **Exemple**
> Une application de commerce électronique peut invoquer un service web pour relayer une commande (dénomination de l'article à commander, référence de l'article, nombre d'articles commandés). Un attaquant pourra essayer de commander -1 article, dans l'espoir de provoquer un comportement imprévu dans l'application afin d'en tirer profit pour son attaque.

- **S'échapper de l'URI :** si l'attaquant découvre l'URI d'un service web, il peut tenter de deviner d'autres services, simplement en analysant la structure de l'URI. En effet, cette structure repose souvent sur des règles de nommage assez simples à deviner une fois que l'on connaît l'URI d'un premier service web. Découvrir d'autres URI correctes permet à l'attaquant d'élargir ses attaques sur d'autres services web mis à disposition.

> **Exemple**
> Si l'URI suivant donne accès au service affichant le matricule du client :
> `/Application/services/Matricule`
> Il ne serait pas étonnant qu'il existe un service donnant les coordonnées bancaires de ce même client, dont l'URI serait le suivant :
> `/Application/services/RIB`

Sécuriser les services web

Nous pouvons maintenant présenter différentes actions pour sécuriser les services web. Nous commencerons par quelques leviers élémentaires, puis nous présenterons une démarche artisanale, pouvant convenir dans certains cas de figures.

Divers leviers de sécurisation

La sécurisation des services web peut se faire à des niveaux très différents. De plus, la difficulté de ces actions est très inégale. Certaines sont très simples à réaliser et comportent peu de risques, d'autres sont nettement plus complexes à mettre en œuvre.

- **Description de services :** il est très difficile pour un attaquant d'interroger un service web s'il n'en connaît pas précisément la structure des données. Ainsi, la première chose qu'il fera consistera à chercher à connaître précisément cette information. Or, cette opération est triviale puisqu'il lui suffit de demander au service web les descriptions WSDL (*Web Services Description Language*), qui donnent toutes les informations sur les interfaces des services. En effet, par défaut, ces éléments sont accessibles sans authentification à tout client qui les demande. Il convient donc d'interdire la récupération des descriptions WSDL. En principe, cette fonctionnalité n'est pas nécessaire aux clients licites pour consulter les services web, car ils sont censés déjà connaître la structure des appels au service. La suppression des descriptions WSDL n'empêche pas le service web de se faire attaquer, mais elle retarde l'attaquant, qui se voit obligé de deviner la structure des appels de services par tâtonnements successifs.

- **Authentification TLS :** sécuriser les services web peut être fait en utilisant des certificats X509. Ainsi, le serveur pourra s'authentifier auprès du client, le but étant de s'assurer que le serveur est bien celui qu'il prétend être. Cette approche est satisfaisante tant qu'il y a très peu de services. Au-delà d'un certain nombre, cette approche est difficilement réalisable dans un environnement réel. À l'inverse, on peut demander aux clients des services web de s'authentifier en présentant un certificat. Mais là non plus, ce n'est pas très réaliste.

- **WS-Security :** jouer sur l'authentification TLS pour sécuriser les services web est intéressant, mais cela ne permet pas d'effectuer des actions de sécurité fines, hormis l'authentification du service et le chiffrement de tous les échanges. Le mécanisme WS-Security apporte cette finesse qui nous manque. C'est une spécification gérée par un organisme appelé OASIS. Elle permet de fournir des services très fins, tels que le chiffrement pour assurer la confidentialité des données au sein des services web, ou la signature pour préserver l'intégrité. Il est aussi possible de faciliter les authentifications en utilisant les méthodes très variées telles que les login/mots de passe, le protocole Kerberos, les certificats X509, voire le protocole SAML. En somme, WS-security est le mécanisme qui permet d'agir réellement au sein même des services web. Il serait donc logique que ce mécanisme soit très répandu. Étonnamment, c'est loin d'être le cas. Aussi, le RSSI souhaitant mettre en œuvre ce mécanisme doit s'assurer qu'il dispose des compétences nécessaires, ce qui n'est pas trivial.

Approche artisanale

Cette approche consiste à agir au niveau du réseau, sans intervenir à proprement parler sur les services web. Elle est très indiquée lorsque l'entreprise expose un ou deux services web à un partenaire distant. Ces services, qui sont donc présentés sur Internet, imposent un minimum de précautions. Les trois mesures suivantes sont essentielles.

- **Filtrage IP :** comme le client du service web est un organisme partenaire (toujours le même), et que ce partenaire est distant, les services seront toujours requêtés depuis une plage d'adresse IP bien précise (toujours la même). Il est donc très simple de placer des règles de filtrage au niveau du pare-feu, ou du *reverse proxy*, de telle sorte à n'exposer les services web qu'aux adresses IP du partenaire. Les requêtes provenant de toute autre adresse seront ignorées.

- **TLS :** cette première mesure de sécurité doit être renforcée en obligeant les connexions à utiliser TLS. Les échanges seront ainsi chiffrés. Un certificat serveur classique servira à authentifier le serveur auprès du client, ce qui est un point positif. Cependant, dans ce cas de figure, authentifier le client auprès du serveur est au moins tout aussi important que l'inverse. Aussi, il est conseillé de configurer TLS pour une authentification par certificat serveur et client. Cette mesure complique les usurpations d'adresse IP.
- **Filtrage d'URL :** une dernière mesure très simple à mettre en place consiste à limiter les URL au niveau du relais inverse. L'idée est de limiter la possibilité pour le client de s'échapper de l'URI des services web qu'il est censé demander.

> **Attention**
> Le filtrage d'URL présenté ici peut être contourné assez facilement. Par exemple, si on a spécifié que seul l'URI suivant peut être utilisé pour accéder aux coordonnées postales d'un client :
>
> `/Application/services/CoordonnéesPostales`
>
> Un attaquant peut tenter l'URI suivant afin d'obtenir les coordonnées bancaires :
>
> `/Application/services/CoordonnéesPostales/../RIB`
>
> Comme la première partie de l'URI satisfait bien aux conditions de filtrage, le dispositif de filtrage risque donc de laisser passer la requête. Cependant, la seconde partie de l'URI permet de remonter d'un cran dans l'arborescence, et d'accéder au service de RIB, qui n'était pourtant pas censé être accessible depuis l'extérieur.
>
> Il est donc très important de contrôler comment et à quel moment sont interprétés les URI par les dispositifs de filtrage, avant de se fier à cette mesure de sécurité.

Ces trois mesures sont très efficaces pour s'assurer que seuls les clients licites peuvent requêter les services web. Elles limitent aussi le nombre de services pouvant être accédés.

En revanche, si le SI du partenaire a été piraté, ces mesures n'empêchent nullement l'attaquant d'envoyer des requêtes mal formées pour tester le comportement du service web.

La limitation principale de ces mesures est qu'elles ne sont applicables qu'à une échelle artisanale. Si on peut aisément les mettre en œuvre pour un ou deux partenaires isolés, requêtant un nombre très limité de services, cette approche n'est pas du tout appropriée pour sécuriser tous les services en interne dans l'entreprise, les acteurs impliqués se comptant par dizaines, si ce n'est par centaines.

Sécuriser les ESB

Le principe de l'ESB est relativement simple. Au lieu de solliciter directement les services web, les applications passent toutes par l'ESB, qui centralise tous les appels. Celui-ci se charge de relayer ces appels de services vers les bons serveurs. L'intérêt des ESB est qu'ils permettent d'orchestrer les appels. Si l'application s'adresse à l'ESB pour solliciter un service web, l'ESB peut en profiter pour faire plusieurs appels de services, compiler les résultats et les remonter d'un bloc au demandeur.

Les leviers pour sécuriser les ESB sont de plusieurs ordres. On peut agir au niveau réseau, en installant des certificats ou en utilisant des fonctionnalités avancées. Il est aussi possible d'installer des produits spécialisés.

- **Cadrer les appels de services par l'architecture réseau :** si un des principaux intérêts du déploiement d'un ESB est de centraliser tous les appels à des services web, rien n'empêche un client de court-circuiter l'ESB en s'adressant directement au service web, sans passer par l'ESB. Il convient donc d'empêcher les appels directs aux services en forçant le passage par l'ESB. Ceci peut être fait en plaçant les fournisseurs de services web derrière un pare-feu que seul l'ESB a le droit de traverser. Ceci oblige à passer par l'ESB pour être servi. Cette approche est possible lorsque tous les services web sont censés être sollicités via l'ESB. Or, ce n'est pas toujours le cas. C'est là qu'une étude préalable des cas d'usage prend toute son importance. Seuls les services web concernés seront placés derrière le pare-feu.

- **Authentifier avec TLS :** cette approche a déjà été évoquée plus haut dans le paragraphe parlant de la sécurisation des services web. Mais, si dans le contexte précédent cette mesure était peu réaliste, elle prend tout son sens si un ESB est utilisé. En effet, on peut faire en sorte que l'ESB présente aux clients un certificat afin de leur démontrer son identité. Comme l'ESB est un point central, il n'y a qu'un seul certificat à déployer. De la même façon, l'ESB peut présenter un certificat aux services web qu'il sollicite. Symétriquement, on peut faire en sorte que les services web s'authentifient auprès de l'ESB en présentant un certificat afin de s'assurer qu'aucun service illicite ne tente de s'interposer dans le chemin (mais ceci n'est réaliste que si très peu de services sont déployés). Certes, on ne parle pas ici d'authentification du client, mais cette mesure apporte suffisamment de confiance sur l'authenticité des services web, ce qui est déjà un progrès sensible.

- **Contrôle du respect des contrats de service :** il s'agit ici de vérifier au niveau de l'ESB que le demandeur a bien formulé sa requête. En somme, toute tentative d'attaque consistant à essayer de générer des exceptions en envoyant des données mal formées ou incohérentes sera bloquée. Ce travail est fait avant de relayer la demande de service au service web destinataire. L'ESB protège ainsi les services web. Le contrôle peut aussi consister à vérifier la métrologie du service. Ainsi, une alerte peut être envoyée à la plate-forme de supervision si l'ESB constate qu'il y a plus de demandes de services que ce qui a été contracté. Attention toutefois au coût de ces contrôles. En effet, ils consomment beaucoup de ressources et risquent d'avoir un impact sur les performances de façon sensible. Il est très important de qualifier et de tester cette mesure avant de la mettre en œuvre.

- **Les SOA *application gateways*:** ce sont des boîtiers spécialisés que l'on place entre le consommateur et le producteur d'un service web. Comme dans le point précédent, leur mission est de contrôler le respect des contrats de service. Ainsi, le processeur du SOA application gateway analyse des enveloppes XML, prend en charge le chiffrement/déchiffrement des flux, procède aux authentifications si nécessaire, etc. Dans ces conditions, on peut logiquement se demander pourquoi se procurer un tel boîtier alors que toutes ces fonctionnalités sont déjà possibles au niveau de l'ESB. L'avantage des SOA application gateways est qu'ils déchargent les ESB de ces tâches de contrôle, leur permettant ainsi de se focaliser sur leur mission première qui est l'orchestration et la transformation. Il ne s'agit donc pas d'ESB miniatures, mais plutôt de proxies apportant de la valeur ajoutée en sécurité pour les appels de services.

Focus sur les autres systèmes d'intermédiation

Pour des raisons pratiques, nous nous sommes centrés sur les services web et les ETL. Il ne faut pas pour autant oublier les autres systèmes d'intermédiation.

- **Les EAI :** ils interagissent avec les différents environnements de plusieurs façons différentes. Par exemple, il leur arrive très souvent d'invoquer des services web, soit en direct, soit via un ESB. Pour ce cas de figure, la sécurisation passe nécessairement par l'application des mesures qui viennent d'être présentées précédemment. Une autre façon que les EAI ont de communiquer consiste à requêter directement les bases de données ou à échanger des fichiers via FTP. La sécurisation consiste alors à appliquer les recommandations détaillées au chapitre dédié à la sécurité des services.
- **Les ETL :** comme pour les EAI, ils communiquent avec les différents acteurs du système, soit en se connectant directement sur les bases de données, soit en échangeant des fichiers. Les recettes pour sécuriser sont les mêmes. Ils peuvent aussi lire et déposer des fichiers sur des partages CIFS. Il est donc pertinent de vérifier soigneusement les droits sur ces partages afin que seuls les acteurs autorisés puissent lire ou déposer des fichiers. Comme évoqué précédemment, les ETL comportent des bases détaillant l'ensemble des éléments nécessaires pour réaliser les échanges et les traitements (schémas des bases de données, moyens de transfert de fichiers, répertoires de données utilisés par les agents, sur quels serveurs et sur quels ports les agents de l'ETL sont à l'écoute). La compromission

de cette base aurait des conséquences très graves. Le RSSI doit s'attacher à vérifier que les accès à ces informations sont proprement configurés.

- **Les autres systèmes :** les ordonnanceurs de tâches ainsi que les systèmes intégrés de transfert de fichiers rencontrent des problématiques de sécurisation très similaires aux ETL. En effet, ils centralisent également en un seul point tous les éléments nécessaires pour lancer leurs actions. Il faut donc soigner la configuration du système et s'assurer que les mesures élémentaires ont été prises.

Chapitre 25

Le big data

Un chapitre de cet ouvrage évoque les différentes générations d'outils d'analyse de journaux, qui vont du simple script *Shell* balayant les fichiers plats, à la solution la plus puissante de SIEM. Le big data serait la troisième génération en matière de gestion des journaux.

Le big data va être pour nous un outil capable de mettre en évidence des événements de sécurité plutôt qu'un objet de sécurité en soi. L'objet de ce chapitre n'est donc pas de savoir comment sécuriser le big data, mais plutôt de chercher à identifier très clairement les usages que nous pouvons en faire pour améliorer la sécurité du système d'information.

Différents types d'utilisation

Les usages du big data sont très variés et s'enrichissent de jour en jour. Avant de nous centrer sur la sécurité, voici un aperçu de ce qu'on peut faire.

- **Aide à la décision :** un usage très classique du big data est l'aide à la décision. L'analyse fine et le croisement de données sur une grande échelle de temps aident à identifier des tendances ou des comportements très utiles dans le domaine de la production industrielle ou du commerce.
- **Métrologie :** c'est un usage très répandu. Par exemple, les services web sont souvent mesurés via le big data.
- **Débogage logiciel :** cet usage se propage car il facilite des recherches très fines de comportements applicatifs. Le fait de pouvoir croiser des journaux de natures différentes (réseau, applications, infrastructure) et de générer très rapidement des rapports aide à identifier des cas de figures qui n'auraient pas été repérés autrement.

> **Exemple**
> Les performances d'une application mobile se sont considérablement dégradées suite à une mise à jour logicielle. Cependant, cette dégradation n'a concerné qu'une partie assez limitée d'utilisateurs. Comme aucun élément flagrant n'aidait à expliquer le phénomène, c'est en croisant les journaux applicatifs (contenant les temps de réponse) et les journaux d'accès à la plate-forme (contenant la version du mobile) que les développeurs ont mis en évidence que le problème affectait uniquement les rares utilisateurs disposant d'une version de firmware bien particulière. C'est grâce à la flexibilité du big data et à la possibilité de générer des rapports presque en temps réel que cette situation a pu être débloquée rapidement.

- **Faciliter l'assistance :** cet usage est loin d'être le plus répandu, mais certains DSI rapportent qu'ils se servent du big data dans la gestion des incidents. En effet, bon nombre de problèmes remontés au niveau trois sont réglés par la simple consultation pertinente des journaux, qui facilite la compréhension et la résolution du problème. Ce qui prend du temps, c'est donc de trouver le bon journal et de le consulter avec pertinence. Étant donné que le salaire du personnel impliqué dans les incidents de niveau trois, il est dommage de les mobiliser juste pour analyser des journaux. En simplifiant la consultation des journaux, le big data permet de régler des incidents dès les deux premiers niveaux. Ceci contribue à accélérer la résolution et à diminuer les coûts du service.

- **Surveillance d'infrastructures obsolètes :** toute entreprise a des infrastructures historiques à gérer. Or, plus personne ne développe d'outils de métrologie pour ces environnements obsolètes. Par sa capacité à indexer des journaux de natures très variées, le big data intègre ces infrastructures obsolètes dans le dispositif de métrologie.

> **Exemple**
> Considérons une banque disposant d'un réseau historique de liaisons X25. Ces dernières véhiculent encore des transactions financières très sensibles. La supervision de ces flux est donc très importante. Pourtant, plus aucun éditeur ne développe d'outils pour superviser des flux de ce type. Si les outils n'existent pas, les vieux équipements génèrent toutefois des journaux. Ces derniers ont donc été intégrés dans une plate-forme big data pour générer des états sur l'activité.

La liste des usages s'allonge de jour en jour, faisant du big data un dispositif incontournable qui sera présent dans tous nos SI.

Apports du big data pour la sécurité opérationnelle

On constate que les solutions d'analyse de journaux basés sur le big data apportent des fonctionnalités nouvelles capables de déceler des événements qui seraient passés inaperçus autrement. Cependant, il ne faut pas croire que ces solutions apportent la réponse à toutes les questions... surtout quand on ne sait pas quelles questions poser.

Ce que le big data fait comme les autres

En tant qu'outil d'analyse de journaux, les solutions de big data fournissent sans surprise les fonctionnalités suivantes.

- **Alertes classiques :** naturellement, le big data sait mettre en évidence les tentatives de connexion invalides sur un domaine AD, les blocages de compte, les tentatives de connexions sur des protocoles filtrés, des attaques par injection de code, etc. Il n'y a rien de révolutionnaire à tout cela, puisqu'il suffit de traiter les journaux que les équipements de sécurité injectent dans les bases.
- **Détection des usurpations d'identité :** si plusieurs identités sont utilisées dans des applications depuis une adresse IP unique, c'est qu'il y a très probablement une usurpation d'identité. De même, si plusieurs adresses accèdent simultanément à un même compte, cela peut aussi dénoter une usurpation d'identité. Enfin, des demandes réitérées de réinitialisation de mot de passe peuvent aussi trahir des tentatives d'usurpation. Tous ces incidents sont facilement repérés par les solutions de big data.

Si aucun de ces usages n'est nouveau par rapport aux solutions déjà existantes, l'argument mis en avant par les promoteurs du big data est la grande facilité pour créer des rapports ainsi que leur grande clarté.

Ce que le big data fait en plus

Les apports du big data pour la sécurité opérationnelle sont variés. Voici quelques exemples d'usages qui peuvent s'avérer bien utiles au RSSI.

- **Répondre à des questions nouvelles :** le fait que tous les journaux intégrés dans le big data soient massivement indexés rend possible de poser des questions qui n'avaient pas été prévues au départ.
- **Prise en compte facile de nouvelles sources :** l'ajout de nouvelles sources de journaux était possible avec des solutions plus anciennes, mais elle est facilitée par le fait que les données soient typées en direct par l'outil.
- **Analyse sur plusieurs niveaux :** les solutions d'analyse des journaux sont nombreuses. Elles ont grandement progressé ces dernières années et

savent maintenant corréler des événements. Malgré tous ces progrès, on leur reproche encore de rester cantonnées sur les niveaux bas. Le big data dépasse cette limite, en intégrant aussi les journaux applicatifs. Cependant, le problème de ces derniers est qu'ils ne sont pas normalisés. Ainsi, les applications ne journalisent pas les mêmes événements et structurent leurs journaux sans concertation avec les autres. En l'absence de standard, il était très difficile de développer des outils efficaces de surveillance. Grâce au mécanisme d'indexation, le big data sait relier des journaux de niveaux différents (réseau, applicatifs et interapplicatifs), mettant ainsi en évidence des événements de sécurité qui seraient passés autrement à travers les mailles du filet.

- **Détection avancée de comportements suspects :** certains fournisseurs de systèmes d'analyse de journaux basés sur le big data enrichissent leur outil avec des bases de menaces. Ces bases répertorient les plages d'adresse IP suspectes, les adresses électroniques malveillantes et les noms de domaine et les URL notoirement dangereuses. Les journaux obtenus sont ainsi mis en perspective par rapport à ces bases, ce qui facilite le repérage des attaques.

> **Exemple**
>
> Une technique classique de fuite de données consiste à prendre un document confidentiel et à le coder en base 64. Ensuite, ce document peut être scindé en de nombreuses sections et envoyé par tranches en appelant un serveur HTTP malveillant destiné à recevoir les données.
>
> En lisant les journaux du poste de travail et en analysant les journaux du proxy HTTP sortant, un analyseur doté d'une base de connaissance détectera rapidement cette fuite d'informations. En effet, le tranchage du fichier ne passera pas inaperçu. Quant aux URL et adresses IP utilisées pour faire fuir le document, elles seront répertoriées dans la base de menaces de l'outil.

- **Identifier l'étendue d'une vulnérabilité :** on peut se servir de ces outils pour connaître l'étendue effective d'une attaque. Cela est utile lorsqu'une vulnérabilité très grave est rendue publique et qu'il est nécessaire de savoir quel est son impact réel dans le SI. Dans ce cas, il faut rapidement créer un tableau de bord croisant des données très variées telles que les journaux de l'IDS, la durée des attaques, la géolocalisation des adresses IP attaquantes, etc.

> **Exemple**
> Une vulnérabilité majeure sur l'interpréteur de commandes bash des systèmes Linux mettrait en danger tout le SI. Pour connaître l'étendue réelle de cette vulnérabilité dans son parc, le RSSI peut lancer une requête sur tous les serveurs concernés et récupérer les résultats obtenus via les journaux. La consultation de ces résultats via la plate-forme de big data donnera rapidement une vision claire et complète du niveau d'exposition au risque.

- **Enrichissement de rapports existants :** il y a un paradoxe entre la richesse des rapports proposés par les outils de sécurité et l'usage qui en est fait. En fait, ces rapports sont trop nombreux et pas un n'est adapté parfaitement aux besoins réels. De plus, malgré le nombre et la richesse des rapports proposés, il se peut que certaines informations qui seraient bien utiles viennent à manquer. Le big data est capable d'enrichir les rapports existants avec des données absentes de l'outil. Cet usage ne justifie pas à lui seul l'installation d'une solution de big data, mais il peut être fait à titre opportuniste, dans le cas où une plate-forme est déjà en production.

> **Exemple**
> Nous pouvons prendre pour exemple les plates-formes d'administration des antivirus. Il est arrivé que certains RSSI profitent de la présence d'une plate-forme de big data pour enrichir les états de l'antivirus avec des éléments de géolocalisation des attaques.

- **Contrôle des configurations :** le big data est aussi utilisable pour maîtriser la configuration des équipements les plus sensibles. L'idée est de vider périodiquement les configurations dans les journaux. Si un changement a eu lieu, il est facilement détecté.

> **Exemple**
> Une DSI voulant empêcher les changements de configuration intempestifs dans un environnement *mainframe* peut exporter les fichiers de configuration et les journaux pour les comparer avec les configurations nominales. Si les journaux montrent un accès aux fichiers de configuration et si les fichiers effectifs ne correspondent pas aux configurations nominales, cela dénote un accès illicite.

Pour être parfaitement honnête, les fonctions exposées ici sont déjà pour la plupart disponibles avec des outils autres que le big data. Cependant, le fait que les données soient massivement indexées permet des recherches très aisées sur des points qui n'avaient pas été identifiés auparavant. Ceci, ajouté à l'extrême facilité de générer de nouveaux rapports, rend le big data beaucoup plus puissant que les solutions plus anciennes.

Limites et risques liés au big data

Après ce tableau idyllique du big data, on peut se demander pourquoi ces solutions n'ont pas supplanté les SIEM classiques depuis longtemps. En fait, tout n'est pas parfait dans le domaine du big data. On s'aperçoit à l'usage de certaines limites et de certains risques.

Limites techniques

Les promoteurs de *big data* nous vantent leur qualité majeure qui consiste à ne pas avoir à typer les données en entrée. Le système indexe automatiquement les journaux, ce qui permet de faire des requêtes à des niveaux que les SIEM ne peuvent pas atteindre.

L'usage montre que, tant dans les solutions open source que dans les commerciales, il est toujours meilleur de fournir à la plate-forme le format bien typé des journaux qui l'alimentent. Cela facilite grandement le travail d'indexation et d'analyse. On voit ainsi se multiplier les connecteurs (tout comme pour les SIEM) pour les différents environnements : bases de données, applications, équipements réseau (switch, proxy), équipements de sécurité (pare-feu, IDS).

Par ailleurs, des problèmes de performances sont souvent rencontrés au bout de quelques semaines d'exploitation. Les volumes de stockage sont tels qu'il est important de prévoir en amont comment répartir les journaux, sur quels serveurs, sur combien de disques, sur quels types de disques, etc. Par ailleurs, un point très important est la virtualisation. Les exploitants sont unanimes : la demande de puissance est telle qu'il est presque toujours recommandé d'éviter les solutions virtualisées. Les plates-formes de big data sont donc souvent physiques. Les environnements de test et d'intégration peuvent être laissés en virtuel.

Limites fonctionnelles

Nous avons vu qu'un des avantages principaux du big data est la possibilité de requêter les journaux sur des points qui n'avaient pas été initialement prévus.

Il ne faut pas pour autant croire que le big data apporte la réponse à tout. On constate que lorsque les RSSI enquêtent sur des incidents, ils ont tendance à inonder le big data de requêtes très variées. Or, il répond toujours aux questions, fournissant des listes, des graphiques et des états. Cela n'apporte pas pour autant la réponse pertinente. En fait, le big data met en évidence le besoin de savoir ce que l'on cherche précisément et à l'avance.

Par ailleurs, le big data n'est pas un oracle. Rien ne prouve que les réponses apportées soient nécessairement pertinentes. Il faut donc toujours vérifier la pertinence de la réponse.

Paradoxalement, nous pouvons dire que même si le big data répond toujours, il n'a pas forcément réponse à tout.

Risques

Aujourd'hui, le big data est perçu par les RSSI comme un outil facilitant la surveillance de la sécurité. Comme elle n'est pas directement liée à la production, la protection de cette infrastructure n'est donc pas jugée particulièrement stratégique, en tout cas pas autant que les systèmes d'intermédiation, les bases de données ou les plates-formes de virtualisation.

Or, cette perception n'est pas forcément pertinente au vu des nombreux usages du big data qui ont été brièvement évoqués plus haut. En fait, les risques sont à peu près les mêmes que ceux liés aux solutions de SIEM, puisqu'il s'agit d'exploiter des journaux et de générer des alertes.

Ainsi pourrait-on penser qu'en matière de disponibilité, le big data n'est pas un dispositif particulièrement sensible. Après tout, ne pas disposer des journaux n'entrave en rien la production. Certes, mais c'est sans compter que certains usages du big data sont devenus très sensibles, notamment pour la planification de la production ou pour la métrologie. Il y a fort à parier que de plus en plus d'applications du big data deviendront sensibles à la disponibilité. Il ne faut donc pas négliger la disponibilité de ces infrastructures.

Naturellement, l'intégrité de l'information obtenue par le big data est importante puisqu'elle conditionne les décisions. Il est donc important de protéger les journaux en amont, ainsi que les accès à la plate-forme.

Néanmoins, ce sont naturellement les questions de confidentialité qui centralisent pour l'instant les préoccupations en matière de sécurité. Comme le big data est amené à stocker et traiter des données à caractère personnel, il ne faut pas oublier de déclarer ces traitements et de mettre en place des mesures pour protéger l'accès à ces données. Une réflexion sur la durée de rétention se pose aussi.

En dehors de données à caractère personnel, le big data contient des informations permettant d'analyser finement la vie de l'entreprise, du moins pour certaines de ses activités stratégiques. Une personne malveillante accédant à cette plate-forme pourrait ainsi obtenir des informations très importantes.

Chapitre 26

Obstacles à la sécurité opérationnelle

Nous avons commencé cet ouvrage en nous mettant dans la situation d'un RSSI ayant la charge de sécuriser son système d'information. Maintenant que tous les projets exposés dans les chapitres précédents ont été détaillés, revenons à notre RSSI. Aura-t-il réussi à sortir de la fameuse « zone d'humiliation » ? Que lui manque-t-il pour y arriver ? Ce chapitre s'efforce de répondre à ces questions.

Freins à la sécurisation du SI

Nous ne nous sommes pas encore demandé combien de temps il faut pour mener à bien l'ensemble de ces projets. Naturellement, la réponse dépend à la fois du type de SI et de son état initial de sécurité. Quoi qu'il en soit, on constate que, très souvent, certains projets sont plus faciles à réaliser que d'autres.

Les projets qu'il est possible de mener dans un temps satisfaisant sont généralement les suivants.

- **Réseaux :** paradoxalement, ce chantier pourtant complexe avance généralement bien car il est conduit en mode projet, si bien qu'au bout de quelques mois, il est possible d'atteindre la cible souhaitée.
- **Postes de travail :** entre les dispositifs de gestion de parc, les outils de diffusion de correctifs de sécurité et la possibilité d'agir sur les GPO, la sécurisation des postes de travail est aussi un projet qui peut avancer à un rythme satisfaisant, surtout si on le couple avec le renouvellement du parc.

- **Sauvegardes :** la difficulté de ce projet consiste surtout à convaincre les exploitants de réaliser des tests de restauration sur certains environnements bien identifiés. Pour peu que ces actions soient bien planifiées, et avec suffisamment d'avance, il n'y a pas de difficulté technique particulière à surmonter.

- **Accès distants :** nous avons vu que l'essentiel du travail consiste ici à fermer les accès obsolètes et à passer en revue les accès utilisés. L'effort se portera donc à bien communiquer auprès des utilisateurs sur l'arrêt imminent des anciens accès et à suivre attentivement la revue des accès utilisés.

- **Incidents de sécurité :** si le processus de gestion des incidents est, par nature, en constante évolution, cela ne prend pas beaucoup de temps de réunir les différentes parties concernées pour organiser des plans de réaction aux incidents les plus redoutés.

- **Revue générale des droits :** quelques semaines suffisent à passer en revue les droits dans des domaines aussi variés que l'AD, les annuaires, les accès VPN, etc. Il est important qu'une personne soit dédiée à cette tâche, suffisamment rigoureuse pour assurer le suivi de la revue et pour vérifier que les comptes à supprimer l'ont bien été.

- **Journalisation :** le projet de journalisation est très ambitieux. En revanche, l'identification des principaux points à surveiller et l'analyse régulière des deux ou trois journaux les plus essentiels ne sont pas très compliquées à gérer.

- **Sensibilisation :** les ressources pour sensibiliser le personnel ne manquent pas. Les services qualité ont un véritable savoir-faire en la matière ; quant aux services communication, c'est précisément leur métier que de sensibiliser le personnel. Enfin, le RSSI peut s'impliquer personnellement pour informer des populations bien ciblées.

Malheureusement, certains autres projets ralentissent considérablement la sortie de la zone d'humiliation. En voici les principales raisons.

- **Mots de passe :** imposer de bons mots de passe pour les utilisateurs est relativement facile à mettre en œuvre. La tâche est plus complexe pour les serveurs et les bases de données, car les exploitants redoutent des régressions de service, si bien que le projet n'avance que très lentement. Enfin, il reste les équipements d'infrastructure que l'on oublie souvent : hyperviseurs de machines virtuelles, contrôleurs de baies de disques, cœurs de réseau, répartiteurs de charge, etc. Comment avoir la certitude que l'on n'a rien oublié ? Or, tant qu'un élément clé du SI dispose d'un mot de passe trivial, le SI est en danger.

- **Serveurs :** la sécurisation des serveurs (dont le changement de mots de passe n'est qu'un des aspects) est souvent très ralentie, voire complètement bloquée par les exploitants, qui arguent, souvent à juste titre et parfois de façon abusive, un risque élevé de régression de service. Un

soutien fort et répété de la DSI est indispensable pour avancer dans ce projet.
- **Gestion des identités et des droits :** la gestion des droits applicatifs est du ressort des métiers. Seuls les métiers peuvent décider qui a droit à quoi dans une application. Pourtant, ces mêmes métiers résistent à s'impliquer dans les revues de droits, si bien que la gestion des droits a souvent du mal à atteindre un niveau de maturité satisfaisant. Quant aux projets d'IAM, ils sont longs, complexes et très coûteux à mettre en place. Ils se concluent souvent par des échecs.
- **PCA/PRA :** mettre en œuvre concrètement un plan de continuité d'activité est très complexe. Cela mobilise des compétences techniques très variées et très sollicitées d'ordinaire. Il faut par ailleurs impliquer les métiers dans cette démarche. Bref, le RSSI a souvent du mal à convaincre toutes ces équipes de se consacrer pendant plusieurs semaines à la préparation d'un test de continuité, et ce au détriment de toutes les autres activités.
- **Gestion des antivirus :** l'expérience montre qu'il est très difficile de faire en sorte que la console d'administration de l'antivirus couvre l'ensemble des postes de travail et des serveurs. Il y a toujours un pourcentage, souvent non négligeable, de postes non gérés, que personne n'arrive à corriger. On peut même se poser la question suivante : parvient-on au final à avoir un antivirus bien déployé et à jour sur tous les postes ?
- **Tiers :** il est certes très facile de mettre en place un processus de gestion des tiers. En revanche, obtenir de tous ces tiers une mise à jour satisfaisante des clauses contractuelles en matière de sécurité est beaucoup plus ardu. De plus, il n'est pas toujours aisé de s'assurer qu'ils observent les bonnes pratiques de sécurité, d'autant plus que le rapport de force avec certains sous-traitants n'est pas toujours en faveur du client. Ce dernier a donc souvent du mal à auditer son fournisseur.
- **Sécurité applicative :** nombreux sont les progiciels ignorant complètement la sécurité. Quant aux applications historiques développées en interne, elles sont souvent très difficiles à mettre à niveau. Une proportion non négligeable du parc applicatif de l'entreprise demeure vulnérable de façon endémique, malgré toute la bonne volonté du RSSI.

Cette longue liste nous conduit directement à un premier constat : il est difficile de terminer simultanément tous les projets de sécurisation, ce qui ralentit très concrètement la sortie de la zone d'humiliation. Pire, nous venons de voir que certains de ces projets ne se terminent jamais.

Malheureusement, un second constat vient aggraver la situation. En effet, les domaines ayant fait l'objet d'une sécurisation ont une propension à se relâcher. Très concrètement, cela veut dire que sans une exploitation rigoureuse ni un contrôle de chaque instant, les mesures de sécurité qu'on a eu tellement de mal à mettre en place ont une tendance naturelle à perdre en efficacité.

Si rien n'est fait, et alors que le RSSI vient à peine de faire sortir le SI de la zone d'humiliation, cela peut conduire à une régression du niveau de sécurité.

En fait, nous comprenons ici qu'être dans un niveau de sécurité supérieur à la zone d'humiliation n'est pas un état par défaut. Il faut dépenser beaucoup d'énergie non seulement pour l'atteindre, mais aussi pour y rester.

Malheureusement, ceux qui fournissent les budgets considèrent souvent que la sortie de la zone d'humiliation se limite exclusivement à la conduite d'un projet ponctuel, limité dans le temps, alors qu'en fait c'est bien plus que ça. Pour rester en dehors de la zone d'humiliation, il est nécessaire de maintenir constamment la pression, et cela a un coût d'exploitation, à la fois financier, humain et en temps.

On peut résumer la situation en disant que s'il est très difficile de sortir de la zone d'humiliation, il est très facile d'y retomber.

Plusieurs raisons peuvent expliquer ce constat.

- **Difficulté à maintenir la mobilisation :** lorsque le RSSI obtient de la direction à la fois le feu vert, le soutien et les moyens pour mener à bien le plan de traitement des risques, les différentes équipes de la DSI (études, exploitation, architectes, etc.) se mobilisent pour sécuriser le SI. Elles consentent à consacrer du temps pour aider le RSSI dans son dessein. Cependant, une fois ce projet terminé, la mobilisation retombe, d'autant plus que chacun a ses propres missions et ses propres objectifs à atteindre. C'est à ce moment-là que les mesures de sécurité commencent à décliner. Le problème ici est plus de maintenir la mobilisation que d'obtenir des moyens supplémentaires.

- **Complexité des SI :** certains SI sont devenus tellement complexes que l'on en perd la maîtrise (c'est souvent le cas des opérateurs téléphoniques ou des grandes banques ou assurances). Cela se voit clairement au niveau des réseaux, massivement interconnectés, avec des protocoles très variés et des flux fortement connexes. Le niveau applicatif n'est pas en reste avec ses briques d'intermédiation, ses systèmes de traitement, de préparation, de présentation, tous implémentés avec des technologies différentes et communiquant massivement entre eux. Il n'est pas rare que plus personne dans l'organisme n'ait une vision claire du SI. Souvent, ce sont les consultants externes qui, à force de travailler sur ces architectures, finissent par en acquérir une certaine connaissance. Dans ces conditions, comment avoir une vision claire des menaces et des risques alors qu'on ne connaît même pas l'architecture du SI ?

- **Régression très rapide dès qu'on ne surveille plus :** de nombreuses mesures de sécurité (telles que les antivirus, les correctifs de sécurité, les revues de droits, etc.) perdent en efficacité dès qu'on ne les surveille plus étroitement. Si on se contente de les exploiter, sans aucune surveillance particulière, elles finissent par devenir ineffectives après seulement quelques mois. Elles donnent alors l'illusion de la sécurité, alors qu'elles laissent apparaître de nombreuses failles.

> **Exemple**
> Un exemple illustrant bien ce problème est le système d'antivirus. Nous avons vu dans le chapitre correspondant que les consoles d'administration des antivirus ont du mal à couvrir l'ensemble du parc. Cela est dû au fait que les personnes installant les nouveaux postes de travail oublient parfois de déclarer ces machines auprès du système d'antivirus. Un autre problème est que les agents ne sont pas toujours mis à jour, ce qui conduit à une protection inégale du parc. Ceci met en évidence que sans une surveillance attentive, le parc se retrouve en quelques mois partiellement couvert par l'antivirus.

> **Exemple**
> Un problème similaire se présente pour la distribution des correctifs de sécurité. Tous les postes de travail ne sont pas forcément bien configurés pour aller chercher leurs correctifs de sécurité auprès du bon serveur. Ces machines ne seront donc pas bien mises à jour. Côté serveur, il arrive qu'avec le temps, la partition contenant les correctifs à distribuer se remplisse. Le serveur ne peut donc plus charger les nouveaux correctifs, ce qui conduit à l'arrêt de leur diffusion. Sans une surveillance régulière, le parc peut se retrouver rapidement sans aucune mise à jour.

> **Exemple**
> Ce type de problème ne touche pas uniquement les mesures de sécurité techniques. Par exemple, les revues de droits ne sont efficaces que si elles sont réitérées année après année. Une revue des droits effectuée seulement une fois tous les deux ou trois ans n'assure en rien la suppression des comptes indûment privilégiés.

- **Domaines ignorés de la sécurité :** bien que le RSSI fasse beaucoup d'efforts pour bien connaître le SI et qu'il s'efforce de garder de bons rapports avec chacun pour créer un climat de confiance, nombreuses sont les vulnérabilités qui subsistent à son insu. Ce n'est pas forcément qu'on lui cache volontairement ces vulnérabilités, c'est plutôt que les personnes connaissant ces situations ne sont pas forcément conscientes des risques. Elles ne pensent donc pas forcément à alerter le RSSI.

> **Exemple**
> Prenons le cas d'un organisme ayant réalisé un effort important pour durcir les mots de passe. Ainsi, ceux pour accéder aux bases de données sont devenus complexes. Il arrive pourtant parfois que certains de ces mots de passe soient stockés en clair dans des fichiers dans le but de faciliter l'exécution de scripts *batch*. Personne ne pensera à signaler que ces fichiers de procédures contenant ces mots de passe sont en lecture pour tous. Il faudra attendre qu'un consultant en sécurité tombe dessus pour que cette vulnérabilité soit rapportée au RSSI.

- **Évolution des menaces :** les plans de sécurisation et les mesures de sécurité opérationnelle qui les accompagnent visent à éradiquer des vulnérabilités identifiées à un instant donné. Ces travaux de sécurisation s'étendent alors sur plusieurs mois. Pendant ce temps, les menaces ne cessent d'évoluer au rythme des techniques et des nouveaux usages. Ainsi, aussi pertinentes qu'elles soient, les actions de sécurisation ont toujours un temps de retard sur les menaces.

Exemple
L'exemple classique d'évolution des menaces par les usages est celui du cloud. Alors que les échanges de fichiers commençaient à être relativement maîtrisés par les directions informatiques, l'usage des sites de partage de fichiers dans le cloud a explosé, exposant massivement, et sans aucun contrôle centralisé, les données de l'entreprise sur Internet.

Un besoin flagrant

Ce constat accablant peut inquiéter, mais il est peut-être dû au fait que les processus de sécurité opérationnelle ont été présentés de façon brute, les uns après les autres, sans vraiment les mettre en relation les uns avec les autres. Il ressort de ce constat le besoin flagrant de mettre en place un chef d'orchestre chargé de coordonner les actions, de garantir la mobilisation et de compenser toutes les difficultés. Ce chef d'orchestre, c'est la norme ISO 27001 qui est présentée dans la partie suivante.

PARTIE III

Intégration dans la norme ISO 27001

L'étude des processus de sécurité opérationnelle nous a montré que sortir le système d'information de la zone d'humiliation est un chemin long et jamais définitivement acquis. Il serait intéressant de disposer d'un cadre organisationnel suffisamment contraignant pour assurer la montée en maturité de la sécurité du SI. Ce cadre peut être fourni par les normes.

Dans la partie précédente, nous n'avons fait que citer brièvement les normes. Pourtant, l'ISO a publié un nombre très important de normes censées couvrir les questions les plus diverses en matière de sécurité de l'information. C'est notamment le cas de la série 27000, qui compte plus d'une quinzaine de normes. Certes, elles n'ont pas toutes eu le même succès auprès du public, mais certaines sont devenues incontournables. C'est le cas des normes ISO 27001 et ISO 27002.

Cette partie commence donc par présenter la norme ISO 27001, qui est la référence en matière de systèmes de management en sécurité de l'information. Le chapitre suivant présente l'ISO 27002, une norme compilant de nombreuses mesures de sécurité. Elle est utilisée pour de nombreux usages que nous passerons en revue. Cette partie se poursuit par un chapitre expliquant en quoi la norme ISO 27001 permet aux processus de sécurité opérationnelle d'être efficaces dans la durée et de faire en sorte que le niveau de maturité de la sécurité s'améliore de façon pérenne. Le dernier chapitre est une réflexion sur le devenir de la sécurité opérationnelle et sur la possibilité réelle de faire progresser la sécurité.

… Chapitre 27

La norme ISO 27001

La norme ISO 27001 s'est imposée en peu de temps comme référentiel incontournable en matière de sécurité. On ne compte plus les fournisseurs de service qui se font certifier pour prouver leurs bonnes pratiques auprès de leurs clients. On a pourtant considéré pendant trop longtemps cette norme comme un faire-valoir en sécurité assez facile à obtenir. Ce que l'on n'a pas compris tout de suite, c'est que la norme ISO 27001 est le « liant » permettant aux mesures de sécurité techniques et organisationnelles de monter en maturité. Nous allons voir dans ce chapitre le contenu de la norme.

Multiplicité des référentiels

Lorsque, dans les années 1990, la sécurité des SI est devenue un enjeu important pour les entreprises, les référentiels se sont multipliés. On ne comptait plus les guides de sécurité, les méthodologies d'appréciation des risques, les manuels de recommandations, etc. Chaque administration, chaque grand constructeur ou éditeur publiait des ouvrages liés à la sécurité des SI. Le RSSI avait l'embarras du choix. Ces guides étaient le plus souvent orientés technique, donnant des directives sur comment sécuriser tels systèmes, tels réseaux et telles applications. D'autres avaient une approche plus organisationnelle.

Il manquait cependant un référentiel qui présente comment s'organiser afin d'assurer une amélioration continue du niveau de sécurité du système d'information. L'ISO 27001 a apporté une réponse à ce besoin.

La toute première version de la norme date de 1995. Elle fut conçue par l'organisme britannique de normalisation (le BSI) sous la référence BS 7799. Reprise depuis 2005 par l'ISO, la norme s'appelle désormais ISO 27001. Elle s'est rapidement imposée comme référentiel pour organiser la sécurité des SI.

L'ISO 27001 impose la mise en place d'un système de management de la sécurité de l'information (SMSI). L'entité implémentant le SMSI peut le faire certifier par des auditeurs indépendants. Le but premier de la certification est de fournir de la confiance en matière de sécurité aux principales parties prenantes de l'organisme. Il est toutefois possible d'implémenter un SMSI sans aller jusqu'à la certification. C'est un choix très répandu en entreprise. Dans ce cas, le but est d'adopter les bonnes pratiques sans avoir à assumer les lourdeurs de la certification.

Les systèmes de management

Les systèmes de management sont des dispositifs organisationnels assurant l'amélioration continue dans un domaine particulier, de la qualité à l'environnement, en passant par la santé au travail ou la sécurité des systèmes d'information. Les systèmes de management se traduisent concrètement par la mise en place de mesures techniques et organisationnelles dans le domaine en question.

Notons que si les systèmes de management garantissent de bonnes pratiques dans un domaine particulier (la qualité, l'environnement, la sécurité de l'information, etc.), ils ne garantissent pas un niveau de qualité. Cependant, l'organisme mettant en place un système de management s'améliore progressivement. Ainsi, son niveau de maturité augmente mécaniquement, ce qui permet, à terme, d'atteindre un niveau de qualité souhaité. C'est exactement le cas des SMSI. Mettre en place un SMSI ne garantit pas un niveau de sécurité. D'ailleurs plusieurs exemples connus de sociétés certifiées ISO 27001 s'étant fait pirater illustrent ce fait. En revanche, l'exploitation d'un SMSI dans la durée augmente le niveau de maturité en matière de sécurité. Le niveau de sécurité s'améliore donc dans le temps.

Les systèmes de management sont pour la plupart formalisés par l'ISO. Tout le monde connaît l'ISO 9001 qui traite de la qualité, ainsi que l'ISO 14001 qui aborde les questions d'environnement. Il en existe bien d'autres, dont l'ISO 27001. Jusqu'à une période récente, chaque norme de système de management avait son propre plan, avec ses chapitres et ses annexes. Or, si chaque système de management a des particularités spécifiques au domaine abordé, ils partagent tous un certain nombre de processus tels que l'identification des parties prenantes, la gestion de la documentation, l'audit interne, etc. Cela a conduit à une situation inconfortable puisque chaque norme traitait de ces points dans des chapitres différents et des formulations différentes, alors qu'ils étaient très proches dans le fond. En somme, cette diversité des plans et des formulations rendait les normes difficilement lisibles dès lors qu'il fallait en implémenter plus d'une.

Pour résoudre ce problème, l'ISO a unifié le plan des normes. Dès aujourd'hui, toute nouvelle norme de système de management, ou toute norme ancienne faisant l'objet d'une révision se voit appliquer ce plan unifié. À terme, toutes les normes de système de management répondront au même plan. La norme ISO 27001 a été revue en ce sens.

Présentation de la norme ISO 27001

La norme ISO 27001 suit le plan commun imposé pour tous les systèmes de management. Les points fondamentaux sont abordés en premier, suivis d'un chapitre sur l'appréciation des risques. Viennent ensuite des exigences relatives à la documentation, la formation et la sensibilisation. Le contrôle du SMSI et son amélioration continue sont présentés en dernier.

Considérations stratégiques

Les premiers chapitres de la norme demandent à cadrer le SMSI par rapport à son contexte et ses parties prenantes. Le périmètre doit être précisé, les responsabilités bien réparties et une politique de sécurité formalisée.

- **Contexte de l'entreprise :** le premier point que la norme demande d'aborder est la formalisation du contexte de l'entreprise. Il s'agit ici de décrire le secteur de l'entreprise, son métier, son contexte réglementaire, son contexte commercial, les tendances et évolutions prévisibles.
- **Parties prenantes :** la raison d'être des systèmes de management est de fournir de la confiance aux parties prenantes. Il est donc important de savoir précisément pour quelles parties prenantes de l'entreprise le système de management est en train d'être construit. L'implémenteur doit donc décrire clairement quelles sont les parties prenantes.
- **Périmètre du SMSI :** rien n'oblige l'implémenteur à faire porter le SMSI sur l'ensemble des activités de l'organisme. Il est parfaitement possible de focaliser le périmètre sur un aspect particulier. Il est donc très important de spécifier le plus clairement possible ce périmètre.
- **PSSI :** rédiger une politique de sécurité des systèmes d'information est obligatoire. Même si la norme n'impose aucun plan particulier, il convient que ce document aborde les points suivants : rappel des enjeux, engagement de la direction en matière de sécurité de l'information et principales lignes directrices à respecter, tant d'un point de vue technique qu'organisationnel.
- **Répartir les responsabilités :** la norme exige que les rôles et responsabilités en matière de sécurité soient clairement répartis.

Appréciation des risques

La norme ISO 27001 impose de procéder à une appréciation des risques. Naturellement, elle ne conseille aucune méthode en particulier. L'implémenteur est donc assez libre de choisir la méthode qu'il estime lui convenir le mieux. Toutefois, la norme impose un minimum d'étapes.

- **Identification des risques :** les risques pouvant avoir une conséquence sur l'intégrité, la disponibilité ainsi que la confidentialité de l'information doivent être identifiés. Généralement (mais ce n'est pas une obligation normative), il s'agit ici de procéder à un inventaire des actifs d'information et, pour chacun, d'en identifier les vulnérabilités et les menaces.
- **Critères de gestion des risques :** ils doivent être clairement définis.
- **Analyse des risques :** les conséquences potentielles de ces risques doivent être identifiées ainsi que leur vraisemblance.
- **Évaluation des risques :** sur la base de leur identification et de leur analyse, les risques peuvent être évalués. Pour cela, on tient généralement compte de la valeur des actifs, des conséquences opérationnelles suite à une perte de confidentialité, d'intégrité ou de disponibilité, ainsi que de la vraisemblance du risque. Chaque implémenteur est libre de fixer la formule d'évaluation des risques qui lui paraît la plus appropriée.
- **Traitement du risque :** une fois les risques évalués, l'implémenteur doit préciser pour chacun d'eux comment il compte le traiter. Il se servira pour cela des critères de gestion de risques formalisés plus haut. Si la norme laisse libre sur les différents traitements possibles, les plus courants sont les suivants.
    - L'acceptation du risque : lorsqu'on accepte un risque, on décide de ne rien engager pour se protéger. Il n'est pas irresponsable d'accepter des risques dont les conséquences sont négligeables.
    - L'évitement du risque : cela consiste à se retirer de l'activité à risque. On atteint ainsi un risque zéro pour l'activité en question. Naturellement, ce traitement du risque est très exceptionnel.
    - Le transfert : en confiant l'activité à risque à un sous-traitant, ou en prenant une assurance, on transfère le risque à un tiers. Attention, transférer le risque ne dispense pas de prendre quelques précautions, notamment en contrôlant le sous-traitant.
    - La réduction : ce sera concrètement le traitement de loin le plus utilisé. Il s'agit en fait de mettre en place une mesure de sécurité afin de réduire le risque à un niveau acceptable.
- **Identification des mesures de sécurité :** l'annexe A de la norme ISO 27001 contient une liste de mesures visant à sécuriser le SI. Pour chaque risque identifié plus haut, l'implémenteur doit sélectionner dans cette liste les mesures permettant de le réduire ou de le transférer.

- **Déclaration d'applicabilité :** ce document reprend l'ensemble des mesures de sécurité présentes dans l'annexe A de la norme. Pour chacune de ces mesures, l'implémenteur doit préciser si cette mesure est applicable dans le SMSI ou non, et préciser les raisons de ce choix. Concrètement, la déclaration d'applicabilité se présente toujours sous la forme d'un simple tableau.

Il est intéressant de noter que les étapes telles que l'inventaire des actifs, leur valorisation ainsi que l'identification des menaces et des vulnérabilités ne sont pas explicitement imposées dans la norme. Il est cependant difficile de procéder sérieusement à une appréciation des risques sans passer par ces étapes.

Notons que la norme impose la fixation d'objectifs de sécurité, ainsi que les moyens de mesurer leur niveau de réalisation.

Le plan de traitement des risques termine cette étape. Ce plan, basé sur les mesures de sécurité identifiées ainsi que sur les objectifs à atteindre, décrit comment parvenir aux objectifs de sécurité fixés précédemment.

Support

Cette partie de la norme couvre des domaines communs à tous les systèmes de management. Les points ci-après peuvent être considérés comme des « services transverses » que tout système de management doit fournir. Les SMSI n'y échappent pas.

- **Documentation :** les systèmes de management se caractérisent par le passage de la tradition orale à la tradition écrite. Chaque processus doit être décrit synthétiquement dans un document rappelant qui fait quoi, quand, en générant quelle trace. Généralement, ces procédures sont publiées dans l'intranet de l'entreprise. Pour les procédures les plus sensibles, il est possible de rédiger des modes opératoires détaillant toutes les étapes.
- **Formation :** le personnel ayant des responsabilités en matière de sécurité doit être formé en conséquence. Les formations sont essentiellement techniques et couvrent des domaines comme la connaissance de la norme ISO 27001, la connaissance des méthodes d'appréciation des risques, la sécurité système et réseau ou la sécurité des développements.
- **Sensibilisation :** tout le personnel de l'organisme mettant en place un SMSI doit être sensibilisé à la sécurité des SI. L'implémenteur peut lancer des campagnes de sensibilisation par affichage, sur l'intranet, via des messages ou par le moyen de petites sessions dédiées à la sécurité.
- **Moyens :** l'organisme décidant de déployer un SMSI doit fournir les moyens financiers, humains et techniques pour mettre en place, exploiter, maintenir et améliorer la sécurité du SI.

Fonctionnement du SMSI

Le chapitre relatif au fonctionnement du SMSI est très court car il se limite à préciser que tous les processus évoqués précédemment (appréciation des risques, mesures de traitement des risques, etc.) doivent être mis en place, exploités et améliorés. L'implémenteur doit prendre soin de garder les traces prouvant que les processus du SMSI sont bien opérationnels.

Contrôle

Si l'on s'en tient au nombre de pages occupées par ce chapitre dans la norme, on pourrait penser que le contrôle n'est pas important aux yeux de l'ISO 27001. Il n'en est rien. Le contrôle est le point qui donne toute sa force à la norme. Le but ici est de vérifier que le système de management fonctionne correctement et permet d'atteindre les objectifs qui lui ont été fixés.

La norme propose trois façons différentes de contrôler le SMSI. Les indicateurs, les audits internes et la revue du système de management.

- **Les indicateurs :** la norme impose de vérifier que le système permet d'atteindre ses objectifs par le moyen d'indicateurs. Cependant, la norme ne spécifie strictement aucun indicateur en particulier. L'implémenteur peut donc choisir ceux qui lui paraissent les plus pertinents en fonction du contexte. Il est prudent de se centrer sur l'essentiel et de ne pas multiplier les indicateurs.

- **L'audit interne :** ce point est incontournable dans tout système de management. Attention, il ne s'agit pas ici d'auditer la sécurité du SI, que ce soit du point de vue technique ou organisationnel. Il s'agit d'auditer le bon fonctionnement du SMSI. L'auditeur interne sélectionnera les processus les plus importants du SMSI (par exemple la gestion des incidents), regardera comment il est spécifié dans la documentation et vérifiera que ces processus ont été opérés conformément à la documentation. Généralement, mais ce n'est pas une obligation de la norme, il convient que l'ensemble des processus du SMSI ait été audité dans une période de trois ans. Les auditeurs internes peuvent être des employés de l'organisme en question ou des consultants extérieurs missionnés spécialement pour l'occasion. La seule contrainte est que, lors de l'audit interne, l'auditeur ne soit pas amené à contrôler son propre travail. À l'issue de l'audit, un rapport doit être rédigé en mettant en relief les points forts, mais surtout les non-conformités ainsi que les opportunités d'amélioration.

- **La revue du système de management :** ce dernier point aussi est systématiquement présent dans tout système de management. Le but de la revue est d'évaluer le bon fonctionnement du système de management en prenant du recul. Cela se concrétise par la tenue d'une instance au cours de laquelle tous les faits marquants du SMSI sont passés en revue : résultats des audits internes, tendances des indicateurs, incidents survenus lors de la période, etc. Ainsi sont mises en relief les tendances de fond qui se dégagent et on en déduit des actions d'amélioration. Dans la pratique, les revues (que l'on appelle techniquement « revues de direction ») se tiennent une fois par an. L'instance chargée de procéder à la revue de direction est de haut niveau puisqu'il s'agit de prendre des décisions importantes sur le SMSI. C'est donc souvent lors d'un comité de direction que cette revue est exécutée.

Amélioration continue

Ce dernier chapitre se limite à dire que chaque fois qu'une anomalie est détectée, qu'un indicateur se dégrade, qu'une non-conformité est relevée ou qu'un incident survient, des actions correctives et préventives doivent être lancées pour améliorer le système. Le suivi rigoureux de ces actions est très important.

Avec celui sur le contrôle, ce chapitre donne toute sa force à la norme ISO 27001 et en fait un référentiel plus fort que les autres, dans la mesure où il impose la mise en place d'un suivi régulier et constant ainsi que l'obligation d'améliorer le système.

Conclusion

Si nous lisons de près la norme, nous constatons qu'elle ne donne strictement aucune directive technique. Elle n'impose pas non plus un niveau minimal de sécurité particulier à atteindre. En revanche, par la mise en place d'indicateurs, d'audits et de revues, ainsi que par l'obligation de suivre les actions correctives, la norme fait en sorte que le niveau de sécurité s'améliore de façon continue. C'est ce point fort qui fait de la norme ISO 27001 un référentiel incontournable pour faire monter en maturité la sécurité du SI. C'est donc un outil très important pour le RSSI.

Chapitre 28

La norme ISO 27002

La norme ISO 27002 est connue de tous. On ne compte plus les documents y faisant référence. Cependant, si tout le monde pense en connaître les grandes lignes, peu de gens l'ont vraiment lue. De plus, une certaine confusion règne encore entre les normes ISO 27002 et ISO 27001. Ce chapitre clarifie ce point.

Présentation

La toute première version de la norme ISO 27002 date de 1995. Depuis, elle a connu des mises à jour régulières. Hormis les quatre premiers chapitres introductifs, la norme se compose de 14 chapitres importants. Ils abordent des questions aussi variées que le contrôle de la qualité des mots de passe, la gestion des identités, la sécurité réseau ou les audits.

Comme son titre l'indique, la norme est un « code de bonnes pratiques ». Elle a donc pour vocation d'aider les équipes à sécuriser le système d'information. Naturellement, la norme s'adresse essentiellement aux équipes informatiques, mais il ne faut pas la limiter à ce périmètre. On trouve en effet des mesures d'organisation et de gouvernance qui seront principalement portées par la direction, des mesures relatives à la sécurité des ressources humaines, concernant ainsi la DRH, et des mesures liées au contrôle d'accès physique, domaine généralement porté par les moyens généraux.

Notons enfin que, contrairement à une idée reçue, la norme ISO 27002 n'est pas certifiante. Si on peut se faire certifier ISO 27001, on ne trouvera pas de certificat ISO 27002. Ceci s'explique par le fait que la norme ne formule pas d'exigences. D'ailleurs, l'expression verbale la plus utilisée dans cette norme est « il convient de ». La version anglaise de la norme est encore plus claire sur ce point puisqu'elle utilise le verbe « should », et non le verbe « shall ».

Cette nuance linguistique met en évidence que nul n'est obligé d'appliquer telles quelles les mesures de la norme. Le RSSI est donc souverain quant au choix des mesures qu'il applique et à la façon dont il les applique.

Utilisations de la norme

Il est difficile de résumer en une phrase l'usage de la norme ISO 27002, tellement ses usages sont nombreux et variés. Rarement une norme en sécurité des SI a connu une telle acceptation. Voici toutefois les principaux usages.

- **Guide de référence en sécurité des SI :** la première utilité de la norme est de présenter un panorama complet des mesures de sécurité pouvant être déployées pour sécuriser un SI. C'est même la fonction première de la norme.
- **Aide à l'implémentation de mesures de sécurité :** chaque mesure de sécurité est détaillée. La norme formule de nombreuses suggestions pour faciliter l'implémentation des mesures. Aussi, si le RSSI ne sait pas comment appliquer une mesure de sécurité, il peut se référer à la norme qui lui donnera les points de repère nécessaires.
- **Appels d'offres :** si la norme n'a pas été créée dans cette intention, elle est très utilisée pour rédiger les clauses de sécurité dans les appels d'offres.
- **Politiques de sécurité :** de nombreuses politiques de sécurité suivent scrupuleusement le plan de l'ISO 27002. Si cette démarche consistant à coller à la norme n'est pas forcément la plus pertinente, elle permet néanmoins d'être sûr de ne rien avoir oublié dans la politique.
- **Référentiel d'audit :** la norme est très utilisée par les auditeurs pour vérifier les pratiques de sécurité. Lors des audits, ils passent en revue les mesures de sécurité et vérifient, mesure par mesure, comment elles sont implémentées chez l'audité.
- **Comparaisons :** conséquence directe du point précédent, ce référentiel est très utilisé pour comparer le niveau de sécurité de différentes entités. Il est en effet très courant que les groupes fassent auditer toutes leurs filiales par rapport à ce référentiel. En consolidant les résultats, ils en tirent une vue d'ensemble de la sécurité. Cela leur donne rapidement une vision claire sur les entités les plus matures dans le domaine et sur celles où il faudra faire plus attention.
- **Aide à l'implémentation de l'ISO 27001 :** la numérotation de la norme ISO 27002 en dit long sur son utilité. Elle est bien le complément de la norme ISO 27001. En fait, si celle-ci présente les exigences pour mettre en place un système de management de sécurité de l'information, celle-là sert à décliner concrètement les mesures de sécurité dans le système.

Présentation de la norme ISO 27002

Les chapitres de la norme abordent des questions tellement hétéroclites que le plus simple pour la présenter est encore de balayer séquentiellement ses chapitres.

Politique de sécurité de l'information

Ce premier chapitre ne comporte que deux mesures de sécurité. Elles concernent la composition de la politique de sécurité et sa revue périodique. La norme conseille que les politiques de sécurité commencent par aborder les questions générales telles que la stratégie de l'entreprise, son environnement, le contexte réglementaire, ainsi que la répartition des rôles et responsabilités. En fait, il s'agit de résumer les points des articles quatre et cinq de la norme ISO 27001. Ensuite, l'ISO 27002 conseille d'aborder chaque domaine relatif à la sécurité. En somme, il convient d'évoquer chaque chapitre de la norme.

Organisation de la sécurité de l'information

Ce chapitre est très hétéroclite car les mesures de sécurité qui le composent n'ont pas de lien particulier entre elles. Elles n'ont de commun que le fait qu'elles soient principalement organisationnelles.

- **Répartition des rôles et responsabilités :** une mesure conseille de répartir clairement les rôles et responsabilités en matière de sécurité, tant pour les individus que pour les instances de décision de l'entreprise. La norme évoque aussi la possibilité d'identifier des responsables pour les principaux actifs.
- **Séparation des tâches :** la norme recommande de bien séparer les tâches afin de prévenir les risques de fraude ou de modifications illicites. Cette mesure est très répandue dans le domaine financier, mais il est pertinent de l'appliquer dans d'autres activités sensibles.
- **Relations avec les autorités :** de nombreux organismes sont tenus d'avoir des relations avec les autorités. Il convient que ces relations soient formalisées et entretenues. Les autorités avec lesquelles il faut être en contact varient selon l'activité de l'organisme.
- **Relations avec les groupes de travail spécialisés :** participer à des forums professionnels abordant les questions de sécurité est conseillé. Cela permet d'échanger les expériences et d'améliorer le niveau général de sécurité.
- **Gestion de projet :** la norme recommande d'intégrer la sécurité dans la gestion de projet. Concrètement, elle conseille de procéder à une

appréciation des risques avant tout projet, puis d'intégrer des points sécurité à toutes les phases du projet.

- **Mobilité et télétravail :** cette mesure, qui recouvre pourtant un aspect très technique, aborde les questions de la mobilité. Limitée par le passé au simple accès à distance au SI via une liaison VPN pour quelques cadres privilégiés, cette mesure a pris beaucoup d'importance avec le développement des parcs mobiles (smartphones, tablettes, etc.). Cette problématique est d'autant plus importante que la question du BYOD (Bring Your Own Device) se pose de plus en plus. Deux articles sont consacrés à cette question.

Sécurité des ressources humaines

La structure de ce chapitre est très simple puisqu'il aborde les mesures de sécurité à prendre auprès du personnel avant son embauche, pendant sa présence dans l'organisme, puis à son départ.

- **Avant l'embauche :** la première mesure conseille de préciser des critères de sélection avant l'embauche. Ces critères doivent identifier les compétences générales et les compétences en sécurité nécessaires pour chaque poste. De plus, la norme conseille de bien formaliser dans les contrats de travail les engagements du futur salarié en matière de sécurité.
- **Pendant la durée du contrat :** il convient que la direction fasse en sorte que tout le monde adopte un comportement adéquat par rapport à la sécurité de l'information. Généralement, c'est par le biais de la publication d'une charte destinée aux utilisateurs que cela est fait. De plus, la norme demande de concevoir et formaliser un processus disciplinaire afin de recadrer le personnel contrevenant, proportionnellement à la gravité des faits.
- **Au départ du personnel :** la norme termine la question des ressources humaines en conseillant de clarifier autant que possible les règles de sécurité qui seront applicables au salarié, même lorsqu'il aura quitté l'entreprise.

Gestion des actifs

Cette partie aborde les actifs d'information au sens large du terme comme les supports physiques. Les mesures de ce chapitre sont réparties en trois sections.

- **Responsabilités relatives aux actifs :** la norme commence par recommander de dresser un inventaire des actifs d'information. Il s'agit ici de savoir quels sont les éléments importants en matière d'information. La norme conseille ensuite de préciser, pour chaque actif, quelle est son utilisation nominale.

- **Classification de l'information :** la seconde partie de cette section recommande de classifier l'information. Cela met en évidence les actifs les plus sensibles, dans le but de mieux les protéger. L'inventaire des actifs ainsi que leur classification sont très utiles dans le cadre d'une appréciation des risques.
- **Manipulation des supports :** cette dernière partie, très orientée support physique, rappelle qu'il est prudent de bien penser les procédures de manipulation des supports amovibles. Il faut notamment sécuriser les supports lors de leur transport. Enfin, la norme rappelle qu'il convient de prévoir une procédure de destruction ou d'effacement des données lorsque les supports amovibles sont en fin de vie.

Cryptographie

Ce chapitre ne comporte que deux mesures de sécurité. La première concerne la politique de cryptographie, la seconde la gestion des clés.

- **Politique de chiffrement :** cette mesure conseille de chiffrer les informations en fonction de leur sensibilité. Elle conseille aussi de chiffrer les échanges lorsque les liaisons ne sont pas considérées comme sûres. Naturellement, il convient de formaliser la politique de chiffrement, en précisant quelles techniques sont utilisées et quelles fonctionnalités sont assurées (authentification, chiffrement, non-répudiation, etc.).
- **Gestion des clés :** les conséquences liées à la divulgation des clés ou à la perte de celles-ci sont telles qu'il convient de les protéger de façon adéquate. Le cycle de vie complet des clés doit être réfléchi (création, stockage, renouvellement, destruction). Naturellement, les procédures correspondantes doivent être correctement formalisées.

Sécurité physique et environnementale

Les premières mesures de sécurité de ce chapitre couvrent essentiellement la sécurité des salles machines et des autres locaux de l'organisme. La seconde partie s'attarde sur la sécurité des équipements.

La première mesure de sécurité insiste sur le fait que les salles machines doivent être conçues dans les règles de l'art. De plus, un contrôle d'accès physique (par exemple par badge) doit interdire l'accès à toute personne non habilitée. Il convient que le personnel de maintenance n'ait qu'un droit d'accès limité à ces locaux.

Pour ce qui est des autres locaux de l'organisme, et notamment des bureaux, la norme préconise de ne pas les rendre publics. De plus, tous les locaux, qu'il s'agisse des salles machines ou des bureaux, doivent être protégés contre les désastres naturels, contre les attaques malveillantes ainsi que contre les accidents.

La seconde partie couvrant la sécurité des équipements demande à ce que les services généraux tels que la gestion de l'électricité, de l'eau et autres services, soient exploités conformément aux spécifications du fabricant. Le câblage réseau doit être posé de telle sorte qu'il soit difficile d'intercepter les flux.

La norme recommande de maintenir régulièrement le matériel afin de prévenir les pannes et de prévoir des procédures appropriées en vue de la mise au rebut, en fin de vie.

Les dernières mesures de ce chapitre se focalisent plutôt sur le poste de travail des utilisateurs en recommandant de protéger les équipements laissés sans surveillance. De plus, la norme recommande de faire verrouiller automatiquement les postes de travail.

Sécurité liée à l'exploitation

Le chapitre lié à l'exploitation est un des plus riches. Il aborde de très nombreux domaines. Voici les plus significatifs.

- **Documentation des procédures d'exploitation :** la norme recommande de documenter les procédures d'exploitation telles que l'installation des systèmes, les traitements périodiques, les sauvegardes et les éventuelles procédures de redémarrage. Elle conseille aussi de documenter les conduites à tenir en cas d'erreur.

- **Gestion des changements :** cette mesure consiste à planifier les changements, à en apprécier les risques et à prévoir les procédures de mise en œuvre. Elle demande aussi de prévoir des retours en arrière en cas de problème, de vérifier que tous les acteurs impliqués sont informés, et que les différents responsables ont donné leur accord pour le changement. Les changements urgents doivent aussi être prévus.

- **Dimensionnement du système :** des mesures pour garantir la capacité de traitement du SI doivent être prises. Elles consistent surtout à vérifier que les nouveaux dispositifs ne vont pas consumer trop de ressources. La norme conseille aussi de surveiller la charge du système et de supprimer les équipements et les données devenues inutiles.

- **Séparation des environnements :** cette mesure élémentaire dans tout système d'information consiste à séparer clairement les environnements de production et ceux de développement. La norme recommande de ne pas placer d'informations sensibles dans les bases de tests.

- **Protection contre les codes malveillants :** sans les citer explicitement, la norme recommande vivement le déploiement d'antivirus, afin de prévenir les attaques par code malveillant.

- **Sauvegardes :** outre que la norme donne des conseils sur les sauvegardes, elle insiste sur le fait que des tests de restauration doivent être

réalisés périodiquement pour s'assurer de l'efficacité des processus de sauvegarde.
- **Journalisation :** la norme recommande de journaliser les événements jugés les plus pertinents. Elle conseille aussi de protéger les journaux contre les accès illicites. Elle fait aussi un focus sur la journalisation des administrateurs. En effet, elle conseille de surveiller l'activité des administrateurs.
- **Gestion des vulnérabilités techniques :** cette mesure consiste à mettre en place une veille en vulnérabilités et à appliquer dans un délai approprié tout correctif qui serait nécessaire.

Sécurité des communications

Toutes les mesures relatives à la sécurité des réseaux sont compilées dans ce chapitre. Cependant, en le lisant attentivement, on s'aperçoit que certains aspects non informatiques des communications y sont aussi évoqués.

- **Sécurité des services :** la première mesure de ce chapitre recommande de spécifier avec l'entité qui fournit le service réseau (qu'il s'agisse d'un fournisseur externe ou d'une entité interne) les propriétés du service rendu. Cela concerne la capacité des réseaux, leur dispositif de continuité de service et, éventuellement, les services supplémentaires tels que le filtrage, le chiffrement ou autres services à valeur ajoutée.
- **Cloisonnement des réseaux :** une mesure recommande de cloisonner les différents domaines du réseau (postes de travail, serveurs, DMZ, etc.). La sécurité des réseaux sans fil y est aussi évoquée.
- **Transferts d'information :** la norme recommande de prendre des dispositions techniques et organisationnelles pour sécuriser les échanges d'information. C'est ainsi que sont évoqués le chiffrement ou la validation des échanges par des accords formels entre les parties, ainsi que la sensibilisation des utilisateurs à l'importance de la confidentialité dans les échanges d'information. Notons qu'une des mesures de sécurité recommande au personnel de ne pas tenir de conversations confidentielles dans les lieux publics. Enfin, une mesure de sécurité couvre spécifiquement les précautions à prendre dans la messagerie électronique.
- **Engagement de confidentialité :** la norme conseille de disposer d'engagements de confidentialité qui pourront être exigés des différentes parties prenantes amenées à interagir avec le SI.

Acquisition, développement et maintenance des systèmes d'information

La première mesure de sécurité de ce chapitre rappelle qu'il convient de mettre en place des mesures pour s'assurer de la sécurité des services obtenus via le réseau. En somme, il s'agit de penser à des questions telles que la non-divulgation des données ou la non-répudiation des transactions. D'une façon plus générale, les mesures de sécurité suivantes recommandent de protéger les transactions contre les erreurs et les traitements incomplets.

Une des mesures les plus intéressantes de ce chapitre est celle qui recommande d'adopter de bonnes pratiques en matière de développement. Les recommandations génériques de la norme gagneront à être complétées par d'autres référentiels bien plus précis tels que les guides de l'OWASP.

Pour ce qui est des changements applicatifs, la norme rappelle les mesures élémentaires comme le fait d'effectuer des revues techniques après les changements. Il convient aussi de mettre en place un système strict cadrant les changements, d'instaurer un environnement de développement sécurisé et isolé de la production, et de protéger les données de test.

La norme n'oublie pas les développements externalisés, qui doivent suivre des contraintes équivalentes à celles exposées précédemment.

Relations avec les fournisseurs

Ce point est un des plus importants de la norme. D'ailleurs, les entreprises mettant en place un système de management de la sécurité de l'information ont le plus grand mal à cadrer certains de leurs fournisseurs. La norme apporte quelques pistes pour traiter ce point. Les mesures de sécurité de ce chapitre sont réparties en deux grandes parties.

- **Relations avec les fournisseurs :** cette première partie conseille de rédiger une politique de sécurité destinée aux fournisseurs. Elle recommande aussi d'insérer des articles relatifs à la sécurité des SI dans les contrats, afin que le fournisseur s'engage dans le domaine.

- **Gestion de la prestation de service :** cette seconde partie s'intéresse surtout à la surveillance et à la revue des services du fournisseur. En somme, le fournisseur doit apporter la preuve qu'il respecte bien ses engagements en matière de sécurité. C'est souvent par le moyen d'audits du fournisseur que les clients s'assurent de ce point. Notons qu'une mesure de sécurité recommande de contrôler la sécurité du service lorsque le fournisseur est amené à apporter des changements.

Gestion des incidents liés à la sécurité de l'information

Toutes les mesures liées à la gestion des incidents de sécurité de l'information sont compilées dans ce chapitre.

- **Signalement des incidents :** classiquement, la première mesure consiste à mettre en place des dispositifs pour détecter et signaler les incidents en sécurité de l'information. La norme incite à informer les utilisateurs du SI de leur devoir de signaler tout incident.

- **Signalement des failles liées à la sécurité :** ici également, il convient d'informer tous les utilisateurs du SI de signaler sans délai toute vulnérabilité qui serait détectée.
- **Appréciation des événements et prise de décision :** comme tous les événements relatifs à la sécurité ne sont pas forcément des incidents, la norme conseille d'établir des critères pour évaluer la gravité et pour prendre les mesures appropriées.
- **Tirer les enseignements des incidents :** comme tous les documents traitant de gestion des incidents, la norme conseille d'organiser des retours d'expérience pour comprendre les causes des incidents et, surtout, pour améliorer le processus de gestion des incidents.
- **Recueil des preuves :** ce dernier point rappelle l'importance de collecter des preuves de façon fiable pour qu'elles soient opposables en cas de poursuites judiciaires.

Aspects de la sécurité de l'information dans la gestion de la continuité d'activité

Ce chapitre a toujours donné à parler car certains l'interprètent comme un chapitre traitant des plans de continuité (PCA) et des plans de reprise de l'activité (PRA). D'autres, en revanche, considèrent que le chapitre n'aborde que les aspects relatifs à la sécurité des SI, dans le cadre d'un PCA ou d'un PRA.

Quoi qu'il en soit, il ressort de la lecture de ce chapitre qu'un plan de continuité ou de reprise doit être établi, testé régulièrement et mis à jour.

Il en ressort aussi que la sécurité des SI ne doit pas être mise au second plan en cas de sinistre, au prétexte que la priorité numéro un dans ces situations est de remonter le service le plus vite possible. En somme, une catastrophe ne justifie pas de faire l'impasse sur la sécurité : contrôle d'accès, chiffrement des données sensibles, protection des données à caractère personnel, etc.

Conformité

Ce chapitre se divise en deux parties. La première traite des questions réglementaires, la seconde s'attarde sur la vérification de la conformité.

La première mesure invite à identifier les législations applicables dans le pays où est implanté l'organisme et pour le secteur professionnel qui le concerne. Un autre point à regarder est l'étude des exigences contractuelles applicables à l'organisme. En effet, tous ces textes peuvent formuler des exigences en matière de sécurité des systèmes d'information que l'organisme se doit d'implémenter sous peine de poursuites judiciaires ou de pénalités contractuelles.

Un autre point concerne les droits de propriété intellectuelle. Concrètement, la norme invite à mettre en place un processus de gestion des licences ainsi que des dispositifs pour éviter l'installation illicite de logiciels.

Par ailleurs, les journaux doivent être convenablement protégés et manipulés afin qu'ils puissent être produits comme preuve en cas de besoin.

La norme aborde ensuite la protection des données à caractère personnel et la cryptographie, qui doit être utilisée conformément aux réglementations locales.

Les mesures de sécurité présentes dans la seconde partie de ce chapitre conseillent de procéder régulièrement à une revue indépendante de la sécurité de l'information, de vérifier la conformité du SI par rapport aux différentes politiques de sécurité en vigueur, et de procéder à des examens de conformité technique. En somme, le SI doit être audité régulièrement, tant du point de vue technique qu'organisationnel.

Chapitre 29

Intégration de la sécurité opérationnelle à l'ISO 27001

Nous connaissons maintenant les normes ISO 27001 et ISO 27002. Si on se concentre sur l'ISO 27001, on constate que sa nature est radicalement différente des questions de sécurité opérationnelle que nous avons abordées dans la première partie de cet ouvrage. On peut donc légitimement se demander quel est le rapport entre la norme et la sécurité opérationnelle ? Et en quoi la norme ISO 27001 peut bien contribuer à la sécurité opérationnelle ? Le but de ce chapitre est de répondre précisément à ces deux questions.

Carences des normes ISO

Les chapitres précédents se sont contentés de présenter les normes ISO 27001 et ISO 27002 dans leur structure et leurs points les plus significatifs. Aucun jugement de valeur n'a été formulé, ni en faveur ni en défaveur de ces normes. Il est pourtant intéressant de souligner brièvement quelques carences.

- **Carences de l'ISO 27001 :** de nombreux professionnels de la sécurité technique ont longtemps reproché à la norme d'être très générique. C'est vrai que l'on n'y trouve que des directives très générales cadrant le management de la sécurité. En revanche, on n'y trouve aucune précision sur le niveau de profondeur que doivent avoir les appréciations des risques.

Il n'y a pas un mot non plus sur un niveau minimal de sécurité à obtenir pour être certifié.

- **Carences de l'ISO 27002 :** cette norme a l'avantage incontesté de couvrir l'ensemble des mesures de sécurité contribuant à réduire les risques dans un SI. Cependant, on lui reproche régulièrement de passer outre certains aspects techniques pourtant d'actualité. C'était le cas il y a quelques temps lorsque la norme n'abordait pas les problématiques liées aux réseaux sans fil. Aujourd'hui, on lui reproche de ne pas couvrir la question du cloud. Notons toutefois que ces carences sont généralement traitées au fur et à mesure des révisions de la norme. Le second reproche que l'on fait à cette norme est que, alors qu'elle est censée aborder des questions très pratiques, elle demeure obstinément générique. Par exemple, elle ne cite jamais les termes Unix ou Windows. Dans ces conditions, comment se reposer sur la norme pour sécuriser concrètement un SI ? Si cela n'enlève rien aux nombreuses utilisations possibles de la norme (que nous avons énumérées au chapitre consacré à l'ISO 27002), force est de constater qu'elle n'est pas très utile pour mettre en place des mesures de sécurité.

Risques liés à la sécurité opérationnelle

Il y a un point que nous n'avons pas du tout abordé, ce sont les risques liés à la sécurité opérationnelle. Les chapitres présentant les différents domaines de la sécurité opérationnelle ont été présentés de façon positive, c'est-à-dire qu'ils ont été décrits tels qu'il convient de les mettre en place. En revanche, la question des risques n'a quasiment pas été abordée. Or, plusieurs facteurs peuvent perturber le bon fonctionnement des processus de sécurité opérationnelle. Si on passe en revue les différents processus de la première partie de cet ouvrage, on s'aperçoit que ces facteurs de risque sont souvent les mêmes. Il est intéressant d'en avoir conscience. Les principaux risques sont les suivants.

- **Collaboration au sein de la DSI :** les équipes de la DSI sont les acteurs clés de presque toutes les mesures de sécurité opérationnelle. Une bonne collaboration au sein des équipes de production est essentielle, ainsi qu'au niveau des études. Des manques de communication au sein des services de production ou des études, ou entre ces services, conduiront automatiquement vers des processus de sécurité moins efficaces, voire déficients.
- **Collaboration entre les différents services :** le constat du point précédent est aussi valable pour les processus impliquant les services métier. La sensibilisation, la maîtrise des droits d'accès, la gestion des tiers ou la maîtrise du cloud ne peuvent être réellement efficaces que si les services métier collaborent avec le RSSI en bonne intelligence. Des carences dans

la collaboration conduiront nécessairement à des briques du SI non sécurisées.

- **Inventaire** : nous avons vu que de nombreux processus opérationnels commencent par un inventaire. Inventaire des accès distants pour sécuriser le réseau, inventaire des événements les plus importants à tracer pour la journalisation, inventaire des serveurs sensibles pour la sécurisation des serveurs, inventaire des équipements sensibles pour sécuriser les mots de passe, etc. De la qualité de ces inventaires dépend l'efficacité de ces processus. Or, l'expérience montre que si les inventaires sont relativement bien réalisés la toute première fois, au moment de la mise en place du processus en question, ils ne sont pas toujours mis à jour. Cette dégradation progressive de la pertinence des inventaires conduit à un abaissement de l'efficacité des processus opérationnels correspondants.

- **Suivi des actions** : toutes les mesures de sécurité opérationnelle impliquent des actions de suivi. Par exemple, il est nécessaire de suivre la sécurisation des serveurs, qui se déroule sur plusieurs mois. Il faut aussi suivre l'actualisation des agents antivirus sur le parc de postes de travail, ainsi que le durcissement des mots de passe des systèmes d'administration. Ces actions se prolongent sur une durée se comptant en mois. Elles nécessitent donc un suivi actif et c'est au management de surveiller de très près leur avancement. Malheureusement, le management de terrain est souvent mobilisé par des projets prioritaires ou des urgences directement liées à la production, au détriment du suivi des processus de sécurité opérationnelle. Avec le temps, les actions se dilatent et n'avancent plus.

- **Évolutions contextuelles** : toutes les mesures de sécurité opérationnelle sont mises en place en fonction du contexte de l'entreprise. Si elles sont bien exécutées, ces mesures de sécurité sont opérées de façon statique afin de produire des résultats comparables. Cependant, le contexte des entreprises est en constante évolution. Il n'est pas une année où l'on ne connaisse une fusion, une acquisition, une restructuration d'équipe ou de service. Le risque est qu'au fil du temps, on s'aperçoive que certains processus opérationnels ne sont plus adaptés à la situation.

- **Évolutions techniques** : la remarque précédente s'applique aussi aux évolutions techniques. Comment le processus de sécurité réseau peut-il être considéré comme efficace si on ne tient pas compte du déploiement de nouvelles liaisons ou de la mise en place de nouvelles techniques de communication ?

- **Industrialisation des processus** : un problème très souvent rencontré dans tous les aspects opérationnels de l'informatique (et pas uniquement en sécurité) est l'industrialisation. Idéalement, les processus doivent être répétitifs, exécutés de la même façon à chaque fois, afin de produire des résultats comparables. Les processus bien formalisés ne posent généralement pas de problème de ce point de vue. En revanche, en l'absence de formalisation, les processus ont tendance à être exécutés différemment selon les personnes.

Finalement, tous ces risques peuvent être résumés en un seul point : la sécurité opérationnelle repose sur l'humain.

Ce qu'apporte l'ISO 27001 à la sécurité opérationnelle

Nous voilà donc face à deux normes ISO présentant des carences certaines, et à des processus opérationnels très sensibles à de nombreux risques, pesant sur leur efficacité. Est-ce à dire que tous les efforts consentis pour sécuriser le SI sont vains ?

La réponse est évidemment négative. En fait, lorsque l'on rapproche les risques portant sur la sécurité opérationnelle avec les points de l'ISO 27001, on s'aperçoit que la norme les couvre tous. Reprenons un à un les risques exposés ci-dessus.

- **Collaboration au sein de la DSI et entre les différents services métier :** la norme ISO 27001 impose de définir le contexte de l'entreprise, d'identifier des parties prenantes internes aussi bien qu'externes, et de répartir les rôles et responsabilités. Ceci doit conduire à la rédaction d'une politique de sécurité applicable à tous. Toutes ces étapes sont de la responsabilité de la direction générale. C'est donc au plus haut niveau que les rôles et les objectifs sont fixés, obligeant tous les services à collaborer (au sens propre du terme « co-laborer », c'est-à-dire « travailler ensemble »). De plus, les instances de contrôle imposées par la norme permettront de vérifier que cette collaboration est effective en mettant en évidence toute carence.

- **Suivi des actions :** s'il y a un point sur lequel les auditeurs de certification ISO 27001 sont intraitables, c'est bien le suivi des actions. Ils exigent de l'implémenteur du SMSI des tableaux de suivi à jour, comportant toutes les justifications prouvant que les actions avancent conformément aux plans convenus. Des actions mal suivies peuvent conduire à des non-conformités compromettant la certification.

- **Prise en compte des évolutions contextuelles et techniques :** une revue générale du SMSI doit être faite au moins une fois par an. Cette revue impose de mettre en perspective le résultat des audits de l'année, les tendances des indicateurs et les incidents de sécurité. Tout changement de contexte, technique ou organisationnel, aura forcément une incidence sur ces éléments. La revue est l'occasion de recadrer tel ou tel processus pour lui faire tenir compte des évolutions. Notons que la revue du système de management est du ressort de la direction générale.

- **Industrialisation des processus :** l'ISO 27001 partage avec tous les autres systèmes de management les exigences relatives à la documentation. Les procédures doivent être documentées, à jour, accessibles et correspondre exactement à ce qui est opéré réellement. Ainsi, tous les processus de sécurité opérationnelle doivent être documentés. Cette documentation contribue grandement à l'industrialisation des processus. Ajoutons à ceci que la norme impose aussi de mesurer l'efficacité de ces derniers. Cela se fait généralement par le moyen d'indicateurs, qui doivent être examinés régulièrement. Ainsi, si un processus fonctionne de façon approximative, conduisant à des résultats différents à chaque fois, les indicateurs ne manqueront pas de détecter le phénomène, qui devra être corrigé.

Processus complémentaires

La première partie de cet ouvrage a présenté les principaux processus de sécurité opérationnelle que le RSSI se doit de mettre en place. Les processus ci-après ne sont pas directement liés à la sécurité opérationnelle, mais ils serviront de support au maintien de l'efficacité de ces processus. Les principaux sont la gouvernance, la documentation, le suivi des actions et le contrôle interne. Tous ces processus sont directement imposés par la norme ISO 27001.

Gouvernance

Un des articles de la norme ISO 27001 impose la répartition des rôles et responsabilités en matière de sécurité des SI. Cette répartition est essentielle pour que chacun soit responsabilisé. Ainsi, les actions liées à la sécurité opérationnelle seront prises en charge de façon non équivoque par une personne désignée.

La gouvernance peut se répartir en deux grands domaines. On trouve d'une part les fonctions ayant des responsabilités en matière de sécurité et, d'autre part, les instances au sein desquelles des décisions peuvent être prises en matière de sécurité.

Les fonctions impliquées dans la sécurité des SI ne sont pas exclusivement celles des membres de la DSI. Par exemple, la direction générale est concernée, ainsi que les directeurs de service et les principaux responsables de domaine. Naturellement, au sein de la DSI, quasiment tout le monde est concerné. On trouve évidemment le DSI et le RSSI, mais aussi le responsable d'exploitation, le responsable des études, ainsi que les chefs de projet et les administrateurs.

Pour ce qui est des instances, voici celles où il est fondé de prendre des décisions en matière de sécurité. Nous trouvons naturellement le comité de direction ainsi que le comité de la DSI. Il est souvent nécessaire de créer un comité de sécurité pour traiter spécifiquement ces questions. Si aucune autre instance n'existe déjà pour suivre les actions, il convient aussi de créer un comité de suivi des actions en sécurité. Enfin, le comité d'exploitation sera incontournable, étant donné que de très nombreux processus de sécurité opérationnelle sont sous la responsabilité de l'exploitation.

> **Remarque**
> Une annexe de cet ouvrage propose un exemple plus détaillé de document de répartition des rôles et responsabilités.

Documentation

La documentation est très importante ; pourtant, c'est un domaine qui fait toujours peur aux opérationnels, car on considère trop souvent que documenter consiste à rédiger de longs documents qui ne seront jamais consultés et donc jamais tenus à jour. Il faut dire que de trop nombreux exemples vont dans ce sens.

Il faut corriger certaines idées reçues. Tout d'abord, beaucoup de gens pensent que pour documenter correctement, il faut un système unifié de gestion de la documentation. En fait, ce n'est pas du tout nécessaire. On peut parfaitement disposer de deux, voire trois dispositifs de gestion de documentation. Par exemple, certains services préféreront publier leurs procédures sur l'Intranet. D'autres services préféreront reposer sur un système de gestion de la documentation (soit géré en local, soit géré dans le cloud). Enfin, d'autres placeront tout simplement leurs documents dans des partages réseau. En fait, peu importe comment les documents sont publiés, du moment que les personnes concernées savent où les trouver et que la documentation n'est accessible que par les personnes ayant réellement besoin de la connaître.

Une deuxième idée reçue consiste à croire que les procédures doivent être des documents détaillés. Ce n'est pas le cas. Une procédure doit décrire les différentes étapes du processus, mais il n'est pas nécessaire d'entrer dans les détails de l'exécution. En revanche, si un processus est particulièrement sensible et si très peu de gens savent l'opérer, il est possible de compléter la procédure par des modes opératoires détaillés, décrivant très précisément les commandes à taper, les messages affichés et les cases à cocher. Cependant, cela reste marginal.

Maintenant que ces deux idées reçues sont corrigées, il reste à attirer l'attention sur une grande erreur souvent commise. Les procédures sont généralement rédigées juste au moment de la mise en place des processus et décrivent ce que leur auteur croit (ou souhaiterait) savoir effectif. Concrètement, les rédacteurs de procédures ont tendance à formaliser des

Chapitre 29 – Intégration de la sécurité opérationnelle à l'ISO 27001

processus idéaux vers lesquels ils souhaiteraient tendre, au lieu de coller strictement à la réalité. Or, la réalité est que les processus tardent toujours quelques mois avant de se stabiliser dans leur mode opératoire. Il est donc préférable de formaliser les processus une fois qu'ils sont stabilisés.

La difficulté dans la rédaction de procédures est de trouver le bon niveau de granularité. Un niveau trop général masquera des étapes importantes. Un niveau trop précis rendra la compréhension d'ensemble plus difficile. L'expérience montre qu'une procédure bien rédigée n'occupe en volume que trois à huit pages pour les plus complexes. Au-delà, on est plus dans le registre du mode opératoire que dans la procédure.

Le contenu de la procédure est simple. Il suffit d'expliquer clairement qui fait quoi, quand, et en générant quelle trace. L'idéal est de faire rédiger la procédure par un qualiticien ou par un consultant externe sachant bien rédiger. Il est rare que les opérateurs de processus sachent bien formaliser les procédures qu'ils exécutent (à chacun son métier). Concrètement, l'idéal est que le rédacteur observe le processus et se le fasse expliquer par l'opérateur. Ceci lui permet de formaliser la procédure et de la faire valider par l'opérateur. Après prise en compte des corrections, la procédure peut être validée puis publiée.

Comme les processus sont des systèmes en évolution constante, il est fortement recommandé de procéder à une revue annuelle de toutes les procédures, afin de vérifier qu'elles collent toujours strictement à la réalité.

> **Remarque**
> Les annexes de la troisième partie de cet ouvrage proposent des exemples très variés de procédures.

Suivi des actions

Nous avons vu plus haut que tous les processus de sécurité opérationnelle nécessitent de suivre les actions. La norme ISO 27001 insiste sur cet aspect, qui se traduit concrètement par la mise en place des trois éléments suivants.

- **Comité de suivi :** il convient de suivre les actions dans une ou plusieurs instances appropriées. Ce peut être dans un comité de suivi spécialement créé pour l'occasion, mais rien n'empêche de suivre les actions dans des comités existants : comité de pilotage d'exploitation, comité de sécurité, comité DSI, etc. Naturellement, les comptes-rendus de ces comités doivent être rédigés, validés et consignés.

- **Tableaux de suivi :** cela peut paraître trivial, mais la grande majorité des auditeurs s'attendent à des tableaux de suivi. Chaque action donne lieu à une ligne comportant plusieurs colonnes, telles que : désignation de l'action, description de l'action, actions réalisées, actions restant à accomplir, pourcentage d'avancement, date prévue de réalisation. On peut aussi suivre les actions par les comptes-rendus de réunion de suivi rédigés, mais force est de constater que les auditeurs préfèrent les états d'avancement sous forme de tableau synthétique.

- **Preuves :** élaborer des tableaux de suivi indiquant le pourcentage d'avancement des actions est somme toute assez simple à réaliser, mais encore faut-il en apporter la preuve. Aussi est-il important de consigner ces preuves. Concrètement, il suffit de désigner les documents ou les traces pertinentes. Par exemple, si dans le domaine de la gestion des journaux, une action consistait à modifier une application afin qu'elle trace les dates de connexion et les actions réalisées par les utilisateurs, les preuves de la réalisation peuvent être la note officielle de mise en production de cette fonctionnalité, ou bien les journaux générés suite à cette modification.

Contrôle interne

Comme le chapitre consacré aux audits le précise, les parties prenantes font de plus en plus pression pour contrôler le niveau de sécurité du SI. Aussi n'est-il pas rare d'avoir à subir dans la même année un audit de commissariat aux comptes, un audit interne, un audit commandité par un client important, sans compter d'éventuels audits de certification si un SMSI a été implémenté. Ces audits sont une charge très importante pour le RSSI et les équipes d'exploitation. Aussi, quitte à dépenser beaucoup d'argent et de temps pour préparer ces audits et satisfaire les auditeurs, autant faire en sorte que tous ces efforts profitent à la sécurité opérationnelle.

Concrètement, il suffit de mettre en place un dispositif de contrôle interne de la sécurité. Cela consiste à identifier un certain nombre de processus clés intéressant tous les auditeurs (auditeurs internes, clients, certificateurs, commissaires aux comptes…). Généralement, les points incontournables sont la gestion des identités pour les applications les plus sensibles, la gestion des sauvegardes et des restaurations, les tests de continuité/reprise d'activité, les dispositifs organisationnels et techniques de séparation des tâches, le contrôle de la qualité des mots de passe, les processus de mise en production, etc. En fait, ce dispositif de contrôle est directement inspiré des plans de contrôle IT imposés par les sociétés d'audit de comptes, portant sur les applications financières. L'idée est d'élargir le périmètre de ce plan de contrôle à tous les aspects jugés pertinents par le RSSI, et non plus sur les seules applications financières.

D'un point de vue purement pratique, un plan de contrôle se présente sous la forme d'un dossier comportant plusieurs fiches (une fiche par mesure de sécurité sélectionnée dans le plan de contrôle) et les preuves associées à ces fiches. Une fiche classique contient les éléments suivants.

Chapitre 29 – Intégration de la sécurité opérationnelle à l'ISO 27001

- **Identification du processus :** processus opérationnel qui fera l'objet du contrôle.
- **Responsable du processus :** personne, ou fonction, responsable du processus en question.
- **Identification du contrôleur :** personne chargée de vérifier que le processus fonctionne correctement. Naturellement, cette personne ne doit pas être la même que le responsable du processus.
- **Description de la mesure de sécurité**
- **Critères de notation :** critères permettant de mesurer le niveau de conformité de la mesure de sécurité. Il est important que les critères soient définis de façon claire et précise pour conduire à des notations cohérentes.
- **Description du contrôle de cette mesure :** mode opératoire détaillé du contrôle que l'on fait pour vérifier le bon fonctionnement de la mesure. Si le contrôle est bien spécifié, n'importe quelle personne suivant scrupuleusement les instructions doit pouvoir effectuer le contrôle.
- **Échantillon testé :** comme nous sommes dans le domaine du contrôle interne, il est important que le contrôleur désigne avec précision quels sont les échantillons qu'il a utilisés. Il doit donc donner toutes les références permettant de désigner de façon non équivoque sur quoi il s'est basé pour faire son constat.
- **Constat du contrôleur.**
- **Résultat :** il s'agit ici de dire si le contrôle conduit à une conformité ou une non-conformité, par rapport aux critères de notation fixés précédemment.

En fait, les domaines abordés par les plans de contrôle couvrent principalement les chapitres de la norme ISO 27002. C'est donc une centaine de fiches qu'il faut rédiger, et donc une centaine de contrôles (dont certains sont très lourds à effectuer) qu'il faut réaliser chaque année puis consigner dans les fiches.

> **Remarque**
> Certains RSSI confient en privé les abus de certains cabinets de commissaires aux comptes. En effet, les commissaires aux comptes imposent des plans de contrôle et vérifient que leur client a bien effectué ces contrôles. Cependant, il est de leur intérêt d'estimer que le contrôle fait par le client n'est pas suffisamment strict afin de l'obliger à payer des jours d'audit supplémentaires. Les critères avancés pour justifier cette charge supplémentaire changent d'une année sur l'autre et sont souvent jugés spécieux par les clients. C'est pour cela que ces RSSI estiment que les méthodes de certains cabinets de commissaires aux comptes ressemblent à de l'escroquerie. Ils vont même jusqu'à qualifier certains commissaires aux comptes « d'escrocs en cravate ». Naturellement, il ne faut pas généraliser ces griefs à tout le métier de commissariat aux comptes.

Mettre en place un tel dispositif a donc un coût de mise en œuvre et un coût d'exploitation non négligeables. Au bout de trois ans d'affinements successifs, un dispositif de contrôle interne permet de répondre à la fois aux commissaires aux comptes, aux auditeurs ISO 27001 et à toute entité demandant des comptes sur le niveau de maturité du système d'information. Surtout, ce contrôle interne permet de s'assurer que les processus de sécurité opérationnelle fonctionnent correctement et ne dérivent pas dans le temps. Et c'est bien cela le plus important !

> **Remarque**
> Un exemple de plan de contrôle est fourni à titre d'exemple en annexe de cet ouvrage.

Chapitre 30

Surveillance du SI et tableaux de bord sécurité

Le chapitre précédent évoque la notion de contrôle. Il faut donc surveiller le SI. Cette surveillance couvre à la fois un aspect technique et un aspect organisationnel. Pour ce qui est de la technique, les outils pour surveiller le niveau de sécurité du SI existent depuis longtemps. Si leur utilité était très discutable jusqu'à une période assez récente, ils ont atteint aujourd'hui un niveau de maturité très satisfaisant. Ajoutés aux éléments issus du plan de contrôle, ces outils contribuent à générer des tableaux de bord en sécurité.

Ce chapitre présente les principaux outils techniques dont le RSSI pourra se servir pour avoir une vision claire du niveau de sécurité de son SI. Il aborde ensuite la question des tableaux de bord et de l'usage qui peut en être fait.

Une forteresse sans sentinelles

À ce stade de son travail, le RSSI a considérablement sécurisé le SI. Les postes de travail sont configurés dans les règles de l'art, les serveurs sont enfin patchés, les droits sur les applications critiques sont corrects, l'architecture réseau est conçue conformément aux usages et les liaisons distantes sont maîtrisées. En principe, le SI est donc dans une situation nettement meilleure que lorsque le RSSI a pris ses fonctions.

Maintenant, une question que l'on peut légitimement se poser est la suivante : qu'est-ce qui prouve au RSSI que le système est réellement sécurisé tel qu'on le lui annonce ? Comment sait-il que les postes de travail sont bien configurés ? Comment s'est-il assuré que les serveurs se sont vus réellement appliquer les correctifs de sécurité ? Comment avoir la certitude que les 150 règles du pare-feu ne contiennent pas des failles permettant à des flux illicites de pénétrer le réseau interne ?

Nous avons insisté tout le long de cet ouvrage sur la confiance et sur les bonnes relations que le RSSI doit cultiver avec tout le personnel de l'entreprise, mais la confiance envers les équipes (et notamment les équipes d'exploitation et de développement) ne peut pas être l'unique indicateur de la bonne sécurisation du SI.

En fait, on en arrive à une situation paradoxale où le SI est potentiellement devenu une forteresse, mais où son gardien (le RSSI) n'a aucun moyen fiable de vérifier si une porte a été laissée grande ouverte ou si les fenêtres sont bien fermées. Un tel SI est une forteresse sans sentinelles.

Certes, les différentes équipes chargées des processus de sécurité opérationnelle fournissent en toute bonne foi des états générés par leurs outils, mais cela ne vaut pas un regard indépendant.

Il est indispensable que le RSSI se munisse d'outils pour contrôler les divers aspects clés de la sécurité. Ces outils doivent à la fois être indépendants des équipes chargées de la sécurisation, et industriels afin de produire des diagnostics et des états facilement et à grande échelle. La suite de ce chapitre détaille en quoi peuvent consister de tels outils.

Outils techniques de surveillance

Il n'est pas possible de surveiller de façon industrielle tous les aspects de la sécurité évoqués dans cet ouvrage. Cependant, certains aspects peuvent l'être assez facilement, et de façon efficace. On peut par exemple détecter certaines intrusions sur le SI. On peut aussi faire des inventaires de vulnérabilités. Par ailleurs, il est possible de suivre de près la conformité du SI vis-à-vis de l'application des correctifs de sécurité. Enfin, certains dispositifs permettent de vérifier l'efficacité des règles des pare-feu.

Détecter les intrusions

L'un des objectifs premiers de la sécurisation du SI est d'empêcher les intrusions depuis l'extérieur. Les équipements de détection et de prévention d'intrusion (IDS/IPS) ont été conçus précisément pour prévenir ces intrusions. Nous avons évoqué plus haut dans cet ouvrage l'efficacité très relative de ces dispositifs. On ne compte plus les articles et les conférences expliquant comment ces dispositifs peuvent être contournés, bernés ou inondés de faux positifs pour masquer l'attaque réelle. Nous avons aussi vu que ces outils sont lénifiants puisque, lorsqu'ils détectent une attaque, le RSSI n'a rien à faire et que, lorsqu'ils ne détectent rien, le RSSI pense qu'il n'y a rien à faire. Avec ces outils, il n'y a donc jamais rien à faire...

En conséquence, il est indéniable que faire reposer sa sécurité exclusivement sur la base des IDS/IPS est très dangereux. Cependant, mépriser entièrement ces outils n'est pas forcément une attitude bien plus responsable, et les raisons ne manquent pas.

Il est vrai qu'une analyse fine des journaux du pare-feu permet, en principe, de détecter les comportements suspects. Un IDS/IPS n'est donc pas à proprement parler indispensable, mais combien de sociétés surveillent-elles réellement les journaux de leurs pare-feu ? Et parmi celles qui les surveillent, combien d'entre elles prennent le temps de les analyser et de mettre en relation les différents événements afin d'identifier les comportements suspects ? Il y en a peu. Il faut reconnaître que, dans ce domaine, les détecteurs d'intrusion répondent parfaitement au besoin de surveillance.

De plus, s'il est vrai que l'on ne peut avoir une confiance aveugle en ces dispositifs, on ne peut nier leur utilité à bloquer les attaques les plus connues. Alors, pourquoi se priver d'une telle sentinelle ?

Signalons par ailleurs que certains fournisseurs d'IDS/IPS disposent de bases de signatures d'attaques spécifiques à certains secteurs professionnels, notamment pour l'industrie. Ainsi, leurs dispositifs permettent de détecter très rapidement les attaques ciblées les plus classiques pour les secteurs professionnels en question.

Un dernier argument que l'on peut avancer pour justifier l'usage des IDS/IPS est le suivant : on a rapporté que, très souvent, dès que l'on installe la sonde IDS/IPS, elle remonte immédiatement de nombreuses alarmes. Cela signifie que le SI est piraté depuis longtemps. Comme aucun dispositif de surveillance n'était en place jusqu'alors, personne ne s'en était rendu compte.

En comparant les avantages et les inconvénients de ces outils, nous voyons bien que les IDS/IPS ont une réelle utilité et méritent d'être déployés.

Surveiller les vulnérabilités

Historiquement, la façon la plus classique de connaître les vulnérabilités d'un système est de réaliser un test d'intrusion. Le consultant chargé de ce travail analyse le système ciblé, utilise un certain nombre d'outils, qu'il adapte spécifiquement par rapport à sa cible. Cette approche artisanale, toujours très pertinente pour tester un service en particulier, quelques URL ou quelques adresses IP, n'est pas du tout adaptée pour contrôler l'ensemble du SI. Une approche industrielle s'impose.

Plusieurs éditeurs proposent des outils automatiques permettant de balayer une plage d'adresses IP et de tester, pour chaque équipement rencontré, un certain nombre de vulnérabilités. On appelle ces services des « scans de vulnérabilités » ou des « audits de vulnérabilité ». Ils sont souvent constitués d'un boîtier (physique ou virtuel) balayant une cible donnée et générant à l'issue un rapport de vulnérabilité. Ces équipements se mettent à jour très régulièrement pour actualiser leur base de connaissance en matière de vulnérabilités.

Le niveau de profondeur de ces tests peut être ajusté selon les besoins. On peut se contenter de scanner les ports ouverts sur un système, mais on peut aussi aller jusqu'à tester des injections de code dans les services détectés. En fournissant aussi des identifiants et des mots de passe des systèmes ciblés, ces scans peuvent aller encore plus loin dans l'analyse des vulnérabilités.

Certes, ces outils ne remplacent pas un test d'intrusion réalisé par un consultant spécialisé, mais ils ont grandement progressé ces dernières années et, surtout, ils ont le pouvoir de balayer automatiquement tout le patrimoine, ce qu'un être humain ne peut absolument pas réaliser.

L'usage des systèmes de détection de vulnérabilités est assez simple. Une fois que le boîtier est installé, l'administrateur configure des groupes et programme des scans, en paramétrant pour chaque groupe le niveau de profondeur, l'étendue des tests, ainsi que leur fréquence. On distingue souvent trois grandes familles de groupes.

- **Les systèmes exposés :** ce sont les systèmes à contrôler en priorité. Il s'agit des systèmes directement accessibles depuis Internet. On pourra aussi y placer les systèmes situés dans les différentes DMZ de l'architecture.
- **Les systèmes en interne :** selon les besoins, ce second groupe peut être divisé en plusieurs sous-groupes : dispositifs de production, préproduction, etc. On peut aussi les regrouper thématiquement, en fonction du service en support duquel ils sont en place. L'idée est d'être capable de vérifier les vulnérabilités sur une partie ciblée des serveurs ou sur l'ensemble du parc.
- **Les postes de travail :** en principe, rien n'empêche d'intégrer les postes de travail dans les scans. Cela permet de savoir quel est l'état du parc. Cependant, un tel choix peut conduire à des scans longs, fastidieux et extrêmement polluants au niveau réseau. Une alternative satisfaisante consiste à sélectionner un nombre restreint de postes jugés significatifs. Si ces postes sont gérés comme les autres, et qu'ils ne sont pas vulnérables, il existe de bonnes raisons de penser que le reste des postes de travail est dans un état de sécurité satisfaisant.

Il est possible de lancer des analyses périodiques pour connaître le niveau de vulnérabilité des systèmes. La périodicité des scans dépend de la sensibilité des équipements et de la fréquence des mises en production. Il convient de lancer un contrôle assez fréquent pour les systèmes les plus exposés. Il est également préférable de lancer un scan lorsque des mises en production sont effectuées, puisqu'elles impliquent des changements et sont donc susceptibles d'induire de nouvelles vulnérabilités. À l'inverse, les plates-formes les moins exposées ou les systèmes les plus stables, ne faisant pas l'objet de mises en production, n'auront pas forcément besoin d'une surveillance aussi rapprochée.

Ces outils de scan servent aussi, lorsqu'une vulnérabilité critique est signalée, à balayer très rapidement le parc des systèmes afin de repérer précisément quels sont les équipements vulnérables par rapport à cette faille. Il est ainsi possible de corriger rapidement les systèmes concernés.

Enfin, un effet secondaire des outils de scan est qu'ils permettent de détecter des infrastructures non connues du RSSI, voire non déclarées. En effet, comme ils balayent une plage d'adresses, rien ne peut leur échapper, sauf à buter sur un dispositif de filtrage réseau. La détection de telles infrastructures n'est pas le but premier de cet outil, mais il est très utile au RSSI pour reprendre la maîtrise du SI.

Suivre de près la conformité technique

Pour sortir le SI de la zone d'humiliation, le RSSI est amené à dicter des règles correspondant aux bons usages en matière de sécurité. Ces règles sont officiellement compilées dans une politique (PSSI). Un SI conforme à cette politique ira donc dans le bon sens. À l'opposé, des écarts par rapport à la PSSI nécessiteront le lancement d'actions correctives. Le RSSI doit donc se munir d'outils pour contrôler cette conformité. Deux domaines de la PSSI peuvent être suivis assez facilement. Il s'agit des correctifs de sécurité ainsi que des règles du filtrage réseau.

- **Correctifs de sécurité :** de nombreux outils permettent de balayer des plages d'adresses pour vérifier le niveau d'application des correctifs de sécurité. Notons que les dispositifs de contrôle des vulnérabilités présentés ci-dessus font cela très bien, puisque le niveau de vulnérabilité est souvent directement lié à l'application (ou la non-application) de correctifs de sécurité. Par les rapports que ces outils permettent de générer, le RSSI peut suivre très précisément le niveau d'application des correctifs sur les systèmes. Ce type de *reporting* est très utile pour connaître l'efficacité des processus liés à la veille et aux correctifs. On constate d'ailleurs des écarts très intéressants entre les rapports générés par ces outils et les états fournis par la production avec ses propres outils.

- **Règles du pare-feu :** même si la sécurité périmétrique n'est plus très en vogue de nos jours, les pare-feu sont toujours indispensables. Or, il est très rare de rencontrer des pare-feu présentant moins de cinquante règles. Le plus souvent, c'est en centaines que l'on doit compter. À cette échelle, il est devenu impossible à l'entendement humain de repérer efficacement d'éventuelles failles dans la base de règles. Le recours aux outils n'est donc pas insensé. Le contrôle des règles peut être effectué en deux étapes. La première consiste à formaliser (indépendamment de la base de règles du pare-feu) une matrice de flux autorisés, telle qu'on la souhaite. Cette matrice n'a pas à être détaillée. Il suffit de tracer les grandes lignes : principales interdictions, autorisations les plus significatives, rebonds imposés, les quelques exceptions tolérées, etc. Une fois cette formalisation terminée, une batterie de tests peut être lancée sur le pare-feu pour vérifier qu'il se comporte conformément à la matrice. Ce travail peut être entrepris par le moyen de scripts, mais notons que des outils spécialisés sont dédiés à ce type de test. Cette seconde étape donne une vision macroscopique de la situation. Certes, cette approche ne permet pas de repérer toutes les failles dans la base de règles, mais elle met rapidement en évidence les grandes erreurs ou les grands oublis, ce qui est déjà très bien.

Tableaux de bord

Les informations fournies par les dispositifs présentés ci-dessus ne servent à rien si elles ne sont pas intégrées dans un tableau de bord dédié à la sécurité. Nous allons commencer par voir quels sont les indicateurs susceptibles d'être intégrés dans un tel tableau de bord. Nous verrons ensuite comment utiliser ces derniers et dans quel but.

Quels indicateurs choisir ?

Nous venons d'aborder des outils purement techniques permettant de contrôler différents points du SI. Ces outils présentent de nombreux avantages.

- **Dimension industrielle :** tous les outils ci-dessus sont taillés pour travailler à l'échelle du SI, pour peu que les dispositifs aient été initialement bien calibrés en termes de puissance et de licences.
- **Exploitation simple :** une fois mis en place et passée une période initiale de réglages et affinements, ces outils représentent une charge très faible en exploitation.
- **Informations précises :** ces outils livrent des informations très précises sur les intrusions, les vulnérabilités ou l'état du parc. Cela permet de lancer des actions très ciblées sur les points les plus sensibles.
- **Synthèses claires :** les rapports de ces outils fournissent des synthèses très claires, comportant de nombreux indicateurs.

Tous ces avantages font de ces outils les fournisseurs privilégiés d'indicateurs. Voici quelques exemples d'indicateurs. Naturellement, ils sont avancés ici à titre d'illustration et de très nombreux autres indicateurs pourront être identifiés.

- **Nombre d'intrusions :** dans l'absolu, connaître le nombre de tentatives d'intrusion n'est pas un indicateur intéressant. Les attaques viennent par vagues. On peut être submergé d'attaques pendant trois semaines et traverser autant de semaines de calme. Opérationnellement, connaître le nombre de tentatives d'intrusion n'indique en rien l'efficacité des dispositifs de sécurité. En revanche, cela peut être utile en termes de communication car cet indicateur aide à faire comprendre que les mesures de sécurité sont réellement nécessaires au bon fonctionnement du SI. Les destinataires de cet indicateur voient ainsi que s'il n'y avait pas de mesures de sécurité, le SI ne fonctionnerait plus.
- **Vulnérabilités :** le nombre de systèmes vulnérables aux failles de sécurité les plus critiques donne une bonne idée de l'efficacité du processus de veille et de prévention contre les incidents.
- **Patchs :** le suivi de la bonne application des patchs de sécurité tant sur les postes de travail que sur les serveurs (qu'il s'agisse de Windows ou d'Unix) est incontournable.
- **Règles :** le nombre de règles du pare-feu en écart par rapport à la matrice nominale de flux permet de combler progressivement les failles dans le fitrage.

À ces indicateurs purement techniques et faciles à produire, on peut en ajouter d'autres issus du plan de contrôle.

En effet, nous avons vu dans le chapitre précédent que le plan de contrôle est un dispositif par lequel on vérifie tout un ensemble de points tels que :

- les sauvegardes et les restaurations ;
- les revues de droits sur les infrastructures système et réseau ;
- les revues de droits applicatifs ;
- le plan de continuité d'activité ;
- la gestion des mots de passe ;
- l'existence d'une PSSI et d'une charte ;
- etc.

Le bon fonctionnement de chacun de ces domaines est évalué par un contrôleur interne, qui attribue une note selon des critères bien établis. Concrètement, chaque domaine donne lieu à une fiche au sein de laquelle le contrôleur consigne ses constats, archive les preuves qu'il a obtenues et justifie la note qu'il a donnée au domaine en question. Ces notes peuvent être intégrées aux tableaux de bord sécurité.

> **Remarque**
> Un extrait de plan de contrôle est fourni à titre d'exemple en annexe de cet ouvrage.

Utiliser les tableaux de bord en sécurité

Compilés, consolidés et mis en forme, les indicateurs ci-dessus débouchent sur des tableaux de bord. Ces derniers peuvent être utilisés de différentes façons.

- **Mesurer les différences** : nous avons vu plus haut que des outils permettent de mesurer le niveau de conformité du SI par rapport à certaines clauses de la politique de sécurité. Dans l'absolu, plus l'écart sera grand entre les exigences de la PSSI et les chiffres constatés, moins le SI sera conforme et en sécurité.

- **Mesurer les évolutions sur le court terme** : l'intérêt des tableaux de bord n'est pas uniquement absolu. Il est aussi relatif. En effet, il est intéressant de mettre en relation les indicateurs sur plusieurs mois contigus. Cela permet de souligner la réactivité des équipes lorsque les indicateurs ne sont pas bons.

> **Exemple**
>
> Si un scan de vulnérabilité a montré qu'en janvier, 80 % des systèmes contrôlés présentaient une vulnérabilité publiée récemment, cela dénote probablement une déficience dans le processus de veille en vulnérabilité.
>
> En revanche, si en février on constate que la plupart des systèmes ne sont plus vulnérables, cela montre que les équipes ont bien réagi suite à l'alerte levée par le tableau de bord.

- **Mesurer les évolutions sur le long terme** : cette mise en perspective dans le temps peut être étendue sur une plus grande période. Un an, par exemple. Cela permet de suivre précisément l'évolution du niveau de maturité de la sécurité, tout du moins pour les aspects mesurés par les indicateurs.

> **Exemple**
>
> Une diminution sensible et régulière pendant un an des utilisateurs ayant les droits d'administration sur leur poste montre que le processus de sécurisation des postes de travail fonctionne correctement.

- **Identifier des problèmes** : il n'est pas rare que les tableaux de bord servent à repérer des incidents ou des problèmes de sécurité.

> **Exemple**
>
> Considérons un tableau de bord comportant un indicateur sur le « top ten » des sites HTTP demandés par les utilisateurs. Si brusquement la consultation d'un site explose, dépassant largement tous les autres, cela dénote peut être une fuite d'information, un code malveillant ou un problème de configuration sur une application.

Pour quoi faire?

Quel que soit l'usage fait des tableaux de bord, il ne faut jamais oublier leurs finalités premières.

- **Améliorer la sécurité du SI:** que l'on mesure les évolutions à court terme, sur le long terme ou que l'on se focalise sur tel ou tel point, les tableaux de bord conduisent à lancer des actions allant toujours dans le sens de la sécurisation du SI. C'est le moins que l'on puisse demander à un tableau de bord sécurité.
- **Contribuer à la confiance:** une autre finalité du tableau de bord est d'améliorer la conformité du SI par rapport aux différents référentiels auxquels on est soumis (engagements de sécurité auprès du client, éventuelles certifications, contrôles des commissaires aux comptes, etc.). Les tableaux de bord aident donc à fournir de la confiance.
- **Savoir où on en est par rapport aux autres:** dans les organismes composés de plusieurs filiales, les tableaux de bord permettent de comparer les niveaux de sécurité. Cela permet à chacun de savoir comment il se positionne par rapport aux autres et de concentrer ses efforts pour rattraper son retard.

Le chapitre présentant l'ISO 27001 insistait sur l'importance du contrôle et de l'amélioration continue. Les tableaux de bord sont l'élément de contrôle par excellence qui contribue à l'amélioration continue. Il faut insister sur le fait que les indicateurs constituant ces tableaux de bord sont issus à la fois de dispositifs techniques et de dispositifs organisationnels. Ils contraignent le système à s'améliorer tant d'un point de vue technique qu'organisationnel. Une fois de plus, nous voyons comme il est absurde de privilégier une voie au détriment de l'autre. C'est sur les deux tableaux (technique et managérial) qu'il faut avancer.

Chapitre 31

Sort-on vraiment un jour de la zone d'humiliation ?

Nous avons terminé la première partie de cet ouvrage en mettant en relief les grandes difficultés à mettre en place les processus de sécurité opérationnelle. Ceci nous a conduits à les enrichir par des processus propres aux systèmes de management, et plus particulièrement à la norme ISO 27001, le but étant de maintenir les efforts de sécurisation dans le temps. Quelle conclusion pouvons-nous tirer pour clôturer cet ouvrage ?

Les méthodes pour sortir de la zone d'humiliation

Il est indiscutable que la norme ISO 27001 contribue grandement à maintenir les efforts en sécurité opérationnelle par les outils organisationnels qu'elle propose. Cependant, c'est après plusieurs mois de travail (voire plusieurs années), en constatant tous les freins exposés précédemment, que l'on comprend que le SI a malgré tout le plus grand mal à sortir de la zone d'humiliation. Il y reste très longtemps pour au moins un domaine particulier (mots de passe faibles, sécurité insuffisante des serveurs, applications trop anciennes, etc.) et ce, quels que soient les efforts consentis. Et quand il en sort, il y retombe très facilement dès qu'on relâche la pression. À ce stade, on peut se demander si la classification en trois niveaux de sécurité présentée dans le premier chapitre de cet ouvrage est pertinente. Dans les faits, il n'y aurait qu'un seul niveau de sécurité : la zone d'humiliation. La seule différence entre les SI serait leur niveau de gravité à l'intérieur de cette zone et seuls quelques périmètres très sensibles et restreints échapperaient à cette indigence sécuritaire.

Dans ces conditions, faut-il encore espérer sortir un jour le SI de la zone d'humiliation ?

Ce constat et ce questionnement dignes d'un lecteur de l'Ecclésiaste méritent d'être mis en perspective.

Le devenir de la sécurité opérationnelle est étroitement lié aux évolutions des systèmes d'information, et donc au devenir de la DSI. Or, à première vue, l'avenir des DSI ne s'annonce pas très brillant. Il suffit de s'attarder sur deux tendances de fond constatées ces derniers temps pour le comprendre.

- **Perte de services secondaires :** les services de production ont tendance à se délester de toutes les infrastructures non stratégiques. Ils ne veulent plus avoir à gérer les équipements de gestion des impressions, des fax, de MDM, etc. Ce délestage concerne aussi des services moins secondaires comme l'e-mail et les applications bureautiques. La sous-traitance classique et le cloud aident à aller dans ce sens. Le but est de ne garder en propre que l'infrastructure stratégique de l'entreprise.

- **Perte de services stratégiques :** en parallèle, les services métier voient dans le cloud un moyen d'échapper au carcan de la DSI (rappelons que cette approche présente des risques, surtout en matière d'urbanisation du SI, exposés dans le chapitre consacré au cloud). Ce sont donc des pans stratégiques entiers du système d'information que la DSI risque de perdre dans les prochaines années.

Ainsi, si la DSI perd progressivement l'exploitation de ses infrastructures principales et secondaires, et si elle n'a plus à développer d'applications car elles seront fournies par des spécialistes, où va cette direction ? Est-elle appelée à devenir une petite structure subalterne, chargée uniquement de piloter les sous-traitants ? Pour répondre à ces questions, il est intéressant de prendre du recul en remontant non pas au niveau de la DSI, ni de la direction générale, mais au niveau de l'entreprise.

Pour survivre, l'entreprise doit s'adapter aux évolutions de son environnement. Par exemple, une entreprise tournée vers le grand public doit comprendre que les moins de 25 ans ont quasiment tous un smartphone et ne conçoivent pas la relation client sans des outils adaptés à leurs usages. Ces personnes étant les clients de demain, l'entreprise doit s'adapter. De leur côté, les industriels de l'automobile ont bien compris que les réglementations imposent des contraintes de plus en plus fortes sur les émissions de polluants. De plus, ces industriels ont bien vu que les usages de l'automobile sont chaque fois plus contraints en milieu urbain. Ils se sont donc adaptés à ce contexte. Enfin, les entreprises impliquées dans des marchés extrêmement concurrentiels doivent s'adapter sans cesse pour préserver leurs marges.

Ce besoin impérieux d'adaptation conduit nécessairement à des transformations profondes dans l'entreprise. Ainsi, les métiers doivent apprendre

Chapitre 31 – Sort-on vraiment un jour de la zone d'humiliation ?

à penser autrement, et donc à agir autrement. Concrètement, cette transformation se traduit par une profonde remise en question des processus métier, entraînant inévitablement des réorganisations. Or, il n'est plus un métier qui ne repose sur les systèmes d'information. Il n'y a pas de transformation ni de réorganisation sans informatique. En fait, le SI est consubstantiel à la réorganisation.

Dans ce contexte, la DSI a une carte majeure à jouer, car elle dispose de trois atouts.

- **Culture de la remise en question :** s'il est un métier dans l'entreprise qui se remet profondément en question périodiquement, c'est bien la DSI. Les SI n'ont cessé de muter depuis les mainframes jusqu'au cloud, en passant par le client serveur et l'informatique distribuée, sans parler des évolutions incessantes dans le domaine des réseaux et des applications. Pour survivre professionnellement, les informaticiens doivent sans cesse se remettre en question et apprendre tous les cinq ans à penser autrement. Cette population est donc parfaitement adaptée aux changements en profondeur.

- **Connaissance en profondeur des métiers :** lorsque la DSI développe un nouvel outil pour un métier, elle doit auparavant comprendre en profondeur le métier concerné, son contexte, ses clients (internes ou externes), ses fournisseurs (internes ou externes), ses contraintes, ses équipes, ainsi que le détail de ses processus. Cette connaissance est une condition nécessaire pour développer un outil vraiment adapté au métier. Au fil des années et des projets, la DSI acquiert progressivement une vision en profondeur de chacun des métiers de l'entreprise. En fait, la DSI est la seule direction qui les connaisse aussi bien. Elle est donc un partenaire privilégié de la direction générale pour orienter et accompagner le changement.

- **Excellence en conduite de projets :** il suffit de regarder les schémas directeurs des DSI pour comprendre qu'une des fonctions premières de cette direction est de conduire des projets. Ces derniers, qui vont du petit projet à cinquante jours aux grands projets de transformation à plusieurs millions d'euros, ont fait de la DSI un spécialiste de la conduite de projets. Elle dispose de toutes les techniques et de toutes les compétences humaines pour maîtriser les risques, respecter les délais, tout en tenant compte des contraintes budgétaires. Cette expertise est un actif essentiel.

Nous voyons ici que non seulement la DSI n'est pas vouée à disparaître, mais qu'elle est appelée à jouer un rôle de plus en plus central dans l'entreprise. En effet, elle seule possède toutes les compétences pour accompagner l'entreprise dans son adaptation. Elle sera au centre de la création de valeur. Ainsi, il est prévisible que la part de la gestion de projets d'entreprise prenne progressivement, mais nettement, l'ascendant sur l'exploitation technique des infrastructures ou le développement d'applications.

Dans ce contexte, à quoi ressemblera la sécurité opérationnelle ? Elle sera probablement divisée en deux grands domaines : une sécurité opérationnelle pour les DSI et une autre pour les fournisseurs de service.

- **Pour les DSI :** la sécurité opérationnelle sera de moins en moins technique. Elle consistera surtout à accompagner les chefs de projet dans les questions de sécurité tout le long des projets. Il faudra aussi contrôler les pratiques de sécurité et montrer aux parties prenantes que la sécurité est effectivement prise en compte. La maîtrise des identités et des droits restera sans aucun doute un enjeu important.
- **Pour les fournisseurs :** la sécurité opérationnelle se traduira par des mesures techniques très concrètes, gérées par des équipes de spécialistes hautement qualifiés, utilisant des outils pointus, permettant d'industrialiser tous les processus techniques de sécurité. Ils atteindront certainement une maturité que les DSI peinent à atteindre.

Quelle est la place du RSSI ?

Quelle est la place du RSSI dans ce contexte ? La question se pose depuis la création de cette fonction dans les années 1980. Aujourd'hui, les RSSI ont tendance à se croire au centre des enjeux de la société. Comme l'intégralité de l'activité économique migre vers le numérique, la sécurité des systèmes d'information est devenue incontestablement un enjeu majeur, voire un enjeu d'État. L'implication de l'État pour sécuriser les systèmes d'information des administrations et des opérateurs d'importance vitale (producteurs d'énergie, opérateurs de télécommunications, opérateurs de transport…) en est la preuve. Il est clair que si le SI d'une banque, d'un transporteur ou d'un producteur d'énergie est compromis, cela pourra entraîner des conséquences tout à fait comparables à celles d'une dépression économique suite à une crise financière majeure. En tant que garant de la sécurité du SI, le RSSI a un rôle important à jouer. C'est vrai à l'échelle globale de la société.

En revanche, il ne doit pas surestimer son importance à l'échelle de l'entreprise. Il suffit d'assister à un séminaire d'encadrement pour le comprendre. Les sociétés organisent généralement une ou deux fois par an un séminaire réunissant tous les cadres clés. Le but est d'informer ces personnels des enjeux du moment et de faire passer les messages importants. Certes, dans ces séminaires, le RSSI connaît sa petite heure de gloire (c'est plutôt un quart d'heure) en faisant une ou deux démonstrations de piratage pour sensibiliser le public, mais finalement, les vraies stars de ces séminaires, ce sont les chefs de projet accompagnant les transformations profondes de l'entreprise. Non seulement ils ont droit à un temps de parole privilégié,

Chapitre 31 – Sort-on vraiment un jour de la zone d'humiliation ?

mais on leur donne les moyens de créer des films promotionnels expliquant l'importance du projet. Ils organisent même des séminaires spécialisés pour leur projet. Ce focus est justifié car ce sont bien ces chefs de projet qui transforment l'entreprise. Ce sont bien eux qui font que l'entreprise s'adapte et crée de la valeur. Ces séminaires montrent que le RSSI est certes un cadre clé, mais qu'il n'est pas le centre du monde. Il doit accepter ce rôle de l'ombre et se mettre au service de ces créateurs de valeur, afin que ce qui est mis en place soit fiable en matière de sécurité, et donc digne de confiance. Ce n'est pas un rôle si subalterne.

Maintenant que nous avons vu les évolutions prévisibles de la DSI, et donc de la sécurité opérationnelle, ainsi que le positionnement du RSSI, nous pouvons enfin revenir à notre question initiale : est-il possible de sortir un jour de la zone d'humiliation ? Malgré le pessimisme de l'exposé initial, la réponse est clairement : oui !

Il est vrai que les processus exposés dans ce livre sont longs à établir et qu'ils nécessitent un suivi rigoureux. C'est pour cela qu'à première vue on peut être clairement découragé, car les premiers résultats tardent à venir. Toutefois, notre démarche est ici de monter en maturité progressivement, sur une durée assez longue (plusieurs années). Le temps de la sécurisation du SI est bien plus long que celui des projets informatiques. C'est très important de le faire comprendre.

Pourtant, une fois que les équipes s'habituent à sécuriser les serveurs, à choisir de bons mots de passe, à gérer sérieusement les identités, à contrôler les accès distants, etc., il leur paraît incroyable, avec le recul, de ne pas avoir eu ces bons réflexes par le passé.

Par exemple, il est insupportable à un responsable de la production de mettre en place une infrastructure si un dispositif de continuité ou de reprise de service n'a pas été pensé. Eh bien, le RSSI doit faire en sorte qu'il soit tout aussi insupportable à ce responsable de mettre en place un dispositif non sécurisé. Cela est parfaitement possible. Le problème n'est donc pas « entre la chaise et le clavier ». C'est la solution qui est entre la chaise et le clavier. Voilà ce que le RSSI doit s'efforcer de faire comprendre.

C'est d'ailleurs par un témoignage que je termine cet ouvrage. Lors d'un séminaire d'encadrement, un responsable métier profite de la pause-café pour s'adresser au DSI en ces termes : « Ça fait longtemps que je n'ai pas vu le RSSI. Il nous manque, nous en avons besoin pour sécuriser notre infrastructure. Quand est-ce que tu nous l'envoies ? »

Ce témoignage réel vaut bien plus que trente indicateurs pour mesurer la sécurité. Lorsque des responsables métier réclament, spontanément et sans aucune contrainte, de travailler avec le RSSI, c'est bien parce que la sécurité entre réellement et en profondeur dans l'entreprise.

Oui, il est possible de sortir de la zone d'humiliation ! Certes, de longs et pénibles efforts doivent être consentis, mais nous ne désespérons pas.

PARTIE IV

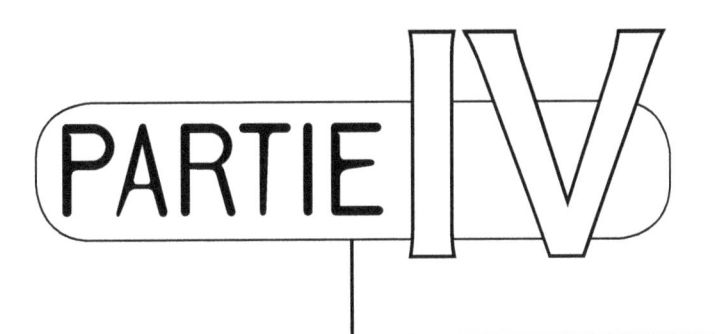

Annexes

Tous les processus présentés dans les deux parties précédentes impliquent nécessairement la rédaction de politiques, de procédures, de fiches et autres documents. Mais comment écrire les procédures ? Quel niveau de précision adopter ? Quelle approche choisir, tant sur le fond que sur la forme ?

Pour répondre à ces questions, cette dernière partie présente le corpus documentaire d'une PME fictive appelée « Le Froid Gourmet Électroménager », un fabricant de réfrigérateurs et de congélateurs. Le RSSI imaginaire de cette société a été chargé d'en sécuriser le SI. Il a donc mis en place un certain nombre de processus opérationnels qui l'ont conduit à rédiger les documents suivants. À noter que les numéros de dossier, noms de personnes, noms de sociétés, références à des tableaux externes et adresses web utilisés dans ces annexes sont également fictifs.

- Documents de cadrage
  - Répartition des rôles et des responsabilités en matière de sécurité
  - PSSI
  - Procédure de cadrage des actions des administrateurs
  - Mesures de sensibilisation du personnel
- Documents liés à la gestion des tiers
  - Procédure de gestion des tiers
  - Règles de sécurité applicables aux tiers
  - Exemples de fiches de tiers
- Procédure de revue générale des droits
- Politique des mots de passe
- Procédure de gestion des pare-feu

Partie IV - Annexes

- Procédure de gestion des correctifs de sécurité
- Procédure de gestion des antivirus
- Procédure de gestion des journaux
- Procédure de gestion des accès distants
- Documents liés à la gestion des incidents de sécurité
  - Procédure de gestion des incidents
  - Exemples de fiches d'incidents
  - Exemples de fiches réflexes
- Plan de secours informatique
- Plan de contrôle sécurité

Le lecteur est invité à consulter ces annexes en fonction de ses besoins. Il est libre de s'en inspirer s'il y voit une opportunité d'application pour son contexte.

Annexe 1

Répartition des rôles en matière de sécurité

1 – Introduction

Le but de ce document est de présenter les rôles et les responsabilités en matière de sécurité du système d'information dans la société Le Froid Gourmet Électroménager.

Ce document est constitué de deux parties :

- la première présente les rôles et responsabilités des principales personnes impliquées dans la sécurité des SI ;
- la seconde expose les différentes instances de la société Le Froid Gourmet Électroménager, au sein desquelles sont prises des décisions de sécurité.

Les rôles présentés dans la première partie sont reportés dans la fiche de poste de chaque collaborateur concerné.

Le présent document est validé par la direction générale.

2 – Personnes ayant un rôle en matière de sécurité du SI

2.1 Le directeur général (DG)

- Il fournit les moyens humains et financiers pour assurer la sécurité du système d'information de la société Le Froid Gourmet Électroménager.
- Il valide l'ensemble des risques ainsi que le plan de traitement des risques présentés par le RSSI, au moins une fois par an.
- Il valide la politique de sécurité du système d'information (PSSI).

2.2 Le directeur du système d'information (DSI)

- Il nomme le RSSI, à qui il délègue le pilotage des actions de sécurisation du système d'information.
- Il définit et tient à jour avec le RSSI les objectifs en matière de sécurité du SI.
- Il valide les risques portant sur les infrastructures dont il a la responsabilité, que lui présente le RSSI.
- Il valide et alloue les budgets nécessaires à la mise en place ainsi qu'à l'exploitation de mesures de sécurité.
- Il soutient le RSSI dans ses actions de sécurisation du SI.

2.3 Le responsable de la sécurité du système d'information (RSSI)

- Il définit la politique de sécurité du système d'information et la maintient à jour. Il la fait valider par la direction générale.
- Il s'assure du bon fonctionnement des mesures de sécurité existantes. Il vérifie notamment qu'elles sont correctement opérées et efficaces, et que les documentations et modes opératoires existent, sont accessibles et à jour.
- Il définit et met en œuvre les plans d'actions pour sécuriser le système d'information.
- Il réalise et maintient une appréciation des risques sur la sécurité pour l'ensemble du SI et fait valider les risques aux différents responsables concernés.
- Il est consulté dans tout projet comportant une dimension de sécurité.
- Il est chargé de coordonner les actions lors des incidents de sécurité.
- Il réalise une veille technologique afin d'adapter les mesures de sécurité aux nouvelles menaces.

- À ce titre, il entretient des échanges réguliers avec ses confrères afin de capitaliser les expériences.
- Il réalise une veille sur les vulnérabilités afin de prévenir les attaques exploitant celles connues.
- Il collabore avec tous les responsables de la DSI afin d'atteindre les objectifs de sécurité fixés.
- Il pilote les actions de sensibilisation à la sécurité du SI, conformément aux procédures établies.
- Il répond des pratiques de sécurité auprès des différents auditeurs habilités à contrôler le SI.

2.4 Les membres de l'équipe sécurité

Les membres de l'équipe sécurité sont sous la responsabilité du RSSI.
- Ils assistent le RSSI dans ses missions.
- Ils déclinent opérationnellement les règles définies par la politique de sécurité.
- Ils effectuent les tâches de contrôle continu et de contrôle récurrent des mesures de sécurité :
  - contrôle contre les codes malveillants ;
  - contrôle contre les intrusions dans le réseau ;
  - revues périodiques de droits ;
  - etc.
- Ils pilotent les prestations de sécurité, dans le cadre du plan de traitement des risques.
- Ils assistent le RSSI dans la veille en sécurité et pilotent, lorsque cela est nécessaire, les actions préventives.

2.5 Le responsable de la production

- Il décline les règles de sécurité s'appliquant aux systèmes dont il a la responsabilité.
- Il est le garant du respect par ses équipes de l'application de la politique de sécurité.
- Il consulte le RSSI pour toute question technique relative à la sécurité.
- Il informe le RSSI de tout incident de sécurité survenu dans son domaine de responsabilité.
- Il collabore avec le RSSI dans la mise en œuvre du plan de traitement des risques.
- Il exploite les mesures de sécurité dont il a reçu la délégation.

2.6 – Les administrateurs

- Ils exploitent au quotidien le système d'information conformément aux directives de la politique de sécurité.
- Ils mettent en œuvre les procédures de sécurité applicables dans leurs fonctions.
- Ils informent le RSSI de tout incident de sécurité ou de toute situation anormale.

2.7 Le responsable des études

- Il est le garant du respect par ses équipes des règles de sécurité fixées dans la politique de sécurité.
- Il veille à ce que la sécurité du SI soit systématiquement prise en compte dans les projets majeurs. Il consulte pour cela le RSSI chaque fois que cela est nécessaire.
- Il informe le RSSI de tout incident de sécurité détecté par ses équipes.
- Il consulte le RSSI pour toute question relative à la sécurité du SI.

2.8 Les chefs de projet

- Ils intègrent les aspects sécurité du SI dans les projets dont ils ont la charge.
- Ils s'assurent que les directives incluses dans la politique de sécurité du SI sont bien prises en compte dans leur domaine de responsabilité.
- Ils informent le RSSI en cas d'incident de sécurité.

2.9 Les directeurs de service

- Ils sont garants de la bonne application de la politique de sécurité et du respect de la charte utilisateur par leurs équipes.
- Ils s'assurent que leurs équipes réalisent correctement les revues de droits sur les différentes applications du service.
- Ils valident les risques applicables à leur périmètre de responsabilité et acceptent le plan de traitement correspondant proposé par le RSSI.
- Ils informent le RSSI de tout incident de sécurité.

2.10 Le responsable qualité

Dans le cadre de ses fonctions, le responsable qualité s'assure que les procédures intégrées au système de management de la qualité (SMQ) sont à jour. Il a aussi la charge de l'audit interne.

En ce sens, il contrôle que les procédures de sécurité, intégrées dans le SMQ, sont conformes aux exigences du système.

2.11 Les utilisateurs du SI

- Ils respectent la charte de bon usage des moyens informatiques qui est annexée au règlement intérieur de la société Le Froid Gourmet Électroménager.
- Ils utilisent systématiquement les moyens informatiques mis à leur disposition par la DSI, et conformément aux procédures en vigueur.
- Ils remontent au service d'assistance, et dans les plus brefs délais, tout événement pouvant s'avérer être un incident de sécurité.

3 - Instances de décision en matière de sécurité du SI

Plusieurs instances sont amenées à traiter des questions relatives à la sécurité du système d'information.

3.1 Le comité de direction

Le comité de direction de Le Froid Gourmet Électroménager aborde au moins une fois par an les points suivants :

- présentation par le RSSI des risques ainsi que du plan de traitement des risques ;
- point d'avancement par le RSSI des travaux de sécurisation ;
- acceptation des risques et validation du plan de traitement des risques.

Par ailleurs, le RSSI peut être invité ponctuellement pour aborder des questions de sécurité relevant de la direction générale.

3.2 Le comité de direction de la DSI

Ce comité se réunit deux fois par mois. Il est composé de tous les dirigeants de la DSI. Le DSI préside cette réunion et en assure le secrétariat.

Il permet au RSSI de se tenir informé des questions en cours sur lesquelles il pourrait apporter un éclairage en matière de sécurité.

3.3 Le comité de pilotage de la sécurité

Ce comité se réunit une fois par mois.

Il est composé de tous les responsables de la DSI. Il est présidé par le RSSI, qui en assure le secrétariat.

En matière de sécurité, les points suivants peuvent être abordés :

- questions d'actualité concernant la sécurité en cours de traitement, qui doivent permettre d'établir des priorités, des plans d'actions et d'obtenir les moyens nécessaires.

- avancement des plans d'actions suite aux audits de sécurité ;
- point sur les incidents de sécurité de la période.

3.4 Le comité de suivi des actions de sécurité

Ce comité est hebdomadaire, présidé par le RSSI, qui en assure le secrétariat.

Il réunit toutes les personnes impliquées dans les plans d'actions de sécurisation. Il s'agit donc essentiellement de techniciens de la DSI.

Le but est de suivre l'avancement des actions de sécurité décidées lors du comité de pilotage sécurité, ainsi que de réfléchir à des solutions techniques et organisationnelles aux différents problèmes posés.

3.5 Autres comités

Le RSSI peut être amené à intervenir ponctuellement dans des comités de service ou de projets en fonction de l'actualité :

- présentation d'une problématique sécurité concernant le comité en question ;
- sensibilisation à la sécurité des membres de ce comité ;
- etc.

Annexe 2

Politique de sécurité du système d'information

1 - Préambule

La société Le Froid Gourmet Électroménager conçoit et produit des équipements haut de gamme pour ses clients. Elle les livre aux clients et en assure les réparations.

La société est ainsi amenée à manipuler des informations sensibles, telles que :

- les données de recherche et développement ;
- les données de pilotage de la production industrielle ;
- les données personnelles de ses clients.

Ces informations sont des éléments indispensables pour le bon fonctionnement de la société. Il est donc nécessaire d'adopter des pratiques garantissant la confidentialité, la disponibilité ainsi que l'intégrité de ces données.

La présente politique formalise ces pratiques que tout le monde se doit d'appliquer sur le SI.

2 – Périmètre

La présente politique couvre l'ensemble du SI de la société. Ainsi, toutes ses activités sont concernées, comme la recherche et développement, la production, le marketing, les activités de dépannage ainsi que les services d'assistance.

3 – Personnel

3.1 Le personnel est tenu de respecter les clauses de la charte de bon usage des moyens informatiques. Elle est annexée au règlement intérieur. Elle est ainsi applicable à tout le personnel soumis à celui-ci.

3.2 Tout manquement à la charte pourra être sanctionné. Les sanctions seront proportionnelles à la gravité des faits.

3.3 Les rôles et responsabilités en matière de sécurité sont formalisés et publiés dans le système de management qualité de la société.

3.4 Les utilisateurs du SI qui constateraient un événement susceptible de dénoter un incident de sécurité doivent le signaler sans délai au service d'assistance.

4 – Sécurité physique

4.1 Les dispositifs hébergeant des informations sont protégés proportionnellement à leur sensibilité. Ainsi, l'accès aux salles machines est protégé par un lecteur de badge. Seules les personnes habilitées y ont accès.

4.2 L'attribution des accès doit respecter la procédure qui est publiée dans le système de management de la qualité (SMQ).

4.3 Les équipements informatiques doivent être installés par la DSI, conformément aux règles de l'art (alimentation électrique, climatisation, câblage, détection d'incendie, etc.).

5 – Contrôle d'accès

L'accès au système d'information doit être réservé uniquement aux personnes ayant besoin d'y accéder. De plus, seules les habilitations strictement nécessaires à chaque individu seront attribuées.

5.1 Les accès sont attribués à un individu. Ils sont incessibles et limités dans le temps.

5.2 L'attribution des droits doit respecter la procédure formalisée et publiée dans le SMQ.

5.3 Les accès génériques sont interdits.

5.4 La création ou la suppression de compte et la modification de droits doivent respecter la procédure publiée dans le SMQ.

5.5 Chaque responsable métier est tenu de réaliser annuellement une revue des droits sur les applications utilisées par son service. Elle doit permettre :

- de supprimer les comptes inutiles ;
- de supprimer les comptes dormants ;
- d'adapter les droits applicatifs des utilisateurs à leur mission.

6 – Exploitation du SI

Les personnes chargées de l'exploitation doivent respecter les règles suivantes.

6.1 Les mots de passe pour administrer les éléments de l'infrastructure (physiques ou logiques) doivent être complexes et respecter la procédure publiée dans le SMQ.

6.2 Tout serveur installé dans le SI (quel que soit l'environnement) doit être issu d'un master sécurisé.

6.3 Des dispositifs de protection contre les codes malveillants doivent être mis en œuvre.

6.4 Une veille en vulnérabilité sur le patrimoine des dispositifs physiques et logiques du SI doit être effectuée.

6.5 Tout changement dans l'infrastructure du SI doit suivre la procédure formelle spécifiée dans le SMQ. Cette procédure comprend une validation de la non-régression en matière de sécurité.

6.6 Il doit être possible de journaliser les événements les plus importants. La journalisation suit la procédure publiée dans le SMQ.

6.7 Des audits techniques réguliers doivent permettre de s'assurer que le SI ne présente pas de vulnérabilité majeure.

6.8 En cas de vulnérabilité détectée à l'occasion d'un audit, ou par tout autre moyen, des actions correctives doivent être entreprises.

6.9 Les informations doivent être sauvegardées en fonction de leur importance.

6.10 Des tests de restauration des environnements les plus sensibles doivent être réalisés au moins une fois par an et validés par l'utilisateur.

6.11 Une copie des sauvegardes doit être hébergée en dehors des locaux de la société, par un prestataire spécialisé.

7 - Sécurité du poste de travail

7.1 Les postes de travail doivent être installés à partir d'un master sécurisé.

7.2 Un antivirus doit protéger chaque poste de travail.

7.3 Les utilisateurs ne doivent pas pouvoir administrer leur poste.

7.4 Les postes de travail doivent être configurés avec les bons paramètres de sécurité, tels que spécifiés dans la procédure de déploiement.

7.5 En fin de vie, les postes de travail doivent être détruits.

8 - Sécurité des communications

Le SI de Le Froid Gourmet Électroménager est amené à échanger de plus en plus d'informations avec ses partenaires. Un certain nombre de règles doivent ainsi être observées.

8.1 Un schéma réseau détaillé doit être tenu à jour et accessible aux personnes habilitées.

8.2 Les différents réseaux de la société doivent être cloisonnés par des dispositifs de filtrage en fonction des niveaux de sensibilité et d'exposition aux risques.

8.3 Il est strictement interdit de mettre en œuvre une interconnexion entre la société et l'extérieur sans l'accord explicite de la DSI et du RSSI.

8.4 Les accès à distance pour les tiers et les collaborateurs doivent être attribués conformément à la procédure publiée dans le SMQ.

9 - Sécurité dans les projets

Les projets informatiques sont structurants pour la sécurité du SI. Aussi est-il nécessaire de respecter les règles suivantes.

9.1 La méthode de conduite de projets doit inclure des étapes de validation sécurité.

9.2 Toute application doit avoir au moins un environnement de production et un autre de développement. Ces environnements doivent être cloisonnés.

9.3 Les projets doivent étudier les questions suivantes :
- flux réseau ;
- flux d'authentification ;
- stockage des informations sensibles.

9.4 Les bases d'authentification (bases d'utilisateurs et mots de passe) locales aux applications sont interdites.

10 - Tiers

Les tiers sont de plus en plus nombreux à interagir avec le SI de la société. Il est donc nécessaire de respecter les règles suivantes.

10.1 Les contrats de prestation de services doivent inclure des clauses de sécurité abordant les questions de confidentialité, intégrité et disponibilité.

10.2 Une analyse des risques liés à l'interaction du SI avec le tiers doit être menée à bien. Des actions pour réduire ces risques doivent être entreprises.

10.3 Le Froid Gourmet Électroménager doit pouvoir auditer ses tiers les plus sensibles afin de vérifier leurs pratiques en matière de sécurité.

11 - Incidents de sécurité

11.1 Les incidents de sécurité doivent être déclarés sans délai au service d'assistance ou au RSSI.

11.2 Les incidents de sécurité doivent être traités conformément à la procédure publiée dans le SMQ.

11.3 Un retour d'expérience doit être systématiquement fait après chaque incident. Des mesures correctives seront prises si nécessaire.

12 - Continuité d'activité

12.1 Des dispositions pour assurer la continuité du service réseau doivent être prises (redondance des liaisons stratégiques, des switchs, routeurs, pare-feu, etc.).

12.2 Des dispositions pour assurer la continuité des services essentiels doivent être prises (répartiteurs de charge, redondance de serveurs sensibles, etc.).

12.3 Un plan de secours informatique doit permettre de remettre en service les applications les plus sensibles dans un délai raisonnable, en cas de sinistre majeur détruisant la salle machines.

12.4 Un plan de reprise de l'activité doit permettre aux utilisateurs de disposer de leur outil de travail si un sinistre majeur rend les locaux de la société inutilisables.

12.5 Le plan de secours informatique et le plan de continuité d'activité doivent être documentés, mis à jour et testés au moins une fois tous les deux ans.

13 – Conformité

13.1 Les services fournis par la DSI exposés à Internet doivent être régulièrement audités pour vérifier leur résistance aux menaces extérieures.

13.2 Des audits ciblés sur certains aspects du SI doivent permettre d'améliorer leur niveau de sécurité.

13.3 Les données à caractère personnel doivent être protégées et traitées conformément aux dispositions de la Commission nationale de l'informatique et des libertés.

14 – Infrastructures spontanées

14.1 L'installation spontanée de toute infrastructure informatique technique, qu'elle soit physique ou logique, est strictement interdite. Seule la DSI est habilitée à mettre en œuvre des infrastructures.

Annexe 3

Procédure de cadrage des actions des administrateurs

Objet : ce document a pour but de cadrer les actions que peuvent mener les administrateurs.

1 - Définitions

Dans ce document, on considère comme administrateur toute personne ayant un accès privilégié à un élément clé de l'infrastructure du SI ou à un élément clé applicatif. Les administrateurs peuvent donc agir :

- sur les bases de données ;
- sur les systèmes d'exploitation ;
- sur les équipements réseau ;
- sur les équipements sensibles du SI (contrôleurs de disques, répartiteurs de charge, etc.) ;
- sur les applications, au niveau fonctionnel.

En conséquence, les personnes concernées sont essentiellement :

- les administrateurs système ;
- les administrateurs de bases de données ;
- les administrateurs réseau ;
- les administrateurs fonctionnels des applications métier.

2 – Création d'un accès administrateur

La création d'un accès administrateur doit suivre la séquence suivante.
- Pour les administrateurs système
  - **Demande :** le responsable de l'administrateur rejoignant l'équipe formule la demande d'attribution des privilèges d'administrateur.
  - **Validation :** le responsable de la production valide la demande.
  - **Exécution :** un administrateur crée les accès nécessaires.
- Pour les administrateurs de bases de données
  - **Demande :** le responsable des bases de données formule la demande de création d'un accès DBA.
  - **Validation :** le responsable de la production valide la demande.
  - **Exécution :** un administrateur des bases de données fait le nécessaire.
- Pour les administrateurs réseau
  - **Demande :** les membres de l'équipe réseau sont habilités à demander les privilèges nécessaires pour accéder aux équipements réseau.
  - **Validation :** le responsable réseau valide la demande.
  - **Exécution :** un membre de l'équipe réseau fait le nécessaire.
- Pour les administrateurs fonctionnels
  - **Demande :** le responsable de la personne ayant besoin d'obtenir un compte privilégié formule la demande à la DSI.
  - **Validation :** le chef de service du demandeur valide la demande.
  - **Exécution :** le responsable fonctionnel de l'application fait le nécessaire pour créer un nouveau compte privilégié sur les applications en question.

3 – Cadrage des actions

Les personnels bénéficiant d'un accès administrateur sont tenus de respecter un certain nombre de règles.
- N'utiliser leur compte administrateur que pour effectuer des actions d'administration. Pour toutes les autres actions, ils doivent se servir de leur compte habituel, non privilégié.
- Effectuer les paramétrages nécessaires sur les systèmes dont ils ont la responsabilité.
- Garantir le bon fonctionnement de ces systèmes.
- Tenir compte des exigences en matière de sécurité.

4 – Cadrage réglementaire

Les personnels bénéficiant d'un accès administrateur doivent agir conformément aux exigences des textes suivants :
- le règlement intérieur et, plus particulièrement, la charte de bon usage des moyens informatiques annexée à ce règlement ;
- la charte dédiée aux administrateurs, que le RSSI est chargé de leur faire signer personnellement ;
- la définition de poste de la personne concernée.

5 – Séparation des rôles

Tout administrateur doit respecter le principe de la séparation des rôles.

Lorsque l'administrateur considère que, de par ses privilèges d'administration, il est dans une situation dans laquelle il ne respecte pas la séparation des rôles, il le signale au RSSI. Ce dernier est chargé de vérifier avec le responsable de service cette situation de conflit d'intérêts.

Toute exception au principe de la séparation des rôles doit être :
- justifiée par des raisons techniques impérieuses ;
- validée par le chef de service ainsi que par le RSSI ;
- consignée ;
- confirmée tous les ans.

6 – Retrait des accès

Les privilèges d'administration sont révoqués dans les conditions suivantes :
- lorsque l'administrateur quitte ses fonctions ;
- lorsqu'il s'absente pendant une durée supérieure à deux mois ;
- lorsque le responsable hiérarchique de la personne concernée estime que les droits d'administration ne sont plus nécessaires ;
- en cas d'acte soupçonné ou avéré de malveillance.

Une fois par an, le processus SEC-REV-DRT-001 permet de passer en revue tous les droits des administrateurs pour vérifier la pertinence de ces accès.

Tout accès inutile sera supprimé.

Annexe 4

Procédure de sensibilisation à la sécurité du SI

Objet : ce document a pour but de décrire les différents moyens mis en œuvre afin de sensibiliser le personnel de la société Le Froid Gourmet Électroménager à la sécurité des systèmes d'information.

1 - Différents niveaux de sensibilisation

Le RSSI est chargé de sensibiliser l'ensemble du personnel à la sécurité de l'information. Afin de réaliser cette mission, il intervient à plusieurs niveaux :

- sensibilisation générale ;
- communications ciblées ;
- actions opportunistes.

2 - Sensibilisation générale

La charte de bon usage des moyens informatiques rappelle les bonnes pratiques en matière de sécurité de l'information. Parce qu'elle est annexée au règlement intérieur, cette charte est opposable à tout le personnel soumis au règlement intérieur.

Une fois par an, le RSSI envoie un message à tout le personnel en rappelant les principales lignes de conduite abordées dans la charte. Il rappelle aussi l'emplacement de la charte dans l'intranet.

De plus, tous les deux ans, le RSSI lance conjointement avec le service de communication, une campagne de sensibilisation à la sécurité, abordant les questions importantes du moment. Cette communication peut prendre des formes variées (campagnes d'affichage, distribution de dépliants, inserts sécurité dans le journal interne, etc.).

3 – Communications ciblées

Chaque année, le RSSI désigne une population devant faire l'objet d'une sensibilisation à la sécurité.

Il s'agit de populations pour lesquelles la sécurité des systèmes d'information est un enjeu important (il s'agit essentiellement des membres de la DSI ainsi que des populations métier particulières).

Une fois la population à sensibiliser désignée, le RSSI prépare un support sur mesure, en tenant compte du contexte professionnel des personnes à sensibiliser. Des démonstrations (notamment de piratage) sont préparées.

Lorsque les supports sont prêts, le RSSI organise une (ou plusieurs) session(s), chacune répondra au plan suivant :

- présentation générale (à partir du support) ;
- démonstrations ;
- échanges avec les participants.

Les supports de présentation et les feuilles d'émargement des personnes présentes aux séances doivent être archivés.

En fin d'année, un bilan sur l'efficacité de la campagne est réalisé.

4 – Actions opportunistes

Le RSSI peut être invité à intervenir ponctuellement sur des sujets de sécurité, à l'occasion de la tenue des différentes instances de la société Le Froid Gourmet Électroménager (comités de pilotage, comités de direction, comités de service, etc.).

Les procès-verbaux de ces instances ainsi que le support utilisé par le RSSI à ces occasions seront archivés.

Annexe 5

Procédure de gestion des tiers sensibles pour le SI

Objet : ce document a pour but de décrire comment sont gérés les tiers sensibles pour le SI de la société Le Froid Gourmet Électroménager.

1 – Définition d'un tiers sensible pour le SI

La société Le Froid Gourmet Électroménager est amenée à travailler avec trois catégories de tiers :
- les fournisseurs ;
- les clients ;
- les partenaires.

Un tiers est considéré comme sensible :
- lorsqu'il a besoin d'accéder à des informations sensibles telles que des données à caractère personnel ou de production ;
- lorsqu'il doit disposer de privilèges particuliers sur le SI.

2 – Processus

Chaque année, le RSSI dresse une liste des tiers sensibles. Elle est obtenue à partir de trois sources :
- la liste des fournisseurs de la DSI ;

- la liste des fournisseurs stratégiques pour la société Le Froid Gourmet Électroménager ;
- la liste des partenaires.

Le RSSI propose au DSI une liste des tiers sensibles, qui la valide.

Pour chaque tiers, une fiche descriptive est établie. Elle contient les rubriques suivantes.

- **Rappel du besoin d'accès au tiers.** Cette rubrique rappelle quels sont les services rendus par le tiers et pourquoi il a besoin d'accéder au SI.
- **Principaux risques.** Tout accès au SI comporte des risques, qui doivent être rappelés ici.
- **Clauses contractuelles relatives à la sécurité.** Des clauses doivent cadrer les responsabilités en matière de sécurité. Une référence précise à ces clauses doit être incluse ici. Ces clauses concernent généralement les obligations de confidentialité, d'intégrité et de disponibilité des informations manipulées par le tiers.
- **Mesures de sécurité déjà en place.** L'ouverture du SI à un tiers entraîne souvent la mise en place, soit par le tiers, soit par la société Le Froid Gourmet Électroménager, de mesures de sécurité visant à réduire les risques identifiés plus haut. Il s'agit ici de les synthétiser.
- **Mesures de sécurité à prévoir.** On décrira ici les mesures de sécurité jugées souhaitables mais non encore mises en œuvre.

Revue : chaque année, le RSSI passe en revue chaque fiche de tiers afin de vérifier sa pertinence.

Suivi : les « mesures de sécurité à prévoir » doivent donner lieu à des actions suivies en comité de suivi de sécurité.

Annexe 6

Règles à respecter par les tiers

1 - Introduction

La société Le Froid Gourmet Électroménager interagit avec de nombreux tiers afin de réaliser ses missions.

Ces tiers sont amenés à accéder à tout ou partie du SI de la société.

La sécurité du SI est un enjeu majeur pour la société. Aussi une politique de sécurité des systèmes d'information (PSSI) a-t-elle été rédigée et approuvée par la direction générale. Le présent document complète les directives de la PSSI à l'attention des tiers. Ces derniers sont donc tenus de mettre en œuvre les exigences qui y sont exprimées.

2 - Exigences applicables à tous les tiers

2.1 Toute relation avec un tiers doit faire l'objet d'un contrat.

2.2 Le contrat doit comporter des clauses relatives à la sécurité des systèmes d'information. Ces clauses doivent couvrir les aspects de confidentialité, intégrité et disponibilité de l'information.

2.3 Tout collaborateur travaillant pour le tiers et amené à accéder au SI de Le Froid Gourmet Électroménager doit signer un engagement de confidentialité.

2.4 Tout collaborateur travaillant pour le tiers et amené à accéder au SI de Le Froid Gourmet Électroménager doit respecter la charte de bon usage des moyens informatiques.

2.5 Les tiers doivent respecter la politique de sécurité du système d'information (PSSI).

2.6 Tout collaborateur travaillant pour le tiers et amené à accéder au SI de Le Froid Gourmet Électroménager doit signaler sans délai tout événement qui pourrait s'avérer être un incident de sécurité.

2.7 Le tiers autorise Le Froid Gourmet Électroménager à auditer les moyens mis en place par le tiers pour assurer la sécurité de l'information.

3 - Exigences applicables aux intégrateurs

Les intégrateurs de solutions informatiques doivent respecter les règles suivantes.

3.1 L'intégrateur doit s'assurer qu'au moment de la mise en production, tous les dispositifs installés, qu'ils soient physiques ou logiques (serveurs, boîtiers système ou applications), sont dépourvus de failles de sécurité connues.

3.2 Toute interconnexion entre les dispositifs intégrés et le reste du SI ou l'extérieur doit être préalablement validée par le RSSI.

3.3 L'intégrateur doit mettre en œuvre des dispositifs pour éviter l'infection des équipements par des codes malveillants.

3.4 L'intégrateur ne doit pas introduire de code malveillant dans le SI de la société. Il doit notamment veiller à ce que les éventuels disques durs ou clés de stockage qu'il connecterait soient exempts de codes malveillants.

3.5 L'intégrateur ne doit pas configurer de comptes génériques.

3.6 L'intégrateur doit changer les mots de passe par défaut des différents systèmes qu'il installe.

3.7 L'intégrateur doit s'assurer que les produits qu'il livre sont configurés conformément aux règles de l'art en matière de sécurité.

3.8 Les protocoles d'administration doivent être sécurisés (usage de HTTPS et de SSH, plutôt que HTTP ou telnet).

3.9 Les mots de passe doivent respecter les règles publiées dans le système de management qualité (SMQ).

3.10 Les systèmes installés doivent être durcis et réduits au strict nécessaire.

3.11 La journalisation doit être configurée en concertation avec le RSSI.

4 - Exigences applicables aux tiers fournissant des solutions en mode SaaS

4.1 Dans le cas où les moyens mis en place par le tiers pour fournir le service seraient mutualisés avec d'autres clients, le tiers doit prendre des dispositions techniques et organisationnelles pour assurer un cloisonnement efficace des données de la société.

4.2 Le fournisseur doit justifier de bonnes pratiques de sécurité dans l'exploitation de sa plate-forme.

4.3 Le fournisseur doit mettre en œuvre des mesures de protection physiques et logiques permettant de contrôler l'accès aux données.

4.4 Le fournisseur doit fournir la preuve qu'il dispose d'un plan de continuité de l'information et qu'il le tient à jour et le teste régulièrement.

4 .5 Les données de la société doivent être régulièrement sauvegardées. Une copie de ces sauvegardes doit être stockée sur un site distant de celui de production.

4.6 Le fournisseur doit apporter la preuve de ses certifications en sécurité.

4.7 Le fournisseur doit traiter les données à caractère personnel conformément aux dispositions de la loi Informatique et liberté.

5 - Exigences applicables aux tiers offrant des services de développement logiciel

Les tiers développant des applications pour la société doivent respecter les règles suivantes.

5.1 Le développeur doit protéger ses codes sources contre toute divulgation et contre toute altération.

5.2 Le développeur doit adopter les bonnes pratiques en matière de sécurité. Il doit notamment suivre les indications de l'OWASP.

5.3 Les mécanismes d'authentification doivent être conformes avec les priorités formulées par Le Froid Gourmet Électroménager.

5.4 La gestion des sessions doit en rendre l'usurpation de session difficile.

5.5 Le contrôle des données saisies en entrée et envoyées en sortie doit protéger contre les attaques par injection ou par XSS.

5.6 Les flux sensibles doivent être chiffrés.

5.7 Le code généré doit pouvoir être audité par un expert indépendant, en vue de vérifier qu'il ne contient pas de vulnérabilités.

5.8 Le développeur s'engage à corriger toute vulnérabilité qui aurait été identifiée dans son code.

Annexe 7

Fiches de sécurité du SI pour les tiers

DÉSIGNATION DU TIERS	
Méta CRM Services	
Besoin d'accès au SI	• Fourniture de l'application de CRM. • Application en mode SAAS.
Risques en sécurité du SI inhérents à ce tiers	
\multicolumn{2}{l}{• Les données de nos clients sont entièrement gérées par la société Méta CRM Services. • Mutualisation des infrastructures de Méta CRM Services avec les autres clients.}	
Sécurité dans les clauses contractuelles	
Contrat	*http://intranet.LeFroidGourmet.com/SharePoint/Achats/Contrats/DSI/MetaCRMServices.html*
Articles	• Confidentialité traitée dans l'article 15. • Intégrité traitée dans l'article 14. • Disponibilité traitée dans l'article 20. • Dispositions diverses : article 22.
Mesures de contrôle déjà en place	
• Vu le rapport ISAE 3402 décrivant le détail des mesures de sécurité mises en place par Méta CRM Services. • Rapport disponible : *http://intranet.LeFroidGourmet.com/SharePoint/DSI/Tiers/MetaCRMServices.html*	
Mesures de contrôle souhaitables	
• Organiser une visite du site de production de Méta CRM Services.	

DÉSIGNATION DU TIERS	
	OffShore Developping Inc.
Besoin d'accès au SI	• Développement de l'application de gestion des réparations.
	Risques en sécurité du SI inhérents à ce tiers
	• Accès distant à notre SI par des équipes d'OffShore Developping situées en Inde. • Intrusion dans notre SI depuis le site en Inde. • Interception des flux entre l'Inde et notre site.
	Sécurité dans les clauses contractuelles
Contrat	*http://intranet.LeFroidGourmet.com/SharePoint/Achats/Contrats/DSI/OffShoreDevelopping.html*
Articles	• Propriété des livrables : article 12. • Confidentialité : article 21.
	Mesures de contrôle déjà en place
	• Accès au SI via un VPN IPSec en mode « site à site ». • Cloisonnement des accès OffShore Developping dans une DMZ dédiée. • Revue des droits des personnels d'Offshore Developping ayant accès à notre SI. • Audit technique de la DMZ dédiée à OffShore Developping.
	Mesures de contrôle souhaitables
	• Contrôler annuellement les droits des personnels d'Offshore Developping accédant à notre SI.

Annexe 7 – Fiches de sécurité du SI pour les tiers

DÉSIGNATION DU TIERS	
TeleDataPro	
Besoin d'accès au SI	• Assistance technique pour la mise en place de solutions de stockage. • MCO des infrastructures de stockage.
RISQUES EN SÉCURITÉ DU SI INHÉRENTS À CE TIERS	
• Accès à distance au SI de Le Froid Gourmet Électroménager. • Les collaborateurs de TeleDataPro ont les droits d'administration sur les équipements de stockage contenant toutes les données de Le Froid Gourmet Électroménager.	
SÉCURITÉ DANS LES CLAUSES CONTRACTUELLES	
Contrat	*http://intranet.LeFroidGourmet.com/SharePoint/Achats/Contrats/DSI/TeleDataPro.html*
Articles	• Les personnels de TeleDataPro sont soumis au règlement intérieur de Le Froid Gourmet Électroménager (et donc à la charte de bon usage) : article 6. • Propriété des informations : article 20. • Confidentialité : article 10 + engagement de confidentialité annexé au contrat.
MESURES DE CONTRÔLE DÉJÀ EN PLACE	
• Mise en place d'un VPN site à site pour protéger les accès à notre SI. • Précautions contractuelles.	
MESURES DE CONTRÔLE SOUHAITABLES	
• Faire signer une charte spécifique aux personnels ayant un accès privilégié (root, administrateur, etc.) aux systèmes et aux bases de données.	

DÉSIGNATION DU TIERS	
PORTAGE+	
Besoin d'accès au SI	• Placement d'administrateurs pour gérer les équipements système, réseau et infrastructure.
RISQUES EN SÉCURITÉ DU SI INHÉRENTS À CE TIERS	
• Les personnels de Portage+ ont des accès privilégiés sur nos éléments d'infrastructure.	
SÉCURITÉ DANS LES CLAUSES CONTRACTUELLES	
Contrat	*http://intranet.LeFroidGourmet.com/SharePoint/Achats/Contrats/DSI/PortagePlus.html*
Articles	• L'article 5.2 du contrat avec Portage+ stipule que les administrateurs dépêchés chez Le Froid Gourmet Électroménager sont tenus de respecter la charte de bon usage des moyens informatiques. • Propriété des informations: article 3. • Confidentialité: article 10.
MESURES DE CONTRÔLE DÉJÀ EN PLACE	
• Précautions contractuelles.	
MESURES DE CONTRÔLE SOUHAITABLES	
• Sensibiliser les administrateurs dépêchés par Portage+ et leur faire signer une charte spécifique.	

Annexe 8

Procédure de vue générale des droits

Objet : ce document décrit comment est opérée la revue générale des droits sur différents aspects du SI.

1 - Différents domaines concernés

Ce processus de revue générale couvre les domaines suivants.
- Pour l'annuaire central des identités :
  - les administrateurs techniques de l'annuaire LDAP ;
  - les administrateurs fonctionnels de l'annuaire ;
  - les employés déclarés dans l'annuaire ;
  - les prestataires déclarés dans l'annuaire.
- Pour l'Active Directory :
  - les comptes nominatifs d'administrateurs du domaine ;
  - les comptes génériques ayant les droits d'administrateur du domaine ;
  - les comptes dormants ;
  - les comptes nominatifs présents dans l'Active Directory, mais absents de l'annuaire central des identités.
- Pour les bases de données : les administrateurs des bases de données.
- Pour les accès distants :
  - les accès au VPN site à site ;
  - les accès au VPN des administrateurs ;
  - les accès au portail applicatif.

Il est entendu que la présente procédure, centrée sur des aspects élémentaires, ne couvre pas la revue des droits applicatifs, qui est du ressort des services métier. Ainsi, cette revue générale des droits ne dispense donc pas les services métier de réviser les droits aux différentes applications.

2 – Processus général pour chaque domaine

Chaque domaine évoqué dans le point précédent doit faire l'objet des actions suivantes.
- Un inventaire des comptes est effectué via une extraction.
- L'extraction horodatée est envoyée aux validateurs désignés dans le document RGD-VAL-SOX-001.
- Chaque validateur retourne la liste en précisant les actions à réaliser :
  - compte confirmé : pas d'action ;
  - compte à modifier : précision sur la modification ;
  - compte à supprimer.
- Une fois le retour des validateurs obtenu, les agents chargés d'appliquer les mises à jour les effectuent. La liste des agents, pour chaque domaine de la revue est précisée dans le document RGD-VAL-SOX-001.
- Un nouvel inventaire des comptes est réalisé et envoyé aux validateurs pour contrôle.
- Les validateurs contrôlent que les mises à jour demandées ont bien été effectuées.
- Toutes ces étapes sont consignées dans un dossier, gardé pendant une durée de cinq ans.

3 – Structure du rapport

Pour chaque domaine de la revue générale, le rapport suivra le modèle suivant.
- État des comptes avant la révision.
  - Extraction horodatée.
- Décisions prises par le (ou les) validateur(s).
  - Nom et fonction du validateur + dates des décisions.
  - Liste détaillée des décisions prises, compte par compte.
- État des comptes après la révision.
  - Extraction horodatée.

4 - Divers

La revue générale des droits est effectuée une fois par an.

Chacun des domaines abordés peut faire l'objet d'un rapport unitaire. Cependant, tous les rapports peuvent être consolidés en un seul, général.

Dans tous les cas, le RSSI est le responsable du bon fonctionnement du processus.

Tous les ans, le RSSI valide avec les différents responsables la liste des validateurs pour chaque domaine, ainsi que les agents chargés de réaliser les mises à jour.

Tous ces éléments sont consignés dans le tableau RGD-VAL-SOX-001 mis en ligne sur l'intranet.

Annexe 9

Politique des mots de passe

Objet : ce document décrit les règles à respecter pour les mots de passe.

1 - Champ d'application

Cette politique aborde deux types de mots de passe :
- les mots de passe applicatifs ;
- les mots de passe des infrastructures techniques.

2 - Mots de passe applicatifs

Les mots de passe applicatifs sont ceux qui protègent l'accès aux applications lorsque les utilisateurs s'y connectent.

Il existe trois types d'applications :
- les applications se référant à la base centrale des identités (annuaire LDAP) ;
- les applications se référant à l'annuaire Active Directory ;
- les applications disposant de leur propre base de comptes.

2.1 Applications se référant à l'annuaire Active Directory

Certaines applications pointent sur l'annuaire Active Directory pour s'authentifier.

La politique des mots de passe est donc celle de la GPO mise en place pour tous les utilisateurs du domaine Active Directory, à savoir :
- longueur minimale : 8 caractères
- complexité : majuscules + minuscules + chiffres ou caractères spéciaux ;

- blocage du compte après 4 tentatives infructueuses ;
- durée de vie : 60 jours ;
- impossible de réutiliser les 15 derniers mots de passe.

2.2 Applications se référant à la base centrale des identités

Les applications pointent en majorité sur cette base pour authentifier les utilisateurs.

Lorsqu'elle est sollicitée pour une authentification, la base consulte l'annuaire Active Directory, qui contient toutes les empreintes de mots de passe.

La politique de mots de passe de ces applications est donc, par transitivité, la même qu'Active Directory, décrite dans le paragraphe précédent.

2.3 Applications disposant de leur propre base de comptes

Certaines applications ne peuvent techniquement pointer ni sur l'annuaire central des identités, ni sur l'Active Directory. Elles disposent donc d'une base locale d'identifiants et de mots de passe.

La possibilité d'appliquer des contraintes sur les mots de passe varie d'une application à l'autre, essentiellement pour des raisons historiques.

Les mots de passe doivent tendre autant que possible vers la politique de la GPO Active Directory présentée plus haut.

Le tableau MDP-SPE-002 récapitule les politiques de mots de passe de chaque application disposant de sa propre base pour les authentifications. Ce tableau est mis à jour une fois par an par le RSSI.

3 – Mots de passe des infrastructures techniques

Les mots de passe d'infrastructure technique sont ceux qui donnent accès à l'administration des dispositifs suivants :

- les systèmes Unix et Windows ;
- les bases de données ;
- les équipements réseau tels que les routeurs et les switchs ;
- les répartiteurs de charge, les contrôleurs de disques ;
- les pare-feu, proxy, détecteurs d'intrusion, etc.

Règle

Tout mot de passe d'infrastructure doit avoir une longueur minimale de 17 caractères. Le mot de passe doit être généré avec un outil de type pwgen.

Accès

Les administrateurs disposent d'un compte nominatif dédié aux actions d'administration. Ce compte ne doit pas être utilisé pour d'autres fins que l'administration.

Les accès directs aux dispositifs pour les administrer sont interdits. Les administrateurs doivent impérativement utiliser le bastion d'authentification pour accéder à ces systèmes.

Les actions faites sur les systèmes doivent être imputables. L'utilisation de comptes génériques doit être évitée chaque fois que cela est possible.

4 - Contrôle de qualité des mots de passe

Dans le cas où les contraintes sur les mots de passe seraient jugées insuffisantes par le RSSI (pas de longueur minimale, pas de complexité imposée, pas d'expiration), ce dernier pourra contrôler la qualité des mots de passe via des outils reconnus de cassage.

Par ailleurs, le RSSI peut lancer des contrôles de qualité de mots de passe sur tout système et sur tous les annuaires afin de mesurer le niveau de sensibilisation du personnel aux bonnes pratiques en matière de mots de passe.

Des actions de sensibilisation ou correctives pourront être entreprises suite à ces contrôles.

Annexe 10

Procédure de gestion des pare-feu

Objet : ce document décrit comment sont gérés les pare-feu de l'infrastructure réseau de la société Le Froid Gourmet Électroménager.

1 – Principes généraux

Deux lignes de pare-feu protègent le SI.

- La première effectue un premier filtrage entre Internet et une zone intermédiaire.
- La seconde effectue un filtrage fin entre la zone intermédiaire et l'intérieur du SI.

Des DMZ de sensibilités et de finalités différentes sont reliées à la deuxième ligne de pare-feu.

Le positionnement des pare-feu est décrit en détail dans le schéma d'architecture ARCHI-AGR-002.

2 – Création et modification de règles

La création et la modification de règles dans les pare-feu sont cadrées par le processus détaillé ci-après.

2.1 Les personnes habilitées à demander une création ou une modification de règle sont :

- les chefs de projet des études, pour les besoins d'un projet ;

- les membres d'équipe réseau, pour les besoins d'une intervention dans l'infrastructure ;
- les membres de l'équipe sécurité, pour des raisons de sécurité.

2.2 Les personnes habilitées à valider les demandes sont :

- le responsable des études, pour les demandes provenant de ses chefs de projet. Cette validation doit être complétée par la validation du RSSI ;
- le responsable réseau ;
- le RSSI.

2.3 Les personnes habilitées à effectuer les changements sont :

- les membres de l'équipe réseau ;
- les membres de l'équipe sécurité.

2.4 Critères d'acceptation des demandes.

Selon les cas, les demandes sont :

- soit acceptées automatiquement ;
- soit refusées automatiquement ;
- soit étudiées puis (le cas échéant) acceptées.

Formalisme

Toute demande doit donner lieu à l'ouverture d'un ticket. De plus, un formulaire doit être systématiquement rempli selon les modèles disponibles ci-après :

- formulaire de demande de création de règle : *http://intranet.LeFroidGourmet.com/SharePoint/Réseau/Sécurité/FireWall/CréationDeRègle.xls* ;
- formulaire de demande de suppression de règle : *http://intranet.LeFroidGourmet.com/SharePoint/Réseau/Sécurité/FireWall/ModificationDeRègle.xls*.

Les critères d'acceptation sont disponibles dans un tableau, mis à jour une fois par an par le RSSI : *http://intranet.LeFroidGourmet.com/SharePoint/Réseau/Sécurité/FireWall/CritèresAcceptation.xls*.

En règle générale :

- tout flux direct entre l'extérieur et l'intérieur est interdit ;
- les équipements du VLAN des serveurs ont accès aux VLAN des postes de travail ;
- l'acceptation des autres flux dépend :
  - des réseaux source et destination concernés ;
  - de la sensibilité des flux en question.

Annexe 11

Procédure de gestion des correctifs de sécurité

Objet : ce document a pour but de décrire comment sont appliqués les correctifs de sécurité sur les postes de travail ainsi que sur les serveurs.

1 - Gestion des correctifs de sécurité

Les correctifs de sécurité concernent les équipements suivants :
- les postes de travail Windows ;
- les serveurs Windows installés avant le master V512 ;
- les serveurs Windows installés à partir du master V512 et suivants.

2 - Postes de travail

Les postes de travail sont répartis en deux groupes.
- Le premier contient un ensemble jugé significatif de postes de travail dans chaque service. En volume, ce groupe représente environ 10 % du parc installé.
- Le second contient tous les autres postes de travail.

Les correctifs sont distribués en deux étapes.
- **Étape 1 :** déploiement initial sur le premier groupe.

– Tous les correctifs de sécurité sont appliqués automatiquement le second mercredi du mois, sur l'ensemble des postes de travail du premier groupe.
- **Étape 2 :** déploiement une semaine plus tard sur le reste du parc.
    – Si aucune régression de service n'est constatée sur le premier groupe, consécutive à l'application des correctifs, ces derniers sont propagés sur l'ensemble du parc.
    – En revanche, si une régression est constatée, la propagation des correctifs sur le reste du parc est suspendue jusqu'à résolution du problème.

Il est demandé aux utilisateurs des postes de travail appartenant au premier groupe d'alerter le service d'assistance en cas de régression de service.

3 - Serveurs Windows installés avant le master V512

Une campagne annuelle d'application des correctifs de sécurité critiques est appliquée sur ces serveurs. Elle commence par les serveurs de tests et de préproduction. Après validation par les différents responsables de la non-régression du service, les correctifs sont propagés sur les environnements de production.

4 - Serveurs Windows installés à partir du master V512 et suivants

Quatre fois par an, les environnements de test et de préproduction se voient appliquer l'ensemble des correctifs de sécurité.

Après validation explicite des différents responsables, les correctifs sont propagés dans les environnements de production. Une fenêtre d'application des correctifs est concertée avec les études afin de ne pas perturber le service.

5 - Correctifs urgents

En cas de vulnérabilité critique, les correctifs de sécurité peuvent être appliqués sans attendre les échéances spécifiées dans les paragraphes précédents.

Des précautions devront toutefois être prises avant de patcher les systèmes en production (validation préalable dans un environnement non prod).

6 - Responsabilités

- Le RSSI est responsable de la définition du processus.
- Le RSSI désigne quels sont les correctifs à appliquer.
- Le service de production applique les correctifs conformément à la présente procédure.

Annexe 12

Procédure de gestion des antivirus

Objet : ce document décrit comment est déployé l'antivirus dans le SI de la société Le Froid Gourmand Électroménager.

1 – Sur les postes de travail

L'antivirus est intégré aux masters des postes de travail. Ainsi, tous les postes de travail disposent d'un antivirus.

Lorsqu'un poste est installé, les techniciens configurent l'antivirus conformément à l'article 4 du document « Procédure d'installation d'un poste de travail » (PROC-TECH-PI-003).

À l'issue de cette configuration, le poste est intégré dans la gestion de l'antivirus.

2 – Sur les serveurs

Tous les serveurs Windows ont un antivirus.

L'antivirus sur les serveurs est différent de celui des postes de travail.

Des analyses complètes sur la mémoire et les systèmes de fichiers sont réalisées une fois par semaine.

Lorsqu'un serveur est installé, les administrateurs configurent l'antivirus conformément à l'article 7 du document « Procédure d'installation d'un serveur Windows » (PROC-TECH-PI-011).

3 - Alertes virales

En cas d'infection virale, des alertes sont générées.

- Les deux plates-formes d'antivirus (celle des serveurs et celle des postes de travail) envoient automatiquement un e-mail lorsqu'un système est infecté.
- De plus, un e-mail récapitulatif est envoyé tous les lundis.

Après chaque alerte concernant un serveur, l'administrateur de semaine est chargé de vérifier que le serveur en question a bien été traité et se trouve dans un état nominal. Les actions seront consignées dans le journal de l'administrateur.

Après chaque alerte concernant un poste de travail, le responsable des techniciens désignera un membre de son équipe pour vérifier l'état du poste de travail. Les actions seront consignées dans un ticket.

4 - Exploitation

Le technicien responsable des plates-formes d'antivirus doit toutes les semaines générer un état des postes et des serveurs présentant au moins une des anomalies suivantes :

- agent antivirus désactivé ;
- agent antivirus obsolète ;
- base de signatures non à jour.

Chaque équipement désigné dans cette liste doit faire l'objet d'une analyse pour comprendre les raisons de cette situation anormale.

Les corrections doivent être menées systématiquement et faire l'objet d'un ticket.

Une fois par mois, le responsable des plates-formes d'antivirus réalise un point de suivi de ces actions avec le RSSI et le responsable de la production.

5 - Attaques virales

Lorsqu'un virus affecte un nombre important de postes, la situation est du ressort du processus de gestion des incidents.

Le technicien détectant une telle situation doit :

- alerter le RSSI, qui déclenchera une « alerte sécurité » ;
- suivre les actions dictées dans la fiche réflexe sur les attaques virales.

Annexe 13

Procédure de gestion des journaux

Objet : ce document a pour but de décrire quels sont les journaux utilisés par l'équipe sécurité et comment ils sont consultés.

1 – Différents journaux

Les journaux utilisés par l'équipe sécurité sont les suivants :
- les journaux du proxy HTTP sortant ;
- les journaux du pare-feu ;
- certains journaux applicatifs ;
- les journaux système.

Chacun de ces journaux est géré d'une façon spécifique. Les règles d'accès sont elles aussi propres à chaque journal.

2 – Journaux du proxy HTTP sortant

La société Le Froid Gourmet Électroménager archive les journaux du proxy HTTP sortant pendant un an, conformément aux articles L.34-1 et R.10-13 du Code des postes et des communications électroniques.

Les journaux contiennent les éléments suivants :
- horodate de l'événement ;
- adresse IP du demandeur ;
- identité du demandeur ;
- ressource demandée.

Conditions de consultation

Étant donné la sensibilité du journal en question, sa consultation est strictement cadrée. Le journal ne peut être consulté que pour les finalités suivantes :

- enquête technique pour résoudre un problème réseau ;
- enquête en cas de comportement non conforme à la charte informatique, uniquement à la demande du service du personnel ;
- enquête suite à une suspicion d'incident de sécurité ;
- réponse à une requête judiciaire.

L'accès à ce journal en dehors de ces finalités est strictement interdit.

Personnes habilitées à consulter les journaux

- Le RSSI ainsi que son équipe.
- La DRH, quand suspicion d'un comportement contraire au règlement intérieur d'un employé.

Moyens mis en œuvre pour assurer la confidentialité des données de ce journal

Les journaux du proxy HTTP sont envoyés en temps réel vers un serveur de journalisation.

Le serveur de journalisation est sécurisé et seuls les membres de l'équipe sécurité peuvent y accéder.

3 – Journaux du pare-feu

Tous les flux traversant le pare-feu sont journalisés.

Les journaux contiennent les éléments suivants :

- horodate de l'événement ;
- adresses IP source et destination ;
- ports source et destination ;
- action entreprise par le pare-feu (relayé, bloqué, ignoré).

Conditions de consultation

Les journaux peuvent être consultés dans les finalités suivantes :

- diagnostic de problèmes réseau ;
- enquêtes suite à un acte de malveillance.

Personnes habilitées à consulter ces journaux

Les journaux ne peuvent être consultés que par l'équipe sécurité et l'équipe réseau.

Dispositions prises pour sécuriser l'accès à ces journaux

Les journaux du pare-feu sont envoyés tous les jours à un serveur de centralisation.

Ce serveur est sécurisé et n'est accessible que par le personnel de l'équipe sécurité et de l'équipe réseau.

4 - Journaux applicatifs

Certaines applications font l'objet d'une journalisation. Il ne s'agit pas nécessairement de journaux de sécurité, mais ils peuvent être utilisés dans ce sens en cas de besoin.

Les applications concernées sont :

- Compta+
- ExpressCRM
- Orphée

Le contenu de ces journaux varie d'une application à l'autre.

Les journaux sont consultés essentiellement par les équipes projet, dans le but de déboguer et d'optimiser les applications.

Les personnes habilitées à accéder à ces journaux sont celles désignées par le responsable des études.

5 - Journaux système

Les serveurs Windows et Linux bénéficient de journaux système. Leur paramétrage a été réalisé au niveau des différents masters. Ainsi, tous les serveurs ont le même paramétrage en matière de journaux.

Le contenu des journaux est précisé dans les documents de description détaillée des masters :

- pour les systèmes Windows : MAS-DDM-WIN-001 ;
- pour les systèmes Linux : MAS-DDM-LIN-001.

Conditions de consultation

Les journaux peuvent être consultés pour les finalités suivantes :
- diagnostic technique ;
- diagnostic en cas d'incident de sécurité.

Personnes habilitées à consulter les journaux

Les personnes habilitées à consulter les journaux sont :
- les administrateurs système ;
- les membres de l'équipe sécurité du SI.

Annexe 14

Procédure de gestion des accès distants

Objet : ce document a pour but de décrire comment sont gérés les accès distants dans la société Le Froid Gourmet Électroménager.

1 – Différents types d'accès distant

La société Le Froid Gourmet Électroménager permet à différentes catégories d'utilisateurs de se connecter au SI à distance :
- des liaisons VPN site à site pour certains tiers ;
- des liaisons VPN d'administration, pour les personnes amenées à entreprendre des actions de maintenance et d'administration technique du SI ;
- un portail de publication d'applications pour certains utilisateurs ;
- un accès aux données via une APN privée pour les agents de dépannage à domicile.

2 – Les liaisons VPN site à site

Les liaisons VPN site à site servent à mettre en relation le SI de la société Le Froid Gourmet Électroménager avec celui de partenaires.

Un tunnel encapsule tous les flux IP entre les deux entités. Cette liaison assure le chiffrement des échanges et l'authentification mutuelle des deux extrémités via un secret partagé généré initialement par l'outil pwgen et installé dans les têtes de tunnel.

Les tunnels VPN site à site arrivent dans la « DMZ Tunnels ». Le pare-feu CP-FW-34 assure le cloisonnement en ne laissant passer que les flux strictement nécessaires au service. Tous les autres flux provenant du partenaire sont bloqués.

Conditions d'attribution

Les conditions pour qu'un partenaire bénéficie d'un tunnel site à site avec la société Le Froid Gourmet Électroménager sont les suivantes.

- Le tiers doit avoir besoin d'un accès durable à notre SI (au moins plusieurs mois).
- Le tiers doit disposer d'une IP fixe depuis laquelle nous parviendront tous les flux.

L'attribution d'une liaison VPN site à site est soumise à la validation du RSSI.

Cycle de vie

- La mise en place de la liaison est prise en charge par l'équipe sécurité.
- L'exploitation du tunnel est assurée par l'équipe réseau.
- La liaison est supprimée lorsque la collaboration avec le tiers s'achève.

Une revue annuelle des accès distants demandera chaque année une confirmation explicite du besoin de la liaison. Toute liaison inutile sera supprimée.

3 - Liaisons VPN d'administration

Les liaisons VPN d'administration permettent aux techniciens de la DSI d'accéder à distance à l'ensemble des équipements du SI depuis leur ordinateur portable.

Les utilisateurs s'authentifient via une calculette et la saisie d'un mot de passe. Les flux sont chiffrés de bout en bout.

Conditions d'attribution

Pour bénéficier d'un accès VPN, le collaborateur doit justifier d'un besoin d'accéder à distance à certains équipements ou services de l'infrastructure du SI. Par défaut, tous les administrateurs ont droit à un accès VPN administrateur. Tout autre collaborateur doit en faire la demande dûment motivée au RSSI.

Lorsqu'un accès est attribué :

- le client VPN est installé sur l'ordinateur portable de la personne concernée ;
- une calculette lui est assignée ;
- la calculette est activée.

Toute personne quittant ses fonctions d'administration doit voir sa calculette révoquée.

Tous les ans, la revue générale des accès distants sert à vérifier la pertinence des accès. Tout accès jugé non pertinent sera révoqué.

4 - Portail de publication des accès distants

Certaines catégories d'utilisateurs ont besoin d'accéder depuis Internet à certaines applications internes. Les applications en question sont publiées dans un portail dédié à cet effet.

Le portail authentifie les utilisateurs par la saisie d'un identifiant et d'un mot de passe. Quant au portail, il s'authentifie via un certificat serveur auprès du client. L'authentification du serveur et le chiffrement des flux sont assurés par le protocole TLS.

Les utilisateurs concernés y sont déclarés. Ainsi, seules les personnes explicitement autorisées ont accès au portail, et seulement pour les applications qui les concernent.

Conditions d'attribution

Toute demande d'accès à ce portail doit être validée par le responsable de service. Il revient à chacun d'eux de décider quels sont les accès nécessaires.

Une revue annuelle des personnes ayant accès au portail permet de confirmer les accès justifiés et de supprimer ceux qui n'ont plus lieu d'être.

5 - APN privée

La société Le Froid Gourmet Électroménager dispose d'une APN privée auprès d'un opérateur téléphonique. Les terminaux mobiles ont donc une carte SIM spécialisée.

Le client est authentifié par la carte SIM et par la saisie d'un code PIN. Les échanges ne sont pas chiffrés, mais ils transitent via un réseau privé. Le chiffrement n'est donc pas nécessaire.

Conditions d'attribution

Tout agent de réparation doit disposer d'un terminal équipé d'une carte SIM spéciale. Aucun autre utilisateur n'est habilité à disposer d'une telle carte SIM.

Tous les ans, une revue du patrimoine de terminaux est effectuée et les accès sont mis à jour en conséquence.

Annexe 15

Procédure de gestion des incidents de sécurité

Objet : ce document a pour but de décrire comment sont gérés les incidents de sécurité de la société Le Froid Gourmet Électroménager.

1 - Processus général

Les incidents de sécurité sont traités selon le cycle suivant :
- veille ou détection ;
- mesures d'urgence ;
- analyse ;
- traitement ;
- bilan.

2 - Veille

Le RSSI est chargé de réaliser une veille sur les vulnérabilités concernant les éléments de l'infrastructure du SI. Cette veille est quotidienne.

Pour la réaliser, il peut utiliser les moyens suivants :
- consultation régulière des sites de CERT ;
- canaux IRC spécialisés ;

- listes de diffusion ;
- flux RSS ;
- tout autre canal jugé pertinent.

Lorsqu'une vulnérabilité est jugée suffisamment critique par le RSSI, elle est qualifiée d'incident de sécurité potentiel et entre alors dans le circuit de traitement des incidents.

3 - Détection

Les incidents peuvent être détectés par trois voies différentes.

- **Par les utilisateurs :** constatant un événement anormal, ils le signalent soit au service d'assistance, soit directement au RSSI.
- **Par les membres de la DSI :** de par leurs fonctions, les membres de la DSI sont amenés à identifier des événements pouvant dénoter un incident de sécurité. Dans ce cas, ils signalent les faits au RSSI.
- **Par les dispositifs de sécurité :** plusieurs dispositifs de sécurité peuvent alerter sur un événement.
  - L'antivirus : lorsque la plate-forme d'antivirus détecte un code malveillant, elle alerte automatiquement toute l'équipe sécurité par e-mail.
  - Le détecteur d'intrusion réseau : lorsque l'équipement détecte un événement réseau répondant à une signature d'attaque connue, il le signale automatiquement à l'équipe sécurité.
  - Les journaux : les scripts exécutés quotidiennement sur les journaux peuvent mettre en évidence des actes de malveillance. L'équipe sécurité est chargée de surveiller ces journaux.

4 - Mesures d'urgence

Les personnels de la DSI ou les membres de l'équipe sécurité doivent confirmer que l'événement en question est bien un incident de sécurité. Dans l'affirmative, les mesures d'urgence sont mises en œuvre conformément :

- aux dispositions prévues dans la politique de sécurité du SI ;
- aux consignes détaillées dans les fiches réflexes, s'il s'agit d'un incident connu ;
- aux consignes transmises par la DSI.

5 – Analyse et traitement

Lorsqu'un incident est pris en charge par l'équipe sécurité, plusieurs des actions décrites ci-après peuvent être lancées :

- **Évaluation de l'impact :** il s'agit de mesurer l'impact de l'incident sur les opérations de la société ainsi que sur la qualité des données et sur la confiance que l'on peut accorder au SI.
- **Enquête pour identifier le vecteur :** le but est de comprendre techniquement comment l'incident s'est produit et se propage. Les traces devront être archivées.
- **Élaboration d'un plan d'action :** pour les incidents ne s'étant jamais produits auparavant, un plan d'action devra être élaboré. Il tiendra compte des éléments récoltés lors de l'analyse. Il a pour but de stabiliser l'incident, d'en limiter l'impact autant que possible, puis de retourner à une situation nominale.
- **Exécution du plan d'action :** le plan d'action élaboré est exécuté. Les actions sont pilotées au quotidien.
- **Communication :** si l'incident présente un impact perceptible par les utilisateurs, une communication régulière informera ces derniers sur l'avancement des actions.

6 – Alerte sécurité

Si les conséquences effectives ou potentielles de l'impact affectent des activités sensibles de la société Le Froid Gourmet Électroménager, le RSSI peut déclencher une « alerte sécurité ».

L'alerte sécurité est validée par le DSI. Lorsqu'une alerte sécurité est émise, toutes les équipes de la DSI sont mobilisées pour lutter contre l'incident.

Le RSSI répartit les rôles en accord avec les autres responsables de la DSI.

Un point d'avancement est fait deux fois par jour, confirmant à chacun les actions à mener.

L'alerte sécurité est levée à la fin de l'incident.

7 - Bilan

Les incidents de sécurité sont clôturés par le RSSI.

À la fin de tout incident de sécurité, un retour d'expérience est réalisé avec toutes les personnes ayant participé à sa résolution.

Si nécessaire, les modes opératoires sont mis à jour ainsi que les fiches réflexes.

Tout incident s'étant produit pour la première fois doit conduire à la rédaction d'une fiche réflexe.

Annexe 16

Fiche d'incident 1

Numéro d'incident : 2014-010

Type : Incident potentiel

Libellé : Vulnérabilité CVE 2014-160 sur SSL

Détecté par : Julien Sorel, RSSI

Rapporté par : Julien Sorel, RSSI

Faits rapportés

La vulnérabilité CVE 2014-160 vient d'être publiée. Elle affecte tous les services reposant sur certaines versions des bibliothèques OpenSSL.

Impact opérationnel

Aucun impact opérationnel n'a été constaté.

Actions menées

Conformément à la procédure de gestion des incidents, une alerte de sécurité a été émise le 8 avril.

Les services exposés sur Internet ont été identifiés et leur vulnérabilité vérifiée :

- proxy HTTP non vulnérable ;
- plate-forme d'accès VPN non vulnérable ;
- portail applicatif vulnérable – le système a été mis à jour ;
- pare-feu non vulnérable.

Premières conclusions

Un seul des services fournis à l'extérieur était vulnérable. Il a été patché le jour même.

Actions complémentaires

Nous avons demandé à nos principaux fournisseurs de nous informer sur le niveau de vulnérabilité et sur les dispositions qu'ils ont prises, le cas échéant.

- Meta CRM Solutions s'est déclaré non vulnérable.
- Prises de commandes URG : non vulnérables.

- Fournisseur d'e-mail : non vulnérable.

Conclusion, aucun service stratégique n'est vulnérable.

Actions correctives

Nous avons mis à jour la cartographie de notre infrastructure pour identifier rapidement les services exposés sur Internet.

Conclusion de l'incident

Aucun service que nous fournissons n'est maintenant impacté par la vulnérabilité.

Aucun service que nous consommons n'est impacté par la vulnérabilité.

L'alerte sécurité est clôturée le 15 avril.

Annexe 17

Fiche d'incident 2

Numéro d'incident : 2014-014

Type : Incident avéré

Libellé : Attaque par hameçonnage

Détecté par : Edmond Dantès

Rapporté par : Julien Sorel, RSSI

Faits rapportés

Le 24 juin, Edmond Dantès a rapporté au RSSI qu'il a reçu un e-mail piégé de la part d'un collaborateur.

Le signalement de ce message ressemblait à celui d'une attaque par hameçonnage.

Impact opérationnel

Aucun impact opérationnel n'a été constaté.

Actions menées

L'analyse technique du message en question a confirmé qu'il s'agissait bien d'une attaque par hameçonnage.

Le compte de la victime a été réinitialisé.

Le site malveillant destiné à récupérer l'identifiant et le mot de passe de la victime a aussitôt été bloqué au niveau du proxy HTTP.

Premières conclusions

Après enquête, un seul utilisateur a été affecté par cette attaque au sein de la société Le Froid Gourmet Électroménager.

Actions complémentaires

Un message de sensibilisation contre les attaques par hameçonnage a été diffusé à tout le personnel.

Actions correctives

Passage de tous les utilisateurs à l'authentification à deux étapes.

Conclusion de l'incident

L'alerte sécurité est clôturée le 25 juin.

Annexe 18

Fiche réflexe 1 Conduite à tenir en cas d'attaque virale

1 - Grandes étapes

En cas d'attaque virale, la réaction doit se décomposer en trois étapes :
- compréhension technique du code malveillant ;
- évaluation de l'étendue réelle de l'attaque ;
- contention et éradication.

2 - Compréhension technique de l'attaque

Le but de cette étape est d'identifier techniquement comment se caractérise le code malveillant.
- Sur la console d'antivirus, relever le nom du code malveillant.
- Chercher ce nom sur Internet.
- Lire attentivement la description technique du code malveillant.
- Identifier son signalement :
    - création de clés dans la base de registres ;
    - modification de clés dans la base de registres ;
    - insertion d'un exécutable dans l'arborescence système ;
    - lancement d'un service ;

- sites Internet ou adresses IP que le code malveillant essaie de joindre ;
- etc.
- Comprendre son mode de propagation :
  - exécution d'un script ;
  - exploitation d'une faille système, connue ou nouvelle ;
  - balayage de réseau ;
  - tentative de connexion en mode administrateur avec les mots de passe triviaux ;
  - etc.
- Comprendre les dommages provoqués par le code malveillant :
  - exfiltration de données ;
  - mise en place d'un tunnel pour noyauter le SI ;
  - destruction de données ;
  - déni de service ;
  - etc.

3 – Évaluation de l'impact

Le but de cette étape est d'obtenir une évaluation précise du nombre de machines affectées par le code malveillant.
- Au moyen d'outils alternatifs à l'antivirus (utilitaire alternatif, exécution de script au démarrage des sessions, etc.), vérifier sur l'ensemble du parc quelles sont les machines affectées par le code malveillant.
- L'outil doit donc rechercher sur chaque machine les traces techniques correspondant au signalement du code malveillant.
- Étudier les résultats de cette campagne d'identification.
- En déduire les services métier et les activités affectées.

4 – Contention et éradication

Le but de cette étape est double :
- d'une part, il s'agit de contenir la propagation du code malveillant sur les machines encore saines ;
- d'autre part, il s'agit d'éradiquer le code.

Quand le mode de propagation est compris, il faut identifier des mesures de contention du code malveillant. Ce peut être par plusieurs moyens :
- mise en place d'une GPO ;

- durcissement de la politique d'antivirus ;
- modification des règles du pare-feu ou du proxy HTTP ;
- changement de mots de passe sur les serveurs et les postes de travail ;
- application de correctifs de sécurité ;
- etc.

5 – Rôles et responsabilités

La DSI soutient les actions demandées par le RSSI auprès de la DSI.

Le RSSI :

- déclenche l'alerte virale ;
- coordonne les actions pendant l'incident.

L'équipe sécurité :

- réalise les actions d'enquête pour comprendre le code malveillant ;
- assiste l'équipe infrastructure dans les tâches d'évaluation, de contention et d'éradication.

L'équipe infrastructure :

- développe et met en œuvre les outils permettant d'évaluer l'impact du code malveillant ;
- met en œuvre les moyens pour contenir et éradiquer le code.

Annexe 19

Fiche réflexe 2 Conduite à tenir en cas d'attaque par hameçonnage

1 - Vérification

La première chose à faire est de vérifier qu'il s'agit bien d'une tentative d'hameçonnage.

Ainsi faut-il commencer par contrôler que le message suspect vérifie la plupart des propriétés suivantes.

- Le message est non sollicité par la victime.
- Le message est incongru, abordant des sujets sans relation particulière avec la victime.
- Souvent, le message contient des fautes d'orthographe.
- Le message demande de cliquer sur un lien.
- Le lien est suspect car il ne correspond pas à ce qu'il est censé joindre.
- Le lien demande de saisir un identifiant et un mot de passe.

2 - En cas d'hameçonnage avéré

- Réinitialiser immédiatement le compte de la victime.
- Vérifier que son compte n'a pas servi de rebond vers d'autres utilisateurs.

- Faire bloquer sur le proxy les URL malveillantes contenues dans l'e-mail d'hameçonnage.
- Envoyer un message d'alerte à tout le personnel sur l'hameçonnage.
- Si nécessaire :
  - contacter les autres utilisateurs ciblés par l'attaque ;
  - réinitialiser les comptes de ces victimes.

3 – Rôles et responsabilités

L'équipe sécurité :

- diagnostique le message malveillant ;
- réinitialise les comptes de la victime et vérifie qu'elle n'a pas servi de rebond à l'attaque.

Le service d'assistance utilisateur envoie un message de prévention aux utilisateurs sur les risques d'hameçonnage.

Annexe 20

Plan de secours informatique

Objet: ce document décrit les dispositions prises pour assurer la reprise des services les plus sensibles de la DSI en cas de sinistre majeur.

1 - Définitions

PSI : Plan de secours informatique.

PRA : Plan de reprise d'activité.

PCA : Plan de continuité d'activité.

RTO : Durée d'interruption maximale admissible pour le service.

RPO : Perte de données maximale admissible.

2 - Généralités

Un plan de secours informatique permet de redémarrer les services les plus sensibles fournis par la DSI en cas de sinistre.

Ce plan décrit les actions à entreprendre dans deux situations différentes :

- en situation normale, hors cas d'urgence ;
- lors d'une situation d'urgence rendant inexploitable tout ou partie des ressources informatiques nominales.

3 - Plan de secours, hors situation d'urgence

Hors situation d'urgence, le plan de secours informatique suit la séquence suivante.

3.1 Étude d'impact

Cette étape consiste à passer en revue les activités de la société Le Froid Gourmet Électroménager.

Les applications informatiques en support de chaque activité sont identifiées.

Pour chaque application, le RTO et le RPO sont établis.

Ceci conduit à la production du tableau PRI-BIA-DOC-001 contenant les éléments suivants :

- application ;
- RTO ;
- RPO.

Ce tableau est revu annuellement.

3.2 Fixation des objectifs de l'exercice

Le plan de secours informatique est testé une fois par an. Chaque année, la DSI fixe les objectifs de l'exercice. Plusieurs sont possibles :

- tester la reprise des applications les plus sensibles ;
- tester la mise à disposition de liaisons réseau de secours ;
- tester l'activation des postes de travail de secours ;
- combinaison de ces trois éléments.

En fonction des objectifs, les infrastructures à intégrer dans le test sont identifiées.

3.3 Préparation de l'infrastructure de tests

La préparation de l'infrastructure technique se déroule en plusieurs étapes.

Étape 1. Identification des moyens

Les techniciens de la production commenceront par identifier les moyens techniques nécessaires à la réalisation de l'exercice. Ces moyens sont les suivants :

- machines physiques nécessaires ;
- machines virtuelles concernées ;
- bases de données à intégrer ;
- volumétrie de stockage nécessaire ;
- équipements réseau à mobiliser ;
- licences disponibles pour les équipements et les logiciels.

Étape 2. Détermination des actions

Le coordinateur de l'exercice rédigera un document intitulé « Séquence technique » PRI-TST-DRT-01. Ce document fournit la séquence précise des actions techniques qui seront à réaliser le jour de l'exercice pour rendre disponible l'environnement de test.

Dans la pratique, il sera possible de reprendre le document de l'année précédente pour le mettre à jour.

Étape 3. Construction de l'infrastructure de test

Les équipes de production, encadrées par le coordinateur, mettront en œuvre la plate-forme de tests. Des tests unitaires de bon fonctionnement pourront être réalisés afin de valider le caractère opérationnel des services essentiels tels que le DNS, les annuaires, l'ESB et tout autre service nécessaire.

3.4 Constitution du jeu de tests

En parallèle aux actions décrites précédemment, un dossier de test doit être réalisé pour chaque application concernée par l'exercice. Chaque dossier de test doit comprendre au moins la description détaillée pour réaliser :

- une action de connexion ;
- une action significative de consultation ;
- une action fonctionnelle significative.

Les captures d'écran illustrant précisément le résultat attendu doivent être privilégiées.

Le responsable fonctionnel de chaque application concernée est chargé de rédiger la fiche de test correspondante.

Le coordinateur général du test compile l'ensemble des fiches.

3.5 Exercice

L'exercice se déroule de la façon suivante.

- Les tests techniques unitaires sont réalisés par les techniciens afin de vérifier le bon fonctionnement de la plate-forme (connectivité, éveil des machines virtuelles, systèmes de fichiers, bases de données, etc.).
- Les services transverses sont testés (annuaires, systèmes d'intermédiation, etc.).
- Les applications de priorité 1 sont testées.
- Les applications de priorité 2 sont testées.
- Les applications de priorité 3 sont testées.

La trace de chaque test doit être gardée sous forme de captures d'écran prouvant que le résultat correspond bien à ce qui est spécifié sur les fiches de test.

Un rapport final détaillant tous les tests est réalisé par le coordinateur de l'exercice.

3.6 Retour d'expérience

Une fois les tests terminés, tous les acteurs impliqués dans l'exercice se réunissent afin de passer en revue les points ayant fonctionné correctement et pour identifier les difficultés et les échecs rencontrés.

Les points suivants sont abordés lors de ce retour d'expérience :
- rappel de l'objectif de l'exercice et des choix retenus ;
- tableau récapitulatif synthétique des applications testées avec le statut (OK, Pas OK, Non testé) ;
- rappel des principales difficultés techniques rencontrées ;
- rappel des principales difficultés organisationnelles rencontrées ;
- identification des améliorations à apporter pour le prochain exercice ;
- mise à jour de la documentation opérationnelle du plan de secours.

4 – Plan de secours, en situation d'urgence

Lorsqu'un sinistre majeur détruit les moyens disponibles sur la salle machines, la séquence suivante doit être suivie.
- Le DSI est alerté et informé de l'ampleur des dégâts.
- La documentation opérationnelle du plan de secours est récupérée depuis le site de secours.
- Les acteurs du plan de secours sont mobilisés, conformément aux listes de la documentation opérationnelle.
- L'infrastructure de secours est activée, conformément aux procédures présentes dans le plan de secours opérationnel.
- Les services sont remontés conformément à la documentation opérationnelle.

5 – Responsabilités

- Les responsabilités en cas de sinistre sont spécifiées dans le document PRI-DOC-CRI-001.
- La présente procédure est revue une fois par an par le RSSI.

Annexe 20 - Plan de secours informatique

- Le plan de secours informatique est sous la responsabilité de la DSI.
- La mise en œuvre des moyens techniques est à la charge du responsable de la production.
- Tous les ans, un responsable est désigné pour coordonner l'exercice annuel du plan de secours.

Annexe 21

Plan de contrôle sécurité

Cette annexe présente ce qu'est un plan de contrôle en sécurité. Elle couvre les six processus suivants :

- la charte utilisateurs ;
- l'appréciation des risques en sécurité de l'information ;
- la sensibilisation à la sécurité du SI ;
- les sauvegardes et les restaurations ;
- la communication du SI avec les tiers ;
- le plan de secours informatique.

Il faut noter que, dans la réalité, un plan de contrôle complet couvre généralement entre 50 et 100 processus. La norme ISO 27002 est une excellente source pour identifier les processus à retenir dans le plan de contrôle.

Pour chaque processus, un critère de conformité doit être formellement spécifié et un test réalisé, donnant lieu à une note. Le résultat global peut être présenté sous la forme d'un tableau (voir ci-dessous).

Référence	Domaine	Note à atteindre pour être conforme	Note obtenue	Conforme
CI-5321	Charte utilisateur	2	3	OUI
CI-5432	Appréciation des risques	3	3	OUI
CI-1823	Sensibilisation à la sécurité du SI	2	2	OUI
CI-7256	Sauvegardes et restaurations	1	0	NON
CI-2498	Communication avec les tiers	2	2	OUI
CI-1254	Plan de secours informatique	3	3	OUI

Les pages suivantes détaillent, pour chacun des processus en question, la fiche de contrôle correspondante. Notez que chaque fiche comporte deux parties : une première spécifiant de façon détaillée le contrôle en question, et une seconde présentant les tests réalisés ainsi que les résultats obtenus. Naturellement, les preuves obtenues doivent être archivées afin de pouvoir être produites sur demande d'éventuels auditeurs.

On remarque que le responsable du processus et le contrôleur ne sont jamais le même individu. En effet, personne ne doit être amené à contrôler son propre travail.

Fiche « charte utilisateur »

IDENTIFICATION DU PROCESSUS	Charte utilisateur
RÉFÉRENCE CONTRÔLE INTERNE	CI-5321
VERSION	2
RESPONSABLE DU PROCESSUS	DRH
CONTRÔLEUR du processus	Responsable qualité
DESCRIPTION DU PROCESSUS À CONTRÔLER	Une charte doit rappeler aux utilisateurs que les moyens informatiques mis à leur disposition doivent être utilisés dans un but professionnel. Les moyens mis à disposition doivent être utilisés conformément aux directives de la DSI.
PROCÉDURE DE CONTRÔLE	Vérifier que la charte existe et qu'elle est bien annexée au règlement intérieur de l'entreprise Le Froid Gourmet Électroménager. Vérifier qu'elle est disponible sur l'intranet. Vérifier qu'au moins un e-mail a été envoyé dans le courant de l'année par le RSSI à tout le personnel pour sensibiliser le personnel à la charte.
FRÉQUENCE DU CONTRÔLE	Ce contrôle est annuel.
CRITÈRES DE NOTATION	Pas de charte : 0. Existence d'une charte annexée au règlement intérieur : 1. Charte annexée au règlement intérieur + en ligne dans l'intranet : 2. Charte annexée au règlement intérieur + en ligne sur l'intranet + existence d'un message de la part du RSSI : 3.

Critère de conformité	Conforme si note obtenue ≥ 2.
Date du contrôle	12 mai
Constats du contrôleur	Vu la charte. Vu qu'elle est annexée au règlement intérieur daté du 11 janvier 2015. Vu qu'elle est en ligne sur l'intranet. Vu l'e-mail du RSSI à tout le personnel, daté du 30 mars, rappelant le contenu de la charte et le lien où on peut la consulter.
Note obtenue	3
Résultat (conforme/non conforme)	CONFORME
Remarques	

Fiche « appréciation des risques »

Identification du processus	Appréciation des risques
Référence contrôle interne	CI-5432
Version	1
Responsable du processus	RSSI
Contrôleur du processus	Responsable qualité
Description du processus à contrôler	Une appréciation des risques sur le système d'information doit être faite. Cette appréciation des risques doit être revue tous les ans.
Procédure de contrôle	Vérifier l'existence de l'appréciation des risques dans l'intranet de la DSI. Vérifier qu'une mise à jour a été faite dans l'année.
Fréquence du contrôle	Ce contrôle est annuel.
Critères de notation	Pas d'appréciation des risques : 0. Existence d'une procédure interne décrivant comment doit être faite l'appréciation des risques : 1. Existence d'une appréciation des risques : 2. Existence d'une appréciation des risques + revue dans le courant de l'année : 3.
Critère de conformité	Conforme si note obtenue = 3.

Date du contrôle	14 septembre
Constats du contrôleur	Vu la procédure d'appréciation des risques SEC-ADR-001-V2. Vu les tableaux de l'appréciation des risques, de référence SEC-ADR-001-T1 à T5. Vu qu'ils ont tous été revus le 15 janvier de cette année.
Note obtenue	3
Résultat (conforme/non conforme)	CONFORME
Remarques	

Fiche « sensibilisation à la sécurité du SI »

Identification du processus	Sensibilisation à la sécurité du SI
Référence contrôle interne	CI-1823
Version	1
Responsable du processus	RSSI
Contrôleur du processus	Responsable qualité
Description du processus à contrôler	Un plan de sensibilisation à la sécurité doit exister et être mis à jour chaque année. Les personnels ciblés par ce plan doivent être sensibilisés. Les supports utilisés pour la sensibilisation doivent être archivés. Les feuilles d'émargement prouvant que les sensibilisations ont eu lieu doivent être archivées.
Procédure de contrôle	Vérifier sur l'intranet que le plan de sensibilisation a été actualisé dans l'année courante. Obtenir du RSSI les supports des actions de sensibilisation. Obtenir du RSSI les feuilles d'émargement des actions de sensibilisation.
Fréquence du contrôle	Ce contrôle est annuel.

Critères de notation	Pas de plan de sensibilisation: 0. Existence d'un plan de sensibilisation: 1. Actions de sensibilisation réalisées: 2.
Critère de conformité	Conforme si note obtenue = 2.
Date du contrôle	15 avril
Constats du contrôleur	Vu dans l'intranet sécurité le plan de sensibilisation au SI SEC-SEN-003. Vu les supports des sensibilisations effectuées auprès des administrateurs le 18 mars. Vu les feuilles d'émargement correspondantes.
Note obtenue	2
Résultat (conforme/non conforme)	CONFORME
Remarques	

Fiche « sauvegardes et restaurations »

Identification du processus	Sauvegardes et restaurations
Référence contrôle interne	CI-7256
Version	3
Responsable du processus	Responsable de la production
Contrôleur du processus	RSSI
Description du processus à contrôler	Les applications sensibles doivent faire l'objet de tests de restauration de données, validés par les métiers concernés.
Procédure de contrôle	Vérifier l'existence sur l'intranet du tableau identifiant les applications les plus sensibles. Obtenir auprès de la production, pour chacune des applications concernées, les traces techniques d'un test de restauration. Obtenir auprès du métier, pour chaque application concernée, le PV validant le bon déroulement de la restauration.
Fréquence du contrôle	Ce contrôle est annuel.

Critères de notation	Au moins une application sensible non testée : 0. Toutes les applications sensibles restaurées : 1. Toutes les applications sensibles restaurées + PV métier : 2.
Critère de conformité	Conforme si note obtenue ≥ 1.
Date du contrôle	17 juillet
Constats du contrôleur	Vu sur l'intranet la liste des applications sensibles SEC-SVG-008-V3. Vu les traces techniques ainsi que les PV métier pour les applications : – Zeus (test fait le 15 janvier) ; – RéparationPlus (test fait le 3 mars) ; – ComptaTreso (test fait le 2 juin) ; – FroidGourmet360 (test fait le 12 avril).
Note obtenue	0
Résultat (conforme/non conforme)	NON CONFORME
Remarques	L'application Orphée n'a pas fait l'objet de tests de restauration.

Fiche « communications avec les tiers »

Identification du processus	Contrôle des communications avec les tiers
Référence contrôle interne	CI-2498
Version	1
Responsable du processus	Responsable réseau
Contrôleur du processus	RSSI
Description du processus à contrôler	Toute liaison du SI avec un tiers doit être contrôlée.

Annexe 21 – Plan de contrôle sécurité

Procédure de contrôle	Vérifier qu'une revue générale des droits a été faite dans l'année courante. Vérifier que dans la revue générale des droits, figurent les revues : – des accès VPN site à site ; – des accès VPN personnels des tiers. Obtenir, pour l'année courante, la liste des fiches de demande d'ouverture de flux sur le pare-feu.
Fréquence du contrôle	Ce contrôle est annuel.
Critères de notation	La revue générale des droits couvre la revue des accès au SI depuis l'extérieur : 1. Les accès ont été revus dans l'année : 2. Les modifications de règles sur les pare-feu pour les accès aux tiers sont tracées via des fiches : 3.
Critère de conformité	Conforme si note obtenue ≥ 2.
Date du contrôle	18 octobre
Constats du contrôleur	Vu sur l'intranet la revue générale des droits SEC-GGD-001, effectuée le 13 octobre. Elle passe bien en revue les accès VPN site à site et contrôle aussi les accès VPN nominatifs des tiers. Vu les 15 fiches de demande d'ouverture de flux pour les tiers. Il manque les fiches de demande pour l'accès de la société Méta-CRM-Solutions.
Note obtenue	2
Résultat (conforme/non conforme)	CONFORME
Remarques	Il conviendra d'améliorer la gestion des fiches de demande d'ouverture de flux sur le pare-feu.

Partie IV – Annexes

Fiche « plan de secours informatique »

IDENTIFICATION DU PROCESSUS	Plan de secours informatique
RÉFÉRENCE CONTRÔLE INTERNE	CI-1254
VERSION	1
RESPONSABLE DU PROCESSUS	Responsable de la production
CONTRÔLEUR DU PROCESSUS	RSSI
DESCRIPTION DU PROCESSUS À CONTRÔLER	Un plan de secours informatique couvrant les applications essentielles doit être documenté, tenu à jour et testé une fois par an.
PROCÉDURE DE CONTRÔLE	Vérifier l'existence sur l'intranet du plan de secours informatique. Vérifier que ce plan a fait l'objet d'une revue dans l'année. Demander les traces de l'exercice annuel. Demander le REX de l'exercice annuel.
FRÉQUENCE DU CONTRÔLE	Ce contrôle est annuel.
CRITÈRES DE NOTATION	Pas de plan de secours informatique : 0. Existence d'un plan de secours : 1. Plan de secours revu dans l'année : 2. Plan de secours testé dans l'année : 3. REX réalisé : 4.
CRITÈRE DE CONFORMITÉ	Conforme si note obtenue ≥ 3.
DATE DU CONTRÔLE	15 décembre
CONSTATS DU CONTRÔLEUR	Vu que le plan de secours informatique est consultable depuis l'intranet : SEC-PSI-001-V2. Vu qu'il a fait l'objet d'une revue le 18 octobre. Vu les traces de l'exercice annuel datant du 3 décembre.
NOTE OBTENUE	3
RÉSULTAT (CONFORME/NON CONFORME)	CONFORME
REMARQUES	Le REX de l'exercice du 3 décembre n'avait toujours pas été fait au moment du contrôle.

Index

A

accès à Internet 7, 8, 16, 17, 20, 40, 150, 154, 157, 178, 225, 235
  spontané 18
accès à la messagerie d'un employé 149
accès au SI
  tiers 121
accès aux machines 105
accès distant 12, 19, 23, 97, 126, 146, 176, 284, 311
  accès privé 3G/4G 26
  centraliser l'attribution 28
  Internet 25
  ligne point à point 25
  organiser 27
  publication d'application sur Internet 25
  réseau d'opérateur 24
  revue périodique 30
  sécurisation 12
  supprimer les accès obsolètes 29
  tunnel client 26
  valider les solutions 31
  VPN 24
administrateur 7, 9, 127, 147, 178, 235, 305
agent 71
antivirus 7, 8, 12, 58, 60, 64, 66, 69, 73, 74, 136, 146, 164, 171, 285, 304
application
  accès 7
architecte 178

archivage 37
aspects juridiques 13, 33, 40, 124, 141, 307
attaque contre le SI 6, 8, 12, 18, 20, 21, 38, 43, 49, 51, 58, 70, 72, 73, 75, 79, 81, 93, 136, 178
  automontage 59
  autorun.inf 59
  base de signatures 45
  compréhension de l'attaque 138
  cross site scripting 9, 26, 230
  hameçonnage 137, 177
  injection SQL 9, 26, 178, 230
  injection XSS 178
  Internet 235
  intrusion dans le réseau 138
  intrusion réseau 69
  keylogger 55
  par dictionnaire 181
  pass the hash 53
  rainbow tables 53
  réaction 138
  signature 73
  suite bureautique 63
  terrorisme 55
  tunnel 39, 40, 45
  usurpation d'identité 103, 126
audit 13, 32, 91, 123, 128, 147, 175, 180, 183, 197, 230, 232, 299, 312, 316
  CAC 184, 187, 188, 191
  commissariat aux comptes 317, 318
  conclusion 189
  conséquences 189

de certification 184, 292
de client 184
de commissaire aux comptes 184
déroulement 188
faciliter 190
formalisation des procédures 190
interne 184, 191, 296
loyauté réciproque 189
préparation 183, 186
référentiel 187, 300
seconde partie 184
SoX 185, 187, 188, 191
thème 185
tierce partie 184
audit de sécurité 83
authentification 7, 9, 10, 12, 18, 23, 25, 26, 47, 54, 126, 130, 146, 164, 176, 178, 225, 228, 230, 235
bastion d'authentification 54
clés publique/privée 26, 31
automontage 59, 65

B

base de données 7, 9, 18, 35, 38, 41, 49, 77, 94, 97, 100, 104, 111, 114, 116, 128, 162, 171, 176, 195, 230
copie 89
option d'installation 80
réplication 111
restauration 90
sauvegarde 87
test d'évolution 90
base de registres 73, 74
base de signatures 72
bastion 127
BIA 110
infrastructure de test 111
jeu de test applicatif 112
objectif du test 110
réalisation de l'exercice 113
ressources nécessaires 111
retour d'expérience 113
séquence technique 112
big data 44
bonnes pratiques 9, 10, 12, 142, 144, 146, 147, 164, 175, 177, 184, 191, 233, 235, 285, 291, 292, 299
BS 7 799 291
BYOD 302

C

certificat 13, 25, 26, 163, 164, 172
certification 291, 292, 299
ISAE 3 402 128, 176, 232
ISO 27 001 128, 176, 184, 190, 232
charte 124
informatique 302
charte administrateurs 147
charte informatique 142, 176, 178
chiffrement 130
chiffrement des données 21, 79, 141, 178, 236, 303
SSL 25
TLS 25
client lourd 116
cloud 13, 127, 225, 288
agenda de rendez-vous 227
chiffrement des données 236
cloud spontané 154, 157, 159, 178, 227, 228
collaboration avec le fournisseur 233
contrôle du fournisseur 232
divulgation d'informations 228
filtrage des adresses 235
grand cloud 231
installation d'un client 227
partage de fichiers 227
petit cloud 229
sécurisation 234
sécurisation des accès administrateur 235
urbanisation 234

visioconférence 227
vulnérabilité 228
compte à privilèges 7, 8, 9, 10, 47, 48, 49, 50, 57, 64, 65, 93, 122, 147, 148, 178, 234, 235
compte d'utilisateur 8, 9, 12, 33, 47, 93, 127, 147, 187, 196, 234
  applicatif 47
  attribution de droits 94
  création 94, 98
  d'administration 48
  dormant 31, 103
  générique 102
  groupe 95
  modification des droits 94
  orphelin 31
  par défaut 79
  partagé 102
  profil 95
  suppression 94
confidentialité des données 122, 123
conformité 307
connexion à Internet 65
conseil juridique 142
continuité d'activité 107, 108
continuité de l'activité 12
continuité de service 16
contrôle d'accès
  802.1x 159
contrôle interne de sécurité 10
CRM 128, 225

D

détection d'incident 33, 35, 38
développeur 178
disponibilité des données 122
documentation 314
domaine 13, 172
  Active Directory 47, 62, 65, 94, 97
  annuaire 7, 47, 48, 54, 94, 97, 101, 114, 115
  annuaire LDAP 127

contrôleur 7, 54
gestion des comptes 8, 47
LDAP 48
nom de domaine 168
données personnelles 124, 141
DRH 101
droits d'accès 310
droits d'utilisateur 7, 9, 12, 47, 49, 58, 65, 78, 93, 94, 95, 115, 127, 130, 176, 187, 191, 194, 196, 234, 284, 285
  administrateur 100
DSI 330

E

End Point Protection 69
évaluation des risques
  EBIOS 121
  ISO 27 005 121
  MEHARI 121
expiration bloquante 173
  certificat 163
  inventaire 172
  licence 170
  nom de domaine 168

F

faille de sécurité 5, 6, 8, 9, 12, 17, 29, 31, 82, 83, 157, 230
filtrage de flux 26

G

gestion des accès 93
gestion des identités 93, 94, 285, 299
  annuaire 101
  contrôle 99, 100
  documentation 98
  IAM 95, 97
  traçabilité 98
gestion des identités et des droits 12

gestion des incidents 133, 134, 136, 147, 195, 306
  bilan d'un incident 139
  compréhension de l'attaque 138
  détection d'incident 135
  fiche d'incident 140
  fiche réflexe 137, 196
  pertinence de la réaction 137
  réaction 138
  signalement d'incident 135
  veille 135
  vitesse de la réaction 136
gestion des sauvegardes 12
gestion des SIM 27
gestion des tiers 12, 119, 147, 162, 226, 285, 294, 306, 310
  accès au SI 121
  accès permanent au SI 125
  accès ponctuel au SI 126
  cloud 13
  dispositions contractuelles 122
  dispositions opérationnelles 125, 129
  inventaire 129
  plan de contrôle des tiers 131
  régie 126
  règles de sécurité 125
  revue générale 131
gestion d'incident 10, 12, 13
gestion d'incidents 10
gestion du tout-venant 193, 197
  demande de la DSI 195
  demande technique 194
  droits d'utilisateur 194
  enquête 195
  gestion des incidents 195
  priorités 197
  sollicitation en amont 195
  traitement des demandes 195
GPO 59, 62
guide de référence en sécurité des SI 300

I

imputabilité 79
incident de sécurité 10, 13, 35, 38, 42, 43, 74, 75, 83, 106, 148, 177, 194, 226, 228, 229, 284, 306, 312
  bilan 139
  compréhension de l'attaque 138
  détection 135
  fiche d'incident 140
  fiche réflexe 137, 196
  gestion 133, 134
  pertinence de la réaction 137
  procédure 196
  procédure de gestion 136
  réaction 138
  signalement 135, 181
  veille 135
  vitesse de la réaction 136
infrastructure spontanée 147, 153, 156, 162
  accès à Internet 154
  borne Wi-Fi 154
  cloud 154, 159
  éradication 158
  périphérique de stockage 154
  risque 157
  serveur 154
infrastructures spontanées 13
intégrité des données 123

L

LDAP 101, 127
licence 13, 72, 114, 115, 172
logs 8, 12, 20, 33, 34, 104, 126, 127, 136, 138, 141, 234, 284, 305, 311
  analyse 36
  analyse statistique 40
  applications métier 41
  archivage 37
  base de données 41

big data 37
centralisation 35, 36
configuration 34, 35
connexion à heure inhabituelle 39
connexion depuis l'étranger 38
connexions simultanées 38
détection des incongruités 38
emplacement 34
flux sortants 39
format de fichier 37
Internet 150
multiplicité 34
pare-feu 40
protection 34, 37
proxy 40, 181
synchronisation 34, 37
taille 36
traitement 41

M

machine virtuelle 8, 50, 114
master 66, 71, 80, 82
MDM 67
mise à jour 72, 74, 158, 228
mise à jour de sécurité 7, 8, 9, 57, 59, 61, 62, 64, 65, 66, 74, 77, 78, 80, 81, 82, 123, 135, 137, 145, 146
  Java 63
  lecteur PDF 63
modèle OSI 16
mot de passe 7, 8, 9, 10, 25, 26, 27, 37, 47, 49, 64, 65, 79, 122, 126, 127, 146, 148, 157, 164, 175, 178, 181, 191, 234, 235, 284, 299, 311
  complexité 50
  d'administration 58
  durée de vie 51
  empreinte LM 52
  empreinte NTLM 52
  gestion 53
  historique 51
  qualité 50
  renouvellement 55
  sécurisation 12, 51
  verrouillage 51

N

niveau de sécurité 5, 9, 16, 291, 292, 297, 300
  niveau de sécurité élémentaire 6, 8
  niveau de sécurité maîtrisée 6, 9
  zone d'humiliation 6, 11, 284, 329, 333
  zone d humiliation 289
norme 289
  ISO 9 001 292
  ISO 14 001 292
  ISO 19 011 186
  ISO 27 001 288, 289, 291, 293, 294, 295, 297, 300, 309, 312, 313, 329
  ISO 27 002 185, 289, 299, 301, 309, 317

O

option d'installation
  base de données 80
  système d'exploitation 80

P

partage de fichiers 157, 228
PCA 108, 109, 116, 124, 147, 231, 234, 285, 307, 333
PKI 54, 164, 167, 168, 174
plan de traitement des risques 5, 11
politique de sécurité 125
poste de travail 8, 21, 26, 57, 71, 81, 116, 146, 158, 170, 227, 304, 305
  administrateur 7

sécurisation 12, 57, 58, 63, 64, 66, 283
système obsolète 64
système très sensible 64
PRA 108, 109, 116, 124, 147, 285, 333
PRI 114, 115
protocole
  DNS 40
  FTP 36, 78
  HTTP 39, 40, 78, 162
  HTTPS 39, 40, 162
  IPSec 25, 26, 125
  MPLS 24
  NTP 37
  RDP 54
  SMTP 78
  SNMP 162
  SSH 36, 54, 162
  SSL 25, 26
  syslog 36
  telnet 162
  TLS 25, 26
proxy 181
PSI 108, 109, 114, 116
PSSI 29, 102, 125, 144, 160, 232, 293, 300, 301, 306, 312

Q

qualité de service 184, 226

R

redondance 109
référentiel de sécurité 291, 297
  OWASP 306
règle de filtrage 9, 19, 20, 25, 64
règles de sécurité applicables aux tiers 125
régression de service 58, 59, 60, 61, 74, 78, 79, 80, 81, 82, 90, 158, 227, 284
réplication 114
reprise d'activité 107, 108
réseau 21, 49, 69, 146, 194, 299, 305

accès 7, 9
Active Directory 31, 47
APN privée 26
cloisonnement 7
cloud 310
cœur 109
commutateur 49
contrôleur 87
DMZ 9, 17, 18, 19, 25, 26, 126, 130, 195, 305
équipements redondants 16, 17
filtrage des flux 18, 21
Internet 21, 25
IPSec 25
LAN 16
LDAP 48
MPLS 24, 25, 27
pare-feu 7, 8, 9, 16, 18, 19, 20, 21, 35, 40, 49, 62, 69, 75, 87, 109, 126, 130, 136, 157, 170, 228
partage réseau 59
point d'entrée 19
proxy 18, 35, 37, 40, 137, 159, 228, 236
qualité de service 24, 25
raccourci 16, 17, 18
relais HTTP 109
répartiteur 109
répartiteur de charge 87
réseau d'opérateur 24
routeur 49, 87, 109
sans fil 305
sécurisation 11, 17, 283
serveur 21, 35, 71, 311
taux de disponibilité 24
topologie 15
tunnel 125
virtuel 114
VLAN 16, 111
VPN 24, 122, 126, 164, 165, 302
WAN 16, 20, 21, 62
restauration 85, 86, 89, 123, 146, 231, 284, 305
test 90

validation 90
risque 310
RPCA 108, 116
RPO 110
RSSI 5, 108, 133, 332
RTO 110

S

SaaS 225, 229
sauvegarde 85, 114, 123, 146, 231, 284, 305
  base de données 87
  cartographie 86, 88
  durée de rétention 85, 88
  équipement d'infrastructure 87
  mode de stockage 88
  niveau 87
  preuve 89
  serveur de fichiers 87
  serveur physique 87
  serveur virtuel 87
sécurisation
  accès distant 12
  mot de passe 12, 51
  poste de travail 12, 57, 58, 63, 64, 66
  réseau 11
  serveur 12, 77, 79, 80
  services 77, 78
  système 78
  système obsolète 64
  système très sensible 64
sécurisation du SI
  collaboration des équipes 310, 312
  contrôle interne 316
  documentation 314
  évolution du contexte 311, 312
  évolution technique 311, 312
  frein 283
  gouvernance 313
  industrialisation des processus 311, 313
  inventaire 311
  suivi des actions 311, 312, 315
sécuriser le SI 7
sécurité
  acquisition, développement et maintenance du SI 306
  cryptographie 303
  de l'information 301
  des actifs 302
  des communications 305
  des ressources humaines 302
  gestion des clés 303
  liée à l'exploitation 304
  physique et environnementale 303
  relations avec les fournisseurs 306
sécurité applicative 285
sécurité des données 123
sensibilisation 284, 295, 310
sensibilisation à la sécurité 175
  amélioration 181
  ensemble du personnel 176
  preuve 180
  public ciblé 178
  suivi 180
sensibilisation des utilisateurs 13
serveur 7, 9
  sécurisation 12, 79, 80, 284
serveur de fichiers 115
serveur DHCP 115
service
  configuration 79
  sécurisation 77, 78
SI 5
SIEM 20, 36, 42, 136
situation d'exception 116
SMSI 292, 300, 312, 316
  acceptation du risque 294
  amélioration continue 297
  appréciation des risques 294
  audit interne 296
  contexte 293
  contrôle 296
  documentation 295

évitement du risque 294
fonctionnement 296
formation 295
indicateur 296
moyens 295
parties prenantes 293
réduction du risque 294
revue de direction 296
sensibilisation 295
transfert du risque 294
SOC 10, 20, 43, 136
SSO 48, 96, 97
supervision de la sécurité 8, 9
surveillance 10
système d'exploitation 77, 100
   option d'installation 80
système d'information
   architecture 286

T

test d'intrusion 32
tiers sensible 119, 226
   accès permanent au SI 125
   accès ponctuel au SI 126
   dispositions contractuelles 122
   dispositions opérationnelles 125, 129
   inventaire 129
   plan de contrôle des tiers 131
   régie 126
   règles de sécurité 125
   revue générale 131
token 26, 31
traçabilité 148
traçage 18, 20, 23, 33, 35, 38, 40, 41

U

urbanisation du SI 154, 179

V

vie privée 150
virtualisation 114
virus 43

Dépôt légal : avril 2021

N° éditeur : 9521

Imprimé en Allemagne par BoD